주역, 운명과 부조리 그리고 의지를 말하다

역학총서 10
주역, 운명과 부조리 그리고 의지를 말하다

지은이   주광호
펴낸이   오정혜
펴낸곳   예문서원

편 집   김병훈
인 쇄   ㈜ 상지사 P&B
제 책   ㈜ 상지사 P&B

초판 1쇄   2019년 8월 26일

주   소   서울시 성북구 안암로 9길 13 4층
출판등록   1993년 1월 7일 (제307-2010-51호)
전화번호   925-5913~4 / 팩시밀리 929-2285
Homepage   http://www.yemoon.com
E-mail   yemoonsw@empas.com

ISBN 978-89-7646-396-8   03150

YEMOONSEOWON 13, Anam-ro 9-gil, Seongbuk-Gu Seoul KOREA 136-074
Tel) 02-925-5913~4, Fax) 02-929-2285

값 30,000원

역학총서 10

주역, 운명과 부조리 그리고 의지를 말하다

주광호 지음

예문서원

지은이의 말

『주역』을 가르쳐 보겠다는 생각을 했다. 내가 근무하는 학교에는 철학과가 없다. 철학을 전공으로 하지 않는 보통의 대학생들에게 『주역』을 소개해 보겠다는 야심찬(?) 생각을 했다. 이 책을 구상하기 시작한 5년 전의 일이다. 그때나 지금이나 무모하기 짝이 없는 생각이다. 『논어』나 『맹자』도 읽어 본 적 없는 학생들에게 『주역』이라니.

수업 시간에 『주역』을 읽어 본 사람 있냐고 묻지 않고, '혁명의 주역主役' 따위가 아닌 책으로서의 『주역』을 들어본 사람이 있느냐고 물었다. 한 학기 한두 명 나오면 기적이다. 물론 그들도 읽지 않은 건 매한가지다. 이런 상황은 비단 내가 있는 학교만의 일은 아닐 것이다. 그들에게 『주역』은 이미 존재하지 않는 무엇이다.

수업에 쓸 요량으로 서점을 둘러봤다. 열풍인지는 모르겠지만 여하튼 서점에 여전히 인문학 코너가 있었고, 그 중 상당수는 동양철학 관련이었다. 동양철학 중에서도 『주역』은 꽤 존재감을 과시하고 있었다. 역시 『주역』이다. 이제 이 중에서 쓸 만한 것을 고르기만 하면 된다.

결과는 암담했다. 『주역』 코너는 소위 명리命理라고 부르는 미래예측에 관한 것들이 대부분이었다. 실제 『주역』을 다루는 책들 역시 대부분 점서占書로서의 것이었다. 힘들다는 출판시장에서 동일한 주제로 이만큼 책들이

4

나왔다는 것은 그래도 시장이 있다는 얘기다. 역시 위대하다 『주역』.

하지만 이런 것을 수업에서 말하고 싶은 것은 아니었다. 『주역』이라는 텍스트를 있는 그대로 보여 주면서도 그것이 현대사회에 지니는 의미와 의의를 소개함으로써 오래되고 '새로운' 고전을 발굴하고 싶었다. 그런데 그나마 있는 몇몇 '인문학적 개론서'는 『주역』의 유명한 구절을 해설하는 정도였다. 찬양과 미화가 수사修辭인지 목적인지 어리둥절했다. 삼천 년도 더 된 책이 우리 사회의 모든 문제를 해결할 수는 없다고 생각한다. 고전은 만능열쇠가 아니다.

하는 수 없이 내가 직접 책을 쓰자고 생각했다. 목마른 자가 우물 판다지만 사실 나는 『주역』 전공자가 아니다. 대학원 다닐 때 처음으로 『주역』을 접한 이후 한 번도 『주역』을 전공으로 해 보겠다는 생각을 한 적이 없다.

중국의 북경대에서 박사학위 과정을 이수할 때 지도를 고 주백곤朱伯崑 교수님이 맡아 주셨다. 주백곤 교수는 『역학철학사』(소명출판, 2012, 김학권 등 옮김)로 유명한 역학易學의 대가다. 그의 지도 아래 주자朱子의 태극관太極觀을 주제로 학위논문을 썼고, 자연스럽게 역학과 성리학의 문제를 다루었다. 그러나 그때까지도 나 스스로를 『주역』 전공자라고 생각한 적은 없었다.

그런데 귀국해 보니 나는 이미 『주역』 전공자가 되어 있었다. 주백곤 교수의 제자인데 어떻게 『주역』 전공이 아닐 수 있겠냐는 거다. 한국주역학회의 총무이사직을 맡았었고, 지금도 학회에 이름을 올리고 있다. 나는 『주역』 전공자인가 보다. 명색이 전공자인데 너무 무식할 수야 없는 노릇. 다시 천천히 공부해 봐야겠다 생각했다.

마침 한국고등교육재단에서 한학을 필요로 하는 학생들을 위해 『주역』을 강의하라는 제안이 들어왔다. 내리 8년을 반복해서 읽었다. 내게는 너무도 소중한 시간이었다. 그때 함께했던 많은 동학들에게 이 자리를 빌려 감사의 마음을 표하고 싶다.

그 무렵부터 『주역』에 대한 선입견과 오해를 바로잡아야겠다고 생각했던 것 같다. 수천 년의 혼재된 역사 속에서 무엇이 본래의 『주역』이고 무엇이 그것에 덧씌워진 분식粉飾인지 정리할 필요가 있어 보였다. 있는 그대로를 보여 주지 못하는 것은 열등감의 표현이거나, 속여서라도 뭔가를 팔아보겠다는 사기에 불과하다.

철학을 전공으로 하지 않은 배우자가 이해하지 못한다면 그건 잘 된 글이 아니라고 입버릇처럼 말해 왔다. 철학을 전공으로 하지 않는 사람들을 위해 이제 이 책을 내놓으려고 한다. 그들이 이해하지 못한다면, 그리고 동의하지 못한다면 이 책은 실패한 것이다. 두렵다. 기왕에 쓴 것이니 돈 안 들면 출판해 보라고 처가 허락해 주었다. 다행인지 민폐인지.

동양철학 전문출판사인 예문서원에서 출판을 맡아 주셨다. 어려운 상황에서도 출판을 맡아 주서 감사하다는 상투적인 말은 하지 않겠다. 대신에 이 책이 대박 나서 출판사도 좋고 나도 좋고 독자들에게도 좋은 일이 되었으면 참 좋겠다.

2019년 8월　주광호

서설: 잘 산다는 것

태어나 보니 정우성이 아니었다

태어나 보니 나는 정우성이 아니었다. 당신도 이효리는 아닐 것이다. 우리 아버지는 재벌도 아니다. 나는 천재도 아니고 성격도 지랄 맞다. 아니 이럴 수가? 전생에 무슨 죄를 지어서. 하지만 우리는 던져진 인생을 어떻게든 살아야 한다. 억울하다. 불합리하다. 나는 내 삶을 선택하지 않았다.

길은 두 가지. 이번 생은 틀렸어, 다음 생을 기다려야지. 이것이 하나의 길이다. 포기와 절망. 다른 하나는? 어떻게든 꾸역꾸역 살아가야 한다. 과연 어떻게? 내가 선택한 것이 아니니 내가 책임질 필요도 없다. 이렇게 된 건 내 잘못이 아니다. 이번 생은 그냥 무수리로 살아갈 수밖에. 불평과 불만 속에서 얼굴 찌푸린 채 살 수도 있다. 나 건들지 마. 하지만 그렇게는 슬프다. 다른 길이 없을까? 나는 여전히 잘 살고 싶다. 행복해지고 싶다. 비록 내가 선택한 삶은 아닐지라도.

어릴 적 감명 깊게 읽은 동화가 『알라딘의 마술 램프』다. 도깨비가 세 가지 소원을 들어준다는 『바보 이반』도 있다. 왜 나는 그 이야기에 매료되었을까? 소원을 들어주는 마술 같은 특별한 사건이기 때문이리라. 그래, 내 바람을 들어줄 수 있는 '마술'이 내게는 필요했다. 어쩌면 정우성도 아니고 재벌도 아닌 내가 행복해질 수 있는 길이란 마술밖에 없을 것이라고 생각했는지도 모르겠다. 세상은 그렇게 녹록지가 않으니 말이다. 마술이나 도깨비는 현실에서 일어나지 않는 그야말로 '비현실적'인 일이다. 나의 행복을 그것에 맡길 수 없는 이유다.

하지만 왕자님을 만나는 신데렐라나 1등 복권에 당첨되는 것 같은 이런 일이 아예 없다고 할 수도 없다. 비현실은 우리를 현실의 에누리 없는 깐깐함에서 잠시나마 벗어나게 해 준다. 그래, 상상이라도 해 보자. 우리의 소원을 들어주는 마법 같은 일을.

행복한 삶을 위해서 우리는 램프에게 무엇을 빌어야 할까? 어렸을 적 내 요구는 '나를 마법사가 되게 해 줘'였지만, 마법사가 된 다음에도 이 질문은 여전히 남는다. '그럼 전지전능한 마법사가 되고 나면 무엇을 하지?' 무엇을 빌고 무엇을 바꾸어야 내 삶이 행복해질 수 있는 걸까? 과연 어떻게 사는 것이 행복한 삶일까? 무엇이 잘 사는 것일까?

우리네 삶이란 도대체 무엇일까? 누구나 딱 한 번 살다가 가는 이 인생, 누구도 그 시작과 끝을 선택할 수 없는 이 인생이란 과연 무엇이고, 또 우리는 그것을 어떻게 채색하며 살아야 하는 것일까? 과연 어떤 삶이 훌륭하고 멋있는 삶일까? 우리는 이런 질문을 '살다가' 어느 날 갑자기 묻게 된다. 삶을 시작하기 전에 차분히 설명서를 읽고 안내받지 못했다. 학원 다니고 시험 치르다가, 월세 내고 애 키우다가 어느 날 문득 이런 질문은 시작된다. 때문에 이런 질문은 무척이나 생경하고 새삼스럽게 느껴진다. 다 아는 처지에 무슨 새삼스런 질문인지?

이런 질문은 특히 삶이 녹록지 않을 때 고개를 쳐들곤 한다. 삶이 피곤하고 맘대로 되지 않을 때, 왜 나는 이렇게 태어났고 또 이렇게 살아가야 하는지 묻게 된다. 누구라도 속 시원하게 대답해 주었으면 좋겠다.

미래를 알 수 있다면

이 주식이 앞으로 오를 것인가 아닌가, 지금이 부동산을 사야 할 때인가 팔아야 할 때인가? 이것만 알 수 있다면 우리는 금방 부자가 될 것임에 틀림없다. 문제는 그걸 어떻게 아느냐다. 경제의 원리에 입각해서 각종 지표를 확인하고, 이를 여러 시장 상황에 맞춰 조합해서 예측하는 방법이 있을 수 있다. 하지만 모든 경제학자가 부자는 아닌 것으로 봐서 이런 방법이 그다지 믿을 만한 것은 아닌 듯싶다. 누군가 족집게같이 주식의 등락을 맞췄다는 이야기는 들어본 적이 없으니, 아마도 '주식의 원리' 같은 것은 존재하지 않나 보다. 만약 그런 것이 있었더라면 주식해서 알거지 된 사람은 없었을 것이다.

'연애의 원리'도 마찬가지다. 만약 그런 것이 있었다면 사랑 때문에 눈물 흘리는 사람은 없었을 것이다. 사랑하는 사람이 나의 마음을 알아주지 않아서 가슴을 태운다는 유행가 가사도, 시련의 아픔을 노래한 시도, 배신의 아픔을 그린 드라마도 존재할 수 없었을 것이다. 사랑이 문학의 중요한 소재인 것만 보아도 '연애의 원리'와 같은 것은 없는 게 분명하다.

사실 우리가 '~ 원리'를 알고자 하는 이유는, 무언가의 본질을 이해하기 위해서라기보다는 그것을 통해 좋은 결과를 얻기 위한 이유가 더 크다. 좋은 결과를 얻기 위해 미래를 예측하고 그에 맞게 준비하기 위해서다. 때문에 미래를 미리 알 수만 있다면 많은 것들은 저절로 해결될 것이다.

예컨대 2030년 주식 정보지를 하나 얻을 수 있다면? 드라마의 최종회 대본을 미리 읽어 볼 수 있다면?

타임머신을 타고 직접 미래로 가 보지 않더라도 미래를 알 수 있는 방법이 하나 있기는 하다. 바로 '미래예측' 즉 점치는 거다. 점치는 방법에는 여러 가지가 있다. 대표적인 것이 사주四柱다. 사주란 태어난 생년월일을 말한다. 생년월일은 한 개인의 운명을 결정하는 네 개의 기둥(柱)에 해당하는데, '갑신년, 병신월, 무진일, 신유시'처럼 각각 두 글자로 이루어져 있기 때문에 '팔자'가 된다. 사람은 그가 태어난 시점에 의해 운명이 결정된다고 믿는 것이다. 또 신내림이나 관상 혹은 그 흔한 손금 보는 것도 있다. 얼굴이나 손금의 생김새가 그의 미래를 미리 알려 준다고 믿는 것이다.

이것들은 대부분 논리와 과학적 방법으로 확인되지 않았기 때문에 '믿음의 영역'에 머물러 있다. 과학적인 검증이야 어떻게 되든 그 분야의 전문가 즉 '용한 사람'을 만나서 내 궁금증을 풀고자만 한다면 그것은 개인의 자유다. 소위 '믿든 믿지 않든 그건 니 맘'이라는 것이다. 이 글을 쓰는 나 역시 그런 세계가 실제 존재하는지, 그것이 믿을 만한 것인지에 대해서는 답변할 능력이 없다.

하지만 그런 전문가를 만나려면 돈이 필요하다. 장안에 소문난 사람을 한 번 만나기도 어렵거니와, 과연 어떤 사람이 '전문가'인지 확인할 수도 없다. 게다가 아무리 용한 사람이라고 하더라도 거기에 내 모든 것을 걸고 100% 신뢰하기도 어려운 노릇이다. 그래서 아마도 우리 대부분은 '전문가'의 의견을 '조언' 정도로 받아들이거나 심심풀이 정도로 생각할 것이다.

하지만 옛날에는 그렇지 않았다. 논리와 과학 그리고 실증이 지금처럼 당연한 권위를 인정받지 못하던 옛날에는, 하느님과 같은 초월자의 의지나 미래를 알려 주는 귀신의 귀띔이 보다 중요한 대접을 받았다. 그래서 고대에는 왕이 곧 제사장이었고, 왕이자 제사장은 국가에 중대한 사안이 있을 때마다 점을 쳤다. 이집트의 파라오, 로마의 시저, 고대 중국의 왕들에 이르기까지 모두 그랬다. 인간이 동원할 수 있는 수단이 너무나 미미한 데 비해 개인이 짊어져야 할 책임은 너무나 무거웠기 때문이었으리라. 아니면 초월자의 의지나 계시에 가탁하여 자신의 정치적 목적을 달성시키려는 불순한 의도였거나.

완벽한 비법?

우리는 왕이나 제사장은 아니지만 그렇다고 일상에서 벌어지는 일들을 아무렇게나 처리해도 좋은 것은 결코 아니다. 우리는 여전히 주식과 연애를 비롯한 모든 일들을 잘 처리하고 싶고 그래서 미래가 궁금하다. 점을 쳐서라도 미래를 알 수만 있다면 좋으련만 용한 사람 만나는 것도 쉽지 않다. 도대체 어떻게 해야 할까? '점'이 아니라, 그저 어떤 일을 잘 처리할 수 있는 '지침'이나 '요령' 정도라도 있었으면 좋겠다. 돈 씀씀이는 어떻게 하는 것이 좋은지. 첫 미팅 때 어떤 옷을 입어야 하는지. 입사 면접에서 말은 어떻게 해야 하는지. 그런데 우리에게는 사실 이미 수많은 종류의 '지침서' 혹은 '설명서'들이 제공되어 있다.

물론 이런 책들이 그 제목의 자극적인 정도에 비례하여 언제나 독자들의 신뢰를 얻는 것은 아니지만, 시중 서점에 나와 있는 연애의 '정석'이니 주식의 '고수'니 공부의 '비결'이니 하는 제목들은 모두 지금까지 알려지지 않았던 중요한 비밀을 너에게만 조심스럽게 알려 준다는 뉘앙스를 띠고 있다. 또 이런 자극적인 제목의 '지침서'들이 아니더라도, '점잖은' 경영학 '원론'이나 심리학 '개론'과 같은 것들 역시 어느 분야에 대한 '설명서'이기는 마찬가지다. 그 분야를 이해하기 위해서는 이 책들을 읽어야 하고, 이 책들이 분명히 중요한 도움을 준다는 의미이기 때문이다.

하지만 이렇게 많은 지침서들에도 불구하고 우리가 미래를 확실히 예측하거나 주어진 모든 일들을 잘 처리할 수 있는 것은 아니다. 아무리 이런 책들을 열심히 읽는다 하더라도 여전히 우리는 주식에 실패하기도 하고 연애 때문에 소주잔을 기울이기도 할 것이다. 더 심각하게는, 아무리 열심히 취업을 준비하더라도 흙수저인 내가 할 수 있는 일은 뻔한 것일 수도 있다. 어떻게 하면 우리는 미래를 잘 준비하고 성공할 수 있을까? 우리에게는 여전히 뭔가 특별한 '비법'이 필요하다.

그런데 동양인[1]들은 오랫동안 특별한 '비법'을 간직하고 있었다. 더구나 그 '비법'은 주식이나 연애와 같은 특정한 분야에 대한 비법이 아니라, 인간과 자연 그리고 온 우주 등 존재하는 모든 것에 대한 비법이라고 한다. 정말? 적어도 그들은 그렇게 믿었다. 짜잔. 그것이 바로 『주역』이다. 이게 사실이라면 정말 어마어마한 일이다. 이 책만 잘 보면 우린 금방 주식 부자가 될 수 있고 공부도 잘 할 수 있으며 연애도 문제없다.

『주역』, 점서인가 철학서인가?

어떻게 『주역』은 모든 문제를 해결할 수 있는 만능열쇠일 수 있었을까?

---

1) 이 글에서 말하는 '동양인'이란 중국과 한국, 일본 등을 아우르는 동북아 지역을 가리킨다. 동양의 지적 전통에서 인도의 문명과 서아시아 및 아랍의 문명을 배제할 수 없겠지만, 『주역』을 소개하는 이 글에서는 편의상 『주역』의 발상지인 중국과 『주역』적 관념이 지배적 사유방식이었던 동북아 지역을 '동양'으로 지칭하겠다.

재미있는 것은 『주역』 역시 점을 치기 위한 책이었다는 점이다. 『주역』의 점법이 믿을 만하기만 하다면 우리는 이제 『주역』을 통해 미래를 정확하게 예측할 수 있을 것이다. 그러니 『주역』은 분명 비법이다. 그런데 놀랍게도 『주역』은 동시에 점칠 필요가 없다고 말한다. 자신이 이미 인간과 우주의 원리를 모두 담고 있기 때문에 그것을 살펴보는 것만으로도 세상을 잘 살아갈 수 있다고 한다. 점서인데 점칠 필요도 없다 하니, 『주역』은 더더욱 비법이다.

그래서 오늘날 어떤 사람들은 『주역』을 점치는 책이라 이해하고, 또 어떤 사람들은 『주역』을 동양의 가장 심오한 철학서라고 생각한다. 둘 다 맞는 말이다. 『주역』의 출발은 분명 점치는 책이었고 지금도 그것으로 점을 칠 수 있다. 그러니 『주역』은 점치는 책이다. 또, 인간이 어떻게 살아야 하는지에 대한, 혹은 이 세계의 원리와 전개의 법칙에 대한 담론을 '철학'이라고 규정한다면 『주역』은 분명 위대한 철학서다. 결국 『주역』은 점치는 책이자 동시에 위대한 철학서인 것이다.

이 문제와 관련한 나의 특수한 입장을 잠시 설명해야겠다. 나는 동양철학 전공자로서 성리학을 주 전공으로 했지만 『주역』도 공부했다. 그래서 남들에게 나를 소개할 때는 대체로 "동양철학을 공부했습니다"라고만 말한다. 그러면 사람들은 "아이고 그 어려운 것을"이라는 상투적인 찬사(?)로 말을 받는다. 그런데 그 중 상당수는 다시 "그럼, 『주역』도 하십니까?"라고 관심을 보인다. 『주역』을 아는 정도면 꽤나 유식한 축에 든다. 내가 공부한 것이 있기에, 아니라고 답하지 못함을 곤혹스럽게 여길 틈도 없이 사람들은 다시 "그럼 사주 좀 봐 주세요" 하면서 '손'을 내민다.

이런 사람들의 이해로는 손금 = 사주 = 『주역』 = 동양철학인 것이다.

우선, 손금과 사주와 『주역』의 점법은 완전히 별개라는 것을 설명해줄라치면 사람들은 대부분 '그렇게 자세한 것은 어차피 알 필요도 없으니 어서 재밌는 얘기나 들려줘'라는 표정을 짓는다. 이런 사람들에게 『주역』과 동양철학이 동의어가 아님을 알려 준다거나 동양철학이 결코 미아리에서 말하는 것과 같은 '점법'이 아님을 설명하는 것, 더 나아가 그럼에도 불구하고 『주역』이 점치는 책이었음을 다 설명하는 것은 불필요를 넘어서서 불가능한 일이다. 이런 일은 소위 식자층이라는 사람들에게서도 얼마든지 확인된다.

『주역』, 그 자체로 돌아가기

우리는 이제 구체적인 일들을 해결할 수 있는 점치는 책이자 인간과 우주를 해명하는 철학서로서의 『주역』이 과연 믿을 만한 '비법'인지를 확인할 단계에 도달했다. 그래서 이 시대에 다시 『주역』을 읽을 필요가 있는지 확인해야 하는 것이다.

그러나 그것을 확인하기 위해서 『주역』을 제대로 읽는다는 것이 너무나도 어려운 일임을 우선 밝히지 않을 수 없다. 첫째, 『주역』은 너무나 많은 상징과 기호 체계로 이루어져 있다. 그래서 『논어』나 『맹자』처럼 번역본을 읽는다고 해서 쉽게 독해할 수 있는 것이 아니다. 이는 『주역』 내부의 문제다. 둘째, 『주역』에는 너무도 많은 선입견들이 덧붙여져 있다. 개인적인 의견이나 통찰을 넘어선 믿음의 영역들이 정제되지 않은 채 침투해 있다. 그래서 이 책을 이성적으로 독해하고픈 독자들로 하여금 발길을 돌리게 만들곤 한다. 반면, 이 책을 진지하게 접근하는 많은 연구서들은 대부분 한없이 학술적이거나 훈고적이어서 동양철학이나 고전을 전공으로 하지 않는 일반 독자들로 하여금 쉽게 접근하지 못하게 한다. 심지어는 이 책에 붙여진 수많은 찬사들이 도리어 신비화의 작업을 수행하여 이 책에 접근하려는 독자들을 주저하게 만든다. 이는 『주역』 외부의 문제다.

그래서 나는 『주역』을 있는 그대로 솔직하게, 그러면서도 쉽게 소개하기로 마음을 먹었다. 오랜 시간 동안 덧붙여진 과도한 찬사와 이성적인 이해를 가로막는 신비화의 옷을 벗겨 내고 우리에게 주어진 텍스트 그 자체로 돌아가고자 한다. 그렇지만 학술적 엄밀함을 추구하느라 독자들을 잠들게 하지는 않을 것이다. 『주역』이 우리에게 제공하는 생생한 가르침을 놓치고 싶지 않다. 누구나 이해할 수 있는 언어로 누구에게나 의미를 지닐 수 있는 것들을 말하고자 한다. 그래서 동양철학을 전공으로 하지 않는 모든 일반인들이 『주역』에 관심을 갖고 그 속에서 나름의 '비법'을 얻어 선택하지 않은 삶을 당당히 살아가게 하는 것이 이 글의 목적이다.

그러나 내가 말하는 '비법'은 미래를 예측할 수 있는 '점법'을 의미하는 것이 아니다. 물론 주역점을 어떻게 치는지는 소개하겠지만, 그것은 믿음의 영역이기에 그 근거를 논리적·이성적으로 설명할 수는 없다. 물론 '점의 철학적 의미와 그 역사'에 대해서는 말할 수 있지만, 그것은 『주역』의 점을 믿고 활용하는 것과는 별개의 일이다. 자판기에서 상품을 사듯 손쉽게 미래를 꺼내 보려는 독자들에게는 실망일 수 있겠지만 나는 그럴 능력도, 그리고 싶은 마음도 없다.

왜 『주역』을 읽어야 하나?

이 글에서 나는 『주역』이 줄 수 있는 일반적이고도 상식적인 가르침을 소개하고자 한다. 그것은 사람들에게 행동의 요령과 삶의 지침을 제공할 것이다. 『주역』은 동양인들에게 아주 오래되고, 그래서 아주 익숙한 상식이다. 때문에 『주역』은 동양인 즉 우리를 가장 잘 설명할 수 있는 책이기도 하다. 우리는 우리 스스로를 이해하기 위해서, 그리고 너무나 평범해서 오히려 위대한 '상식'을 얻기 위해서 『주역』을 읽어야 한다. 이 오래된 상식은 나를 상식적인 인간이게끔 만들어 줄 수 있다. 그리고 상식적인 인간들이 모여 만드는 상식적인 사회를 이룩해 줄 수 있다. 때문에 현대사회가 처한 많은 비상식적인 문제를 극복하고 치유할 수 있는 대안이 될 수 있다.

그러나 『주역』을 쉽고 재미있게 소개하는 글을 시작하려면서 그 작업 자체가 얼마나 난감한 것인지를 토로하지 않을 수 없다는 점은 정말 곤혹스러운 일이다. 『주역』을 소개하는 것이 난감한 이유는, 『주역』이 어려워서라기보다 요즘의 독자들이 『주역』이라는 책 자체를 모르기 때문이다. 『주역』이 어떤 책인지를 모르는 것이 아니라 『주역』이라는 책이 있는지를 아예 모른다. 한 세대 전까지만 해도 『주역』은 그 심오함과 난해함으로 인해서 접근할 수 없는 그 무엇이었지만 지금 세대에게는 원래부터 없는 것이다. 없는 것에 어떻게 호기심을 느낄 수 있겠는가? 그럼에도 불구하고 이 작업을 시작하지 않을 수 없는 이유는, 동양인으로서 우리는 우리 스스로를 알아야 하고 또 현대인으로서 우리는 우리에게 닥친 많은 문제들을 해결해야 하기 때문이다.

그렇다면 『주역』은 어떤 책이기에 동양인을 가장 잘 설명할 수 있고 또 현대사회가 직면한 많은 문제들을 해결할 수 있단 말인가? 우선, 『주역』은 인간과 세계에 대한 동양인의 이해의 원형이다. 자신을 둘러싼 인간과 세계를 동양인들이 어떻게 이해했는지 그 원초적 사유가 고스란히 이 책에 담겨 있다는 말이다. 즉 이 책은 동양인들의 사고와 잠재의식 깊은 곳에 간직되어서 우리의 사고를 지배하고 자아를 구성하는 원형적 사유방식이다.

진시황의 진나라 이전의 철학을 철학사에서는 선진철학先秦哲學이라고 부른다. 중국의 선진철학은 '제자백가諸子百家'라고 불릴 만큼 다양한 스펙트럼을 자랑하지만, 유가와 도가를 포함하여 거의 모든 사상적 유파들이 『주역』적 사고로부터 빚지고 있다고 해도 과언이 아니다. 그런 의미에서 『주역』이 어느 유파의 사상에 가까운지를 따지는 것은 무의미할지도 모른다. 그만큼 『주역』은 동아시아인들의 인간과 세계에 대한 초보적이면서도 근원적인 사유를 담고 있다고 할 수 있다. 그러나 이 초보적인 사고는 수천 년의 확장의 과정을 통해 심화되었고, 이 근원적인 사고는 모든 동양인들의 사유방식과 가치관을 지배해 왔다.

물론 가장 오래된 것이 언제나 가장 많은 설명력을 지니는 것은 아니다. 피라미드와 그리스 신전에 새겨져 있는 문장이 현대 서구사회를 가장 잘 설명할 수 있는 것은 아니듯 말이다. 관건은 지속과 확장이다. 역사 속에서 얼마나 지속적인 심화와 확장의 과정을 거치면서 그 사회에 속한 사람들의 생각을 반영하고 또 그들에게 영향을 미쳤는가 하는 점이다. 『주역』은 이런 지속과 확장이라는 기준에서 인류의 기념비적인 유산이라고 할 수 있다.

『주역』은 어떤 한 천재의 위대한 발견이나 창작이 아니다. 실제로 우리는 『주역』의 저자가 누군지도 모른다. 아니, 알 수가 없다. 『주역』은 수천 년 동안 수많은 사람들에 의해 누적적으로 완성되어 간 거대한 집단지성의 결과물이기 때문이다. 그것은 특정 계급의 생각을 반영한 것도 아니고 뛰어난 지성과 덕성을 갖춘 이들만이 이해하고 동의할 수 있는 것도 아니다. 오히려 그것은 동양이라고 하는 공동의 공간에서 부대끼면서 하루하루를 살아갔던 모든 보통사람들의 생각이다. 그렇게 『주역』은 수천 년의 시간 속에서 동양인들의 사고를 반영하였고 동시에 그들의 생각을 만들어 갔다. 그래서 우리는 그것을 경전經典이라고 부른다.

이런 이유 때문에 『주역』은 동아시아의 지적 전통에서 지식인들에게 가장 오랫동안 관심과 사랑을 받아온 책이었으며, 그만큼 오랫동안 많은 사람들에 의해 풍부하게 연구되고 해석되면서 의미의 지평을 넓혀 왔다. 또 그만큼 많은 사상가들은 자신의 사상을 전개하는 데 있어서 이 책으로부터 무한한 영감과 직접적인 자원을 얻어 왔다.

오리엔탈리즘의 신비화

하지만 우리는 이제 이 책이 있었던 것을 모를 만큼 이 책으로부터 멀어졌고, 그만큼 자신을 모르고 또 부인해 왔다. 한 세기 전 서양문명과의 충돌 과정에서 동양의 모든 나라들은 너나할 것 없이 극심한 충격과 공포 속에서 자신의 정체성을 부정하고 새로운 자아를 세우지 않을 수 없었다. 모두들 지금까지 알던 인간과 세계가 잘못된 것이었음을 고백하고 재빨리 서양인들의 인간관·세계관·가치관을 학습하고 흉내 내야 했다. 그것이 사실이고 진보요 문명이며 진리였다. 따라서 동양적인 것, 전통의 것은 거짓이고 구악이며 미개이자 미신이 되었다. 『주역』은 모든 동양적인 것들의 부모였고, 그래서 다른 어떤 자식들보다도 더 많이 원죄를 짊어져야 할 것이었다.

하지만 『주역』의 운명은 오히려 그 반대였다. 『주역』은 가장 동양적인 것으로서 동양의 자존심과 본질을 지켜줄 최후의 보루가 되어야 했기 때문이다. 무너져서는 안 될 최후의 보루로 만들기 위해서 사람들이 덧입힌 옷은 바로 '신비함'과 '심오함'이었다. 신비함과 심오함의 공통점은 말로는 잘 설명이 되지 않는다는 점이다. 서양문명의 충격에 대한 자위에 다름 아닌 오리엔탈리즘의 소산이었지만, 서양의 것을 이기기 위해서 그것은 잘 설명되지 않는, 그러나 분명히 존재하고 결코 손상되거나 훼멸될 수 없는 존귀한 그 무엇이어야만 했다. 그것이 바로 '동도서기東道西器'의 '도道'다.

물질문명과 기술은 언어와 이성으로 설명이 가능하고, 그렇기 때문에 언제나 검증과 비교가 가능하다. 그러나 '도' 같은 정신문명은 혹은 원리나 본질과 같은 추상적이고 관념적인 것들은 확인도 부정도 어렵다. 우주나 천지처럼 그것이 담고 있는 내포가 크면 클수록 사실 여부를 확인하기도 어렵지만 또 부정될 수도 없기 때문에, 인간과 세계와 우주를 모두 담고 있다는 『주역』은 동양의 자존심과 본질로서의 '도'를 맡기기에 충분했다.

그것은 너무나 위대하고 불가해하기 때문에 '도'라는 한 마디 말 이상의 어떠한 설명이나 해석은 무척이나 무모한 짓이거나 불순한 것으로 간주되었다. 그 '신비함'은 결코 이해의 대상일 수 없고 단지 체험할 수 있을 뿐이었으며, 그 '심오함'은 간단히 설명될 수 없고 오랜 시간을 통해 단지 체득할 수 있을 뿐이었다. 자신의 마음에 들지 않는 모든 책을 불살라 버렸던 진시황의 분서갱유焚書坑儒에서도 살아남았던 『주역』은 서세동점의 문명충돌 속에서도 이렇게 다시 한 번 살아남았다.

신비함과 심오함이라는 장막 속에서 『주역』은 자신의 고결함을 지킬 수 있었지만, 그 장막은 이제 그다지 매력적이지 않아 보인다. 오히려 그 장막은 사람들로 하여금 더 이상 그 내부를 들여다볼 생각을 갖지 못하게 만드는 장애물이 되었고, 그렇게 아무도 찾지 않는 장막 속에서 『주역』은 서서히 말라 죽어갔다. 그래서 이제 아무도 그 진짜 모습을 모를 뿐만 아니라 그것이 있었는지조차 모르게 된 것이다.

이제 우리는 말라 죽어 가는 『주역』을 거짓의 장막으로부터 구해 내야 한다. 두꺼운 화장을 걷어 내고 민낯으로 솔직하게 사람들과 만나게 해야 한다. 짜글짜글 주름 낀 얼굴이 싫어서 외면할 사람도 있겠고 지금껏 자신이 알던 모습과는 영 달라서 떠나갈 사람도 있겠지만, 그래도 거짓스러운 신비와 칙칙한 심오함을 이해할 수 있는 언어로 바꾸어 설명하고 해석해야 한다. 그래서 특정한 소수만의 체험이나 체득이 아닌 모두의 이해와 동의를 구해야 한다. 그 속에서 여전히 가치 있는 것들을 찾아내고, 반면 시대에 맞지 않고 더 이상 의미를 지니지 못하는 것이 있다면 가차 없이 버려야 한다. 지금껏 가치라고 여겼던 것이 과연 지금도 가치 있는 것인지 진지하고 엄밀하게 따져 물어야 한다.

『주역』, 여전히 읽어야 하나?

그럼 『주역』은 과연 그럴 만한 가치가 있는가? 우리 자신을 의미하던 '동양'은 이제 '세계'로 대체되었으며, 지대한 영향을 미치던 '전통'은 그렇기 때문에 이미 단절된 것이 아니던가? 미개와 미신을 극복하고서 겨우 근대를 이루었고, 이제는 포스트모던을 이야기하는 마당에 과연 우리는 『주역』을 다시 살려 내야 할까? 우리가 더 이상 '동양인'이 아니고 우리가 지닌 문제들은 전근대도 근대도 아닌 현대의 것들인데, 다 죽어 가는 『주역』을 다시 들추어내는 것은 무의미한 연명치료가 아닐까? 과연 수천 년 묵은

『주역』이 우리에게 무언가를 줄 수 있을까?

나는 『주역』으로부터 충분히 얻을 것이 있다고 생각한다.

첫째, 시대적 변화와 맥락의 차이에도 불구하고 인간의 삶의 지평은 크게 변하지 않기 때문이다. 부자유친의 내용은 변했을지라도 우리는 여전히 가족이라는 일차적 공동체를 존재의 기반으로 한다. 남녀유별의 내용은 변했을지라도 우리는 여전히 남녀라고 하는 생물학적 조건 속에서 연애라는 감정적 관계와 결혼이라는 사회적 제도를 유지하고 있다. 장유유서의 내용은 변했을지라도 우리는 여전히 수많은 사회적 관계망 속에서 자신의 정체성을 수립하고 역할을 수행하면서 살아간다. 때문에 우리는 『논어』와 『맹자』를, 셰익스피어나 톨스토이처럼 오늘 다시 읽을 수 있는 것이다. 아니 읽어야 한다. 『주역』은 수천 년 인간의 삶을 담고 있다. 그토록 오랜 기간 그토록 많은 사람들의 지지고 볶는 이야기 속에서 일반화될 수 있는 지혜를 추리고 정리해 놓은 것이다. 때문에 읽어야 한다.

가끔 우리는 고금古今의 문제를 동서東西의 문제로 오해하곤 한다. 예컨대 남녀평등의 가치를 가지고 동양의 사유를 비난하기도 한다. 남존여비男尊女卑가 유가사상의 폐단이라고 한다. 하지만 그것은 유가사상의 고유한 본질도 가치도 아니다. 유가사상의 핵심은 거기에 있지 않다. 하지만 그보다 더 먼저 짚어야 할 것은, 전근대시기 남녀불평등의 문제는 기독교도 이슬람교도 불교도 마찬가지였다는 점이다. 남녀평등의 가치가 마치 서구 사상의 고유한 가치인 양 착각하곤 하지만, 남녀평등의 가치에 입각하면 서양이든 동양이든 과거의 사유는 모두 비판 받아야 한다. 과거의 잘못을 전통의 잘못으로 등치시키고서 그 내부의 가치 있는 것들을 모조리 쓸어버리는 우를 범해서는 안 된다는 말이다.

둘째, 『주역』은 '관계' 속에서 잘 살아가는 법을 말해 주기 때문이다. 현대사회의 무한경쟁은 필연적으로 인간을 고립시키고 피폐하게 만든다. 경쟁의 관계에서 타인은 결코 자신을 위로하고 도와주는 친구일 수 없다. 극한의 경쟁은 언제나 자신이 낼 수 있는 최고치를 요구하기 때문에 자신의 모든 것을 소진할 수밖에 없다. 이런 경쟁을 통해 얻게 되는 보상은 물질적 만족이나 상대적인 우월감이지만, 그것만으로 고립되고 피폐해진 개인을 치유하기에는 역부족이다. 현대인들은 이러한 결핍을 충족하기 위해 대상이나 물질에 더욱 집착하게 된다. 헬리콥터맘에서부터 명품 가방이나 고급 자동차의 소유와 그 비교에 이르기까지. 이제 현대인들에겐 탈출구가 필요하다. 정서적 빈곤과 관계적 소외를 극복하고서 느긋하게 숨 쉬고 넉넉하게 웃을 수 있어야 한다.

셋째, 『주역』은 도덕 이전에 이익을 말하기 때문이다. 내가 『주역』에서 가장 매력적으로 생각하는 것은 『주역』이 '이익'을 말한다는 점이다. 『주역』의 모든 질문은 "어떻게 하면 내게 이익이 될 것인가?"로부터 시작한다. 즉 『주역』이 시키는 대로 하면 이익이라는 말이다. 자신에게 이롭다는 말을 간단히 '이기적'이라고 한다. 이기적이라고 하면 모두들 좋아하지 않는다. 속물적이라고 흉보기도 하고, 심지어 부도덕하다고 비난하기도 한다. 하지만 인간은 모두 이기적이다. 사람은 욕망의 존재다. 자신의 이익을 마다할 사람은 없다. 『주역』은 대놓고 '이기'를 말한다. 그만큼 솔직하고, 그래서 편하다.

그러나 『주역』은 천박하지 않다. 단순하지도 않다. 수천 년의 관찰과 집적을 통해 인간을 깊이 있게 이해하고 있다. 그래서 솔직할 수 있는 것이고, 때문에 그만큼 정확하다. 거기에는 어떠한 미화도, 특정 계급의 요구도, 초월자의 명령도, 심지어 도덕적 요청도 없다. 오로지 어떤 것이 참된 이로움인가를 논한다. 우리는 궁극의 이익을 얻기 위해서 고려해야 할 것은 모두 고려해야 한다. 우리는 오늘만 살지 않고 나 혼자 살지 않기 때문이다. 참된 이익이기 위해서는 현재뿐만 아니라 과거와 미래를 관통해야 하고 자신뿐만 아니라 타인과 자연을 포함한 모든 관계들을 고려해야 한다고 『주역』은 말한다. 때문에 『주역』은 곧 인간과 세계와 역사에 대한 통찰이기도 하다.

그래서 『주역』이 말하는 이익이란 단순히 더 많은 물질적 소유와 비교우위적 소비를 의미하는 것이 아니다. 우리 사회도 이제는 놀부나 스크루지 같은 돈의 노예가 더 이상 행복하지 않다는 것은 알고 있다. 『주역』은 물질적 풍요와 성취뿐만 아니라 타인과의 조화로운 관계와, 거기서 오는 지지와 협력 더 나아가 정서적 안정과 인격적 고양을 포괄하는 총체적으로 풍요로운 삶을 지향한다. 『주역』은 이것을 '이익'(利)이라고 부른다. 즉 그 이익은 모든 것을 고려한 최종적 이익이다.

우리의 불행은 어디서 오는가?

우리는 모두 '잘' 살고 싶다. 하지만 지금 우리는 그다지 잘 살고 있는 것 같지 않다. 아프다고 한다. 헬조선이라고 한다. 자살공화국이라고도 한다. 모든 것을 포기해야 한다고 한다. 이건 아닌 것 같다.

지금까지 추구했던 '잘 사는 길'이 그다지 성공적이지 못했다면 우리는 이제 새로운 길을 모색해야만 한다. 실패한 길을 계속해서 반복하는 것은 성실함이 아닌 우둔함이다. 경쟁과 대결을 전제로 하는 자본주의에 대해 우리는 이제 진지하게 고민해 봐야 한다. 수천 년 동안 수많은 사람들의 경험과 지혜를 통해 완성된 『주역』적 '잘 사는 것'은 분명 우리가 유일한 진리라고 믿는, 그러나 실상 일이백 년밖에 되지 않은 자본주의의 방법보다 심층적일 가능성이 높다. 게다가 개인의 이익 추구를 인간의 본질적 속성으로 정면에서 인정하는 『주역』은 자본주의의 속성과 그 한계 및 해결점을 이미 수천 년 전에 발견하고 있었을는지도 모른다. — 그렇다고 전통이 모든 것을 해결하는 만병통치약이라는 말은 아니다. 고물상 좌판에서 우리는 진품을 찾아야 한다.

애초의 질문으로 돌아가 보자. 주식·연애·공부 …. 우리는 한마디로 잘 살고 싶다. 그런데 그보다 먼저, 도대체 어떻게 사는 것이 잘 사는 것일까? "걔네 집 잘사니?"라는 말이 정서적·문화적 의미가 아닌 재정적 의미라는 것을 잘 알고 있는 우리로서는, '잘 산다'는 것에 대한 익숙하고도 일치된 관점을 갖고 있는 것이 사실이다. 하지만 형제간에 재산 싸움을 벌이기도 하고 종종 자살로 생을 마감하기도 하는 재벌들의 기사를 접할 때, 우리는 '잘' 산다는 것이 마냥 재정적 의미일 수만은 없다는 점도 이미 잘 알고 있다. 우리에게는 잘 산다는 것에 대한 새로운 인식과 새로운 규정이 필요하다.

잘 산다는 것 즉 행복한 삶이 너무 포괄적이고 추상적이며 사람마다의 기준이 달라서 딱 부러지게 말하기가 어렵다면 우선은 거꾸로 '잘 못 사는 것'이 무엇인지 생각해 볼 수 있다. 우리의 불행은 어디에서 오는가? 우리의 불행은 '운명'과 '부조리' 그리고 '의지'의 결핍에서 온다.

첫째, 불행은 우리가 우연히 부여받고 태어난 '운명'에서 온다. 나는 정우성도 이효리도 아니다. 북유럽의 선진국이 아닌, 하필 미세먼지 자욱한 대한민국에서 흙수저로 태어났다. 이런 '열악한' 조건은 내가 선택한 것이 아니다. 때문에 억울하다. 우연으로 다가온 이 운명은 사실 극복이 쉽지 않다. 이것을 극복하기 위해서는 정말 성형외과에서 '뼈를 깎는' 노력이라도 기울여야 한다. 우리를 불행하게 만드는 이러한 조건을 우리는 어떻게 해야 할까? 회피하거나 무시하거나 극복하거나. 어찌됐든 우리는 이 운명을 '현실'로 받아들이고 삼키지 않을 수 없다.

둘째, 불행은 나 자신에게서 오기도 한다. 내일이 시험인데 공부하기가 싫다. 공부해야 한다는 것은 알지만 공부를 하지는 않는다. 좋은 성적을 얻지 못할 것이라는 것이 자명한데도 나는 공부하지 않는다. 나의 불행은 너무나도 뻔하다. 잘 삐지거나 인색한 나의 성격으로는 남들과 좋은 관계를 갖기가 쉽지 않다는 것을 알면서도 나는 나의 성격을 고치지 못한다. 이처럼 우리는 원인이 되는 어떤 행동이나 선택이 일정한 결과를 가져오게 된다는 이 뻔한 인과관계를 잘 알고 있음에도 불구하고 인과의 사슬이 가져다주는 불행으로부터 자유로울 수 없다. '의지'의 결핍이다.

셋째, 불행은 내 옆의 타인에게서 오기도 한다. 인과의 사슬을 잘 알기 때문에 나는 최선을 다 했음에도 불구하고 때로는 좋지 않은, 혹은 아예 생각지도 않은 나쁜 결과가 닥치기도 한다. 대부분의 사람들이 받아들일 수 있는 인과의 사슬을 우리는 '합리적'이라고 말하고, 합리적인 인과관계를 깨뜨리는 것을 '부조리' 혹은 '불합리'라고 말한다. 우연한 부조리나 불합리는 없다. 그건 그냥 '사고' 혹은 운명이라고 부른다. 부조리는 사고나 우연이 아니라 의도적으로 만들어진다. 의도적으로 남에게 부조리를 행하는 자 즉 '의지적 부조리 유발자'를 우리는 줄여서 '나쁜 놈'이라고 부른다. 우리 주변에는 언제나 나쁜 놈이 있게 마련이다. 왜냐면 인간은 자신의 이익을 위해 움직이는 존재이기 때문이다. 따라서 인간은 모두 잠재적인 나쁜 놈이다. 우리 역시 나쁜 놈일 수 있다. 다만 우리는 대부분 스페셜한 전문적 나쁜 놈들에 미치지 못하기 때문에 덜 나쁜 놈이 될 뿐이다. '부조리'는 남에게서도 나에게서도 발생한다.

이렇게 우리의 불행은 '운명'과 '부조리', 그리고 '의지'의 박약으로부터 온다. 때문에 행복한 삶을 위해서는, 즉 잘 살기 위해서는 이 세 가지만 잘 처리하면 된다. 잘 살기 위해서는 운명처럼 다가오는 나의 삶의 조건들을 해결해야 하고, 합리적인 인과의 사슬 속에서 어떻게 행동해야 할지 알아야 하고 또 그에 맞춰 행동해야 하며, 언제나 어김없이 존재하는 내 주변의 나쁜 놈 혹은 내 내면의 나쁜 놈을 잘 처리해야 한다.

그런데 이 세 가지는 곧바로 우리의 '삶' 그 자체이기도 하다. 던져진 운명 속에서 이런 놈 저런 놈들과 지지고 볶으면서도 잘 살기 위해 안간힘을 쓰는 것이 바로 우리네 삶이기 때문이다. 동양철학은 삶을 정면에서 직시한다. 서양철학처럼 '이것이 무엇인가?' 따위의 '진리에 대한 사랑'(philosophy) 같은 한가함이 없다. 내 앞에 닥친 절체절명의 이 문제, 이 삶을 해결하기 위해 동양철학은 모든 것을 걸고 싸운다.

『주역』은 동양철학의 대표선수다. 때문에 『주역』이 직시하는 것 역시 인간의 삶 그 자체다. 그리고 『주역』이 본 우리의 삶 역시 운명과 부조리 그리고 의지로 구성되어 있다. 이 세 가지가 종으로 횡으로 교차하는 것이 바로 『주역』이 본 우리네 삶의 지평이다. 이 삶의 지평을 살아가는 주체로서 우리는 어떻게 해야 행복할 수 있을까? 잘 사는 길이란 이 세 가지를 어떻게 이해하고 대응하고 실천할 것인가의 문제라고 『주역』은 말하고 있다. 따라서 이 책은 이 세 가지 키워드를 중심으로 전개될 것이다.

그것은 잘 사는 길에 대한 『주역』적 관점이면서 동시에 인간과 관계와 세계에 대한 『주역』적 관점이기도 하다.

이익과 도덕

마지막으로 한 가지 짚고 넘어가야 할 문제가 있다. 앞에서는 내 이익을 위해서 가능한 모든 것을 고려해야 한다고 했다. 그러나 무식한 놈이 용감하다고, 고려할 것이 너무 많아지다 보면 우리는 과감하게 결단하기 어려울 수도 있다. 타인을 고려하다가 자신의 이익을 뒤로 할 수도 있고, '궁극의 행복'이라는 거창한 이름 때문에 지금 이 순간의 행복을 포기하기도 한다. 타인에 대한 고려는 '배려'가 되어 도덕의 문제와 연결되곤 한다. 도덕은 흔히 자신의 사적인 이익과 충돌하는 것으로 여겨진다. 종합적이고 궁극적인 것에 대한 고려는 즉자적이고 감각적인 감정을 못 믿을 것으로 여기게끔 한다. 감정적 살아 있음은 흔히 이성적 통제의 결핍으로 여겨진다.

『주역』 역시 애당초 '나의 이익'이라는 단순한 기준에서 출발하지만, 고려해야 할 것들이 많아짐에 따라 점차 이성적·도덕적으로 되어 가는 경향을 보인다. 따라서 이 책에서 다루는 '나의 이익'이 결국엔 도덕의 문제와 결부되지 않을 수 없게 되는 것이 사실이다. 그렇게 되면 나의 이익을 뒤로 하고 도덕을 우선해야 하는 것으로 생각할 수 있다. 소위 '선공후사先公後私', 즉 공공의 이익을 우선하고 자신의 이익을 나중으로 한다는 것이다. 그래야 도덕적인, 즉 훌륭한 사람이라고 생각되는 것이다. 과연 도덕의 본질은 나의 이익과 모순되는가?

그러나 도덕의 본질은 인간을 통제하고 억압하는 데 있지 않다. 인간을 억압하기만 하는 의무와 도덕은 과감하게 부정되어야 한다. 특히나 이익을 인식과 선택의 기준으로 보고 있는 『주역』의 경우는 더 그렇다. 도덕의 본질은 그것을 통해 인간을 자유롭게 하고 풍부하게 하며 궁극적으로 행복하게 하는 데 있다. 아픈 주삿바늘이 실은 내 건강을 위해 이로운 것이며, 하기 싫은 공부가 사실은 내 성적을 위해 이로운 것임을 알아야 한다. 도덕의 본질은 인간을 이롭게 하는 것이다. 그래야만 도덕이다.

그러니 어찌됐든 모든 고려의 출발은 자신임을 잊지 말아야 한다. 타인을 배려하고 사회와 역사를 고려하느라 자신을 소외해서는 안 된다. 국가와 민족, 부모와 형제마저도 내가 있음으로써 의미를 지닌다. 모든 도덕은 나의 이익과 무관하지 않아야 한다.

그렇다고 존재하는 모든 규범의 체계가 언제나 그랬다는 말은 아니다. 우리에게 부여된 규범들 중에는 누군가의 이익임을 은폐한 채 도덕의 이름을 가장한 것들이 많다. 우리는 어떤 규범이 건강한 도덕인가를 다시 따져 물어야 한다. 도덕의 출발은 여전히 나의 이익이다. 가장 먼저 배려되어야 할 것은 여전히 나다. 내가 가장 중요하다.

제1부 『주역』, 어떻게 읽어야 하나?

제1부는 『주역』이라는 책을 읽기 위해서라도, 또 이 책을 이해하기 위해서라도 꼭 필요한 기초지식을 소개하는 도입부다. 아무리 쉽게 소개하려고 노력한다 하더라도 생소한 이야기들일 수밖에 없다. 재미가 있기 어렵다. 그래서 처음에 나는 이 도입부를 책의 뒷부분에 넣고 본론에 해당하는 제2부를 바로 시작해서 현대인들을 위해 '해석된' 『주역』을 먼저 전하려고 했다. 그러나 그것이 불가능하다는 것을 곧 인정할 수밖에 없었다. 괘卦니 효爻니 하는 기초적인 개념어를 쓰지 않고서는 아무래도 이야기를 풀어갈 도리가 없었기 때문이다.

내 경험으로는 어려운 책을 이해하기 위해 그것을 쉽게 풀어놓은 소위 '개설서'를 읽는 것이 그다지 도움이 된 적은 없었다. 봐도 무슨 얘기인지 도통 모를 어려운 책을 바로 읽는 것보다는 개설서를 통해서 대략적인 분위기를 파악하는 것이 요긴할 때도 분명 있으련만, 어쩐지 나는 오로라 사진첩을 보거나 오페라 해설집을 읽는 것처럼 끝내 명료한 이해와 생생한 느낌을 얻을 수 없었다.

읽어도 무슨 말인지는 잘 모르지만, 칸트를 만나기 위해서는 잘 된 개설서보다 『순수이성비판』을 직접 열어보는 것이 좋다는 생각이다. 공자를 이해하기 위해서는 『논어』를 직접 읽어 봐야 한다. 그러고도 무슨 말인지 모를 때, 그때 개설서든 해설서든 다른 책의 도움을 받는 것이 좋다. 그런데 우리의 『주역』만큼은 그렇지가 않다. 직접 열어서 읽어 보려고 하지만 도대체가 읽히지가 않는다.

『논어』도 『성경』도 『순수이성비판』도 우리가 아는 대부분의 책들은 첫 페이지부터 쭉 읽어 내려가면 된다. 그러나 지금 우리가 보는 『주역』에는 삼천 년 전의 문장과 이천 년 전의 주석들 그리고 천 년 전의 새로운 주석들이 한꺼번에 섞여 있다. 그뿐만이 아니다. ☰나 ☷ 같은 알 수 없는 도형들이 출몰하고, '초구初九'니 '구이九二'니 하는 용어들도 아무런 설명 없이 자리 잡고 있다. 그렇다고 본문의 내용이 이 그림이나 용어들과 관련이 있어 보이지도 않는다. 주석서에는 '중정中正'이니 '승승承乘'이니 하는 용어들이 쏟아지는데, 마치 다 알고 있는 사람에게 말하듯 불친절하기가 이를 데 없다.

때문에 부득이하게도 『주역』은 그것을 읽기 위한 일련의 기초지식이 필요하다. 『주역』에 대해 관심을 가지려면 『주역』을 직접 읽어 봐야 하는데, 기초지식

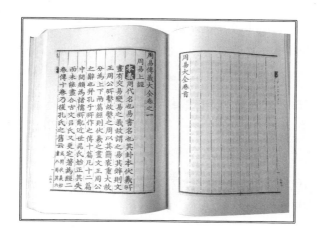

없이는 한 줄도 읽을 수가 없으니 난감하기 그지없다. 진퇴양난이다. 나름의 해설서에 해당하는 이 책을 무리 없이 이해하기 위해서도 최소한의 기초지식이 필요하다. 가장 쉽고 친절하게 『주역』을 소개하자는 당찬 포부로 시작했건만 참으로 재미없는 얘기로부터 시작하지 않으면 안 되는 저자의 입장을 너그러운 마음으로 이해해 주시길 바랄 뿐이다.

　사전에서 무엇을 찾기 위해 첫 페이지부터 뒤지고 있다면 이 얼마나 안타까운 일인가? 나는 어렸을 때 형들이 쓰던 사전을 펼쳐 본 적이 있다. 누구도 설명해 주지 않았고, 나도 물을 생각이 없었다. 형들이 보던 책을 훔쳐보는 것이 내게는 나름의 재미였다. 처음 본 국어사전이 신기해서 첫 장부터 한 장 한 장 읽어 나갔던 기억이다. 나중에는 영어사전도 보게 되었다. 그때는 사전이 무엇인지 정도는 알던 때였다. 다만 알파벳 순서도 몰랐고 그 순서에 의해 찾는다는 것도 몰랐다. 막연히 어떤 단어를 찾기 위해 처음부터 끝까지 페이지를 넘겼던 기억이 있다. '기초지식'이 없었기 때문에 겪어야 했던 어리석은 경험이다. 『주역』을 이해하려는 독자들은 나의 우매함을 반복해서는 안 된다.

　다만 나는 이 지루한 기초지식을 '최소한'으로 한정하여 꼭 필요한 것만 간추리려고 노력했다. 어차피 이거 알아서 시험 볼 거 아니니까. 그래도 혹 도저히 견디기 어려운 독자들은 이 도입부의 절반만 읽고 바로 본론으로 들어가도 될 듯싶다. 나머지는 제2부와 3부의 본론을 다 읽고서 다시 돌아와 읽어도 좋다.

1. 『주역』의 구성과 저자

앞에서 이미 슬쩍 밝혀놓았지만 지금의 『주역』에는 대략 삼천 년 전에 만들어진 더 먼저의 『주역』과, 그에 대한 주석서 혹은 해설서로서 대략 이천 년 전쯤 만들어진 더 나중의 『주역』이 섞여 있다. 원래의 『주역』을 『역경易經』이라고 부르고 나중의 것을 『역전易傳』이라고 부른다. 동양의 전통에서 '경經'은 위대한 성인들이 만든 '경전經典'을 의미한다. 동양의 '바이블'인 것이다. 그리고 '전傳'은 이 위대한 바이블에 대한 해석을 의미한다. 경전 중에서도 '역易'에 대한 경전이기 때문에 『역경』이라 불렀고, 『역경』에 대한 해설서이기 때문에 『역전』이라고 했다.

『역경』은 누가 지었을까? 결론부터 말하면 모른다. 전통적 설명으로는 주周나라의 초대 임금인 문왕文王과 그의 아들 주공周公이 지었다고 한다. 주나라는 중국의 역사에서 하夏나라와 은殷나라를 잇는 왕국으로서 대략 기원전 천 년 정도에 시작된 것으로 알려져 있다. 문왕이 아직 은나라의 제후였을 때, 그는 은나라의 마지막 임금인 주왕紂王에게 잡혀 유리羑里라는 곳에 감금된 적이 있는데 이때 『역경』을 만들었다고 전해져 온다.

『역경』의 내용을 보면 점을 친 결과들을 모아 놓았다는 인상을 받는다. 그리고 아마도 그것은 사실일 것이다. 때문에 『역경』이 어느 한 시점에 어느 누군가에 의해서 단박에 만들어졌다고는 생각되지 않는다. 그것은 분명 오랜 기간 점쳐 온 내용들을 종합하고 취사하여 만든 것으로 보인다.

다만, 그 내용으로 보면 은나라 말기 주나라 초기에 해당하는 사실들이 많이 기록되어 있다. 때문에 대표 저자로 문왕의 이름을 올려도 크게 잘못된 것은 아니라고 하겠다.

게다가 혁명을 꿈꾸는 정치인이자 전쟁을 수행해야 하는 장수로서 적의 감옥에 갇혀 있는 이의 심정은 오죽했을까? 임신한 여자의 배를 가르는 등 온갖 악행을 저지르는 포악한 주임금을 물리치고 백성을 위한 새로운 나라를 세워야 한다는 강렬한 의지, 그러나 지금은 갇혀 있는 신세, 자신의 지나온 삶을 돌아보게 되는 간절한 사색의 시간이었을 것이다. 기록에 의하면 죽은 병사들의 피가 강물이 되어 거기에 절굿공이가 떠내려갔다고 한다. 이 처참한 전쟁은 무엇을 위한 것인가? 나는 과연 이 전쟁을 수행할 자격이 있는가? 자신에게 주어진 운명이 과연 무엇인지, 아니 도대체 운명이란 무엇인지, 절박한 심정으로 문왕은 『역경』을 만들었을 것이다.

그러나 『역경』의 문장은 너무나 짧고 함축적이다. 아마도 점친 기록이기 때문일 것이다. 당연히 점을 치는 그 당시에는 이해할 수 있었겠지만, 시간이 흘러 해당 사건이 잊히고 당사자도 사라지고 나면 애당초의 '기록'은 신비한 '주문'이나 심오한 '비유'가 되고 만다. '수레 한가득 실린 귀신'이라든지 '침상의 다리를 자른다'든지, 도대체가 무슨 말인지 모를 말들이 수두룩하다. 때문에 그 자체만으로는 더 이상 이해할 수 없어서 일련의 주석과 해설이 필요하게 되었으며, 이에 맞춰 다양한 문헌들이 출현하게 되었다. 그 문헌들을 모아 놓은 것이 바로 『역전』이다.

전통적으로 『역전』은 춘추春秋시기의 공자孔子가 지었다고 주장되어 왔다. 하지만 그 내용 가운데는 공자의 시기보다 한참 뒤인 전국戰國 중후기에 해당하는 것들도 있다. 또 동일한 내용에 대해 두셋의 주석서가 동시에 존재하기도 한다. 이로 볼 때『역전』역시 어느 한 사람에 의해 만들어진 것은 아닌 듯하다. 아마도 지금 우리가 보는『역전』이외에도 더 많은 문헌들이 있었을 것이다. 실제로 최근 고고 발굴 현장에서 발견되는 출토문헌에는 처음 보는『주역』관련 문헌들이 포함되어 있다. 지금의『역전』은 학파나 학자 간의 경쟁 속에서 살아남은 주석들을 모은 것으로 보인다. 마치 기독교에서 예수의 행적에 대해 마태·마가·누가·요한과 같은 서로 다른 제자들이 동시에 기록을 남긴 것처럼, 또 성경에 수록되지 못한 많은 외전들이 있는 것처럼,『역경』에 대한 다양한 주석서들이 경쟁하면서 발전하다가 일련의 편집자들에 의해 갈무리되었을 것이다.

지금 전해지는『역전』은 모두 열 편이다.「단전彖傳」상·하,「상전象傳」 상·하,「문언전文言傳」, 그리고「계사전繫辭傳」상·하,「설괘전說卦傳」,「서괘전序卦傳」,「잡괘전雜卦傳」, 이렇게 열이다.『역경』을 풀어 주는 열 개의 날개라는 뜻에서 십익十翼이라고 부르기도 한다. 그런데 이 중「단전」·「상전」·「문언전」은『역경』의 구체적인 구절에 대한 설명이기 때문에 주석서라고 할 수 있고,「계사전」이하는『역경』의 전반적인 내용이나 중심 사상에 대한 나름의 설명이기 때문에 해설서라고 할 수 있다.

연구자들은『역전』이, 빠른 경우는 춘추 말기로부터 늦게는 전국 말기 심지어는 한대漢代 초기에 걸쳐 차례로 형성되었다고 말한다. 대략 기원전 4세기에서 기원전 2세기 무렵이다. 때문에『역경』과는 최소 6~800년의 시간 차이가 있다. 따라서 내용에 있어서도 시간의 거리만큼이나 차이가 있을 수밖에 없다. 예컨대『역경』의 '정貞'자는 원래 '점친다'는 의미를 지니고 있다. 글자의 윗부분에 이미 '복卜'자가 들어 있는 것만 보아도 알 수 있다. 그러나『역전』에서는 '바르다'는 의미로 읽는다. 그래서『역경』

에서 다수 출현하는 '이정利貞'은 '점치는 것이 이롭다'에서 '바름이 이롭다'로 그 의미가 변질되었다. 철학화·규범화의 전형이다.

그런데 위진魏晉시기의 위대한 역학자인 왕필王弼이 『역경』과 『역전』을 하나로 묶어 편집해 버렸다. 그는 「단전」·「상전」·「문언전」 같은 주석서들은 『역경』의 해당 구절 밑에 잘라서 붙이고 나머지 해설서들은 『역경』의 뒤에 합쳐 버렸다. 『역전』의 권위를 인정해서였겠지만, 왕필의 편집 이후로는 『역경』의 내용을 『역전』에 입각해서만 해석하게 되는 해석학적 종속의 문제를 야기하게 되었다. 천 년의 시간을 격하고 있는 별개의 저작을 하나로 만든 것이다. 어려운 얘기는 그만두더라도 요즘의 독자들이 읽기에 무척 헷갈리게 되어 버렸다.

『역경』은 분명 점친 기록이다. 그런데 시간이 지남에 따라 그 내용을 무척이나 심오하게 해석하는 경향이 발전해 갔으며, 결국에는 엄청난 철학적 사유를 담기에 이르렀다. 점이 철학이 된 것이다. 하지만 이것을 꼭 거짓말이라고 할 필요는 없다. 이 역시 하나의 발전일 수 있다.

예컨대 '삶은 계란'이라는 문장이 적힌 팻말이 천 년 뒤 어느 고고 현장에서 발견되었다고 해 보자. 처음에는 이 글이 무엇을 뜻하는지 몰라 머리를 쥐어짤 것이다. 그러다가 어떤 철학자는 삶이 지니는 생명성 그리고 재생성에 대해 한 편의 논문을 내놓을지도 모른다. 둥글지만 완전한 구형이 아닌 계란에서 삶의 지혜를 배워야 한다는 베스트셀러도 출현할 것이다. 그러다가 또 몇 년이 흘러 그 고고학 발굴 현장에서 다시 '떡볶이'와 '라면'이 출현하고 나면 이 모든 것이 한바탕 해프닝이었음을 알게 될 것이다.

그러나 꼭 그런가? 삶의 생명성과 원만함의 지혜는 그 자체로 철학적 가치를 지니는 사유다. 때문에 원래의 '삶은 계란'이 분식집 메뉴로 판정된다해서 이러한 사유의 확장이 폐기되어야 할 이유는 없다. 이는 역사적 사실에 대한 추적과는 별개의 문제다. 어찌 보면 철학은 엄청난 구라[1]의 집적이라고 할 수 있다. 실제로 최근 땅속에서 나온 일단의 출토문헌들은 그간의 주석서들이 얼마나 황당한 구라였는지를 고발하는 경우가 비일비재하다. 그러나 역사 속에서 발전해 온 수많은 철학적 사유는 그 자체의 고유한 의미를 지닌다. 인류의 사유를 그만큼 풍부하게 해 주었고 고귀한 가치들을 발굴 생산해 내었다. 셰익스피어는 전혀 그런 뜻으로 쓴 것이 아니더라도 우리는 햄릿을 고뇌하는 인물로, 리어왕을 인간 본성의 나약함으로 풀어낼 수 있는 것이다. 문학적 · 철학적 해석권은 원저자에게 있지 않다.

　우리의 『주역』도 마찬가지다. 『역경』이 점치는 책이고 점친 기록들을 모은 것인 데 반해 『역전』은 그것을 다분히 철학적으로 해석한 것이다. 앞에서 본 정貞자의 경우가 대표적이다. 『역경』 원래의 의미와는 달라졌지만 그 자체로 새로운 사유의 체계를 형성한 것이다. 우리가 이 책에서 수많은 구라를 풀어낼 수 있게 된 것도 다 이러한 창조적 오류들의 결과다.

---

1) '구라'라는 말은 비속어다. 품격 있는 학술서에서 사용할 말이 아니지만, 이 책은 학술서가 아니다. 나는 개인적으로 '구라'라는 말을 많이 사용한다. 거짓말 정도로 번역될 수 있다. 하지만 철학에서 진행되는 사유의 발전이 꼭 거짓말은 아니다. 그렇다면 '과장'이라고 할 수 있을까? 과장이란 원래의 모습보다 부풀려진 것일 텐데, 철학적 사유에서 원래란 없다. 때문에 과장도 적합하지 않다. 그렇다고 '삶은 계란'에서 원만함의 지혜를 뽑아내는 것을 심오한 '진리'라고 할 수도 없는 노릇이다. '의미의 延伸 혹은 확장' 정도가 그나마 가깝다. 거미가 거미줄을 뽑아내듯, 물레가 물레실을 돌리듯 어느 하나의 '의미'가 끊임없이 자체 발전하는 것이라고 할 수 있다. 하지만 그것이 과학적 엄밀성이나 실체적 근거를 결여하고 있다는 측면에서 나는 자조적으로 '구라'라고 말한다. 인문학적 사유는 사회과학적 · 자연과학적 근거와 도움을 확보할 필요가 있다. 사실에 근거하지 않을 때 그것은 언제나 사상누각 즉 허무한 구라에 그칠 수 있다.

2. 괘와 효

앞 장에서는 『주역』의 구성과 저자가 단순하지 않다는 것을 설명했다. 그런데 이 책을 이해하기 어렵게 만드는 더 큰 문제는 이 책이 『논어』나 『맹자』처럼 단순한 내러티브(narrative)로 전개되지 않고 독특한 장절의 구성을 지니며 거기에 ☰, ☷, ☳과 같은 도상이 부기되어 있다는 점이다. 먼저 도상에 대해 살펴보자.

『역경』에는 모두 64개의 그림 즉 도상이 출현하는데 이를 괘卦라고 부른다. 괘의 생김 즉 괘상卦象은 64개나 되지만 모든 괘상은 언제나 두 종류의 선 즉 —과 --의 조합으로 구성되어 있다. 이 두 개의 선을 효爻라고 하며, —은 양효陽爻, --는 음효陰爻라고 부른다. 양효와 음효는 말 그대로 양과 음을 상징하는데, 이 그림이 어디서 유래했는지는 정확히 알지 못한다. 그러나 연구자들에 따르면 대체로 남녀의 생식기를 상징했다는 설과 홀수와 짝수를 상징했다는 설이 유력하다. 그런데 최근에 발굴된 문헌에는 -- 가 ∧으로 되어 있는 경우가 있다. ∧은 한자 육六의 옛날 형태다. 때문에 생식기설보다는 숫자설이 좀 더 설득력을 얻고 있다. 모든 괘상은 양효나 음효의 여섯 번 중복으로 구성되어 있다. 때문에 $2^6 = 64$가 되는 것이다. 정리하자면 『주역』에는 64괘가 있고 각각의 괘에는 여섯 개의 효가 있으니 모두 384개의 효가 있게 되는 셈이다.

64개의 괘에는 고유한 이름이 붙어 있다. 예컨대 처음부터 ☰에는 건乾, ☷에는 곤坤, ☳에는 준屯이라는 이름이 붙어 있다. 그래서 각각의 괘는 건괘·곤괘·준괘라고 불린다. 하지만 384 각각의 효에는 고유한 이름이 없다. 다만 그 효가 양효인지 음효인지, 그리고 여섯 개의 효 자리 중 어디에 위치하는지에 따라 부르는 방법이 있다. 우선 양효는 구九라고 하고 음효는 육六이라고 하며, 여섯 효 중 제일 아래부터 위로 올라가면서 각각 초初·이·삼·사·오·상上이라고 부른다. 이 둘을 결합하면 그 효가 어디에 있는 어떤 성질의 효인지를 알 수 있다. 예컨대 준괘(☳)는 초구·육이·육삼·육사·구오·상육 효로 구성되어 있는 것이다. 초와 상만 구와 육보다 앞에 오고 나머지 2, 3, 4, 5는 구와 육보다 뒤로 가는 순서다. 훈련 삼아 『주역』의 네 번째 괘인 몽괘蒙卦(☶)를 분석해 보면, 초육·구이·육삼·육사·육오·상구 효가 된다.

『역경』제일 앞에는 건괘乾卦의 괘상 ☰이 먼저 나오고 곧바로 그에 대한 "乾, 元코 亨코 利코 貞하니라"라는 문장이 나온다. 이렇게 괘상 뒤에 나오는 말을 괘사卦辭라고 부른다. 그런 다음 효상은 없는 채로 "初九, 潛龍이니 勿用이니라"라는 문장이 이어진다. '초구初九'라고 했으니 이것이 초구 효사임을 알 수 있다. 다음은 "九二, 見龍在田이니 利見大人이니라"라고 되어 있다. 물론 이는 구이 효사다. 그래서 일반적으로 한 괘는 괘상·괘사 그리고 여섯 개의 효사의 순서로 구성되어 있다. 그러고 나면 그 다음 괘가 나오는 것이다. 때문에 『역경』에는 모두 64개의 괘사와 384개의 효사가 있게 된다. 그런데 사실은 『주역』의 제일 앞 두 괘인 건괘乾卦와 곤괘坤卦에는 용구用九와 용육用六이라는 효사가 더 있다. 그래서 사실은 386개의 효사가 있다. 그리고 이렇게 괘상과 괘효사의 총합이 『역경』의 전부다.

그런데, 앞에서 설명한 것처럼 지금 우리가 보는 『주역』에는 「단전」·「상전」·「문언전」 같은 『역전』의 구절들이 『역경』의 각 구절에 붙어 있다. 그래서 사실은 괘상·괘사·단전·상전(괘사에 붙은 상전을 대상전이라고 부르기도 한다)·효사·소상전(효사에 붙은 상전이라는 뜻이다)의 순서로 되어 있다. 제일 앞의 건괘와 곤괘에는 여기에 문언전이 더 붙어 있다. 이해를 돕기 위해 『주역』의 원문 일부를 소개한다.

14. ䷍ 離上乾下 火天大有
   大有, 元亨하니라.
   彖曰 大有는 柔得尊位하고 大中而上下應之할새 曰大有니 其德이 剛健而文明하고 應乎天而時行이라 是以元亨하니라.
   象曰 火在天上이 大有니 君子 以하야 遏惡揚善하야 順天休命하나니라.
   初九, 无交害니 匪咎나 艱則无咎리라.
   象曰 大有初九는 无交害也라.
   九二, 大車以載니 有攸往하야 无咎리라.
   象曰 大車以載는 積中不敗也라.
   九三, 公用亨于天子니 小人은 弗克이니라.
   象曰 公用亨于天子는 小人은 害也리라.
   九四, 匪其彭이면 无咎리라.
   象曰 匪其彭无咎는 明辨晢也라.
   六五, 厥孚 交如니 威如면 吉하리라.
   象曰 厥孚交如는 信以發志也오. 威如之吉은 易而无備也일새라.
   上九, 自天佑之라 吉无不利로다.
   象曰 大有上吉은 自天佑也라.

먼저 이 구절은 『주역』의 14번째 괘인 대유괘大有卦다. 여기서 처음의 그림 ䷍은 대유괘의 괘상이다. 그리고 "離上乾下 火天大有"는 괘의 구조를 설명해 주는 해설로서 나중에 붙은 구절이다. 불(火)을 상징하는 리괘離卦가 위에 있고 하늘(天)을 상징하는 건괘乾卦가 아래에 있음으로써 대유괘가 되었다는 설명이다. 그다음 "大有, 元亨하니라"가 대유괘의 괘사다. 그다음 "彖曰 大有는 柔得尊位하고 大中而上下應之할새 曰大有니 其德이 剛健而文

44

明하고 應乎天而時行이라 是以元亨하니라"가 이에 대한『역전』의 해설인
데,『역전』중「단전象傳」의 구절이다. 그다음 "象曰 火在天上이 大有니
君子 以하야 遏惡揚善하야 順天休命하나니라"는『역전』중「상전象傳」의
구절이다. 그다음 "初九, 无交害니 匪咎나 艱則无咎리라"는 대유괘 초효의
효사이고, 계속해서 초구 효사에 대한「상전」의 해설인 "象曰 大有初九는
无交害也라"가 이어진다. 다음에는 구이 효사와 그에 대한「상전」의 해설이
이어지고, 이런 식으로 마지막 상구효와 그에 대한「상전」까지 반복된다.

아 복잡하다. 고전을 전공으로 하지 않는 사람들에게는 이미 충분히
어렵고 복잡해졌을 것이다. '아 어렵다'라고 생각되는 이는 지금 바로
본론으로 넘어가도 좋다. 사실『주역』을 읽기 위한 가장 기초적인 지식은
이것으로 족하다. 나머지는 좀 더 읽고 싶은 흥미가 생겼을 때 돌아와
다시 시작해도 좋다. 아니다. 아무래도 팔괘까지는 이해하고 가는 게
좋겠다.

3. 괘·효상과 괘·효사

그럼 괘상과 괘사는 어떻게 연결된 것일까? 도대체 괘상은 어떻게 만들어
졌고 무엇을 상징하는가? 결론부터 말하면 이 역시 지금은 알 수 없다.
다만 중국의 오랜 역사책인『좌전左傳』에서 우리는『주역』의 형성과 관련한
몇몇 힌트를 얻을 수 있다.『좌전』에 의하면 국가의 중요 결정 사항이
있을 때면 점을 치는데, 점의 결과를 국가기록원에 보관한다. 그랬다가

한 해가 지나면 기록원에 있는 점의 결과들을 모두 꺼내다가 맞았는지 틀렸는지를 검토한다. 그래서 맞은 점괘들만 다시 보관한다.

아마도 『주역』은 이렇게 모아 놓은 점괘들 중에서 공통적인 성격의 것들을 한데 엮어 하나의 괘로 꾸려놓은 것으로 보인다. 그리고 각각의 괘 내에서 사태의 전개에 따라 초효부터 상효까지 점사들을 배열해 놓은 것이 효사라고 하겠다. 공통적인 성격을 특정하여 이름을 부여하면 그것이 괘의 이름 즉 괘명卦名이 되는 것이다.

그래도 여전히 풀리지 않는 것은 괘상이다. 왜 건괘에는 ☰, 곤괘에는 ☷ 같은 괘상이 배당되었을까? 자다가 일어나 생각해 보아도 알 수가 없다. 어떤 사람은 괘상이 단순한 '도서 분류표'라고 본다. 그래서 양효와 음효는 국가기록원 내의 점괘들이 모여 있는 위치를 표시해 주는 것에 불과하다는 것이다.[2] 상당히 설득력이 있지만 지금으로서는 그 진위 여부를 확인할 수가 없다.

그런데 문제는, 혹은 비극은 여기서부터 시작된다. 괘상은 지금 보아도 무척 신비해 보인다. 양효와 음효가 들쭉날쭉 교차하면서 나름의 상징성을 갖는 것처럼 보인다. 예컨대 이괘頤卦(☲)는 생긴 모양이 사람의 입을 닮아서 이괘가 되었다는 것이다. '이頤'는 턱을 의미한다. 초효와 상효가 입술이고 그 사이의 음효들은 벌려진 입모양을 상징한다. 이처럼 괘상이 위치를 나타내는 단순한 기호가 아니라 그 자체로 특정한 의미를 담고 있는 상징이라고 생각하게 된 것이다. 그래서 그 괘상에 담겨 있는 상징성이 그에 대응하는 괘·효사와 관련이 있다는 것이다. 괘상이 그렇기 때문에 괘·효사가 그럴

---

2) 문용직, 『주역의 발견』(부키, 2007), 109쪽 참고.

수밖에 없다는 말이다. 이는 『주역』이 『논어』나 『맹자』 같은 여타 저작들과는 달리 문자에 의한 내러티브로만 구성되어 있지 않고 괘상이라고 하는 기호가 함께 동원되기 때문에 발생한 문제다. 성인의 저작인 『주역』에서 괘·효상과 괘·효사 간에는 당연히 논리적 정합성이 있을 것이라는 생각이다. 물론 이러한 생각은 『역경』의 단계에서는 전혀 보이지 않고, 나중에 『역전』의 단계에 와서야 체계화되었다.

사실 『주역』 연구의 모든 역사는 괘·효상과 괘·효사 간의 논리적 연속성을 설명하기 위한 과정이었다고 해도 과언이 아니다. 『역전』이 이미 그렇고, 『역전』 이후의 모든 주석서는 이 문제를 해명하기 위해 골몰했다. 이 기나긴 노력에 대해서는 〈상수와 의리〉 부분에서 다시 논하겠다.

이 문제에 대한 나의 입장은 한마디로 '쓸데없는 짓'이라는 것이다. 아마도 최초의 점치는 행위는 지금보다는 한참 단순했을 것이다. 요즘에도 결정하기 어려운 일이 발생했을 때 여러분은 어떻게 하는가? 동전을 공중에 휙 던졌다가 앞면이 나오는지 뒷면이 나오는지에 따라 가부를 결정하곤 한다. 아니면 좀 더럽다고 생각할 수 있지만, 손바닥에 침을 뱉어 놓고 탁 쳐서 그 방향으로 결정할 수도 있다. '가부可否'란 그거냐 아니냐 혹은 이거냐 저거냐다. 즉 선택지가 둘의 경우다. 아마도 『주역』점의 초기 형태도 이러한 양자선택적인 것이 아니었을까 싶다. 그리고 그것을 표시한 것이 ―과 ――이 아니었을까?

이제 최초의 『주역』을 우리가 실험적으로 만들어 보자. 짜장면을 먹을지 아니면 짬뽕을 먹을지, 정말 이건 영원히 해결될 수 없는 문제다. 결국 점을 쳐 본다고 하자. 점의 도구는 동전이다. 앞면이 나오면 짜장면을,

뒷면이 나오면 짬뽕을 먹기로 정했다. 그리고 던졌다. 뒷면이 나왔다. 그래서 짬뽕을 시켰다. 여기까지가 점친 행위의 과정이다. 그래서 만족스럽게 짬뽕을 시켜 먹었는데 과연 맛있었고 소화도 잘 됐다. 이는 점의 결과다. 아 역시 나의 동전점은 믿을 만하다. 이걸 기록으로 남긴다면 어떻게 될까? 〈100원, 짬뽕을 시켰고 맛있었다.〉 '100원'이 괘상이라면 '짬뽕'과 '맛있다'는 괘사(占辭)다. 마찬가지로 '이순신'이 괘상이라면 '짜장면'이 괘사다. 그런데 과연 '100원'과 '짬뽕' 혹은 '이순신'과 '짜장면' 사이에 논리적 연속성이 있을까? 없다. 수 100의 완결성이 짬뽕 속에 모든 것이 들어 있음을 상징한다거나 이순신 장군이 사실은 짜장면을 좋아했다고 하는 것은 모두 '구라'에 속한다. 애당초 동전점을 칠 때 100과 짬뽕, 이순신과 짜장면 사이에 어떠한 논리적 연속성을 전제하고 연결시킨 것이 아니기 때문이다. 그냥 약속일뿐이다. 때문에 나는 『주역』의 괘·효상과 괘·효사 사이에는 어떠한 논리적 연속성도 없다고 생각한다. 그런데 동전은 어디가 앞면이지?

4. 팔괘

그런데 사태가 좀 더 복잡해지면 둘 만으로는 결정할 수 없게 된다. 동서남북 중에 어디로 갈까? 네 명 중에 누가 밥값을 낼까? 선택지는 넷이다. 가위 바위 보로 결정하기도 하고 제비뽑기를 하기도 한다. 『주역』의 부호로 표시하면 ⚌, ⚍, ⚎, ⚏ 이 된다. 『주역』은 이것을 사상四象이라고 부른다. 네 가지 상이라는 말이다. 그렇다. 사상의학의 이제마가 말한 바로 그 사상이다. 혈액형에 따라 사람을 분류하듯 사람의 체질에 따라 의학적 처방을 달리해야 한다는 생각이다. 이는 '분류'의 문제인데 이에 대해서는 본론에서 다루고 있으니 우리는 점의 문제로 돌아와 보자.

≡, ≡≡, ≡, ≡≡는 ─이냐 --이냐 라는 선택 행위의 중복임을 알 수 있다. 만약에 그렇지 않았다면 ←, ↑, ↓, →나 一, 二, 三, 四처럼 서로 다르게 표시했을 것이 분명하다. 예컨대 처음부터 동서남북 중에 하나씩을 정하고 점을 친 것이 아니라, 동전을 한 번 던져서 먼저 남이냐 북이냐를 정한 뒤 다시 동전을 던져서 동이냐 서냐를 정한 것에 해당한다. 먼저 남자냐 여자냐를 정하고 나중에 어른이냐 아이냐를 정한 것이다.

사태가 좀 더 복잡해지면 동전을 한 번 더 던지면 된다. 그러면 선택지는 여덟이 되고 그 결과는 ≡, ≡≡, ≡≡, ≡≡, ≡, ≡≡, ≡≡, ≡≡ 로 표시할 수 있다. 이것을 『주역』은 팔괘八卦라고 부른다. 이건 어디서 본 거 같다. 그렇다. 태극기에서 보았다. 그리고 이것을 다시 반복해가면 16·32·64의 단계로 발전해 갈 것이다.

그런데 어쩐 일인지 『역전』의 저자들은 『역경』의 괘상이 양효와 음효의 여섯 차례 교차에 의해 완성된 것이라고 보지 않았다. 세 차례 교차해 완성된 팔괘가 먼저 있었고, 이 팔괘를 다시 위아래로 중복하여 현재의 괘상이 되었다고 보았다. 즉 64괘는 2^6이 아니라 8^2이라는 것이다. 예컨대 준괘屯卦(≣)는 ≡≡과 ≡≡의 결합으로 이루어졌으며, 이 두 괘의 조합에서 일련의 의미가 도출되고 그것이 괘·효사를 설명하는 열쇠가 된다고 본 것이다.

『주역』은 이 팔괘에 각각 건·태·리·진·손·감·간·곤이라는 이름을 붙여 주었다. 그뿐만이 아니라 각각의 괘에는 나름의 성격과 상징물이 배속된다고 생각했다. 예컨대 건괘에는 '강건함'이라는 의미와 '용' 혹은 '말'이라는 상징물이 배당되었다. 이 팔괘는『주역』의 괘를 이해하는 데 필수적인 성분이다. 또한 우리나라의 국기인 태극기에도 출현하는 것이니 좀 관심을 기울여도 나쁘지 않을 것이다. 괘의 생김새를 괘체卦體라고 부르고 괘의 이름을 괘명卦名, 괘에 부여된 상징을 괘상卦象, 괘의 성격 혹은 덕성을 괘덕卦德이라고 부른다. 이를 정리하면 아래의 표와 같다.

괘체	☰	☱	☲	☳	☴	☵	☶	☷
괘명	건乾	태兌	리離	진震	손巽	감坎	간艮	곤坤
괘상	하늘(天)	연못(澤)	불(火)	우레(雷)	바람(風)	물(水)	산(山)	땅(地)
괘덕	강건함(剛)	기쁨(悅)	빛남(麗)	움직임(動)	들어감(入)	험난함(險)	멈춤(止)	유순함(柔)

참고로 태극기에 있는 건·곤·감·리 네 괘는 괘체를 뒤집어도 모습이 변하지 않는 괘로서 4정괘라고 부른다. 초기의 태극기에는 이 사정괘뿐만 아니라 팔괘가 모두 그려지기도 했다. 그리고 중앙에 있는 태극의 위와 아래는 북한과 남한이 아닌 음과 양을 상징한다. 이는 우리나라 사람들의 창작이 아니고, 중국 도교에서 오래도록 사용해 온 도상을 차용한 것이다.

이제 적어도 우리나라 국기에 대해 대충은 말할 수 있게 되었다. 우리나라 국기처럼 어려우면서도 철학적인 국기도 없다. 그 중에서도 우리가 배우는 『주역』과 너무나 밀접한 관련이 있다는 것을 확인했을 것이다. 좀 어렵기는 해도 그 의미를 생각하면 자랑스럽기까지 하다. 일본이나 중국 혹은 미국의 국기를 한 번 생각해 보라. 세네갈이나 세이셸 국기를 찾아보라.

팔괘의 괘상을 들여다보면『주역』의 저자들이 어떤 환경에서 살았는지,

태극기의 초기 모습들

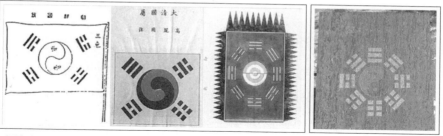

사진출처
左: http://blog.daum.net/dangun12/16516453
右: http://cafe.daum.net/gyungpo28/Mx5B/109?q=%C6%C8%B1%A5%C5%C2%B1%D8%B1%E2&re=1

거꾸로 말하면 그들은 환경을 어떻게 이해했는지를 알 수 있다. 우선 살아가는 공간으로서의 하늘과 땅이 있다. 거기에는 산과 호수가 있고, 거기에 바람이 불고 우레가 친다. 물과 불은 생존의 필수품이자 재난이기도 하다. 어떤 연구자는 이것들이 농경적 조건이라고 본다. 은나라가 목축 생활을 한 반면에 주나라는 농경 생활을 했는데, 그것이 점치는 방식과 해석에 반영됐다는 것이다. 그런가 하면 어떤 이는 팔괘의 괘상들이 여전히 목축적 환경에서의 중요한 요소들이라고도 한다. 독자의 판단에 맡긴다. 여하튼 『주역』의 저자들에게 이런 것들이 무척 중요했다는 것은 분명하다.

그런가 하면 괘덕은 『주역』의 내러티브가 전개되는 데 있어서의 소재가 된다. 움직이다가 멈춘다든지, 유순한 태도로 기쁨을 누린다든지 하는 것들이다. 괘상이 삶의 환경이라면 괘덕은 그 속에서 살아가는 주체의 감정이나 행동과 연관이 있음을 알 수 있다. 괘상이 좀 더 객관적이고 운명적이라면 괘덕은 좀 더 주관적이고 의지적이라고 할 수도 있다. 이 차이가 이후 역학易學 발전의 큰 분기점을 이루었다.

5. 상수와 의리

결국 『주역』에 대한 역대의 모든 주석은 괘·효상과 괘·효사 사이의 연속성을 설명하려는 것이라고 했다. 그런데 『주역』학의 역사는 그 연속성을 설명하는 데 있어서 팔괘의 괘상으로 설명하는 방식과 괘덕으로 설명하는 방식의 두 방향으로 발전하게 된다. 예컨대 건괘를 용이나 말로 설명하는 것은 괘상에 의한 설명 방식인데, 이러한 설명 방식을 상수학象數學이라고 한다. 상수학파는 『주역』의 상象 즉 상징 혹은 이미지와, 수數 즉 수적 질서에 의한 설명을 위주로 하는 학파를 말한다. 반면에 건괘를 강건함으로 설명한다면 이는 괘덕에 의한 설명 방식이 되고, 이러한 설명 방식을 의리학義理學이라고 한다. 의리란 '의미'(義)와 '이치'(理)라는 뜻이다. 좀 더 현대화된 표현으로는 '철학적 함의' 정도가 좋겠다. 역학의 역사에서 상수학파와 의리학파는 시기에 따라 부침이 있었지만 언제나 경쟁적으로, 혹은 상보적으로 발전해 왔다.

왜 건괘의 괘상이 용이나 말이 되었나? 그것은 건괘 효사에서 용에 대해 언급하고 있고, 『역전』 중의 하나인 「설괘전」에서 말이 건괘에 해당한다고 했기 때문이다. 「설괘전」에서는 이 외에도 머리·하늘·아버지 등을 건괘에 배속하고 있다. 그런데 「설괘전」에서는 용을 진괘震卦에 배속시켰다. 괘·효사에서 출현하는 상징물과 「설괘전」에서 배당시킨 것이 일치하지 않을 수 있다는 말이다.

괘·효사에서 출현하는 괘상을 괘체에서 찾을 수 없을 때 우선 할 수 있는 방법은, 해당되는 괘상의 이면에 사실은 괘·효사에서 말하는 괘상이 숨어 있다고 설명하는 방식이다. 예컨대 괘·효사에서는 물이 나오는데 실제 괘상에서는 리괘離卦가 나왔다고 해 보자. 리괘는 불을 상징한다. 때문에 서로 맞지 않는다. 이때 리괘(☲)의 속에는 그 반대되는 감괘(☵)의 속성이 숨어 있다고 주장하는 것이다. 이것을 비복설飛伏說 혹은 착종설錯綜說이라고 부른다. 그래도 설명이 다 되지 않을 경우 주어진 괘체를 다시금 이렇게 저렇게 조작해서 원하는 괘상을 찾아낸다. 이런 방식을 괘변설卦變說이라고 부른다. 하지만 이것은 이미 전문적인 영역으로 들어와 버렸으니, 일반 독자들은 이런 것이 있었다는 정도만 알면 된다. 어쨌든 상수는 괘·효사와 괘·효상 사이의 연속성에 대해 괘상을 증가시킴으로써 해결하려고 한 것이다.

괘·효사와 괘·효상의 연속성 이외에도 문제는 남는다. 『주역』은 어차피 점치는 책이다. 점에서 괘에 '특정한' 상징물을 배속시킨다는 것이 어떤 의미인지 살펴보자. 내가 돼지고기를 먹을지 소고기를 먹을지 점을 쳤다고 해 보자. 그런데 실제 점을 쳐 보니 괘·효사에서는 돼지도 소도 출현하지를 않는다. 그러면 어떻게 해야 할까? 우선 할 수 있는 것은 해당 괘에 돼지든 소든 추가로 배속시키는 방법이다. 그러면 다음에는 양과 염소라고 해 보자. 이렇게 해서 한 괘에 배당되는 괘상은 점차 늘어날 수밖에 없다. 『역전』에서 지정한 상징물들 이외에 한대漢代에 들어와서는 건괘에 60여 개, 곤괘에 80여 개의 괘상이 배당되었다고 한다.

이런 식이라면 시간이 지날수록 괘상은 점점 더 늘어날 수밖에 없다. 아이폰을 살지 갤럭시폰을 살지에 대해서도 우리는 새로 지정해 줘야 한다. 그런데 이 지정의 기준은 무엇이며 그 권위는 어디에서 오는가? 아이폰은 왜 건괘에 해당하고 갤럭시는 왜 곤괘에 해당하는가? 아이폰은 좀 더 적극적이고 갤럭시는 좀 더 수용적인가? 그건 정부에서 지정해 줘야 하나, 아니면 동양철학의 권위자가 지정해 줘야 하나? 문제가 아닐 수 없다.

이렇게 무한정으로, 그리고 무원칙하게 괘상을 늘려 나갈 수는 없는 노릇이다. 그래서 출현한 이가 바로 역대 동양철학의 최고 천재라는 왕필王弼이다. 그는 구체적인 상징물이 중요한 것이 아니라 그 상징물이 보이려는 '의미'가 중요하다고 주장한다. 예컨대 용이든 말이든 건괘가 표현하려는 것은 결국 '강건함'에 불과하다는 것이다. 때문에 강건함이라는 의미만 확보했다면 그게 용이든 말이든 아버지든 왕이든 상관없다는 말이다. 이것이 바로 그 유명한 '의미를 얻었다면 구체적인 상징은 잊어도 좋다'는 뜻의 '득의망상得意忘象'론이다. 아 얼마나 명쾌한가! 이 말은 좀 더 적극적으로 '눈앞에 보이는 구체적인 현상을 넘어설 때라야 내면의 진정한 의미가 보인다'는 말로 번역될 수도 있다.

"달을 가리키는데 달은 보지 않고 손가락만 본다"는 말이 있다. 손가락이 가리키는 것을 보기 위해서는 손가락을 넘어서야 가능하다는 말이다. 술을 너무 많이 먹어서 화장이 안 먹으면 화장을 더 할 것이 아니라 술을 줄여야 한다는 말이다. 또 "토끼를 잡았으면 토끼 올무는 버려야 한다"는 말도 있다. 토끼 올무는 토끼라는 목적을 위한 수단에 불과하다는 말이다. 행복한 생활을 위해서 돈을 버는 것인 만큼 돈을 벌려다 건강도 가족도 잃어서는 안 된다는 말이다. 멋있다.

왕필의 태도는 곧 의리학파의 전형이다. 의미와 이치가 중요하고, 상과 수는 그것을 표현하는 수단 혹은 현상에 불과하다는 입장이다. 이런 태도에서는 구체적인 상징물을 계속해서 늘려 나갈 필요가 없다. 상수학파가 구체화, 세분화의 길을 걸었다면 의리학파는 추상화, 일반화의 길을 걸은 것이다.

상수학파가 괘상을 증가시킨 것은 '특정한' 무엇에 대한 설명 때문이었다. 즉 그 점괘에 구체적으로 아이폰인지 갤럭시인지가 명쾌하게 나와 있다면 내담자에게 보여 주기 편할 것이다. 용하다는 말을 들을 수 있다. 결국 상수는 점치는 데 도움을 준다. 반면에 의리학파는 특정한 무엇이 아니라 괘효가 보여 주는 일반적 의미와 이치를 설명하는 데 기여한다. 여기에는 아버지와 임금과 사장님과 아이폰 사이에 존재하는 공통적인 특성에 대한 해석학적 일반화의 과정이 필요하다. 좀 더 철학적이라고 하겠다. 점치러 온 사람에게 강건함이 어떻고 수용성이 어떻고 하면 다음에 안 온다. 그래서 『주역』을 점으로 이해하는 사람은 상수를 중시하고, 철학으로 이해하는 사람은 의리를 중시하는 경향이 있다.

6. 법칙적 세계 이해

그러나 상수라고 해서 언제나 점을 위한 것만은 아니다. 지금까지 우리는 상수가 괘·효상과 괘·효사 사이의 정합성을 찾기 위해 노력했음을 확인했다. 그런데 어떤 이들은 『주역』이라는 텍스트를 넘어서서 이 세계를 『주역』으로 설명하려고 시도했고, 이러한 시도는 역사적으로 계속해서 축적 발전해 갔다. 전자가 괘·효상과 괘·효사 사이의 정합성을 위해 점점 미시세계로 들어갔다면, 후자는 『주역』을 거시세계의 설명을 위한 도구로 사용한 것이다.

『역전』 중 「단전」이나 「상전」 같은 주석서적인 성격의 저작이 아닌, 『주역』에 대한 해설서적 성격을 갖는 「계사전」이나 「설괘전」 등이 바로 이러한 시도의 시작이었다고 할 수 있다. 「계사전」의 첫 구절은 이렇게 시작한다.

하늘은 높고 땅은 낮으니 이로부터 건괘와 곤괘가 정해졌다.…… 때문에 강건함과 유순함이 서로 만나 팔괘가 시작되었다. 우레로 두드리고 비바람으로 적시며 그 속에서 해와 달이 운행하니, 추위와 더위가 갈마들어 건의 도는 남성성을 이루고 곤의 도는 여성성을 이룬다. 건은 위대한 시작을 주관하고 곤은 모든 것을 이룬다.[3]

「계사전」 저자의 시선이 하늘로부터 땅까지 확장되었음을 알 수 있다. 그 속에는 비바람이 불고 우레가 치며 해와 달이 갈마든다. 그가 바라보는 우주 전체를 묘사한 것이다. 『주역』의 팔괘가 우주를 이해할 수 있는 키워드라는 말이며, 『주역』을 통해 우주 전체를 알 수 있다는 말이다. 구라의 시작이다. 「계사전」은 그래서 최종적으로 "『주역』은 이 세계와 완전히 일치한다"(易與天地準)라고 결론짓는다.

『역전』의 이러한 시도를 이어받아 한대漢代 이후의 역학자들은 『주역』과 이 세계의 유사성 혹은 연속성을 더욱 강력히 주장하기에 이른다. 예컨대 한 해의 24절기를 『주역』의 괘·효에 배속하여 '그 때'는 '그 괘'와 연관이 있다고 주장하는 괘기설卦氣說이 있다. 또 천체와 방위, 시간 등을 『주역』에 배속시키는 납갑설納甲說, 오행과 『주역』을 연결시키는 오행설五行說, 연단술과 연결시키는 월체납갑설月體納甲說 등이 있다. 결국 존재하는 모든 것을

---

3) 「繫辭上傳」, 1장, "天尊地卑하니 乾坤이 定矣오…… 是故로 剛柔 相摩하며 八卦 相盪하야 鼓之以雷霆하며 潤之以風雨하며 日月이 運行하며 一寒一暑하야 乾道 成男하고 坤道 成女하니 乾知大始오 坤作成物이라."

『주역』과 연결하여 설명하려고 한 것이다.

이러한 시도는 송대 역학에 이르러 한 단계 업그레이드된다. 지금까지는 방위나 시간, 질료 등 특정한 무엇과 『주역』의 상관관계를 주장하는 단계였지만, 일단의 송대 역학자들은 세계 전체를 법칙적이고 체계적인 것으로 보고 그것을 『주역』적으로 설명하려고 하였다. 특히 이들은 일정한 그림(圖像)으로 세계를 설명하려고 했다는 특징이 있다. 주돈이周敦頤를 위시로 한 「태극도太極圖」와 소옹邵雍을 대표자로 하는 「선천도先天圖」, 유목劉牧이 완성시킨 「하도낙서河圖洛書」가 그것이다. 그리고 이 모든 것은 성리학의 집대성자인 주희朱熹에 의해 종합된다. 그 대략적인 그림은 아래와 같다.

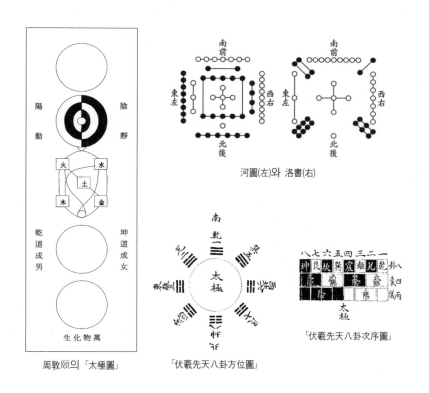

周敦頤의 「太極圖」

河圖(左)와 洛書(右)

「伏羲先天八卦方位圖」

「伏羲先天八卦次序圖」

그림을 보고 미리 겁먹을 필요는 없다. 우리는 전공자가 아니니까. 그저 이런 그림들이 있다는 것 정도만 알면 되고, 혹 어디서 이런 그림들을 보게 되면 "아, 이게 바로 그거구나" 하면서 아는 체 좀 해 주면 된다. 사실 현행본 『주역』은 그 첫머리에 곧장 이런 그림들을 수록해 놓고서 우리를 기죽게 만든다. 또 시중에 나와 있는 수많은 『주역』 관련 서적이 이런 그림들을 싣고, 마치 여기에 대단한 진리가 숨어 있는 것처럼 말하고 있다.

도상은 언제나 신비감을 준다. 그래서 거기에는 말로 설명할 수 없는 어떤 감춰진 진리가 담겨 있다고 생각할 수 있다. 하지만 결론부터 말하면 꼭 그런 것은 아니다. 아니 적어도 나는 지금까지 그런 것은 발견하지 못했다. 물론 내가 아직 공부가 짧아서 못 본 것인지도 모른다.

다만 이들은 『주역』이 우주의 질서를 반영하고 있는데, 세계는 태극이라고 부르는 시원으로부터 출발하였고 지극히 법칙적으로 확장되었으며 현재의 세계 역시 지극히 정밀한 보편의 법칙에 의해 존재하고 운행된다는 것을 주장하고 있다. 결국 이들은 『주역』을 빌려 세계의 법칙성과 완전성을 설명하려는 것인데, 세계의 법칙성과 완전성은 도가나 불교와 같은 여타 사상의 도전에 대해 이 세계가 실재하며 믿을 만하다는 것을 주장하는 것이며 이로부터 사회적 규범 역시 인정되어야 한다는 주장을 내포하고 있다. 어렵다. 여기까지는 잘 몰라도 된다. 더 알고 싶은 사람은 다른 책을 참고하면 된다.

7. 점치는 방법

마지막으로 점치는 방법을 배워 보자. 사실 점치는 방법은 『주역』을 이해하는 데 있어서 기초 지식이라고 할 수는 없다. 그러나 미래를 예측하는 일은 누구에게나 재미있다. 그것을 믿고 믿지 않고는 다음 문제다. 미래에 대해 호기심이 일지 않는 것은 오히려 슬픈 일이다. 미래가 뻔하다고 생각하는 사람은 운명에 굴복한 사람이거나 변화 자체가 아예 불가능하다고 믿는 사람이다.

여기서 『주역』점에 대해 설명하는 이유는, 다들 배워서 자신의 호기심도 달래주고 어디 가서 아는 체라도 좀 하라는 의미가 아니다. 『주역』의 점이 이렇게 진행된다는 것을 밝힘으로써 과연 이것을 믿어도 좋은 것인지, 그것이 사주나 관상과는 어떻게 다른지, 그리고 『주역』점을 빙자해서 자신의 미래예측이 용하다고 주장하는 다른 사람들의 말을 믿어도 좋은 것인지 판단할 수 있는 정보를 제공하기 위해서다.

『주역』의 점법은 역대로 다양한 방식이 존재해 왔다. 그러던 것을 송대 성리학의 집대성자인 주희朱熹(1130~1200) 즉 주자朱子가 정리한 것이 요즘은 일반적이다. 그 내용은 아래와 같다. 처음 접하는 사람은 조금 헷갈리겠지만 실제로 한두 번 해 보면 그리 어려운 것은 아니다.

주자에 의한 『주역』의 점법

1. 산가지 50개를 준비한다.
2. 점칠 일을 정하고, 마음을 고요하고 집중된 상태로 유지한다.
3. 50개의 산가지 중 임의의 하나를 뽑아 책상 위에 놓는다.(태극)

4. 49개를 양 손으로 임의로 나누어 책상 위에 놓는다.(양의)

5. 왼손으로 왼편의 산가지를 집고, 오른편 산가지에서 임의로 하나를 뽑아 왼손의 새끼손가락과 무명지 사이에 끼워 놓는다.(천지로부터 인이 태어남)

6. 오른손으로 왼손의 산가지를 넷씩 세어서 덜어 낸다.(사상) 4로 나눈 나머지를 왼손의 무명지와 중지 사이에 끼운다.(나머지는 1~4. 나머지가 0일 경우 4로 간주)

7. 왼손의 여전히 남아 있는 것들을 왼편에 놓아두고, 오른편의 것을 오른손으로 잡은 뒤 왼손으로 4로 나누어 그 나머지를 왼손의 중지와 검지 사이에 끼운다.

8. 왼손의 손가락 사이에 끼워진 세 수를 합하면 5 혹은 9가 나온다. 이를 책상 위에 놓는다.(이상을 1변이라 한다)

9. 책상 위에 있는, 손가락에 끼워지지 않았던 것들을 모아서 앞의 1~8의 과정을 반복한다. 그러면 나오는 경우의 수는 4 혹은 8이다.(이것을 2변이라 한다)

10. 2변 후의 나머지를 다시 반복하면 4 혹은 8이 남는다.(이것을 3변이라 한다)

11. 5와 4는 4가 한 번 들어가니 홀 즉 양이고, 9와 8은 4가 두 번 들어가니 짝 즉 음이다. '5 혹은 9'와 '4 혹은 8'과 '4 혹은 8'의 합은 13, 17, 21, 25 네 가지이다. 13은 노양(═: −이 중첩됨), 17은 소음(━━: −이 끊어짐), 21은 소양(─: −이 단독으로 쓰임), 25는 노음(✗: −이 교차함)이 된다.

이상이 초효初爻를 만드는 과정이다. 6개의 효가 있어야 하니, 모두

18변을 해야 한다.

12. 노양과 노음은 변효이다. 노양은 음효가 되고, 노음은 양효가 된다.
13. 변효가 0개이면, 본괘의 괘사로 점을 친다.

변효가 1개이면 본괘의 변효로,

변효가 2개이면 본괘의 두 변효를 보되 위의 효를 중심으로,

변효가 3개이면 본괘와 지괘의 괘사로,

변효가 4개이면 지괘의 불변효 두 개를 보되 아래의 효를 중심으로,

변효가 5개이면 지괘의 불변효로 점을 친다.

변효가 6개이면 지괘의 괘사로 점을 치되, 건곤 두 괘는 용구用九와
용육用六으로 한다.
14. 노양은 3/16, 노음이 1/16, 소양이 5/16, 소음이 7/16의 확률을 가지고
있다.

〈끝〉

이 모든 과정을 마치는 데는 대체로 15~20분 정도가 소요된다. 나는
한 번도 미아리 같은 전문 점집에 가본 적이 없다. 때문에 그들이 어떤
점법을 이용하는지 알지 못한다. 그러나 대체로 '사주'에 의한다고 들었다.
가끔은 '신내림'이나 '관상'에 의한 이도 있을 터이다. 그런데 상당수의
점집들이 '『주역』'이라는 타이틀을 내 걸고 하는 경우들이 있다. 지나다가
봤다.

하지만 이런 집들이 모두 실제 『주역』점을 쓰고 있지는 않을 것으로
보인다. 왜냐면 무엇보다도 『주역』점은 오래 걸리기 때문이다. 그리고

손님을 앞에 두고서 산가지 50개를 조작하고 있으면 모냥 빠진다. 때문에 모르긴 몰라도 실제 『주역』점을 쓰는 집은 아주 적을 것이다. 과연 위와 같은 점법으로 하지 않는다면 사실 '『주역』'이라는 타이틀을 내걸어서는 안 된다. 다만 온정적으로 이해하자면 '『주역』'이 정말로 '『주역』점법'이라는 것이 아니라 미래예측의 대명사처럼 쓰이고 있다는 정도로 받아들여야 한다.

『주역』점이 오래 걸리기 때문에 동전을 던져 산가지를 대신하는 경우도 있다. 동전점이다. 책을 열어 페이지의 홀짝으로 정할 수도 있다. 책점이다. 그러나 중국영화에서 보이는 것처럼 대나무 조각 여러 개를 통에 담아 두었다가 하나를 툭 뽑아내는 것은 『주역』점과는 무관하다. 사실 『주역』점의 경우는 49개의 산가지를 둘로 나눌 때, 동전점은 던져서 앞면이나 뒷면이 나올 때 이미 점괘가 결정된다. 과연 이 행위가 미래예측을 담아낼 수 있는지는 믿음의 영역일 뿐이다. 논리적·과학적 근거는 없다.

『주역』점의 예시와 해석

지금까지 숨 가쁘게 『주역』점에 대해 설명했지만, 그렇게 해서 괘·효를 얻은 뒤에 그것을 어떻게 해석할 것인지는 아직 설명하지 않았다. 그러니 아예 한 번 점을 쳐 보기로 하자. 뭘 쳐 볼까? 『주역』점에는 쳐서는 안 되는 금기 조항이 몇 있다.

첫째, 결과가 뻔한 것에 대해서는 점치지 않는다. 예컨대 내일 아침에 해가 뜰까 안 뜰까? 물론 해가 뜨는 것은 논리적 사태가 아니다. 오늘 밤에라도 혹성이 지구와 부딪치면 내일 해는 뜨지 않는다. 하지만 지난 40억 년 이상을 해는 떠 왔다. 때문에 웬만하면 내일도 혹성은 충돌하지

62

않고, 그래서 해는 뜰 것이다. 결과가 뻔해서 이성적으로 판단할 수 있는 일에 대해서는 점치지 않는다. 이건 점을 모독하는 행위다.

둘째, 결과를 희구해서는 안 된다. 예컨대 장가가고 싶은 노총각이 과연 장가를 갈 수 있을지 없을지를 점치는 경우다. 뻔히 가고 싶으면서 점을 치는 것 역시 점을 모독하는 것이다. 그럴 경우에는 그저 열심히 장가가기 위해 노력하면 된다.

셋째, 같은 질문을 두 번 이상 하면 안 된다. 한 번 했는데 내가 원하는 대답이 나오지 않았다고 해서 다시 점을 치는 것 역시 점을 모독하는 행위다. 나는 1월 1일 아침에 점을 친다. 새해의 운세를 본다기보다는 점쳐서 나온 구절 중에서 일 년 동안 간직할 경구警句를 얻고자 하는 것이다. 그러나 경우에 따라서는 영 기분 나쁘게 "흉하다" 하고 나오는 경우도 있다. 이런 경우는 음력 설날을 다시 기다린다. 이게 바로 같은 질문을 두 번 하는 경우에 해당하고, 점을 모독하는 일이 된다. 해서는 안 되는지 나도 안다.

그럼, 실험 점을 한 번 쳐 보자. 요즘 부동산 가격이 어떻게 될지 모르는데, 과연 집을 팔고 이사를 해야 할지 아니면 좀 더 기다려야 할지를 점쳐 보자. 산가지를 조작하려면 너무 오래 걸리니, 간단하게 동전점을 쳐 보자. 동전 세 개를 준비한다. 이순신은 양을, 100은 음을 상징한다고 약속한다. 예컨대 셋 다 이순신이 나오면 모두 양이니 노양에 해당한다. 노양은 종이에 ＝로 그려 넣는다. 이순신이 하나, 100이 둘이면 양이 대표한다고 하여 소양이 된다. ―로 표시한다. 100이 하나면 소음이 되니, ––로 표시한다. 100이 셋이면 노음이니까 ×로 그려 넣는다. 여기서 중요한 것은, 어떤 점법이든 아래 즉 초효로부터 그려 넣는다는 점이다.

먼저 깨끗한 책상과 종이 그리고 연필을 준비한다. 마음을 텅 비워 조용하게 만든다. 마음속에서는 어떠한 바람도 일지 않게 한다. 두 손 속에서 동전 세 개를 잘잘잘 흔들다가 책상에 내려놓는다. 내가 지금 던져서 나온 순서는 아래에서부터 다음과 같고, 그것을 그림으로 표시하면 오른쪽과 같다.

상효	100,	100,	이순신	— — —
오효	100,	100,	100	× -- —
사효	100,	이순신,	이순신	-- -- --
삼효	100,	100,	100	× -- —
이효	100,	이순신,	이순신	-- -- --
초효	100,	이순신,	이순신	-- -- --

본괘   지괘

여기서는 삼효와 오효가 노음으로 변효에 해당한다. 변효는 노양과 노음이라고 했다. 여기서는 두 개의 변효가 있기 때문에 본괘의 변효 둘을 보되 그 중에서 위에 있는 변효를 보면 된다. 그럼 이 그림에 해당하는 본괘와 지괘는 무엇인가? 본괘는 변효가 변하기 이전의 괘이고 지괘는 변효가 반대로 변한 다음의 괘다. 즉 삼효와 오효의 노음은 아직 변하지 않으면 여전히 음효이니, 아래부터 다섯 개의 효가 모두 음효에 해당하고 마지막 상효만 양효가 된다. 때문에 본괘의 괘상은 ☶이 된다. 박괘剝卦다. 지괘는 삼효와 오효가 반대의 양효로 변한 것이니, 점괘漸卦(☶)에 해당한다. 우리는 변효가 둘이므로 박괘의 육오 효사를 보면 된다. 박괘 육오의 효사는 다음과 같다.

64

물고기를 꿰듯 하여 궁궐에 있는 사람이 임금님께 총애를 받듯 하면 이롭지 않음이 없을 것이다.[4]

박괘는 괘상의 생김새 자체가 워낙 독특해서 특별한 괘에 해당한다. 제일 위에만 양효가 있고 그 아래에는 모두 음효다. 이는 아래에서부터 음효가 성장해 거의 끝까지 가서 이제 마지막 하나 남은 양효를 압박하는 그런 모양이다. 그래서 '깎아 낸다'는 의미의 박괘剝卦가 되는 것이다. 박괘 괘사는 "앞으로 나아감이 이롭지 못하다"[5]이다. 이런 것만 봐서는 이사는 안 하는 게 좋겠다. 박괘 괘사와 같은 표현은 『주역』에서 여러 번 출현하는데, 이는 어떤 일을 시작하지 말라는 의미다. 하지만 우리가 좀 더 중점을 두어서 봐야 할 것은 육오 효사다.

그런데 그 말 자체가 아주 어렵다. 뭔 말인지……. 훗날의 주석에 의하면 '물고기'는 박괘에 있는 많은 음효들을 가리킨다. 그 중에서도 오효이니 음효의 대장에 해당한다. 때문에 자신 밑에 있는 여러 음효를 마치 굴비 엮듯이 꿰어서 임금님께 바친다는 말이다. 그렇게만 한다면 총애를 받아 이롭게 된다는 것이다. 그러나 우리는 굴비장수도 아니고 궁궐에 있는 궁녀들도 아니다. 우리는 그저 이사할 건지 말 건지 알고 싶은 사람일 뿐이다. 그러니 이 굴비꾸러미를 이제 우리의 이사 문제에 맞게 해석하는 일이 남았다. 쉽지 않다.

쉽지 않을 때는 동원할 수 있는 모든 구라를 동원해야 한다. 결론이야 이미 있다고 하겠다. "무얼 해도 이롭지 않음이 없다." 따라서 이사를

---

4) 剝卦, 六五 爻辭, "六五, 貫魚하야 以宮人寵이면 无不利리라."
5) 剝卦, 卦辭, "剝, 不利有攸往하니라."

해도 좋다. 그런데 지금의 형국은 자신이 소인이 되어 대인을 압박하는 형국이라고 했다. 그러니 지금은 현재의 집에서 버틸 만큼 버틴 상황이라고 해석하는 것이 오히려 좋겠다. 이제는 더 버틸 일이 아니다. 다만 앞으로는 행동의 방식을 바꿔야 한다. 위에 있는 양효에게 공손히 굴비 한 두름을 바치듯 조금은 양보하고 겸손해야 한다. 그러니 이사를 한다 해도 그다지 큰 기대는 하지 말아야 한다. 상황에 맞춰서 조심해야 한다. 그렇게만 한다면 결과는 나쁘지 않을 것이다.

물론 이러한 해석은 다른 『주역』점의 대가가 보시면 웃을지도 모른다. 하지만 굴비 두름에서 이사라는 문제를 연결하는 것은 이미 쉬운 일이 아니다. 명쾌하게 떨어지지 않는 어려운 케이스에 해당한다. 그러니 더더욱 많은 구라가 필요하다. 임상 경험이 풍부한 전문가의 구라, 이것을 우리는 해석학적 확장이라고 말한다.

제2부 『주역』은 무엇을 말하는가?

제2부는 본격적으로 『주역』이 하려는 말을 정리한 것이다. 시중에 나와 있는 『주역』 관련 서적들은 대부분 『주역』의 체제를 따른다. 즉 건괘, 곤괘 등 『주역』의 순서에 따라 거기서 추출할 수 있는 교훈이나 처세술 혹은 점의 예시를 열거한다. 그 내용이 온건한 인문학적 교양으로부터 자극적인 처세술에 이르기까지 아무리 넓은 스펙트럼을 보일지라도, 그것은 언제나 『주역』의 체제와 순서를 넘지 않는다.

그러나 이 책은 그렇게 하지 않았다. 나는 내 나름대로 『주역』의 내용을 곱씹어서 도대체 이 책이 하려는 말이 무엇인지를 찾아내고자 노력했다. 『주역』의 순서에서 건괘·곤괘·준괘 등은 독립적인 서사를 지니지만, 그 서사가 전부는 아니다. 서사의 표면을 뚫고 들어가 그 속에서 유유히 흐르는 혈맥을 찾아야 한다. 내면에 흐르는 『주역』의 일관된 '관점'을 찾아야 한다. 바로 『주역』이 이해하는 인간과 세계, 즉 인간관과 세계관이다. '관점'은 '행동'으로 표출된다. 인간이 이렇고 세계가 그렇다면 우리는 어떻게 해야 할 것인가? '눈 감으면 코 베어 가는 세상'이라는 세계관 하에서는 내가 먼저 남의 코를 베어야 한다. 인식과 실천이다. 때문에 『주역』이 하려는 말 역시 '인식'과 '실천'으로 나눌 수 있다. 아래에서는 먼저 『주역』이 보는 인간과 세계를 설명하고, 그러고 나서 그 속에서 어떻게 대응하고 살아 낼 것인가를 말하였다.

그런데 『주역』은 태생적으로 점서라는 특징을 지니고 있다. 또 동양의 다른 고전과는 달리 자연과 우주를 모두 담는 지극히 포괄적인 성격을 지닌다. 나는 이 독특한 특징들을 먼저 설명하는 것이 필요하다고 생각했다. 그래서 첫 번째 단원은 『주역』이라는 책 자체에 대한 설명이다. 점서로부터 시작했지만 위대한 철학서로 향해 간 『주역』적 사유의 궤적을 추적하고 있다. 『주역』의 근본적인 주제인 '이익' 혹은 '잘 삶'에 대한 질문으로부터 시작하여 운명과 의지에 대해 다루었다.

두 번째 단원에서는 『주역』의 인간관과 세계관을 본격적으로 다루었다. 『주역』은 무엇보다도 '변화'에 대한 책이다. 세계는 변한다는 것이다. 변한다는 것은 '다름'이 있기에 가능하다. 무수히 다른 것들을 분류하고 모아 놓음으로써 우리는 대상을 이해한다. 그리고 그 다른 것들과 뒤엉켜 끊임없이 새로운 변화들을 만들어 낸다. 『주역』은 그렇게 '무상無常'하게 변하는 것 속에서 '항상된'(常) 변화의 법칙을 찾아내고자 하였다.

세 번째 단원은 이러한 인간관과 세계관에 입각한 행동 요령이다. 나와 다른 이와의 만남, 즉 주체와 타자와의 관계에서 모든 문제는 발생한다. 이 '관계'에 대한 『주역』의 행동 요령은 한마디로 '적절히'다. 때에 맞춰 적절히 해야 하고, 상황과 관계에 맞춰 적절히 해야 한다. 멈춰서 가만히 있어야 할 때는 가만히 있어야 하고, 행동해야 할 때는 그에 맞게 움직여야 한다. 『주역』은 최고와 최대를 말하지 않는다. 꼭 해야 될 때 꼭 할 만큼만 하라고 한다.

네 번째 단원에서는 이러한 '인식과 실천'에 근거해 애당초 『주역』의 근원적 질문이었던 '이익'의 문제를 집중적으로 다루었다. 무엇이 나에게 궁극적인 이익인가? 운명과 부조리 그리고 의지에 의해 엮어져 있는 우리네 삶, 도대체 어떻게 살아내야 잘 사는 것인가? 『주역』이 『역경』에서 『역전』으로 발전함에 따라 점서가 점차 철학서가 되었듯, 이 문제는 결국 이익과 도덕의 관계로 정리될 수 있다. 그러나 여기서 말하는 도덕은 단순히 인간을 옥죄는 규범과 의무를 의미하지 않는다. 인간과 세계가 이러하니 우리는 이렇게 살자고 하는, 삶의 지혜이자 해방이다. 선택의 자유도 없이 주어진 운명으로부터, 그리고 언제나 나를 에워싸고 있는 부조리한 현실로부터의 해방이다. 그 해방을 통해 우리는 좀 더 자유로워지고 좀 더 성장한다.

1. 행복한 삶을 위해 고려해야 할 것들 — 나 그리고 세계

나는 무엇을 원하는가?

우리의 목표는 잘 사는 것 즉 행복한 삶을 누리는 것이다. 행복에 관한 생각은 사람마다 다르겠지만, 강제 없이 하고자 하는 것을 할 수 있는 삶이 행복의 최소 조건이라는 데에는 동의할 수 있을 것 같다. 그러면 우리는 무엇을 하고 싶고, 또 무엇이 하고 싶지 않은가? 하고 싶지 않은 것은 '강제'와 '의무'다. 하고 싶지 않은 것을 해야 하니 강제이고 의무다. 강제가 없는 상태가 일차적 의미에서의 자유롭고 자연스러운 상태이고, 의무가 걷혀진 다음에야 기호와 감정이 자리 잡을 수 있다.

그런데 이게 어찌된 일인지, 무엇이 하고 싶지 않은지는 비교적 금방 떠오르는데 무엇을 하고 싶은지는 얼른 떠오르지 않는다. 우리의 기호, 우리가 하고 싶은 것, 우리가 좋아하는 것은 도대체 무엇인가? 기껏 떠오르는 것은 취업·여행·명품·자동차·집? 우리는 정확히 어떤 일을 하고 싶은지에 대해서는 구체적으로 생각해 본 적이 별로 없다.

나는 내 수업을 듣는 학생들과 상담을 비교적 많이 하는 편이다. 처음에는 발표와 리포트에 대한 상담으로 시작하지만 이내 소위 '인생 상담'으로 흐르곤 한다. 그런데 놀랍게도 학생들은 자신이 무엇을 원하는지 알지 못해서 조바심 내고 두려워하고 슬퍼하는 경우가 많다. 아주 많다. 대학을 졸업하면 이제 인생이 결정되고야 만다고 생각하는데 어디에 열정을 쏟고 무엇에 청춘을 걸어야 할지 몰라 갈팡질팡한다. 내가 무엇을 좋아하는지조차 알지 못한다.

하지만 생각해 보면 이건 지극히 당연한 결과다. 왜냐하면 대학 진학 전까지는 한 번도 그런 질문을 받아본 적도, 또 자기 스스로 그런 질문을 던져야 한다는 것도 배우고 경험해 본 적이 없기 때문이다. 아니 대학 진학 이후에도 마찬가지다. 대부분은 부모님이 정해 놓은 길을 묵묵히, 그러나 결코 기쁘지 않게 걸어 갈 뿐이다. 어려서부터 들은 이야기는 공부와 안정적인 직장이 다다. 공부 잘해서 좋은 직장에만 들어가면 모든 것이 해결될 거라고 배워 왔다. 그 이상에 대해 생각하는 것은 목표를 향해 달려가는 데 방해만 될 뿐이기 때문에 아예 그 싹은 잘려졌다. 부모님과 선생님에 의해서. 그뿐이 아니다. 이러한 환경과 사고와 가치관에 대해 의문을 제기하는 것 자체가 아주 불온하고 위험한 것으로 간주되었다. 의문을 제기하지 않고 고분고분, 하라는 공부나 열심히 하면 '착한 아이'가 된다.

하지만 이런 생활에서 기쁨과 힘을 얻지 못하는 것은 당연하다. 자신이 선택한 것이 아니기에 꼭히 자신이 좋아하는 것이 아닐 수 있다. 자신이 좋아하지 않기에 열심을 낼 수도 없다. 열심히 하지 않기 때문에 좋은 결과를 얻기도 난망하다. 좋은 결과를 얻지 못할 것에 대한 두려움 속에서 살아가지만, 자신이 선택한 것이 아니기에 자신이 책임져야 한다고 생각지도 않는다. 뭔가가 야속하고 원망스럽지만, 그게 딱히 뭔지도 누구에 대해선지도 모른다.

나는 학생들에게 자신이 원하는 게 뭔지 고민해야 한다고 말한다. 이제라도 시작해야 더 늦지 않는다고 말한다. 그러나 조바심과 두려움에 빠져 있는 많은 이들은 지난 이십 년간 배워 온 대로, 그걸 한눈파는 것으로 생각하며 또 혼란스러워한다. 그러나 이제라도 시작하지 않으면 안 된다. 그리고 이런 고민은 하루 이틀에 끝날 것들이 아니다. 대학 졸업 순간 인생이 결정되는 것도 아니다. 아주 긴 시간동안, 수년 혹은 평생에 걸쳐서 고민해야 한다. 지난 이십 년간 했어야 할 일을 하는 것이니 그만큼 더 고통스럽고 절박하게 해 내야 한다. 하루가 늦으면 하루만큼 인생은 두렵고 재미없고 고통스러운 것이 될 수밖에 없다. 아무리 늦었어도 해야 한다. 자신이 선택하지 않은 삶은 자신의 삶이 아니기 때문이다.

물론 자신이 선택하지 않은 삶이라고 해서 언제나 불행한 것은 아니다. 부모님과 선생님이 선택한 행복의 기준 역시 나름의 근거와 합리성을 갖추고 있기 때문이다. 우리 사회의 일반적인 행복의 기준은 '돈'이다. "걔네 잘살아"라는 말은 "걔네 부자야"라는 말의 동의어다. 돈은 행복의 중요한 조건이다. 돈이 없으면 행복하기 어렵다. 나도 돈이 좋다. 돈이 좀 많았으면 좋겠다. 부모님과 선생님이 돈을 행복의 기준으로 삼은 것은 우리 사회에서 차지하는 돈의 의미와 가치에 대해 이미 잘 알고 있기 때문이다. 때문에 그 기준에 맞춰 살면 돈을 벌 확률이 높다. 때문에 최소한의 불행을 피해 갈 가능성이 높다.

그러나 딱 거기까지다. 돈은 행복의 조건이고 수단이지 행복 그 자체이거나 인생의 목표일 수 없다. 문제는 돈 다음이다. 돈이 있는 다음에 무엇을 어떻게 할지가 관건이다. 돈이 없으면 많은 경우 하고 싶은 것을 할 수 없겠지만, 돈이 있다고 해서 하고 싶은 것을 모두 할 수 있는 것은 아니다.

우선 하고 싶은 게 뭔지를 모르는데 돈이 생겼다고 해서 하고 싶은 것을 할 수 있겠는가? 또 하고 싶은 것이 딱히 돈이 있어야 되는 것이 아니듯 돈이 있다고 뭐든 다 할 수 있는 것도 아니다. 돈이 있다고 유명 작가나 배우가 될 수는 없다. 정말 마음을 나눌 수 있는 친구 역시 돈으로 만나는 것은 아니다. 훌륭한 인격도 돈으로는 살 수 없다. 부모가 돈이 있으면 좋기야 하겠지만, 좋은 아버지 어머니는 돈으로만 되지는 않는다. 돈은 유용한 조건이자 수단일 뿐 결코 유일한, 그래서 절대적인 수단일 수는 없다. 하물며 목표도 목적도 될 수 없다.

나는 누구인가?

그럼 우리의 부모님이나 선생님 그리고 그 많은 일반적인 한국인들이 설정한 행복의 기준이 잘못되었다는 말인가? 그렇다. 그것은 나름의 합리성을 갖춘 최소의 기준은 될 수 있지만 온전하고 완벽한 기준이 되지는 못한다. 그것은 일반적인 최소한의 기준이지 나에게 최적화된 최선의 최종의 기준이 될 수는 없다. 세상 사람의 수만큼 최선의 최종의 목표는 여럿일 수 있다. 나의 행복은 내가 설계해야 한다. 때문에 '나'의 행복을 설계하기 위해서는 무엇보다 먼저 '나'를 알아야 한다. 나는 누구인가?

한국 사회에서 20이 되기 전의 일반적인 모습은 '입시생'이다. 20이 넘어서는 '취준생'이 된다. 30 전후로 결혼을 해서 대부분 아이를 낳아 '부모'가 되고, 40을 전후해서는 '학부모'가 된다. 50 무렵 자녀를 다 키우고 60 전후 퇴직을 하면 우리의 바쁜 일생은 대체로 마무리가 된다. 아마도 이것이 평범한 한국인이 생각할 수 있는 '일반적인 삶'일 것이다. 이렇게 우리가 생각하는 일반적인 삶은 지극히 '사회적'이다. 여기서 말하는 '사회적'이란 사회적 관계와 경험을 의미하지 않고 사회적 '역할과 성취'를 의미한다.

만약 누군가 자신의 삶을 이렇게 요약한다면 어떨까? "나는 어려서부터 꽃과 나무를 좋아했다. 젊어서는 열렬히 사랑했고 늙어서는 욕심을 줄일 줄 알게 되었다." 역할과 성취가 아닌 감정과 기호가 중심이다. 그런가 하면 이렇게 말할 수도 있을 것이다. "나는 십대에 공부해야겠다고 생각해서 서른 정도에 나름의 가치관을 확립했다. 사십 무렵에는 삶의 태도가 흔들리지 않을 정도로 분명해졌고 오십쯤에는 삶을 살아가는 이유를 깨닫게 되었다. 육십에는 타인과의 원만한 관계가 가능해졌고 칠십에는 내가 살고 싶은 대로 살아도 문제가 되지 않는 참된 자유의 경지를 얻게 되었다." 눈치 챘겠지만 공자의 진술이다. 사회적 성취나 역할이 아닌 주체의 가치관과 깨달음 그리고 감정적·인격적 완성이 기준이다.

우리는 물론 사회적 관계와 그 속에서 벌어지는 역할을 무시하며 살수 없다. 인간은 그야말로 '사회적 동물'인 것이다. 그러나 그것은 인간이 사회적 동물로서 사회적 역할과 의무만을 수행하며, 즉 사회를 위해 살아야 한다는 의미가 아니다. '강요받지 않은 내 모습 그대로, 내가 살고 싶은 그대로'라는 의미에 입각했을 때 이런 역할과 의무의 모습이 과연 자연스럽고 좋다고는 말하기 어렵다. 그것이 '일반적'일지는 모르겠지만 아름답고 풍요로워 보이지는 않는다. 어쩌다 우리는 이렇게 됐을까?

먹고 사는 게 힘들어서일 수 있다. 팍팍한 경쟁사회에서 취업하고 가족들 부양하는 평범한 시민으로 살아가기 위해서라도 우리는 좋은 직장에 들어가야 하고, 그러기 위해서는 좋은 대학에 들어가야 한다. 우리에게 주어진 역할을 수행하는 것만으로도 벅차다는 말이다. 그런 형편에 어떻게 꽃과 나무를 보고 가치관과 인격을 고려할 수 있을 것인가? 하지만 그렇지 않다. 현실이 각박할수록 우리는 스스로의 삶을 풍요롭게 만들기 위해, 더 나은 삶을 위해 의무와 역할 이상의 것들에 대해 생각해야 한다.

내가 선택하지 않은 고단한 현실을 원망하고 욕할 수는 있겠지만, 그렇다고 해서 내 인생이 개선되는 것은 아니다. 열심히 주어진 일에 최선을 다한다고 해서 운명처럼 다가온 헬조선에서 모두가 벗어날 수 있는 것은 물론 아니다. 하지만 어찌하랴. 인생은 어차피 내 것이다. 내가 꾸려가야 한다. 내 인생을 책임질 이는 언제나 나뿐이다. 언제까지 게임이나 TV예능프로그램으로 대리만족이나 하면서 혼술족 혼밥족으로 인생을 무미건조하게 지낼 수는 없다. 그런다고 누구도 나를 동정해 주지는 않는다.

해야 하는 것만이 아니라 하고 싶은 것을 지금 이 순간 시작해야 한다. 토익이나 전공서적이 아닌 시집이나 소설을 읽은 적이 언제였던가? 버스나 전철에서 카톡이나 게임을 하지 않고 노을과 밤하늘을 보았던 적이 있었던가? 사회적 역할과 성취만이 아닌, 풍부하고 넉넉한 삶을 위해서 우리는 우리 스스로를 정초할 새로운 인식과 선택이 필요하다. 나는 누구인가?

나는 어디에 있는가? — 세계 인식

'나는 누구인가?' 이 질문은 사실 너무 어렵다. 나를 객관화해서 본다는 것도 어렵지만, 이런 형식의 질문은 무언가 굳어져 있는 내가 어딘가에 정해져 있는 것처럼 생각하게 만들기 때문이다. 이 질문에는 감정적 기호와 당위적 요구가 숨겨져 있다. 나는 누구이고 싶은가, 혹은 나는 누가 되어야 하는가 라는 식의……. 하지만 어떤 나이고 싶은지 혹은 어떤 내가 되어야 하는지에 대해서는 나중이다. 우선은 지금 이대로의 나를 아는 것이 먼저다.

그래서 질문을 좀 더 풀어놓을 필요가 있다. 나는 지금 공간적·시간적·관계적으로 어디에 어떤 모습으로 있는가?

나를 알기 위해서 나를 둘러싼 사회적 관계와 환경을 파악하고 이해하는 것은 당연하고도 현명한 일이다. 하지만 우리가 생각해야 할 관계와 환경은 비단 사회적 역할과 성취만이 아니다. 시간의 흐름과 공간적 지평 그리고 생리적·생태적·감정적·가치적 맥락까지를 모두 고려해야 한다. 그래서 파편적이고 고립적인 삶의 지평을 확장하고 정확한 판단과 현명한 선택을 위해 탁 트인 벌판으로 나와 볼 필요가 있다.

말이 어려워졌다. 쉽게 말해서 내가 누구인지, 어떻게 하면 잘 살 수 있는지에 대해 알기 위해 우선은 내가 사는 이 세상이 어떤 곳인지, 누구와 어떤 관계를 맺으면서 살고 있는지를 알아야 한다는 말이다. 이건 사실 너무도 당연한 말이다. 도심에서 비키니를 입는 것이 이상하듯, 여름철 해변에서 넥타이는 곤란하다. 계절이 여름이라면 반팔 셔츠를 입어야 하고 겨울이라면 코트를 입어야 한다. 한겨울에 반팔을 입으면 고생이다. 손해다. 심하면 죽을 수도 있다. 아침에 일어나 밖에 비가 오면 우산을 준비한다. 인식과 실천이다. 날씨가 어떤지에 대한 인식이 우산을 준비하는 실천으로 이어지는 것이다. 내가 언제 어디에 있는지, 그리고 내 주변에 있는 사람들이 누군지에 대한 인식이 나의 삶에 대한 태도를 결정한다. 어려운 말로 세계관·인간관이 인생관을 결정한다는 말이다. 문제는 정말 밖에 비가 오는 것인지, 아니면 아파트 외벽 청소 때문에 비가 온다고 착각하는 것인지다. 정확한 인식.

우리가 고려해야 할 것은 기후적 환경만이 아니다. 한겨울에도 하의실종의 패션으로 집을 나서는 딸, 그리고 그런 딸을 저지하는 엄마의 세계

인식을 비교해 보자. 겨울에 웬 미니스커트라니. 엄마의 이런 인식은 항온동물로서의 인간에 대한 생리적 고려가 바탕에 깔려 있다. 이에 비해 한겨울에도 미니스커트 정도는 입어 줘야 한다는 딸의 인식에는 사회적·문화적 고려가 깔려 있다. 하지만 좀 더 들여다보면 엄마의 고려가 단지 생리적인 것으로 한정되는 것은 아니다. "어디 다 큰 처녀가……"라는 말에는 분명 사회적·규범적 인식이 전제되어 있다. 엄마도 딸도 각자의 세계관에 따라 행동하는 것이다.

문제는 누구의 인식이 좀 더 현명하고 타당한가이다. 엄마의 우려를 무시하면 얼어 죽거나 품행이 방정하지 못하다는 평판을 들을 수 있고, 딸의 판단을 꺾어 놓으면 평생 모태솔로로 늙어 죽을 수도 있다. 우리는 우리의 세계 인식이 과연 정확한지, 그리고 고려해야 할 모든 것들을 고려하고 있는지 점검해야 한다. 자칫 눈앞에 보이는 것만 보고 판단하는 편협한 세계관을 갖고 있는 것은 아닌지, 혹은 이미 세상은 변했는데 여전히 과거의 케케묵은 세계 인식을 고집하고 있는 것은 아닌지…….

그런데 세계는 고정불변의 것도, 정답처럼 굳어져 있는 것도 아니다. 세계관은 인식이자 믿음이며 동시에 선택이다. 부모님은 '조신하게 자란 딸이 시집 잘 간다'고 세계를 인식하고 있으며, 때문에 그래야 한다고 믿고 있고 그렇게 딸을 키우겠다고 선택한 것이다. 그에 반해 딸은 생기 있고 발랄한 여성이 세상을 사는 데 더 유리하다고 알고 있고 믿고 있으며, 그래서 그렇게 살기로 선택한 것이다.

자본주의적 세계관에서는 '더 빨리 더 많이'가 가치의 기준이다. 숲은 밀어서 토지로 만들어야 하고 사람은 노동자일 뿐이며 돈은 자본이 된다. 그러나 깎아 나간 숲은 더 이상 미세먼지와 오존으로부터 인간을 보호해 주지 않고, 수단과 경쟁으로 떨어진 인간 사이에는 감정적·인격적 관계가 들어설 여지가 없으며, 수단을 넘어 목적의 자리까지 꿰차 버린 돈은 이제 신의 자리를 넘보고 있다. 문제는 선택이다. '우리가 사는 세상은 어떤 곳인가'에서 머물지 않고 '나는 어떤 세상을 살아갈 것인가'이다. 세계는 자본의 세계라 믿고 돈을 추구하며 살 것인가, 아니면 타인과 우주의 모든 것이 함께 살아가는 세상이기에 조화롭게 함께 살 것인가? 방정하고 조신한 요조숙녀로 살아갈 것인가, 아니면 생기 있고 발랄한 섹시 미녀로 살아갈 것인가? 우리의 인식과 선택에는 책임이 따른다. 때문에 잘 판단하고 잘 선택해야 한다.

『주역』의 인간관: 인간을 넘어 우주로

『주역』 역시 주체의 사회적 관계와 역할을 중시한다. 그러나 『주역』의 특징은 『논어』나 『맹자』와는 달리 사회적 관계와 역할을 넘어서서 우리 주변을 감싸고 있는 모든 관계와 조건의 총체로서 자연 혹은 우주 전체를 고려의 대상으로 삼았다는 점이다.

사후세계에 대해 묻는 제자에게 공자는 그것이 자신의 일차적 관심이 아니라고 대답한다. 그것보다 우선적이고 중요한 문제는 현실에서의 사회적 생활이라고 말이다. 맹자의 주된 관심사는 상식적인 정치철학의 구축과 그것의 실현을 위한 인격의 완성이었다. 공자도 맹자도 천도天道나 우주에 관한 언급은 하지 않았다.

그런데 『주역』은 인간 사회의 규범과 질서를 모두 자연적 질서와의 연속성 속에서 설명하고 있다. 즉 인간과 인간이 살아가는 사회를 철저하게 우주 혹은 자연과의 연관 속에서 설명하고 있는 것이다. 그런 점에서 우선 『주역』적 인간관을 '자연 속의 인간'이라고 부를 수 있다. 인간은 결코 자연을 벗어날 수 없다.

> 『주역』은 우주와 정확히 맞아떨어진다. 그러므로 그것을 통해 이 세상의 법칙을 다 풀어 낼 수 있다. 『주역』의 저자는 우러러 하늘의 이치를 살피고 아래로 땅의 이치를 살폈다. 그래서 현상의 세계와 초월의 세계에 대해 모두 알 수 있게 되었다. 그 시작과 끝을 살필 수 있기 때문에 삶과 죽음의 이치에 대해 알 수 있는 것이다.[1]

이 글은 『주역』이 얼마나 이 세계를 잘 그리고 있는가 하는 찬양으로부터 시작한다. 우주의 이치를 관찰하여 『주역』을 작성했기 때문에 현상세계뿐만 아니라 눈에 보이지 않는 초월적 세계 혹은 귀신과 죽음 이후의 문제에 대해서도 알 수 있다고 한다. 『주역』은 자연적 질서를 통해 인간의 질서를 확인할 수 있다고 주장한다. 이는 어찌 보면 지극히 당연한 말이다. 매일 출근 전에 날씨를 확인하고 옷을 선택하거나 우산을 꺼내들지 말지를 고민하는 것처럼 말이다.

인간과 자연은 연결되어 있다.

자연적 질서는 '하늘의 이치'와 '땅의 이치'로 구분될 수 있는데, 『주역』은 여기에 '인간의 이치'를 합하여 '삼재三才'라고 부른다.

『주역』이라는 책은 참으로 위대하여 모든 것을 다 갖추고 있다. 거기에는

---

1) 「繫辭上傳」, 4장, "易이 與天地準이라. 故로 能彌綸天地之道하나니 仰以觀於天文하고 俯以察於地理라 是故로 知幽明之故하며 原始反 終이라 故로 知死生之說하며."

하늘의 이치도 인간의 이치도 땅의 이치도 있다. 이 세 가지 이치를 겸하여 두 번 반복했기 때문에 6이 되는 것이다. 6은 다른 게 아니다. 세 가지 이치 즉 삼재인 것이다.2)

『주역』의 기호체계인 괘卦는 여섯 개의 부호 즉 여섯 개의 음효陰爻(--) 혹은 양효陽爻(一)로 구성되어 있다. 『주역』은 이 여섯 개의 부호가 각기 하늘과 인간과 땅의 이치를 담고 있는 삼획괘三畫卦 혹은 팔괘八卦를 중첩한 것이라고 주장하는 것이다. 『주역』은 다시 하늘의 이치를 음양陰陽, 땅의 이치를 강유剛柔, 인간의 이치를 인의仁義라고 규정하기도 한다.3) 그 명칭이야 어쨌든 『주역』은 인간을 자연과의 연관 속에서 설명하여, 인간의 질서를 자연의 질서와의 연속선상에서 말하고 있는 것이다.

『주역』이 이렇게 인간의 질서를 자연의 질서와 연결해서 설명하는 이유는, 존재하는 모든 것의 질서가 자연의 질서로부터 왔다고 생각하기 때문이다. 때문에 인간의 질서 역시 예외는 아니다. 이를 다시 우리는 '자연으로부터의 인간'이라고 표현할 수 있다. 인간은 자연의 일부이자 자연 그 자체다.

하늘의 도가 변화하여 각각의 것들을 만들어 낼 때 본질적 성격과 운명을 결정하고, 각각의 것들은 자신에게 주어진 성격과 운명에 맞춰 살 때 이로울 수 있다.4)

---

2) 「繫辭下傳」, 10장, "易之爲書也 廣大悉備하야 有天道焉하며 有人道焉하며 有地道焉 하니 兼三才而兩之라 故로 六이니 六者는 非他也라 三才之道也니."

3) 「說卦傳」, 2장, "立天之道曰陰與陽이오 立地之道曰柔與剛이오 立人之道曰仁與義니."

4) 乾卦, 「象傳」, "乾道變化에 各正性命하나니 保合大和하야 乃利貞하나라. 【本義】 變者 化之漸. 化者 變之成. 物所受 爲性. 天所賦 爲命. 大和 陰陽會合沖和之氣也. 各正者 得於有生之初. 保合者 全於已生之後. 此 言乾道 變化无所不利而萬物各得其性命 以自全 以釋利貞之義也."

여기서 말하는 '하늘의 도'는 우주적 원리 혹은 질서를 말한다. 이도가 변화하여 각각의 것들을 만들어 내고 거기에 원리와 질서를 부여한다. 이것은 우주의 입장에서는 각각의 것들에게 운명(命)을 부여하는 것이 되고, 각각의 것들 입장에서는 우주로부터 본질적 성격(性)을 부여받는 것이 된다. 때문에 동양적 사유에서 만물은 모두 우주의 존재 원리와 질서를 부여받은 소우주다.

이 중에 가장 중요한 것은 물론 인간이다. 왜냐면 우리가 인간이기 때문이다. 인간 역시 우주의 원리와 질서를 부여받은 작은 하느님이다. 왕과 귀족뿐만 아니라 노예도 마찬가지고, 남자뿐만 아니라 여자도 마찬가지다. 그래서 중국 송대의 성리학자인 장재張載는 하늘과 땅을 아버지와 어머니로, 나를 그 사이에서 태어난 자녀로 묘사한다. 우리 스스로는 모두 작고 보잘것없는 존재이지만 하늘과 땅의 자녀로서 결코 하찮은 존재가 아니라는 말이다.

문명의 탄생

자신에게 부여된 본질 즉 인간의 본성은 원래 우주의 원리와 질서 그 자체였다. 때문에 자신의 본질과 삶의 의미를 알기 위해서는 자연 즉 우주에 대한 탐구가 선행되어야 한다. 위대한 선각자인 『주역』의 저자는 바로 우주의 원리와 질서에 대한 탐구를 통해 인간적 질서를 규명하였다. 그래서 『주역』은 "옛날에 성인께서 『주역』을 만드신 이유는, 그것을 통해 인간의 본질적 성격과 운명의 이치를 밝혀서 그것에 따르도록 하고자 해서이다"5)라고 말한다. 즉 성인은 '자연으로부터 인간을' 만들어 가는 존재다. 혹은 '자연을 인간으로' 변형시키는 자다.

천지가 만물을 길러 내면 성인은 현명한 이를 길러 내어 백성들에게 보내 준다.6)

산 아래 우레가 치는 것이 이괘頤卦이니, 군자는 이것을 본받아 말을 삼가고 음식을 절제한다.7)

하늘과 땅이 교감하여 만물이 만들어지고, 성인은 사람들의 마음과 교감하여 천하를 화평하게 한다.8)

천지가 만물을 만들어 내듯이 성인은 인간을 만들어 간다. 성인이 인간을 만든다는 것은, 하느님처럼 인간을 창조한다는 것이 아니라 인간의 질서를 구축해 간다는 말이다. 예컨대 산 아래 우레가 치는 모습 속에서 '입'(頤)의 원리를 깨닫고서, 인간의 입으로 하는 일 즉 언어와 음식을 조심해야 한다는 규범을 만들어 내는 것과 같다. 이렇게 성인은 자연적 현상과 질서에 대한 관찰을 통해 인간적 질서를 확립하고, 더 나아가 자연의 질서를 변형하여 인간에게 유용한 제도와 규범 그리고 기물을 만들어 낸다.

동양의 지적 전통에서는 인격적 존재인 '하느님'을 인정하지 않는다. 때문에 동양의 자연은 의지적으로 인간을 도와주지도 해를 끼치지도 않는다. 이것을 『노자』에서는 '천지는 인자하지 않다'(天地不仁)라고 표현했다. 여름에 장마가 지고 태풍이 부는 것도 겨울에 삭풍이 불고 눈보라가

---

5) 「說卦傳」, 2장, "昔者聖人之作易也는 將以順性命之理."
6) 頤卦, 「象傳」, "天地 養萬物하면 聖人이 養賢하야 以及萬民하나니 頤之時 大矣哉라."
7) 頤卦, 「象傳」, "象曰 山下有雷 頤니 君子 以하야 愼言語하며 節飮食하나니라."
8) 咸卦, 「象傳」, "天地 感而萬物이 化生하고 聖人이 感人心而天下 和平하나니."

치는 것도 모두 자연의 질서일 뿐 인간을 해치려는 것이 아니다. 마찬가지로 봄날의 햇살이 언 땅을 녹이는 것도 가을에 열매가 맺히는 것도 모두 자연의 질서일 뿐 인간을 이롭게 하려는 것이 아니다. 때문에 봄날이 파종에 유리하다는 것을 알아서 파종을 독려하고 가을에 수확할 수 있다는 것을 알아서 곡식을 거두도록 알려 줘야 하는 일은 온전히 인간 자신, 그 중에서도 자연의 질서를 먼저 깨달은 소위 선각자의 역할이다. 우주는 인간적 질서와 원리의 근원이지만 그 비밀을 인간에게 알려 주지는 않는다. 그것은 어디까지나 인간의 몫이다. 『주역』은 이를 성인聖人이라고 부른 것이다.

『주역』은 우주의 질서를 '천문天文'이라고 부르고 인간의 질서를 '인문人文'이라고 불렀다.[9) 원래 '문文'이라는 글자는 사람의 가슴에 그려 넣던 문신을 의미한다. 즉 문양이다. 인간은 자연적 환경과 그것이 갖는 질서로부터 인간의 문양 즉 인간의 질서를 구축해 간다. 그것이 인문이고 문명이다.

서양의 지적 전통에서는 인간의 인위적인 노력을 통해 자연적 상태를 변형시켜(agriculture) 창조한 것을 문화(culture)라고 부른다. 때문에 자연(native)의 상태는 미개(uncultivated)하고 황량(wild)하며 야만적(barbarism)이다. 동서양 사이에 존재하는 이런 이해의 다름에는 아마도 자연적 환경의 차이가 중요한 역할을 했을 것이다.

서양 문명이 목격한 자연은 팔레스타인의 황량한 사막이나 유럽의 거대한 숲이다. 인간이 노력을 기울이지 않으면 아무런 먹을 것도 주지 않는 채 가시나 엉겅퀴만을 내는 그런 자연이다. 그러나 동양적 전통에서

---

9) 賁卦, 「象傳」, "觀乎天文하야 以察時變하며 觀乎人文하야 以化成天下하나니라."

문화와 문명은 자연으로부터 왔다. 『주역』이 목격한 자연은 완만한 산세와 강물 그리고 비와 바람과 번개 같은 것들이다. 사계절이 비교적 분명하고, 그 속에서 목축과 농경이 가능한 어머니의 품과 같은 것이 바로 동양인들이 발견한 자연이다.

중국 고대의 신화에서는 어머니신인 여와가 끈에 진흙을 묻혀 채찍처럼 튕기자 거기서 인간이 나왔다고 한다. 그러던 어느 날 하늘 한 구석이 터져 무너질 지경이 되자 어머니신은 자기 스스로를 그 구멍에 끼워 넣어 인간의 세계를 구원한다. 때문에 동양에서의 어머니신은 나 이외의 다른 신을 섬기지 말라는 식의 질투의 신이 아니다. 자연의 신비를 밝혀 인간의 삶을 유용하게 만들어준 동양의 성인 역시, 불을 훔쳐 인간에게 주었다는 이유로 끝없는 형벌을 받아야 했던 프로메테우스처럼 비극적일 이유가 없다.

생긴 대로 살아라 ─ 존재와 당위

『주역』적 사고에서는 인간이 자신의 존재 원리와 질서에 맞춰 살아가는 것이 가장 자연스럽고 이로운 방식이 된다. 그런데 인간의 존재 원리와 질서는 자연으로부터 왔기 때문에, 자신에게 이로운 방식을 깨닫기 위해서는 조건과 환경으로서의 자연의 원리와 질서를 깨우쳐야 한다. 그리하여 그것을 인간에게 유용한 방식으로 변용하고 개발해야 한다.

따라서 동양에는 초월자의 계시나 형이상학적인 요청으로서의 규범이 없다. 동양에서는 『주역』적 사고를 확장하여, '자신의 존재 원리와 질서에 맞춰 살아가는 것이 자신에게 가장 이롭기 때문에 그래야 한다'는 것을 규범의 근거로 인정한다. 쉽게 말해 '니 생긴 대로 살아라' 라는 말이다.

그건 네 생긴 모습을 받아들이고 체념하라는 말이 아니라, 너의 생긴 것을 잘 보고서 그에 맞춰 살아가라는 말이다. '생긴 대로'는 '존재'고 '살아라'는 살아야 한다는 '규범'이다. 이렇게 『주역』적 사고에서 존재와 당위 그리고 이익은 하나로 연결된다. 예컨대 더운 여름에는 시원한 물을 마시고 추운 겨울에는 따뜻한 물을 마시는 것이 나에게 '이롭기 때문에 옳다'는 말이다. 물론 그것이 이로운 이유는, 내 존재의 원리와 질서가 그렇기 때문이다. 즉 인간은 항온동물이기 때문이다.

그런데 여기에는 적지 않은 문제가 숨어 있다.

첫째, 그것을 모두가 동의할 수 있느냐 즉 일반화의 문제다. 뒤에서 다시 논하겠지만 '존재(일반)'에 대한 규정은 때로는 지극히 자의적이거나 폭력적일 수 있다. "인간이라면 모름지기~"와 같은 언명은 무엇이 '인간'이 냐는 규정과 그에 대한 동의가 선행되어야 한다. 위대한 철학자였던 장자莊子 는 이성과 규범으로 자행하는 일반화의 폭력성을 신랄하게 고발했다. 원숭이는 나무 위에서 편하게 잠을 자지만 인간은 허리가 아플 것이고, 인간이 아름답다고 여기는 미인도 물고기들은 무섭고 추하다고 생각할 것이라고 장자는 일러 준다. 나는 춥다고 느껴지는데 하의실종의 우리 아이는 덥다고 느낄 수도 있다. 나는 이효리가 최고인데 내 아들은 스칼렛 요한슨이 제일 예쁘단다. 개인적 기호와 성향의 차이 정도는 큰 문제가 아니지만, 생물학적·종교적 차이를 무시하면 남녀의 불일치와 성적 소수 자의 문제에 대해서는 언제나 폭력적인 해결밖에는 남지 않는다.

둘째는 인간의 보편적인 존재 원리와 질서라는 것이 언제라도 정치적·경 제적·사회적 기득권자들에 의해 자의적으로 규정될 수 있다는 점이다. 여성들은 명절날 음식을 해야 한다든지, 흑인들은 앞좌석에 앉을 수 없다든지, 노동자들은 국가의 발전을 위해 노동권을 유보해야 한다든지 하는 규범적 요구들은 그것을 통해 이익을 얻게 되는 특정한 사람들이 만들어 놓은 것이기 십상이다.

그럼에도 불구하고 동양의 이러한 '존재와 당위의 일치'적 관점은 유용한 측면이 있다.

첫째, 타인에게 강제하려는 폭력적 의도만 없다면 누구나 자신의 개성과 기호를 찾아 다양한 방식의 삶을 추구할 수 있는 가능성이 확보된다는 점이다. 개인이 선택할 수 있는 삶의 방식으로서의 규범이 개인의 성향과 기호에 따라 다양해질 수 있는 것이다. 초월자의 명령도 사회적·정치적 권위도 내가 선택한 내 삶의 규범을 침해할 수 없다. 난 이렇게 생겨 먹었기 때문이다. 다만 나의 규범과 방식이 타인의 규범과 방식을 침해하지 않는 선에서만 용납될 수 있기 때문에, 이런 사유방식에서 더욱더 요구되는 것은 타인과의 대화요 조율이다.

둘째, 함께 사는 사람들끼리 만들어 간 규범의 체계 역시 구성원들의 변화 혹은 자연적 환경의 변화 혹은 의식의 변화에 따라 언제든지 새롭게 만들어질 수 있다는 점이다. 신의 명령 같은 변하지 않는 규범이란 없다. 물론 여기에는 모두가 동등한 입장에서 참여할 수 있다는 민주의 원칙이 전제되어야 한다. 민주의 원칙만큼 중요한 것은, 모두가 책임 있는 결정을 할 수 있을 만큼 교육받고 길러지는 것이다. 어리석은 민주는 독재보다 위험할 수 있다.

우리는 무엇이 가장 자연스러운 상태인가, 그래서 무엇이 우리를 가장 편하고 넉넉하게 만드는가에 대한 질문으로부터 시작했다. 『주역』은 과감 하게 우리가 자연의 일부이고 자연의 연속이라고 말한다. 그래서 가장 나다운 상태, 그래서 가장 내게 이로운 상태는 자연의 원리와 질서에 부합하는 삶의 형태라고 말한다. 마치 더운 여름엔 시원한 옷을 입고 추운 겨울엔 따뜻한 옷을 입는 것처럼 말이다. 때문에 우리는 우리가 몸담아 살고 있는 자연이 어떤 것인지를 확인해야 할 필요가 있다. 우리는 자연의 일부이자 자연 그 자체이기 때문이다.

2. 자유의지와 결정론 — 운명[10]

본격적으로 『주역』의 자연관을 알아보기에 앞서 우선 『주역』이라는 책의 성격과 그것을 대하는 우리의 자세에 대해 알아보고 가자. 『주역』의 세계관과 인간관에 대한 탐구는 책으로서의 『주역』의 성격과 밀접한 연관을 갖기 때문이다. 『주역』은 점치는 책으로 출발했으나 철학책으로 발전해 갔다. 일견 상반되어 보이는 점과 철학이 어떻게 연결될 수 있었을까? 이에 대한 대답은 『주역』이 보는 삶의 태도와 밀접한 연관을 갖고, 더 나아가 우리가 『주역』으로부터 얻으려는 지혜의 성격에 중요한 의미를 부여한다.

우선 『주역』의 점占에 대해 알아보자. 사실 우리가 쓰는 점占이라는 말은 『주역』의 점과는 무관하고, 그보다 더 옛날인 은殷나라 때에 주로 사용하던 거북점을 의미한다. 거북의 껍데기나 동물의 뼈에 구멍을 뚫고 불에 구워서 그 균열을 통해 미래 사태를 예견하는 것을 복卜이라고 한다.

---

10) 제2장과 3장은 필자의 논문 「주역의 점은 어떻게 철학이 되었는가」(『지식융합』 제2호, 동덕여대 지식융합연구소, 2012년 6월)를 수정 보완한 것이다.

'복ト'이라는 글자는 불에 탄 뼈에 생긴 균열의 상형이다. 이 복ト을 무당이 입(口)으로 설명해 주는 것이 점占이다. 따라서 점복占ト이란 거북점에만 해당하는 용어다. 『주역』의 점은 시초蓍草라는 식물로 만든 50개의 산가지로 친다. 그래서 그것은 '서筮'라고 부른다. 무당(巫)이 대나무(竹)를 조작해 미래 사태를 예측한다는 말일 것이다. 하지만 이제 점占이라는 말은 미아리의 사주점을 포함에서 미래 사태를 예측하는 행위 일반에 대한 명칭이 되었다. 따라서 여기서도 그냥 점이라고 하겠다.

미래는 결정되어 있을까?

『주역』은 미래 사태를 예측하기 위한 점서占書 즉 점치는 책이다. 그런데 『주역』뿐만 아니라 모든 미래 사태를 예측하는 행위들이 가능하기 위해서는 몇 가지 전제들이 성립되어야 한다.

첫째, 미래 사태는 결정되어 있어야 한다. 과연 미래는 결정되어 있는 것일까? 수많은 사람들이 수없이 반복해 온 질문이다. 결론부터 말하면 알 수 없다. 확인할 수 없다. 하지만 미래 사태가 결정되어 있지 않다면 지금 여기서 미래를 예측한다는 것은 불가능하다. 신 내린 무당이든 사주든 타로점이든, 미래가 결정되어 있지 않다면 모두 무의미한 행동이 된다.

그럼 우선 미래가 결정되어 있다고 가정해 보자. 그래야 점치는 행위가 가능하니 말이다. 그런데 여기에는 다시 커다란 문제가 숨어 있다. 일반적으로 미래를 알고자 하는 것은 나쁜 일을 피하고 좋은 쪽으로 가고자 해서이다. 즉 취길피흉趣吉避凶이다. 그런데 만일 미래가 결정되어 있다면 미래의 흉사凶事를 피한다는 것이 가능할까? 지금의 선택에 의해 미래가 바뀐다면 미래는 결정되어 있는 것이 아니다. 딜레마다. 점을 치기 위해서는 미래가 결정되어 있어야 하는데, 미래가 결정되어 있으면 미래를 피해 갈 수가 없다. 따라서 점을 치는 행위 역시 무의미해진다.

미래가 완벽히 결정되어 있다고 보는 관점을 강한 결정론이라고 부른다. 이런 관점 하에서 점을 친다는 행위는 단순히 미래 사태를 '미리 안다'는 의미 이상일 수 없다. 그런데 사실 강한 결정론에서는 지금 내가 점을 친다는 행위까지도 결정되어 있는 것이기에, 미래 사태 역시 알아야 할 때 알게 된 것에 불과하다.(아니, 나는 점을 치지 않을 자유도 없다.) 이런 관점에서는 인간의 의지나 주체적 행동 혹은 도덕적 책임의 문제는 모두 불가능해진다. 내가 그렇게 행동하는 이유는 그렇게 결정되어 있기 때문이라고 말하면 그만이다. 즉 "나는 그런 놈이다"에 대해 할 대답이 없게 된다. 심지어는 내가 살인을 한 이유도 그렇게 태어났기 때문이며, 그런 나에게 책임을 물을 수는 없는 것이다.

인간의 자유의지와 결정론의 관계를 잘 그려 놓은 영화가 〈마이너리티 리포트〉다. 미래의 어느 시점에 사람들은 미래를 예견할 수 있는 예언자들을 확보하고서 예상되는 범죄자들을 범죄 발생 이전에 선제적으로 적발하고 체포하여 범죄를 미연에 방지할 수 있게 된다는 이야기다. 이는 범죄를 반드시 행하게 될 것이라는 '결정론'에 근거한 것이다. 영화의 주인공 톰 크루즈는 범죄를 저지를 만한 극한의 상황에서도 자신을 자제하여 결국 범죄자가 되지 않고 범죄 예견 시스템이 갖는 결점을 확인하게 된다. 그러나 그러한 '결점' 혹은 '소수의 의견' 즉 예외적 상황의 가능성이라는 점 말고도, 과연 그렇게 정해져 있는 상황에서 개인에게 도덕적 책임을 물을 수 있는지에 대해서는 더 생각해 보아야 할 일이다. 운명이 정해진 상황에서의 범죄자는 구제되어야지 처벌받아서는 안 된다.

큰 틀은 정해져 있지만 작은 것들은 바꿀 수 있다고?

일반적인 사람들은 큰 틀에서의 운명은 정해져 있는 반면에 작은 일들은 개인의 의지로 결정할 수 있다고 말한다. 약한 결정론이다. 그러나 이것은 명백한 논리적 오류다. 수많은 가변적 요소들의 우연한 결합은 무수히 많은 경우의 수에 해당하는 미래가 가능함을 의미한다. 영화 〈나비효과〉는 비록 사소하지만 가변적 요소들의 결합이 얼마나 다른 미래를 가능하게 하는지 보여 준다. 영화에서의 주인공은 불행한 미래를 바꾸기 위해 과거의 '결정적'인 요소를 제거하거나 바꾼다. 하지만 그런 바뀐 상황은 다시 예상치 못한 결과를 초래하곤 한다. 결국 인간의 예측이나 노력이 얼마나 많은 우연적 사태들에 의해 허망한 것이 되고 마는지를 보여준다.

물론 큰 틀에서의 '운명'을 주장하는 사람들은 영화 〈데스티네이션〉을 예시로 들 수 있을 것이다. 이 영화에서는 주인공들이 주어진 운명을 피하려고 아무리 노력을 해도 결국에는 예정된 길을 걷게 됨을 보여 준다. "죽을 운명은 어떻게든 죽게 마련이다"라는 것이다. 그런데 하나 점검을 해 보자. 교통사고로 죽을 사람이 죽지 않아 다시 화재가 일어났다고 해 보자. '어떻게든 그를 죽이기 위해서' 애초 발생하지 않았을 화재가 발생했다면, 여기서 우리는 화재를 의도적으로 발생시키는 '운명의 집행자'를 상정해야 할 것이다. 우리는 물론 이러한 운명의 집행자가 실제 존재하는 지는 알지 못한다. 더 나아가 확인할 수도 없다. 그러나 교통사고로 죽을 사람이 죽지 않을 수 있을 만큼 운명의 집행이 느슨하다면 우리는 결코 미래를 예측할 수 없을 것이다. 느슨하게 운명을 집행하는 통에 이 집행자는 자유의지와 운명을 거스를 능력을 지닌 인간들 위에서 끊임없이 운명을 집행하기 위해 가변적인 사건들을 일으킬 것이기 때문이다.

그리스 로마 신화에 나오는 신들이 여기에 해당된다. 이 신들은 대체로 자유의지를 지닌 선량한 인간들에 맞서는 고약한 존재로 그려진다. 무수히 많은 사생아를 만드는 제우스처럼 변덕스럽고 몰염치한 그리스 로마의 신들은 인간의 운명을 장난처럼 취급해 버린다. '운명의 장난'이라는 말은 이들에게 딱 어울린다. 정말 이런 신들이 존재한다면 인간은 내일을 예측할 수도 없지만 도덕적일 필요도 별로 없다. 신에게 잘 보이기만 하면 된다. 어차피 신들도 그다지 도덕적이지 않으니 말이다. 사실 이런 식의 '운명의 집행자'는 인간 입장에서는 없는 게 낫다.

하기와 되기

그렇다면 결정된 운명이란 과연 없는 걸까? 이 세계는 결정된 것이 하나도 없어서 인간은 자신의 자유의지에 의해 무한한 자유를 누리며 살 수 있는 걸까? 과연 그럴까? 나의 의지에 의해 해결되지 않는 것들에 대해 잠시 생각해 보자. 아무리 열심히 해도 150㎝인 내가 프로농구선수가 되기는 어렵다. 태어날 때부터 호흡기장애가 있는 내가 국가대표 수영선수가 되는 것도 어렵다. 아무래도 신체적 조건을 넘어서기는 쉽지 않아 보인다. 이런 경우는 농구를 좋아하고 수영을 좋아할 수는 있어도 선수가 '되기'는 어려운 것이다. 그런데 구분이 필요해 보인다. 선수는 직업이고, 좋아하는 것은 스포츠다. '직업'은 '역할'과 관계가 있다. 그 역할을 수행하기 어려운 신체적·감정적·지능적 조건을 지니고 태어났다면? 그럼에도 불구하고 그 '직업'을 얻고 싶다면? 아무래도 한계가 존재할 수밖에 없다. 원한다고 해서 모두 다 그 직업을 얻어 그 역할을 수행할 수 있는 것은 아니다. 안타깝지만 이것이 현실이다. 하지만 그 직업을 왜 원하는지에 대해서는 다시 생각해 볼 일이다.

우리는 종종 "내가 그걸 할 수 있을까?"라고 말하지만 사실은 대부분 "나는 그것이 될 수 있을까?"를 말하고 있다. 예컨대 누구나 대통령이 되는 것은 아니다. 그러나 대통령이 될 수 있는 길을 걷는 것은, 그 길을 시작하는 것은 누구나 할 수 있다. 그런데 우리는 그 길을 걷는 것에 의미를 두지 않고 그것이 되는 것에 의미를 둔다. 때문에 그것이 되지 못할지도 모르는 것에 대해 두려움을 느끼는 것이다. 즉 대통령이 되기 위한 모든 노력들이 대통령이 되기 전까지는 모두 무의미하다는 것이다. 때문에 대통령이 되지 못하면 대통령이 되기 위한 모든 노력은 '실패'가 된다. 그러나 도대체가 대통령은 왜 되고 싶은 것인가? 만약 그것이 대통령이 누릴 수 있는 권한과 권력만을 위한 것이 아니라 국민의 행복과 국가의 번영을 위한 것이라면, 대통령이 할 수 있는 일을 위해 준비하고 제안하고 노력하는 것은 대통령 이전에라도 누구나 할 수 있으며, 그러한 노력은 설령 대통령이 되지 못한다 하더라도 충분히 의의와 가치를 지닌다. 그리고 그렇게 준비하고 노력한 이가 대통령이 돼야 한다. 권한과 권력을 위한 대통령은 자신만을 위한 권력자일 뿐 모두를 위한 정치인일 수는 없다.

대통령이 너무 커서 나오는 거리가 멀다면 좀 더 가까운 것을 생각해 보자. 요즘 학생들에게 인기 있는 직업으론 공무원과 더불어 교사가 으뜸이다. 많은 학생들이 교사가 되기 위해 노력하고 있다. 그런데 교사가 되려는 이유가 '안정적인 직업' 즉 안정적인 수입과 사회적 평판 그리고 상대적으로 적은 직장 스트레스 등이라고 한다면, 이런 사람은 교사가 되기 이전에도 지겨웠겠지만 교사가 된 이후에도 참 무료할 것이다. 주어진 수업이나 하면서 매달 나오는 월급을 기다리는 것이 할 수 있는 모든 일일 것이다. 때문에 교사로서의 시간은 월급을 위한 소모적인 시간이 된다. 기껏해야 학교 일과가 끝나고서야 자신의 삶을 살 수 있을 것이다. 소위 노동으로부터의 소외다. 이런 사람은 교육자가 아니라 월급쟁이일 뿐이다.

하지만 만약 어떤 사람이 미래 세대의 교육을 책임지고 아이들과 즐겁게 호흡하는 것이 좋아서 교사가 되고자 한다면, 그런 사람은 교사가 되기 이전에도 교육과 아이들에 대한 관심과 사랑을 실천할 수 있는 기회를 찾으려 할 것이다. 설령 교사가 되지 못했다 하더라도 그에게는 교사가 되기 위해 준비한 과정이 즐거운 기억으로 남을 것이다. 그리고 정말로 교사가 된다면 그에게 일과는 자신의 소망과 행복을 실천하고 완성하는 시간이 될 것이다. 때문에 아침마다 학교 가는 길이 즐거울 것이다. 우리는 이런 사람을 선생님이라고 부른다.

대통령이나 선생님이 '되기' 위한 것이 아니라 그 일을 하고 싶은 경우는, 되기가 아닌 '하기'에 해당한다. 이는 직업이 아니어도 할 수 있는 것이며, 따라서 역할보다는 '소명'이나 '봉사' 혹은 '즐거움'에 해당한다. 사실 나는 '종교인'이나 '정치인'처럼 소명이나 봉사에 해당하는 일을 직업처럼 표현하는 것이 못마땅하다. 예수님이나 부처님이 직업란에 '종교인'이라고 적는다고 생각해 보라. 진정한, 그래서 위대한 종교인이나 정치인은 그것을 자신의 '직업'으로 인식하지 않는 이라야 한다. 그것은 단지 자신이 하고 싶은, 그리고 해야 할 일일 뿐이다. 종교나 정치뿐만 아니라 모든 '일'이 다 그렇다. 모든 '일'이 '해야 하는 일'이 아니라 '하고 싶은 일'일 때 우리는 행복을 느낀다.

운명인가 핑계인가?

신체적·경제적 조건을 넘어선 다른 영역에는 어떤 것이 결정되어 있을까? 나는 여자니까, 나는 일류대 출신이 아니니까, 나는 외모가 이러니까, 나는 성격이 이러니까……. 과연 이런 것들은 결정되어 있는 것일까? 이런 것들은 주로 우리가 어떤 일을 할 수 없다고 생각할 때 이유로 제시되는 것들이다. 그리고 분명 이런 것들은 우리의 일상에서 우리의 바람을 방해하는 것들임에 틀림없다.

사실 이런 것들은 대부분 '차별'이다. 여자는 더 이상 승진할 수 없다든가, 일류대 출신이 아니니 취업할 수 없다든가 하는 것들이다. 좋은 사회라면 이러한 차별은 당연히 없어야 한다. 우리 사회도 하나씩 우리 주변의 차별들을 줄여 나가야 한다. 요즘 많은 곳에서 입사지원서에 사진을 붙이지 않도록 한다고 한다. 좋은 일이다. 더 나아가 성별도 나이도 출신 학교도 기재하지 못하게 해야 한다. 물론 사회적 비용이 많이 들겠지만, 그렇게 가야 한다고 나는 생각한다.

'주어진 것'을 우리는 운명이라고 여기며 받아들인다. 세상이 만들어 놓은 이러한 차별이 없어지기 전까지는 어쩔 수 없다고 말한다. 과연 우리는 세상이 변하기 전까지는 아무것도 할 수 있는 것이 없을까? 아니다. 대부분의 경우 그러한 차별은 남들에 의해서보다 자기 스스로에 의해서 만들어진다. 그래서 그 차별 속에 자신을 가둔다. 손가락이 두 개만 있는 어떤 여자아이는 훌륭한 피아니스트가 되었다. 태어날 때부터 얼굴이 반쪽만 있는 미국의 어느 여성도 훌륭한 방송인이 되었다. 말더듬이를 비관하지 않고 볼펜을 입에 물고 연습한 〈록키〉의 실베스터 스탤론은 성공한 영화배우가 되었다. 이들이 쉬웠다고는 말하지 않겠다. 그러나 이들은 조건이 모든 것을 결정짓는 운명이 결코 아니었음을 웅변한다.

조건은 스스로 그것을 운명으로 받아들일 때 운명이 된다. 반대로 손가락이 열 개 모두 있는 사람은 누구나 훌륭한 피아니스트가 되었어야 하고, 얼굴이 반듯한 사람은 누구나 방송인이 되었어야 하고, 말더듬이가 아니라면 영화배우가 되었어야 할 것이다. 일류대를 나오면 누구나 성공해서 잘 살아야 하고, 외모가 예쁘다면 모두 다 행복하게 살아야 할 것이다. 하지만 현실은 그렇지 않다. 그것은 '운명'이 아니다. '~ 때문에' 무엇을 할 수 있었다는 말은 들어보지 못했다. 우리가 '~ 때문에'라고 말할 때에는 무엇을 할 수 없었던 이유로서 즉 부정의 근거로서 제시되는 경우뿐이다. 이건 조건이 아니고 '핑계'일 뿐이다. 구라를 너무 많이 풀었다. 다시 돌아가자.

『주역』점 해석의 방식

둘째, 미래예측 시스템과 미래 사태가 같아야 한다. '미래예측 시스템'이란 점치는 자가 점칠 때 동원하는 근거로서, '신내린 집'에서는 '신의 계시'일 테고 사주에서는 '생년월일'이며 『주역』의 점에서는 『주역』이라는 책이다. A라는 점집은 용하지 않은 반면 B라는 점집은 용하다는 말은, B의 '미래예측 시스템'이 '미래 사태'와 같음을 의미한다. 그렇지 않다면 '점을 치는 것'은 가능할지 모르지만 누구도 그것을 신뢰하지 않을 것이다. 만약 을지문덕장군신이 유관순동자신보다 용하다는 소문이 돌면 손님들은 더 이상 유관순동자신을 만나러 가지 않는다. 그 집은 곧 문 닫는다. '새로 내린 신'이 믿을 만한지, 생년월일에 의해 우리의 운명이 결정되는지, 『주역』이라는 책이 이 세계와 완전히 일치하는지 등의 여부는 일단 유보하더라도, 그런 것들이 인정되지 않으면 점을 칠 수 없다는 말이다.

『주역』을 통해 점을 치기 위해서는 『주역』이라는 텍스트가 미래 사태를 정확히 보여 줄 수 있는 것이어야 한다. 『역전』 중의 하나인 「계사전」에서는 이것을 "『주역』과 이 세계는 완전히 일치한다"(易與天地準)라고 표현했다. 「계사전」의 말이 만약 믿을 만하다면 『주역』의 점은 아주 '용'한 것이 된다.

그런데 일반적으로 '미래예측 시스템'을 운용하거나 이해하는 것은 비교적 어려운 것으로 알려져 있다. 예컨대, 아무나 신의 계시를 들을 수 있는 것은 아니다. 또 사주에 의해 미래를 예측하는 것은 상당한 훈련을 받은 전문가들에 의해서만 가능하다. 즉 '미래예측 시스템'과 '미래 사태'를 연결해 줄 수 있는 매개자가 필요하다는 말이다. 마찬가지로 64괘 384효로 이루어진 책인 『주역』 중에서 어느 것이 우리가 알고자 하는 미래 사태와 연결되는지를 특정하려면, 즉 점괘를 뽑으려면 일련의 조작이 필요하다. 바로 서법筮法에 의해 점을 치는 행위다.[11]

그런데 서법에 의해 산가지 50개를 조작해서 특정 괘효를 얻는 행위가 『주역』과 미래 사태를 연결해 줌을 인정하지 않으면 그러한 방식에 의해 점을 친다는 것은 마찬가지로 무의미해진다. '새로 내린 신'도 믿을 만해야 하지만, 그것을 전달해 주는 '무당' 역시 믿을 만해야 한다는 말이다. 사주에 미래가 담겨 있다는 것도 인정되어야 하고 그 사주를 풀어 주는 사람도 믿을 만해야 한다는 것이다. 「계사전」에서는 '『주역』이 이 세계와 동일하다' 즉 『주역』을 통해 세계의 운행에 대해 알 수 있다고 말하면서

---

11) 역대로 많은 서법이 존재해 왔다. 대나무 가지 50개로 점을 치는 것은 대체로 같은데, 그 구체적인 방식은 다양하다. 현재는 대체로 송대의 朱熹가 정리한 방법을 사용한다. 다만, 그 과정의 번잡함을 꺼려 간단히 동전으로 점을 쳐서 『주역』의 해당 괘효를 특정하는 방식도 있다. 이 책 제1부의 「7. 점치는 방법」을 참고 바람.

점치는 방식 즉 서법을 비교적 자세히 기술하고 있다. 이 서법이 믿을 만한 것임을 인정하고서 그것을 조작할 수 있게 잘 익히고 나면 우리는 이제 『주역』과 알고자 하는 미래 사태를 연결할 수 있게 된다.

그런데 서법을 익히는 것만으로 문제가 다 해결되는 것은 아니다. 신내린 집과 사주 및 『주역』점 간에는 약간의 차이가 있다. 무당은 우리가 알고자 하는 사태를 초월적 존재에게 물음으로써 아주 구체적인 사태에 대해서도 특정해서 알려 줄 수 있다. 하지만 우리에게 제시된 사주와 『주역』은 이미 '정해진' 것이다. 사주는 단지 여덟 글자이고 『주역』 역시 64괘 384효에 불과한 데 비해 우리가 알고자 하는 사태는 거의 무한대다. 결국 무당에게 묻는 것은 질문과 대답이 1:1이기 때문에 아주 간편하지만 사주나 『주역』점은 '1:다'의 해석학적 확장의 과정을 거치지 않을 수 없다.

예컨대, 사업을 시작할 것인지 말 것인지를 물었는데 건괘乾卦 초구의 "잠겨 있는 용이니 쓰지 말라"(潛龍勿用)라는 구절이 나왔다고 해 보자. 시기가 아직 무르익지 않았으니 적극적으로 시도해서는 안 된다는 말이다. 이런 경우 '쓰지 말라'라는 말을 우리는 사업의 시작 여부, 이사의 여부, 전쟁의 여부 등으로 확장해서 이해할 수 있다.[12] 주어진 괘효사를 이렇게 다양한 사태로 확장해서 해석하지 않는다면 『주역』점의 밑천은 금방 동이 나고 말 것이다. 『주역』으로 점집을 개업하려면 사태에 맞게 적절히 해석할 수 있는 능력과 임상적 경험이 필요한 것이다. 즉 구라빨이다.

『춘향전』에는 춘향이 이몽룡을 만나기 전에 들고 있던 거울이 깨지는

---

12) 乾卦는 줄곧 王의 괘로 이해되어 왔다. 龍이라는 상징물 때문에 그러하다. 그런데 실제 점을 치면 평민도 건괘가 나올 수 있다. 그래서 역대로 건괘를 평민에게 적용할 수 있는지에 대한 의문이 제기되었다. 이는 모두 해석학적 확장의 가능 여부에 대한 질문이다.

꿈을 꾸는 장면이 있다. 춘향은 거울이 '깨졌기' 때문에 흉하다고 해석했지만, 소설 속 해몽하는 사람은 거울 깨지는 소리가 새로운 '소식'을 의미한다고 해석한다.

『좌전』이라는 중국 고대 역사서에는 『주역』점을 친 기록이 여럿 보인다. 이 중 남괴南蒯라는 사람이 쿠데타를 거행하기에 앞서 『주역』점을 치는 장면이 있다. 곤괘坤卦의 육오 "황상원길黃裳元吉" 즉 "크게 길하다"는 결과가 나오자 남괴는 쿠데타가 성공할 것이라고 풀지만, 그 신하 자복혜백子服惠伯은 쿠데타는 덕 없는 일에 해당하기 때문에 성공하지 못할 것이라고 푼다. 과연 남괴의 쿠데타는 실패하고 만다. 모든 역사 기록은 사후적 기록이기 때문에 점풀이는 언제나 용하다.[13)]

그런데 이 해석학적 확장의 과정에서 해석자 혹은 내담자의 참여(人謀)가 발생하게 된다. 내담자는 '쓰지 말라'는 것이 이사인지 승진인지를 해석자와의 협력 속에서 스스로 해석할 수 있게 되는 것이다. 무당에 의한 점은 '미래예측 시스템'을 내담자가 확인할 수 없다. 내담자나 무당이 더 이상 해석할 것은 없다. 무당은 전적으로 신에게 의지해 그것을 전해 줄 수 있을 뿐이다. 반면 『주역』이라는 '미래예측 시스템'은 초월적 존재의 계시(oracle)에 전적으로 의지하지 않고 인간의 이성적 참여와 개입이 가능하다는 점에서 이전 시기 거북점보다 인문적 경향을 지니고 있다고 평가된다.

『주역』점에 비록 내담자나 해석자의 해석학적 개입이 가능하기는 하지만 『주역』이라는 텍스트가 이미 정해져 있어서 해석자도 그 텍스트의 규정 범위를 벗어날 수 없다는 점에서는 『주역』점도 역시 '계시적' 성격을

---

13) 『左傳』, 昭公 12년조.

지니고 있다. 점을 쳐서 일단 특정 괘효가 정해지고 나면 거기에 나와 있는 '길' 혹은 '흉'이라는 규정을 벗어날 수 없다. 여러 해석을 동원해서 내담자를 위로하거나 권해 줄 수는 있어도, 길한 것은 길한 것이고 흉한 것은 흉한 것이다. 무당과는 달리 해석자의 '사기'가 개입할 여지가 없다. 책에 뻔히 보이기 때문이다.

하지만 이렇게 내담자도 점괘의 내용을 확인할 수 있다는 점은 오히려 『주역』점을 신뢰할 수 있는 계기가 되기도 한다. 내담자가 직접 눈으로 확인할 수 있기 때문이다. 따라서 내담자는 매개자 혹은 해석자에게 전폭적으로 의지하지 않을 수 있는 것이다. 내담자는 뭔가 더 근거를 확보했다고 생각할 수 있다. 하지만 점이라는 것이 어차피 믿음의 영역이라고 한다면, 어떤 것이 더 믿을 만한지에 대해 말할 수는 없다. 나는 『주역』점이 얼마나 믿을 만한 것인가에 대해서는 관심이 없다. 『주역』점의 가능 근거와 그 의의 그리고 그것이 어떻게 철학적 의미와 연결되는지를 추적하는 것이 내가 할 수 있는 일이다.

그런데 『주역』의 점이 가능한지, 그리고 결정론과 자유의지에 대한 『주역』의 입장이 어떤 것인지에 대해서 나는 아직 대답하지 않았다. 하지만 답은 이미 나와 있다. '해석학적 확장'의 과정이라는 것의 의미를 추적해보면 자명하다. 점을 친다는 것은 논리적으로 미래 사태가 정해져 있고 그것을 예측할 수 있다는 말이다. 취길피흉이라는 목적을 고려한다면 우리의 미래예측은 당연히 미래를 바꿀 수 있음을 전제한다. 미래가 결정되어 있고 또 그것을 바꿀 수 있다고 한다면, 자유의지와 결정론에 대한 『주역』의 관점은 논리적으로 모순이 아닐까? 그렇다. 그렇다면 그것을 어떻게 이해해야 좋단 말인가? 다음 장을 보자.

3. 상식의 세계와 미래예측 ─ 의지

운명에서 개연성으로

과연 미래는 결정되어 있는가, 그렇지 않은가? 앞에서 우리는 미래가 모두 결정되어 있다면 개인의 선택이란 있을 수 없고, 따라서 우리에게는 어떠한 책임도 물을 수 없다고 했다. 반면 미래가 아무것도 결정되어 있지 않다면 또 어떨 것인가? 내일 어떤 일이 벌어질지 모르는 것이 인생이다. 그러나 만약 아무것도 결정된 것이 없어서, 심지어 내일 해가 뜰지 안 뜰지도 결정되어 있지 않다면 어떨까? 여자인 내가 내일은 남자가 되어 있다거나, 아니면 벌레(카프카의 『벌레』처럼)가 되어 있다거나, 아니면 할머니(미야자키 하야오의 영화 〈하울의 움직이는 성〉에서의 소피처럼)가 되어 있다면 어떨까? 이런 변덕쟁이 세상에서 과연 우리는 무엇을 준비하고 무엇을 계획할 수 있을까? 미래는 결정되어 있는가, 그렇지 않은가? 이 물음에 대한 『주역』의 대답은 무엇인가?

『주역』은 어떤 특정한 개인의 운명에 관심이 없다. 중국 고대 문헌들 중 『논어』나 『맹자』 등 여타의 문헌은 구체적인 개인들의 특정한 일에 대한 기록이다. 공자와 맹자는 안회나 공손추 같은 자신의 제자나 당대의 권력자들과 대화를 나누었고, 경전은 그 구체적인 사건들에 대해 기록하고 있다. 반면 『주역』은 개인과 개인이 만나서 이루는 관계 '일반'에 대해 기술하고 있다. 『주역』이 성립되는 과정이야 특정한 개인들이 수행한 점복의 집적이었을지 몰라도, 그것을 통해 이룩된 것은 인간관계에서 발견되는 '일반적 양상'이다. 그 양상들은 64개의 유형으로 정리되었고, 매 유형은 6개의 시간적 혹은 상황적 단계로 구성된다. 이것이 64괘와

64괘에 6개씩 존재하는 총 384개의 효인 것이다.

『주역』은 그래서 이 일반적 관계 양상 중 어느 하나에 해당하기만 하면 누구나 비슷한 결과를 얻게 될 것이라고 말한다. 즉 A→B, ~A→~B와 같은 인과적 연속성을 띠게 되는데, A와 같은 상황이기만 하면 그것이 A_1이거나 A_n이거나 상관없다는 것이다. 수학적 기호를 사용하니까 그럴듯해 보인다. 뭔가 대단한 얘기를 하는 것 같다. 하지만 이해가 안 되면 말짱 도루묵이다. 쉽게 말해 "공부하면 좋은 성적, 공부 안 하면 나쁜 성적"이라는 인과적 법칙은 그게 철수든 영희든 누구에게나 적용된다는 말이다. 그래서 송대 역학의 대가인 주희는 『주역』을 '비어 있는 것'이라고 불렀다.[14] 그 비어 있는 것에 어떤 변수를 넣더라도 가능하다는 말이다. 이를 그럴듯한 수학적 기호로 나타내면 $f(x) = y$ 의 함수가 된다고 할 수 있겠다.

하지만 이러한 인과적 연속성은, 아침에 동쪽에서 해가 떠올랐다는 사실에 대한 수천 년간의 경험적 누적 같은, 인류의 경험과 관찰을 통한 귀납적 결론일 뿐이다. 내일이라도 해는 뜨지 않을 수 있는 것처럼,『주역』의 결론은 언제라도 예외적 상황이 발생할 수 있는 것이다. 하지만 이 귀납적 결론은 인간의 생리적·심리적·사회적·정치적 관계 유형에 대한 분석을 통해 얻은 아주 '개연성 높은' 결론이다. 이 '개연성'은 수학적 엄밀성을 지니는 '법칙'이 아니다. 따라서 언제나 예외를 허용치 않는 논리적 필연성은 없고, 다만 일반적 상황에서라면 거의 대부분 그렇게 된다는 말이다.

---

14) 朱熹,『朱子語類』(中華書局, 1994), 권66 , " 其他經, 先因其事, 方有其文. 如書言堯舜禹湯伊尹武王周公之事, 因有許多事業, 方說到這裏. 若無這事, 亦不說到此. 若易則只是簡空底物事. 未有是事, 預先說是理, 故包括得盡許多道理. 看人做甚事, 皆撞著他."

이렇게 『주역』의 법칙, 즉 미래 사태를 예측할 수 있는 시스템은 바로 '개연성'이다. '미래는 반드시 그럴 것'이라는 말이 아니라 '세상은 그렇더라'는 말이다.

우리는 미래를 선택할 수 있는가?

앞에서는 "미래 사태는 결정되어 있는가?" 하고 질문했다. 이 말은 개인의 단계에서는 "우리의 운명은 정해져 있는가?"라는 의미일 것이다. 이제 질문을 달리해 보자. "우리는 미래를 선택할 수 있는가?" 『주역』은 선택할 수 있다고 말한다. 미래 사태가 결정되어 있어서 개인의 운명이 정해져 있다면 우리는 미래를 선택할 수 없을 것이다. 그런데 『주역』은 정해져 있는 미래 사태란 없다고 말한다. 다만, 인간들이 살아가는 세계는 심리적 · 문화적 · 정치적 개연성에 의해 운행되기 때문에 어떤 특정한 행동은 특정한 결과를 유발할 것이 예측된다고 말할 뿐이다.

그러니 우리는 우리 앞에 놓인 길을 선택할 수 있다. 즉 A→B, ~A→~B라는 말이다. 쉽게 말해서, 공부를 열심히 하면 A⁺를 받을 것이고 공부를 게을리 하면 F를 받을 것이라는 말이다. 아침부터 열심히 일하면 승진할 것이지만 대충 눈치나 보고 그러면 승진하지 못한다는 말이다. 주변의 사람들을 아끼고 배려하면 인간관계가 원만할 것이지만 독선적이고 이기적이라면 왕따가 될 것이라는 말이다. 이럴 것들은 우리가 흔히 알고 있는 이 세계의 '법칙'들이다. 흔히 '그럴 법한' 일들이다. 우리는 열심히 공부할 '수도 있고', 공부를 게을리할 '수도 있다'. 우리는 이기적으로 행동할지 주변사람들을 배려하고 사랑할지 선택할 수 있다.

A→B, ~A→~B라는 법칙은 우리가 변화시킬 수 없지만, A를 할지 ~A를

할지는 우리가 선택할 수 있다. 결정되어 있는 것은 관계양상일 뿐, 그 속에서 어떤 행위를 선택할지는 우리에게 열려 있다. 그래서 그렇게 할지 혹은 하지 않을지는 개인의 판단이요 선택이고 노력인 것이다. 이렇게 보자면 우리는 명백히 '미래 사태를 선택할 수 있다'. 그렇다면 이제 남는 것은 우리가 얼마나 이 세계의 '법칙'들을 잘 알고 있는가이다. 이 세계의 법칙들만 잘 알고 있으면 우리는 언제나 우리에게 유리한 방향으로 선택할 수 있을 것이다. …… 과연 그런가?

상식의 내면화

우리는 대부분 열심히 공부하면 좋은 성적을 얻을 수 있다는 것을 알고 있다. 하지만 현실에서는 좋은 성적을 얻은 사람도 있고 그렇지 못한 사람도 있다. 왜일까? 좋은 성적을 얻지 못한 사람들은 어떻게 하면 좋은 성적을 얻을 수 있는지 알지 못했기 때문일까? 좋은 성적을 얻는 방법은 공부의 신에게만 알려진 비밀인가? 그렇지 않다. 문제는 좋은 성적을 얻으려면 실제로 공부를 열심히 해야 한다는 것이다. 좋은 성적을 얻지 못하는 이유는 '공부를 열심히 하지 않아서'이다. 공부의 법칙을 잘 알고 있지만 그렇게 하지 '않았던' 것이다.

우리가 살아가면서 필요로 하는 법칙들에 대해 우리는 얼마나 알고 있는가? 어떤 이는 "우리가 알아야 할 것들은 이미 유치원에서 다 배웠다"라고 말한다. 열심히 일하면 잘살게 되고 남을 배려하면 주변에 친구가 많아진다는 따위의 것들은 이미 우리가 알고 있는 것들이다. 대부분의 사람들이 알고 있기 때문에 우리는 그것을 '상식'이라고 부른다. 인류의 위대한 스승들이 우리에게 알려 주는 수많은 가르침들은 사실 모두 상식에

불과하다. "네 이웃을 사랑하라."(『성경』) "부모에게 효도하라."(『논어』) 문제
는 우리가 그 상식을 따르고 있느냐이다. 우리는 상식을 모르는 것이
아니라 그렇게 하지 않을 뿐이다. 관건은, 상식의 체계를 얼마나 내면화할
수 있느냐, 얼마나 나의 것으로 만들 수 있느냐이다.

　유가의 공부는 바로 상식의 내면화 과정 이상도 이하도 아니다. 「계사전」
에는 이런 말이 있다.

　　군자는 평소에는 『주역』의 상象(이미지)과 사辭(괘효사)를 관찰하지만, 어떤
　　일이 있을 때에는 그 변화와 점을 관찰한다.15)

　'어떤 일이 있을 때'란 특정한 사태를 대면했을 때를 의미한다. 그
특정한 사태가 가져오는 상황의 변화를 관찰하여 점을 칠 수 있다고
말하는 것이다. 하지만, 그 이전에 군자는 '평소'에도 『주역』을 음미한다고
했다.

　평소에 『주역』을 음미한다는 것은 어떤 의미인가? 『주역』에서 말하는
상식의 체계를 반복적으로 숙고하고 훈련하며 자신의 행위양식이 될
수 있도록 내면화한다는 것을 의미한다. 점괘가 지시하는 특정한 사태에
직면하지 않았을지라도 그러한 사태를 일반화한 행위양식을 내면화하는
것이다. 그래서 만일에 정말 그러한 사태가 발생한다면 그에 따른 최상의
대응을 할 수 있게 되는 것이다. 이를 「계사전」은 "고요히 움직이지 않다가,
외부의 자극이 오면 그것에 적절히 응대한다"16)라고 표현했다. 평소 공부를

---

15) 「繫辭上傳」, "君子居則觀其象而玩其辭, 動則觀其變而玩其占."
16) 「繫辭上傳」, "寂然不動, 感而遂通."

잘 해 두면 실제 상황에서 효과적으로 대응할 수 있다는 말이다. 이에 대해서는 9장에서 다시 자세하게 다루도록 하겠다.

상식이 통하는 사회?

하지만 어떤 사람은 전통이, 혹은 『주역』이 제시하는 법칙들이 그다지 믿을 만하지 않다고 생각할 수도 있다. 과거에는 어땠는지 모르겠지만 적어도 지금은 그렇지 않다고 주장한다. 공부 열심히 하면 좋은 점수를 받지만, 요즘은 공부 열심히 하지 않고도 좋은 점수를 받을 수 있다는 식이다. 혹은 공부 열심히 하고서도 더 이상 좋은 점수를 받을 수 없는 세상이라고 말한다. A→B, ~A→~B라는 법칙은 더 이상 통하지 않고 오히려 그 반대가 레알 세상이라고 고발한다. 인과응보·권선징악·사필귀정이라는 도덕책 속 이야기들은 멍청한 개돼지들이나 추종하는 법칙이라는 것이다.

그럴 수도 있다. 공부 안하고 출세한 사람들은 옛날에도 있었고, 요즘에는 더 그럴 수 있다. 만약에 정말로 『주역』의 법칙들이 더 이상 맞지 않는다면 『주역』을 보지 않으면 된다. 과연 그런가? 나는 탐욕과 부조리가 결코 현대의 전유물이라고는 생각하지 않는다. 부모자식 간에 서로 죽이고 친구나 조국을 배신하는 이야기는 동서고금을 막론하고 역사 속에서 수없이 발견된다. 때문에 현대에 적용할 수 없다면 과거에도 맞지 않았으며, 서양에 해당되지 않는다면 동양에서도 옳지 않다고 생각한다. 윤리성에 있어서만큼은 인류의 보편성을 믿는다. 여기서 말하는 보편성이란, 누구나 윤리적이라는 뜻이 아니라 요청적이면서도 배반적이기에 인간이 그것으로 부터 결코 벗어날 수 없다는 뜻이다. 쉽게 말해 인간은 언제나 윤리적이어야 하지만 언제라도 비윤리적일 수 있다는 말이다.

『성경』이 그렇고 『논어』가 그렇지만, 『주역』이 적어도 지난 수천 년간 많은 사람들에 의해 사랑받고 존중되었다면 거기에는 그럴만한 이유가 있다고 생각하는 것이 합리적이다. 실제의 세상은 그렇지 않은데 규범적인 혹은 여타의 숨은 의도에 의해 요청적으로 혹은 이데올로기적으로 기술된 단순한 '도덕책'이라면 그렇게 많은 사람들에 의해 수용될 수는 없었을 것이다.

『주역』이 제시하는 법칙들은 결코 규범을 위한 규범이 아니다. 『주역』은 세계의 변화와 그 속에서 벌어지는 인간관계의 양상을 보여 준다. 마치 낮이 지나면 밤이 오는 것처럼, 거기에는 아무런 규범적 함의가 없다. 오히려 인간관계에서 발생할 수 있는 다양한 심리적·생리적·사회적·정치적 양상들을 그저 덤덤히 보여 준다. 그러한 경험의 집적에서 오는 덤덤한 보고들이 바로 이 세계가 굴러가는 법칙임을 보여 준다. 이것은 당위의 영역이 아니고 '존재'의 영역이다. 다만 『주역』은 그러한 '존재'의 법칙에 따르는 것이 바로 규범이고 당위이고 도덕이라고 말한다.

『주역』은 "그래야 하기 때문에 그래야 한다"고 말하지 않는다. 대신 "그렇기 때문에 그래야 한다"고 말한다. 예컨대 "너, 친구한테 잘해야 한다"가 아니라 "니가 친구한테 잘하면 친구들이 널 좋아한다"이다. 당위적 명령이 아니라 사실의 적시다. 여기에는 어떠한 종교적 요청이나 계급적 입장이 있을 수 없다. 동양의 전통에서 수많은 사람들이 『주역』이 제시하는 법칙들을 받아들였던 것은 『주역』의 법칙을 믿어야 했기 때문이 아니라 그것이 믿을 만하다고 동의할 수 있었기 때문이다.

어떤 상식을 만들 것인가?

상식이 통하는 사회란 어떤 사회인가? 첫째, 예측 가능한 사회다. 밤이 지나면 아침이 오고 겨울이 지나면 봄이 오듯 그 다음에 무엇이 발생할지 예측할 수 있어야 한다. 그래야 밤이 지나면 출근 준비를 하고 겨울이 지나면 밭을 갈 수 있다. 상식의 내용이 무엇인지는 그 다음이다. 그것이 옳으냐 그르냐를 떠나서 모두가 동의할 수 있는 원칙(common sense)이 적용되는 사회다. 조선 사회는 신분제고 대한민국은 민주공화제다. 조선에서는 양반 쌍놈의 구분이 상식이었고 지금은 상식이 될 수 없다. 어제까지 종 부리던 조선에서 갑자기 차별금지법이 적용된다면 사회적 혼란은 어마어마할 것이다.

물론 겉으로 내놓은 '원칙'만이 원칙은 아니다. 오히려 성문화되지 않았어도 일상에서 적용되는 실제의 원칙이 참된 원칙이다. 분명 신분제가 없는 공화국임에도 한국 사회에서는 "내가 누군지 알아?"와 같은 '상식'이 통용된다. 대통령이든 청와대 청소부든 다 같은 국가공무원이지만 겸상해서 함께 밥을 먹으면 기사화된다. 신입사원이 회장님 어깨를 툭툭 치면서 "좋은 아침입니다"라고 말해서는 안 되는 것이 우리 사회의 상식이다.

상식의 내용이 무엇이든 일단 통용되는 것에는 힘이 있다. 그것에 의지해 다음을 예측하고 준비하고 기대할 수 있기 때문이다. "내가 이번에 밥을 샀으니 다음엔 니가 한 번 사겠지"와 같은 것이다. 이렇게 상식이 통용되어야 관계를 형성할 수 있다. 매번 향응을 받아먹고서는 다음 번 계약에서 봐주지 않는다면 그건 몰상식이고 몰염치다. 그런 사람과는 상종할 수가 없다. 뇌물도 상식이 통해야 가능하다. 어쨌든 상식은 통해야 한다. 그래야 편하고 그래야 좋다.

둘째, 그래서 상식이 통하는 사회란 노력만큼 되는 사회다. 능력보다 외모가 취업에 도움이 되는 것이 그 사회의 상식이라면 자격증을 따기보다는 외모를 가꾸는 데 더욱 노력해야 한다. 공부를 열심히 하는 것보다 교수님에게 잘 보이는 것이 좋은 성적을 받는 데 도움이 된다면 당연히 그에 맞춰 노력해야 한다. 엘리베이터를 타기 위해서는 줄을 서기보다 힘으로 밀고 들어가는 것이 낫다면 절대 줄을 서서는 안 된다. 어떻게 해야 좋은 결과를 얻을 수 있는지가 공개되고, 또 그렇게 수행되어야 사회의 구성원들은 그 원칙 혹은 상식에 맞춰 노력할 수 있다.

물론 좋지 않은 상식은 비용을 증가시킨다. 실제로 통용되는 상식을 알아보는 똑똑함이 나에게만 있는 것은 아니다. 문이 열리자마자 밀어붙여 타는 엘리베이터는 이내 아수라장이 되고 말 것이다. 타는 사람과 내리는 사람이 뒤엉켜 모두들 늦어질 것이다. 비효율적이다. 그만큼 비용이 증대한 것이다. 교수님에게 잘 보이기만 하면 되는 학교의 학생들은 서로 더 잘 보이기 위해 노력해야 하고, 졸업 후에는 실력이 형편없다는 사회적 평판에 직면해야 할 것이다. 예쁜 사람들만 들어갈 수 있는 회사의 경쟁력은 뻔하다. 뇌물이 횡행하는 국가는 국제경쟁력이 있을 수가 없다. 좋지 않은 상식은 비용을 발생시킨다.

때문에 좋은 상식이 되기 위해서는 공정함을 수반해야 한다. 합리적이어야 한다. 학벌을 중시하는 우리 사회에서는 연예인도 S대 출신이라고 하면 '우와' 하면서 더 쳐준다. 정말 학벌이 그렇게 중요하다면 국가대표 선수들도 S대 출신으로 채워야 한다. 선수들은 운동을 잘해야 하고 연기자는 연기를 잘해야 하고 가수는 노래를 잘 불러야 한다. 아리스토텔레스는 합리적인 상식의 기준을 '목적에 부합함'으로 보았다. 무엇이 합리적인 상식인지에 대해서는 끊임없이 고민해야 하지만 누구나 동의할 수 있는 것이어야 하고, 그러기 위해서는 공정함이 필수다. '누구나 동의한다'는 것은 보편성을 의미하기 때문이다.

다른 건 몰라도 이것만은 꼭 지켜져야 한다고 생각하는 공정하고 합리적인 최소한의 상식을 우리는 규범 혹은 윤리라고 부른다. 때문에 윤리는 공정하고 합리적인 사회를 유지하기 위한 장치다. 윤리가 지켜지지 않는 사회에는 엄청난 비용이 발생한다. IMF 이후 한국 사회에서는 경제가 무엇보다 앞서는 상식이 되었었다. 도덕이 밥 먹여 주냐면서, 무슨 짓을 해서라도 경제를 살리는 사람이 대통령이 되어야 한다고 모두들 생각했다. 하지만 그 결과는 참혹했다. 윤리성이 전제되지 않은 경제는 엄청난 비용을 요구한다. 결코 경제적일 수 없다. 어느 사회든 상식은 필요하다. 그 사회가 잘되려면 반드시 좋은 상식이 필요하다. 무엇이 좋은 상식인지는 사회 구성원들이 끊임없이 고민해야 한다. 그리고 실천해야 한다.

문제는 모두들 상식대로 움직이는데 나만 그렇지 않을 때다. 모두들 줄을 서는데 나만 새치기 하는 경우다. 이런 요령은 비용을 최소화하면서 효용을 극대화시키는 지극히 경제적인 태도가 아닐까? 식사 후 계산할 때 신발 끈을 천천히 묶는 재치는 바로 이익을 가져다주지 않는가? 약다는 비난은 좀 들을지 몰라도 그래야 돈이 굳는다. 편법은 이익이다. 정말 그럴까?

『주역』은 수천 년간 수많은 케이스들을 집적하여 항구적인 관점에서 그 결과가 어떻게 진행되었는지를 추적하였다. 예측할 수 있는 모든 요소들을 반영하여 일반화시켰다고 할 수 있다. 짧은 견식과 경험으로 사람들을 속여 자신의 이익을 확보했다고 생각하는 이들에게 『주역』은 그게 다가 아닐 수 있다고 말한다. 그리고 결국에는 그렇지 않다고 말한다. 결국은 이익과 도덕의 문제다. 그래서 『주역』이 주목하는 최종적인 문제는 이익과 도덕의 문제가 된다. 무엇이 최종적인 이익인지를 밝히는 것이 『주역』의 목적이기 때문이다. 이에 대해서는 12장부터 14장을 보자.

점에서 철학으로

『주역』은 우리에게 논리적 필연성에 입각해서, 혹은 개개인의 운명을 훤히 알아서 정해진 미래를 예언해 주지는 않는다. 하지만 상당히 그럴법한 개연성에 입각하여 우리에게 행위의 지침을 내려 준다. 『주역』은 오랜 관찰을 통해 인간관계를 유형화하여, 그러한 유형 속에서 취할 수 있는 최적의 행위 지침을 알려 준다. 그렇게 하면 길吉하고 저렇게 하면 흉凶하다고 말함으로써 우리가 어떻게 해야 할지를 알려 주는 것이다.

때문에 『주역』에서 말하는 '점'이란 이제 더 이상 전통적인 의미에서의 미래예측의 범위에 한정되지 않는다. 『주역』에서는 명시적으로 점이 가능하게 하는 주체가 누구인지에 대해 언급하지 않는다. 다만 여러 차례 '귀신'의 존재에 대해 언급하고 있을 뿐인데, 그것은 천지 그리고 인간과 병칭되곤 한다. 때문에 우리는 『주역』에서 점이 가능한 이유를 귀신의 역할(鬼謀)이라고 추측할 수 있다. 그러나 「계사전」의 단계에 이르면 이 귀신의 역할에 인간의 역할(人謀)을 추가함으로써 초월적 존재로부터 오는 계시적 성격을 넘어섰음을 분명히 한다.

점은 개별적 사태에 대한 물음과 그것에 대한 대답이다. 이는 결정론에 근거하여 정해져 있는 미래 사태를 알고자 하는 행위다. 그런데 『주역』은 결정되어 있는 것은 없다고 말한다. 다만, 개별적 사태들은 일정한 패턴을 보여 준다고 말한다. 그래서 그러한 패턴을 유형화한 『주역』을 이제 인간 행위양식의 도출을 위한 중요한 지침서로 읽을 수 있다는 것이다. 이렇게 해서 『주역』은 점서로부터 인간 행위의 지침서가 되는 것이다.

인간의 일반적인 행위 지침서를 우리는 흔히 '처세서'라고 부른다. 맞다. 『주역』은 처세서다. 그것도 수천 년이나 된 처세서다. 위대한 성인들이 참여하고 수많은 임상의 집적을 통해 완성되었으며 다시 수많은 사상가들에 의해 풍부하게 확장된 처세서다. 이 처세서는 인간을 고립적으로 보지 않고 사회적 조건으로부터 우주까지로 확장된 공간적 지평을, 그리고 개인의 탄생과 죽음으로부터 온 우주의 탄생과 소멸에 이르는 시간적 지평을 함축하고 있다.

이 처세서는 이익을 추구하지만 여기서 말하는 이익이란 더 많은 재물과 권력의 축적만을 의미하지 않는다. 오히려 인간의 정서적 · 관계적 · 윤리적 만족과 행복을 포괄하는 총체적인 의미에서의 이익을 추구한다. 때문에 역대의 사상가들은 이 처세서를 위대한 '철학서'라고 부르는 데 주저하지 않았다. 점서로부터 시작한 『주역』은 그래서 처세서이면서 동시에 철학서인 것이다. 『주역』의 처세는 철학이고 『주역』의 철학은 곧 처세다. 동양에서의 철학은 결코 삶을 벗어나지 않기 때문이다.

4. 변하는 것과 변하지 않는 것

앞 장까지는 『주역』이 어떤 책인지를 주로 소개하였다. 점서로 출발한 『주역』이 어떻게 철학서로 발전해 갔는지를 추적하면서 그것이 우리에게 어떤 의미를 지닐 수 있는지를 확인했다. 이제 본격적으로 『주역』의 목소리를 들을 차례다. 이제까지 『주역』을 곁에서 살펴보았다면 지금부터는 『주역』의 내부로 들어와서 『주역』의 목소리를 듣는 것이다. 이제까지는 『주역』이 어떤 책인지를 다루었다면 지금부터는 『주역』이 인간과 세계를 어떻게 보는지를 살펴볼 것이다.

모든 판단과 선택 그리고 실천은 인식에 근거한다. 아침에 비 오는 걸 보면 우산을 들고 나가게 된다. 출근 시간이 5분밖에 남지 않았음을 확인하면 뛰게 된다. 인식의 차이는 판단과 선택의 차이를 불러온다. 기름진 고기가 맛있다고 인식하는 사람은 채소보다 고기를 먹고, 기름진 고기가 콜레스테롤과 비만의 원인이라고 인식하는 사람은 고기보다 채소를 먹을 것이다.

그런 점에서 이 세계를 어떻게 이해할 것인가는 이 세상을 어떻게 살아갈 것인가를 논하기에 앞서서 해명되어야 할 문제다. 인간과 인간이, 또 인간과 자연이 부대끼며 살아가는 이 세계에 대한 『주역』의 관점을 먼저 검토한 뒤에야 우리는 『주역』에서 말하는 삶의 태도를 확인할 수 있게 된다.

세계는 변한다

『주역』의 '역易'은 변화를 의미한다. 『주역』은 자연과 세계를 '변화'로 읽은 것이다. 모든 것은 변하고, 변하지 않는 것은 없다는 말이다. 그래서 『주역周易』은 '변화에 관한 책'이고, 이 책의 영문명은 *Book of Change*다. 『주역』의 '역易'을 사람들은 오랫동안 해(日)와 달(月)의 합성어로 이해해 왔다. 해와 달의 교체를 '변화'로 읽은 것이다.

현대의 연구자들은 역易이라는 글자가 해와 달의 합성어가 아닌 카멜레온의 상형이라는 것을 밝혀냈다. 카멜레온의 피부색이 수시로 변하는 것에서 '변화'라는 의미를 추출한 것이다. 그러나 '변화'를 해와 달로 읽는 것도 여전히 나름의 의미를 지닌다. 지구에서 변화·주기·시간의 개념은 사실상 해와 달의 운동에 의해 발생하기 때문이다. 지구가 하루에 한 번 자전함으로써 낮과 밤이 생기는데, 이는 태양을 기준으로 한 것이다. 달이 지구를 한 바퀴 돌면 한 달이 된다. 농경·어업·목축 등 전통시기 인간의 일상을 규율했던 것은 바로 해와 달의 규칙성이다. 가장 보편적인 달력인 태양력과 태음력은 해와 달의 주기를 기준으로 한 것이다.

변화가 없다면 거기에는 의미를 지니는 시간은 존재하지 않는다. 암스트롱이 걸었다는 달나라나 보이저호가 찍었다는 화성을 생각해 보자. 거기에도 낮과 밤 같은 물리적 시간은 존재하지만 그런 세상에서 1969년과 2019년 사이에는 아무런 의미의 차이가 없다. 결국 그곳엔 '시간'이 없는 것이다. 시간은 곧 변화다.

시간은 단순한 물리적 변화를 의미하는 것이 아니다. 물론 자연은 끊임없이 변한다. 그러나 깊은 산골의 흐르는 시냇물을 생각해 보자. 수만 년을 매일같이 흘렀지만 한결같이 흐른다는 사실만 존재할 뿐 어려서 물장구치던 그 개울물이나 내 아이들이 노는 지금이나 변한 건 없다. 거기에는 '영겁의' 세월만이 존재할 뿐 의미 있는 시간은 없다.

시간은 지극히 인간적인 개념이다. 우리가 관심을 두는 것은 물리적 시간이 아니라 의미와 가치의 시간이다. 어린왕자는 왜 장미꽃을 버려두고서 별을 탈출했을까? 그보다도, 그는 도대체 몇 년을 그 별에서 지낸 것일까? 아무리 수십 년을 매일같이 물을 주고 돌봐 주었다 해도, 동일한 일상의 반복이라면 거기에도 역시 시간은 없다. 십 년이든 하루든 다를 바 없다. 시간은 의미다. 결국 『주역』은 물리적이고 객관적인 자연의 '변화'로부터 가치와 의미로서의 '시간'을 읽어 낸 것이다.

세계의 변화를 시간으로 읽는 것은 그 변화에 맞춰 살아가기 위함이다. 『주역』의 저자가 살았던 황하 일대는 낮과 밤의 변화뿐만 아니라 사계절이 비교적 뚜렷한 지역이다. 그래서 『주역』에서 가장 많이 발견되는 시간 표현은 '일월日月'과 '사시四時'다. 해가 뜨면 일어나 밭을 갈고 해가 지면 들어가 잠을 자거나 봄에 씨 뿌리고 가을에 거두어들이는 것처럼 인간은 시간의 통제 속에서 살아간다. 낮과 밤의 교차가 없는 극지대나 사계절이 분명하지 않은 적도지역에서는 『주역』과 같은 시간 관념이 생기기 어려웠을 것이다.

『주역』의 시간은 주기다

『주역』에서 말하는 낮과 밤은 다시 음陰과 양陽으로 일반화·개념화

된다. 한자에서 양陽은 햇볕이 드는 곳이고 음陰은 해가 들지 않는 곳이다. 그래서 '음양'은 우선 공간적 개념이 된다. 그런데 이 공간적 개념은 다시 남성과 여성, 하늘과 땅처럼 세계를 이해하는 두 개의 대대적인 속성으로 확장된다. 『주역』은 여기서 멈추지 않고 다시 '일음일양一陰一陽' 즉 음과 양의 갈마듦을 말한다. '한 번은 음이었다가 다시 한 번은 양이 되는' 갈마듦은 변화와 시간의 주기성을 의미한다. 낮은 밤이 되고 밤은 다시 낮이 되며, 여름은 겨울로 옮아가고 겨울 역시 봄에게 자리를 내어 준다. 그러나 그보다 더 중요한 것은 개체와 세계에서의 '관계'다. 즉 남자와 여자는 만나야 하고 하늘은 땅과 교류하며 한 번은 힘든 세상이었다면 한 번은 좋은 날이 온다는 말이 된다. 이에 대해서는 6장에서 자세하게 다루도록 하겠다. 일단은 세계의 주기적 변화에 주목하자.

일월 혹은 음양의 주기만큼이나 『주역』이 중시한 시간의 주기성이 '사시四時' 즉 네 계절이다. 『주역』은 네 계절의 주기성을 '원형이정元亨利貞'이 라고 표현한다. 『주역』의 첫 번째 괘인 건괘乾卦는 이렇게 시작한다.

건乾은 원元하고 형亨하고 이利하고 정貞하느니라.[17]

이에 대해 송대宋代의 정이천程伊川은 이렇게 주석을 붙였다.

원형이정은 네 가지 덕성을 의미한다. 원은 만물의 시작이고 형은 만물 의 성장이고 이는 만물의 성숙이고 정은 만물의 완성이다.[18]

---

17) 乾卦, 卦辭, "乾, 元코 亨코 利코 貞하느니라."
18) 乾卦, 卦辭, "【傳】元亨利貞, 謂之四德. 元者, 萬物之始. 亨者, 萬物之長. 利者, 萬物之遂. 貞者, 萬物之成."

원형이정은 각기 봄날의 씨 뿌림, 여름의 번성, 가을의 수확, 겨울의 쉼을 상징한다. 오랜 기간 반복적으로 발견되어 온 농경사회의 주기성을 『주역』은 원형이정이라고 부른 것이다.

　이렇게 『주역』은 시간을 주기성으로 보았다. 『주역』의 시간은 직선적이지도 단절적이지도 않다. 여기에 태초의 창조로부터 하느님 나라의 재림에 이르는 기독교적인 직선사관은 없다. 그렇기 때문에 고대와 중세와 근대, 그리고 그에 따른 인간 이성의 발전과 세계정신의 자기전개라고 하는 헤겔식의 역사관도 없다. 노예제와 봉건제를 거쳐 자본주의로, 그리고 최종적으로 공산주의로의 전개와 같은 마르크스식의 역사관도 있을 수 없다.

　그렇다고 절대적인 깨달음을 통한 영원불멸의 초월로 향하는 불교적인 해탈도 없다. 불교는 이 세계의 끊임없는 변화를 생로병사라고 하는 고통의 연속으로 읽는다. 어리석음과 집착의 굴레를 벗어남으로써만 이러한 고통으로부터 해방될 수 있다고 생각한다. 때문에 시간의 영원한 지속은 오히려 벗어나야 할 것이 된다.

　멸망을 향해 달려가는 것으로 보는 기독교든 끝없는 고통의 연속으로 보는 불교든 이 세계를 극복되어야 할 무엇으로 본다는 점에서는 같다. 이는 현실의 극복이라고 하는 종교의 본질적 속성이기도 하겠지만, 아마도 기독교적인 사유를 낳은 중동의 사막은 너무나 살기 힘들었고 불교적 사유를 만들어 낸 인도의 날씨는 너무나 지루했는지도 모르겠다.

무한한 시간과 유한한 인간

　그러나 『주역』을 비롯한 동양의 사유에서 이 세계는 벗어나야 할 무엇이 아니다. 지지고 볶아도 이 세계 속에서 해결해야 한다고 생각했다. 『주역』에서의 세계는 끊임없이 변하는데, 그 변화는 주기적인 특징을 지니고 있을 뿐 처음도 끝도 있을 수 없다. 때문에 자연 그 자체에는 지향도 발전도 없다. 시간은 반복되고, 그 속에서 세계는 그냥 변하는 것이다. 이런 세계관 속에서는 종교적 색채를 찾기가 어렵다.

그러나 인간의 유한성을 극복해야 하는 것은 동양적 사유에서도 마찬가지다. 시냇물은 끊임없이 흐르고 계절은 계속해서 돌아오지만 인간의 삶은 유한하다. 결국 무한한 세상에 잠시 왔다가 가는 인간은 자신의 유한성을 극복해야 할 숙제로 부여받은 것이다. 모든 종교적 초월성은 인간의 이 유한성을 극복하려는 것이며, 인류의 위대한 문학작품들은 인간의 피할 수 없는 이 운명을 다루고 있다.

그런데 만약 사람이 죽지 않는다면 어떻게 될까? 드라큘라 이야기로부터 최근의 〈히콕〉에 이르기까지 불사의 이야기는 인간의 오랜 관심사였다. 그런데 대부분 불사의 이야기에서는 진시황의 바람과 같은 기대에 찬 이야기는 별로 없다. 대부분의 불사자들은 치명적인 고독이나 상실감에 빠져 있다. 사랑하는 사람들을 반복해서 잃는 아픔을 겪어야 하는 것은 기본이고, 타인이 자신을 이해해 주지 못하는 것에 대한 불만족을 넘어서서 모든 것이 의미 없다는 식의 허무감에 쌓여 있기도 하다.

하지만 문제는 여기서 멈추지 않는다. 만약 죽지 않는 운명이라면 도대체 우리에게 아쉬운 것이 있을까? 부족해야 아쉽다. 윤리적인 의미에서든 종교적인 의미에서든 열심히 할 것도 조심할 것도 없어질지 모른다. 우리 모두가 장수 100세의 시대를 넘어서서 500년이나 1000년 혹은 영원히 살게 된다면 정말로 행복해질 수 있을까? 그때가 되면 입시를 위해 고생하는

10년 정도는 아무것도 아니게 될 것이다. 2~3년의 세계여행은 동해에 일출 보러 가는 정도로 생각될 것이다. 우리 인생의 주기와 기간이 달라질 테고, 그에 따라 모든 것의 의미 역시 지금과는 달라질 것이다. 의미와 가치는 오히려 유한함에서 오는지도 모른다. 적어도 의미는 시간의 길이에 있지 않다.

인간이 영원히 살게 된다고 해서 사회적·경제적·정서적 문제가 해결되는 것은 아니다. 만약 삼백 년째 노예로 살고 있다면 어떨까? 보기 싫은 직장 상사를 오백 년째 보고 있다면? 아마도 무병장수는 돈과 마찬가지로 행복의 최소조건일지 모른다. 그러나 결코 최종적인 충족조건은 아니다. 어차피 죽어야 할 운명의 인간으로서 이러한 고민을 하는 것이 무의미해 보이지만, 건강 백세 시대가 코앞인 지금 삶의 주기와 시간에 대해 다시 고민하는 것은 반드시 필요해 보인다.

『주역』을 비롯한 동양적 사유는 인간의 유한성을 회피하지도 부인하지도 않는다. 그냥 받아들인다. 죽어야 할 존재라는 것을 태연하게 받아들인다. 극복되어야 할 것은 '죽음' 그 자체가 아니라 죽음을 대하는 불안과 불만이라고 말한다. 이 불안과 불만을 극복하기만 한다면 죽음 그 자체는 문제가 아니라고 말한다. 운명(mortal)을 받아들이면서 그 안에서 인격적·정서적 승화 혹은 초월을 꾀한다. 그래서 어떤 사람은 이것을 어려운 말로 '내재적 초월'이라고 부른다. 있는 그 자리에서의 초월이라는 말이다.

서양의 시간관은 직선적이다. 헤겔과 마르크스가 말하는 '역사의 진보'는 직선적 시간관이 아니면 설명이 불가능하다. 그러나 동양의 시간관은 순환적이다. 그것은 역사의 진보를 부정하려는 것이 아니라 인간이 닿을 수 있는, 또 닿아야 하는 목표 혹은 경지가 자기 속에 있다고 생각하기 때문이다. 나의 내적 완성을 진정한 완성이라고 생각하기 때문에 동양의 인생관에서는 더 높이 더 멀리와 같은 직선적 발전관이 존재할 수 없다. 인간은 그 자체로 구족적具足的이다. 우주의 원리를 받아 태어난 인간은 작은 우주요 작은 하느님이기에 자기 자신을 온전히 실현하는 것으로써 '완성'과 '온전함'을 실현할 수 있게 된다. 결국 동양과 서양이 바라보는 시간의 차이는 시간을 살아가는 '주체'의 차이일 뿐이다. 서양은 그것이 '인간 일반의 이성(혹은 정신)'이고, 동양은 '개체의 삶'이다.

직선적 시간관에서는 '완성'이란 있을 수 없다. 언제나 그보다 더 높은 단계를 설정할 수 있기 때문이다. 때문에 존재하는 모든 것은 '미완성'이다. 마찬가지로 나의 삶 역시 미완성일 수밖에 없다. 이 미완성은 구세주의 재림에 의해서 겨우 완성될 수 있다. 직선적 시간관은 축적의 시간관이기도 하다. '더'라는 기하학적 표현은 계량 가능함(calculable)을 전제로 한다. 계량 가능함은 당연히 비교 가능함을 의미한다. 때문에 이러한 직선적·축적적 시간관 속에서는 결코 완성될 수 없는 길을 끊임없이 타인과 비교하면서 경쟁할 수밖에 없는 것이다.

여행론

동양의 순환적 시간관에서는 도달해야 할 목표지가 없다. 어차피 다람쥐 쳇바퀴처럼 그 속에서 이루어 가야 하는 것이기에 어디에 있으나 마찬가지다. 따라서 삶은 그 자체로 자기완성을 향해 가는 여행이 된다. 중국의 위대한 시인인 이백李白은 인간의 한평생을 한바탕 여행이라고 표현했다. 이 세상은 여행에서 잠시 묵어가는 여관이란다.

봄날 밤 복숭아꽃 오얏꽃 핀 정원에서 벌어진 연회에 대한 서문
(春夜宴桃李園序)

천지는 만물이 묵었다 가는 여관이요, 夫天地者, 萬物之逆旅

시간이란 그 속을 지나는 손님인 걸. 光陰者, 百代之過客

우리네 삶은 한바탕 꿈이려니, 그 기쁨이 얼마나 될까? 而浮生若夢, 爲歡幾何

옛사람이 촛불 밝히고 놀았던 이유가 여기에 있구나. 古人秉燭夜遊, 良有以也

화창한 봄날은 아련하게 나를 이끌고, 況陽春, 召我以煙景

대자연은 내게 문장을 빌려 주었다. 大塊假我以文章

복숭아꽃 오얏꽃 핀 아름다운 정원에 모여 앉아, 會桃李之芳園

문장을 지으며 형제의 정을 나눈다. 序天倫之樂事

....

친척 형제들이 봄날 밤 아름다운 정원에서 술판을 벌였겠다. 귀족 자제들 답게 시문을 지으면서 고상하게 노는 모습이다. 복숭아꽃 오얏꽃 흐드러진 봄날의 아름다움은, 그러나 한바탕 꿈에 불과하단다. 어차피 이 세상은 한 번 왔다가 지나가는 여행인 것을……. 밤늦게까지 술잔을 기울여야 할 이유가 여기에 있다.

배워서 알고는 있지만 나도 아직 그 경지는 모른다. 한 해 한 해 늙어 가는 게 서럽고 안타깝다. 마음은 여전히 청춘인데, 길에서 만나는 젊은 여성들은 왜 이러시냐는 눈빛이다. 아직 어린 우리 아이들을 보고 있으려면 덜컥 겁이 난다. 좀 더 움켜쥐고 좀 더 악착같아야겠다는 생각도 든다. 해 놓은 공부도 부족한데 눈은 점점 침침해지고 조바심이 든다. 그런데 삶은 한바탕 여행에 불과하니 내려놓고 즐기라니. 보기에 따라서는 회피

같기도 하고 포기 같기도 하다. 인생은 어떻게 여행이 될 수 있을까?

엄마는 아이의 손을 잡고 앞을 보며 걷는다. 엄마는 바쁘다. 그러나 아이는 길에 있는 작은 쓰레기 하나에도 주의를 기울인다. 튀어 나온 난간에도 올라가 보고 보도블록의 눈금을 피해 걷기도 한다. 엄마는 이런 아이를 채근하며 빨리 가자고 한다. 하지만 아이는 왜 빨리 가야 하는지 알지 못한다. 아니 어디로 가는지조차 알고 싶지 않은 눈치다. 너무나도 평범하고 흔한 광경이다. 아이와 엄마는 왜 이렇게도 다른가?

엄마는 어딘가를 향해, 즉 목적지를 향해 '이동'하고 있지만 아이는 그 길에서도 '놀고' 있는 것이다. 아이에게 이 길은 이동을 위한 경유로가 아니라 그 자체로 놀이터다. 이동에는 출발지와 목적지만 있고 과정이 없다. 과정은 비용일 뿐이고 불필요한 것이다. 반면 여행은 과정 그 자체이고, 출발지와 목적지가 없다. 여행을 마치고 집으로 돌아오는 것은 여행의 '끝'일뿐 여행의 '완성'이 아니다.

여행을 떠나며 많은 것을 설계하고 계획하지만 궁극적으로 여행의 묘미는 지금껏 가 보지 않았고 해 보지 않았다는 데 있다. 때문에 우리는 그것에 대해 정확히 알지 못한다. 정확히 예측하지 못한다. 아니, 잘 알지 못하고 예측할 수 없어야 더욱 재미있다. 다시 말해 여행의 재미는 우연성에 있다. 그런 점에서 여행에 대한 계획과 예측은 우연이나 호기심과 길항의 관계에 있다. 우리는 작고 새로운 샛길을 들여다보고 탐험한다. 그래서 역설적으로 예외적인 사건·사고는 여행의 중요한 요소가 된다.

일상에서의 사건·사고와 달리 우리는 여행에서의 사건·사고를 그다지 두려워하지 않는다. 정상적인 궤도를 벗어났다는 의미에서 여행은 그 자체로 일종의 일탈이라고 할 수 있기 때문이다. 그러므로 일탈에서의 일탈은 그것을 감당할 수 있는 범위 이내이기만 하다면 오히려 여행의 본질을 완수하는 것이 된다.

여행에서의 사건·사고가 감당할 수 있는 범위라는 것은 일상으로 돌아오는 데 장애가 되지 않는다는 의미다. 여행의 목적이 이동이 아니라고 한다면, 또 목적지가 없다는 것에 동의한다면 그 어떤 사건·사고도 여행 그 자체를 중단시키지 않는 정도에서는 여행을 방해하지 않는다.(다만 현실로의 복귀를 방해할 수는 있다.) 정해진 루트를 따라 편안하고 안전하게 다녀온 것은 휴양이거나 수행이지 여행은 아니다.

여행의 목적에는 현실을 위한 여행과, 여행 그 자체를 위한 여행이 있다. 현실을 위한 여행의 목적에는 경험·발견·자랑(기념)·도피 등이 있을 수 있다. 많이 보고 느껴서 경험을 늘린다는 것은 현실로 돌아와 일상생활을 할 때 모종의 도움이 될 것을 기대한다는 말이다. 타지를 통해 자신의 오랜 환경과 태도를 새롭게 바라보거나 현지인들은 보지 못하는 것을 이방인의 눈으로 발견해 내는 것은 '깨달음'과 '통찰'이라는 점에 있어서 좋은 훈련이 되지만, 이 역시 여행으로부터 돌아와 일상에서 모종의 진보가 있을 것이라는 사실을 전제로 한 것이다. 인증샷은 나도 그것을 해 봤다는 경험에 대한 자랑을 위한 것이다. 자랑의 대상이 현실에서의 주위 사람들이라는 점에서 현실을 위한 여행이기는 마찬가지다. 현실이 힘들어서 현실을 떠나는 여행도 있다. 이때는 현실을 벗어난다는 현상에도 불구하고 그것은 여전히 현실 때문에 떠나는 여행이다. 그리고 또 현실로 돌아와야만 한다. 좀 나아졌기를 기대하며.

여행 그 자체를 위한 여행의 목적은 재미와 의미가 있다. 재미는 그야말로 그 자체로 하고 싶어서 하는 것이다. 그런데 현실을 전제로 하는 않는 여행 그 자체만의 의미란 것이 과연 가능한지에 대해서는 좀 더 생각해 볼 문제다.

인생은 그 시작과 끝이 있을 뿐 왜 거기서 그렇게 시작하고 왜 거기서 그렇게 끝나는지 알 수 없고 또 내가 선택하지 않았다는 점에서 여행과 닮아 있다. 즉 삶은 그 자체로 우연한 것이며, 때문에 여행의 우연성과 연결된다.

물론 삶에 어떤 의미가 있다고 생각할 수 있다. 그 의미는 삶 내부적인 것일 수도 있고 삶 외부적인 것일 수도 있다. 삶 외부에 의미를 정초하는 것은 필연적으로 종교적일 수밖에 없다.

기독교적인 관점에서 인생은 그 우연성을 피조물로서는 도대체 이해할 수 없는 것으로 인생의 목적은 인생의 뒤에 올 낙원에, 혹은 절대자의 의지에 부합하는 것 이상일 수 없다. 이는 신앙의 영역으로서 우리는 긍정도 부정도 할 수 없다.

인생을 빨리 벗어나야 할 고통의 늪으로 이해하는 불교적 관점은 던져진 인생 그 자체를 부정하기에 현실을 행복하게 살아간다는 우리의 전제에서 보았을 때 논점 이탈일 수밖에 없다. 삶은 그저 깨달음을 위한 인턴 기간일 뿐이다.

인생 그 자체를, 즉 인생 내적인 의미를 인정하는 태도에는 유가와 도교가 있다. 도교는 삶 그 자체 즉 건강하게 오래 산다는 것 이외에 어떠한 윤리적·사회적 의미도 인정하지 않는다. 그런 의미에서 인생을 하나의 여행으로 보는 관점에 가장 근접해 있다고 할 수 있다. 하지만 이러한 관점에서는 일상에서 벌어지는 수많은 관계와 사건들을 불필요한 것, 즉 나의 건강과 안녕을 방해할 수 있는 인소로 본다는 점에서 재미있는 여행일 수 없다. 어떠한 호기심도 적극적인 시도도 사라지고 만다. 가장 게으르고 재미없는, 아주 길고 긴 여행일 뿐이다.

유가는 일상에서 벌어지는 사건·사고로 인해 자신이 상처받지 않으면서도 그것을 아름답고 슬기롭게 해결할 수 있는 방법을 모색해 왔다. 그 모색의 결과에 동의하느냐의 여부는 자유지만, 유가가 그러한 모색을 게을리 하지 않았다는 데에는 동의하지 않을 수 없다. 인생 그 자체를 부정하지 않고 그 속에서 벌어지는 사건·사고를 피해야 할 것으로 보지도 않으며 거기에서 의미와 재미를 찾으려고 노력했다는 점에서 유가사상은 여행으로서의 인생을 어떻게 살아야 할지에 대한 힌트가 될 수 있다. 유가는 이를 경지境地라고 부른다. 경지는 재미와 의미가 통일되는 지점이다. 유가는 자신에게 주어진 삶을 자신의 완성을 위한 기회라고 생각하며, 또 그것을 완성해 가는 과정을 재미로 여긴다.

우연한 삶의 조건들을 견디기 위해서는 그것을 여행으로 간주하는 태도가 필요하다. 내가 선택하지 않았으나 즐길 수 있다면 얼마나 좋겠는가? 재미가 충만하다. 그 재미에는 다양한 층위가 있을 수 있으며, 그 재미 속에서 의미까지 찾을 수 있다면 삶의 허무함을 극복할 수 있을 것이다.

여행에는 수천 만 원의 크루즈 여행도 있고 2만 원의 먹거리 짠내 투어도 있다. 크루즈 여행을 부러워하느라 자신의 짠내 투어마저 즐기지 못한다면 이 얼마나 안타까운 일인가? 이 얼마나 어리석은 일인가? 물론 갈 수만 있다면 호화로운 여행이 더 매력적이고 부럽다. 하지만 어쩌랴, 이번에 던져진 여행은 짠내 투어다. 어차피 공짜 여행이다. 우리는 삶을 거저 얻었다. 그러니 이 짠내 투어도 감지덕지다.

열심히 돈 모아서 크루즈 여행을 기어이 가고야 말겠다는 사람도 있겠지.

그래서 가던 여행 멈추고 크루즈 돈 모으는 것이 우리네 흔한 모습이기도 하다. 문제는 돈 모으는 것마저도 여행이 되어야 한다는 것이다. 크루즈만 인생이고 그것을 위해 돈 모으는 것은 고통이며 무의미라면, 우리는 너무나 어리석고 불쌍한 존재가 아닐까? 크루즈 가기 전날 여행을 끝낼 수도 있는 것이 우리 여행의 숙명이다. 설령 크루즈를 갈 수 있었다 하더라도 이미 우리의 여행은 반 토막 나 버렸다. 아깝기 그지없다.

이동에는 시작과 끝이 있을 뿐이다. 과정은 불필요한 비용에 불과하다. 삶의 끝이 죽음이라면, 우리의 삶이 죽음을 향한 이동일 뿐일 수는 없다. 성공? 삶의 끝이 성공이라면? 그렇다 하더라도 여전히 그 성공을 위한 나머지 모든 시간은 수고로운 고통일 것이다. 삶을 즐거움이 되게 하라. 삶을 여행이 되게 하라.

*보론*補論 여행에서 만나는 아름다운 경치, 유적, 인연. 이것들을 가져올 수는 없다. 그것은 거기 놔두고 와야 한다. 에펠탑을, 알프스산을 가져오려고 끙끙대는 것은 이루어질 리 없는 어리석은 집착이다. 마음속에 지니고 와 계속해 거기에 머무는 것 역시 지금과 앞으로의 여행을 망치는 길이다. 여행 중 만나는 아름다운 추억은 추억으로 족하다. 그것이 성공·젊음·사랑·돈 혹은 그 무엇이 되었든.

『주역』의 시간은 생명의 시간이다

『주역』의 원형이정이라는 4주기는 생성과 소멸이라는 2주기로 단순화될 수 있다. 즉 원형은 양陽에 해당하고 이정은 음陰에 해당한다. 생성과 소멸은 '생명'을 전제로 한 것이다. 그래서 양은 생명의 시작과 번영이고,

음은 생명의 완성과 소멸에 해당한다. 즉 『주역』은 우주의 변화를 인간이 살아가는 환경으로서의 자연에서 발견되는 생명현상의 연속으로 본 것이다. 우주의 변화는 불규칙하고 맹목적인 단순한 '변화'가 아니라 생명현상의 주기적 반복에 의한 연속이라는 뜻이다. 이런 점에서 『주역』의 변화는 생명의 지속이다.

봄부터 가을까지 생명이 씨를 뿌리고 꽃이 피어 열매를 맺는 것을 생명현상이라고 하는 것은 당연하지만, 겨울이 되어 잎이 지고 시드는 것을 생명현상이라고 부르는 것에는 익숙하지 않다. 그러나 『주역』은 생명의 완성뿐만 아니라 그 소멸까지를 모두 생명현상의 연속이라고 인식한다. 동양에서는 혼백이 사라지는 동안 삼년상을 지내고도 육체가 완전히 썩어서 없어지는 대략 백 년 동안, 즉 사대四代에 이르기까지 제사를 지낸다. 죽음을 삶(존재)의 한 부분으로 보는 것이다.

만약 왕성한 생명력만을 삶으로 인정한다면 노년의 완숙함에 대한 존중은 고사하고 힘없는 늙은이들은 사회의 잉여 혹은 퇴물로 전락하고 만다. 이런 세계관 속에서의 젊음은 동경의 대상을 넘어서서 소비의 대상이 된다. 그래서 서른이 넘은 아이돌은 그 나이의 올림픽 챔피언처럼 용도폐기된다. 노병은 죽기 전에 사라진다. 그러나 노년은 부정할 수 없는 삶의 한 부분이며 사회적 자산이다. 타인의 존중에 앞서서 자기 스스로의 인정과 배려가 필요하다.

그럼에도 불구하고 소멸 혹은 죽음은 누구에게나 불가피하며 그 결과는 절대적이다. 나만큼은 시들고 사라지지 않겠다는 '영원'이 『주역』적 사고에서는 있을 수 없다. 그 무엇으로도 대체될 수 없는 개체만의 고유한 가치와 의미는 말 그대로 사라진다. 그렇다면 죽음과 더불어 정말 모든 것은 끝일까? 우리는 이 '끝'을 어떻게 받아들여야 할까? 열매가 떨어져 다시 씨를 뿌리듯, 한 개체의 생성은 다른 개체의 소멸을 전제로 한다. 자연적 질서가 춘하추동의 생성과 소멸이기에, 그 속에서 살아가는 인간을 포함한 모든 것들의 질서 역시 생성과 소멸이지 않을 수 없는 것이다. 늙음과 죽음을 받아들이라고 『주역』은 말한다.

생명의 시작과 번영뿐만 아니라 완성과 소멸까지를 모두 인정하고 받아들이는 자세는 개인과 사회에 다음과 같은 중요한 의미를 제공해 준다.

첫째, 개체를 타자와 화해할 수 있게 해 준다. 나의 생명과 번영만이 중요하다는 배타적인 생각은 반드시 타자와의 투쟁을 불러온다. 타자에게도 자신의 생명과 번영은 동일하게 중요하기 때문이다. 나만 옳고 너는 틀렸다는 생각은 타협을 불가능하게 만든다. 기독교와 이슬람 세계 사이의 천년전쟁처럼 상대의 완전한 제거만이 해결책이 된다. 네가 틀린 것처럼 나도 틀릴 수 있다는 생각만이 한 발 물러서는 관용과 타협을 가능하게 해 준다. 내가 살고 싶은 것처럼 너도 살고 싶다는 것을 인정할 때만이 공존이 가능하다. 『주역』의 이러한 사고를 형상화한 것이 바로 태극기의 태극(◐)이다. 양의 증가는 음의 양보에 의해 가능하고, 음의 소생은 그 양의 소멸에 의해 가능하다.

둘째, 자연적 개체는 그 무엇이라도 죽음과 소멸을 거부할 수 없다. 때문에 그것을 자연스러운 것으로 인정하고 받아들이는 자세는 자신의 존재 완성이라는 심리적 안정을 부여해 준다. 웰빙과 더불어 웰에이징 (wellaging) 그리고 웰다잉이 중요한 화두로 부각되는 요즘, 이러한 관점은 노년과 죽음을 대하는 새로운 대안이 되어 줄 수 있다. 현대인은 환자로 태어나서 환자로 죽는다. 병원에서 태어나 병원에서 죽으니 말이다. 늙음과 죽음을 자연스러운 것으로 받아들일 때라야 당당하게 늙고 건강하게 죽을 수 있다. 난 절대 늙지 않고 절대 죽지 않을 거야 라는 생각은 흐르는 물을 움켜쥐려는 것처럼 부질없는 짓임과 동시에 늙음과 죽음을 부끄러운 것으로, 박탈과 결여로 생각하게 만든다. 성형처럼 지나친 보여주기에 대한 욕심과, 소유에 대한 지칠 줄 모르는 노욕 같은 것이 그 부작용이다. 남의 시선과 평가가 아니라 내가 인생의 주인이 되고, 물질이 아니라 인격이, 풍요가 아니라 풍부가 인생의 내용이 되어야 한다.

셋째, 자신의 죽음과 소멸을 타자에 의한 대체로 이해함으로써 존재의 단절에서 오는 불안과 한계를 극복할 수 있다. 자식이 부모를 계승하고 후배가 선배를 이어 주듯, 존재의 연속은 개체의 영속에 의해서만 가능한 것이 아니다. 나만 할 수 있고, 그래서 내가 해야만 된다는 생각은 타인도 힘들게 하지만 자신도 불행해진다. 자신이 가다가 힘이 들면 다음 사람이 가게 해 주어야 한다. 이런 사고에서는 얼마나 많이 갔는지는 그다지 중요하지 않을 수 있다. 그보다는 어디를 어떻게 갔는지가 더 중요하다. 가고자 하는 곳이 목적이 아니라, 가는 것 자체가 목적이 되어야 한다. 대통령 그 자체가 목적인 사람은 대통령병에 걸린 사람이다. 그런 사람은 대통령이 되지 못하면 삶 전체가 실패한 것이 되지만, 막상 대통령이 되어도 좋은 대통령이 될 수는 없다. 그에게서 어떤 대통령인지는 그다지 중요하지 않기 때문이다. 자신만이 가야 하는 게 아닐 때 동행이 생길 수 있다. 연대와 협력이 가능하다. 그런 길에는 더 많은 사람이 함께할수록 재미있고 행복하다. 가다 못 가면 내가 아닌 다른 누구라도 한 발 더 가 주는 것이 고맙고 보람이 된다. 삶은 그 무엇을 위한 수단이 되어서는 안 된다. 삶은 그 자체로 목적적이다.

시간의 주기성과 성스러움

생명현상의 주기성을 성스러운 사건의 재현으로 읽는 것이 신화적 사유다. 미르치아 엘리아데(Mircea Eliade, 1907~1986)에 의하면, 일 년 중 특정한 시기 예컨대 1월 1일 혹은 동지처럼 새로운 시작을 의미하는 시점을 성스러운 시간으로 읽고서 그때에 우주적 생명현상을 재현하려는 의식을 거행하는 것은 전 지구적으로 보고되는 현상이라고 한다.[19] 예컨대 고대 로마에서는 봄날 농사를 시작하기에 앞서서 농장주 부부가 들판에 나와 성교를 맺거나 흉내 냄으로써 천지의 교감에 의한 생명의 시작을 재연한다. 즉 농장주 부부는 각각 하늘과 땅이 되어 우주가 만물을 만들어 내듯이 농작물을 파종하고 수확한다는 것이다.

시간을 주기적으로 이해한다는 것은 인간이 거기에다 의미를 부여하는 것이 된다. 12월 31일과 1월 1일의 사이는 지구가 한 바퀴 더 돈 것에 불과하지만, 인간은 그것에 '새로운 시작'이라는 의미를 부여한다. 사람들이 새해 첫날 떡국을 먹으면서 한 해를 새롭게 다짐해 보는 것은 실로 오래된, 그리고 보편적인 성스러운 행위인 것이다. 일 년뿐만 아니라 인간에게는 다양한 주기가 있다. 작게는 한 달 하루 한 시간 일 분 일 초에서부터 크게는 십 년 삼십 년 등에 이르기까지 다양한 주기들이 있다. 송대의 성리학자인 소옹邵雍은 인간의 이러한 주기들을 극대화시켜 우주의 주기로 삼았다. 그래서 129,600년을 우주의 한 주기 즉 1원元이라고 보았다. 1원이 지나고 나면 이전의 우주는 사라지고 새로운 우주가 도래한다

---

19) 미르치아 엘리아데, 심재중 옮김, 『영원회귀의 신화』(이학사, 2009); 미르치아 엘리아데, 이은봉 옮김, 『성과 속』(한길사, 1998); 미르치아 엘리아데, 이은봉 옮김, 『신화와 현실』(한길사, 2011) 등 참고.

는 것이다. 즉 새 하늘과 새 땅의 개벽이다.

송대의 도학자들은 『주역』의 복괘復卦(☷)를 무척 중시했다. 괘상에서 보이듯이 복괘는 전체가 음효로 구성되어 있고 제일 아래 한 효만 양효다. 도가적 관점으로 『주역』을 풀었던 왕필은 이를 양의 움직임이 저 밑에 숨어들어 간 고요의 상태로 읽었지만, 유가의 성리학적 관점으로 읽은 정이천은 양의 움직임이 수많은 어둠과 한기를 뚫고 이제 막 싹터 오는 것으로 읽었다. 복괘는 동지괘 즉 음력 11월에 해당한다. 동지는 한 해 중 어둠이 가장 긴 시점이다. 동지가 지나면 비로소 낮이 조금씩 길어진다. 이를 성리학자들은 인간의 선한 본성이 조금씩 회복되는 것의 상징으로 활용했다. 소옹의 「동지음冬至吟」이라는 시 한 편을 여기 소개한다.

동지의 자정, 하늘의 마음은 조금도 변함이 없고,
하나의 양이 이제 막 생겨나려 할 뿐, 만물은 아직 태어나지도 않은 이때.
현주의 맛은 맑아지고, 우주의 큰 소리는 고요해진다.
이 말을 믿지 못하겠거든 복희씨에게 물어 보게나.[20]

우주의 맛이라고 할 수 있는 물맛은 아무런 맛도 없이 청량할 뿐이다. 너무도 커다란 우주의 소리는 오히려 고요하다. 모든 것이 0으로 다시 맞춰지는 순간이다. 그러나 그것은 절대적인 고요도 완전한 죽음도 아니다. 그것은 새로운 탄생을 위한 정지整地(reset)일 뿐이다. 소옹은 동지冬至의 자정 즉 우주적 주기가 이제 막 새롭게 시작하려는 순간, 바로 그 순간의

---

20) 邵雍, 『伊川擊壤集』, 권18, 「冬至吟」, "冬至子之半, 天心無改移. 一陽初起處, 萬物未生時. 玄酒味方淡, 大音聲正希. 此言如不信, 更請問庖犧."

새로운 탄생을 침례 의식에 참여하는 세례자처럼 경건한 종교적 심성으로 노래한 것이다.

변화의 법칙

인간을 둘러싼 자연의 변화를 생명현상의 주기성으로 이해한 『주역』은 모든 것이 이러한 주기성에 의해 규율된다고 본다. 모든 것이 다 변하기는 하지만 언제나 '주기적'으로, 즉 '법칙적'으로 변한다고 보는 것이다. 낮이 지나면 밤이 오지 다시 낮이 되지는 않는다. 봄이 지나면 여름이 오지 겨울이 되지는 않는다. 이것이 자연의 '질서'다. 그 속에서 살아가는 인간을 포함한 모든 것들의 변화는 이러한 질서에 의하지 않을 수 없다. 때문에 모든 것들의 변화는 지극히 '법칙적'이며, 지극히 법칙적이기 때문에 인간을 포함한 모든 것들은 그 법칙에 맞춰 변화에 대처할 수 있는 것이다. 예측과 대응은 질서와 법칙이 전제될 때만 가능하다. 밤이 지나면 동이 틀 거라는 믿음이 있어야만 우리는 안심하고 잠에 들 수 있다.

그래서 동서를 막론하고 달력은 오랫동안 권력의 표현이었다. 달력 즉 시간의 규정은 곧 질서의 규정이기 때문이다. 고대 로마에서 7월은 줄리어스 시저에게, 8월은 아우구스투스에게 바쳐졌다. 중국 역시 조대가 바뀌면 정월을 새로 정하고 달력을 반포해서 주변국에 보내 주었다. 달력을 자체적으로 만든다는 것은 '질서'에 따르지 않겠다는 반역을 의미했다. 농경사회에서는 농사에 중요한 영향을 미치는 달을 기준으로 하여 태음력을 주로 썼다. 동양의 24절기는 농경사회가 따라야 하는 자연적 질서이자 더 많은 생산을 위한 규율이 된다.

그래서 동양에서는 자연적 질서 즉 '때'에 맞추는 것이 곧 규범이 되었다.

자연이 '그렇기' 때문에 인간 역시 '그래야' 하는 것이다. 유대인의 십계명과 같은 초월자의 명령은 없지만 봄날에 씨 뿌리고 가을에 수확해야 하는 질서는 엄존했기에, 그것에 따르는 것이 인간의 당연한 규범이 된 것이다. 구약의 하느님은 자신의 말을 듣지 않으면 메뚜기와 뱀을 보내고 역병을 돌게 하며 맏아들을 죽인다. 그러나 동양적 사유에서 봄날에 씨 뿌리지 않았다고 해서 이런 재앙이 일어나지는 않는다. 다만 가을에 수확할 것이 없을 뿐이다. 때문에 자신에게 가장 이익(利)이 되기 위해서는 자연적 질서 즉 적절함(宜)에 따라야 한다. 그것이 옳음(義)이다. 결국 『주역』은 자연적 질서를 잘 파악하여 인간으로 하여금 그러한 질서에 따르도록 해서 최적의 이익을 얻도록 하려는 것이다. 이것을 송대의 성리학자 정이천은 간명하게 다음과 같이 요약했다.

> 『역』은 변역이다. 때의 변화에 맞춰서 변화하여 자연의 질서에 따르는 것이다.[21]

이를 현대어로 풀이해 보면 다음과 같은 말이 된다. "『주역』은 변화를 말하고 있다. 『주역』은 우주의 변화를 정확하게 짚고 있다. 즉 우주 변화의 주기성을 정확하게 읽고 있다. 때문에 인간은 『주역』에서 파악한 우주의 변화를 숙지하여 그에 맞춰서 스스로를 변화시켜야 한다. 그것이 자연의 질서에 따르는 길이다. 자연의 질서에 따르는 것이 인간이 걸어야 할 길(道)이다."

우리는 여태까지 『주역』이 자연을 '변하는 것'으로 읽었다고 했다. 그렇지

---

21) 『程傳』, 「易傳序」, "易, 變易也. 隨時變易, 以從道也."

만 그 변화는 지극히 법칙적이기 때문에 법칙 그 자체와 법칙에 따라야 하는 것은 전혀 '변하지 않는 것'이 된다. 즉 인간이 자신에게 이익이 되는 것을 추구하려고만 한다면 언제나 자연의 법칙을 따라야만 하는데, 그 법칙의 방향과 내용이 정해져 있기 때문에 인간의 행위 방식 역시 규정되어 있는 것이다. 그래서 『주역』에서는 '변하지 않는 것'을 '항상恒常된 것'으로서 인정한다. 그렇지만 그때의 '항상된 것'이란 강철이나 다이아몬드처럼 변하지 않는 것이 아니라, 언제나 변하는 것이고 법칙적으로 변하는 것이다. 즉 끊임없는 변화 속에서 찾아지는 '항상됨'이다.

『주역』은 자연적 질서가 지극히 법칙적이라고 보기 때문에 그 변화 자체는 지극히 '간명簡明'하다고 말한다. 자연의 무궁한 변화가 쉽고 간단하게 읽힌다는 것이 아니라, 자연의 질서를 파악하기만 하면 그것에 따르는 것이 지극히 쉽고 간단하다는 것이다. 자연의 무궁한 변화는 성인에 의해 『주역』으로 읽혀졌다. 그렇다면 인간은 『주역』을 숙지하고 그것에 잘 따름으로써 아주 쉽게 자연의 질서에 따를 수 있는 것이다. 『계사전』은 이를 다음과 같이 찬양한다.

건乾은 위대한 시작을 주관하고 곤坤은 만물을 완성해 준다. 건은 쉽게 알고 곤은 간명하게 해 내니, 쉬우면 쉽게 알 수 있고 간명하면 쉽게 따를 수 있다. 쉽게 알면 친한 이들이 생기게 되고, 쉽게 따르면 성취가 있게 된다. 친한 이들이 있으면 오래갈 수 있고, 성취가 있으면 크게 될 수 있다. 오래갈 수 있음은 현명한 사람의 덕성이요, 위대함은 현명한 사람의 성과다. 쉽고 간명하기에 천하의 이치를 파악할 수 있고, 천하의 이치를 파악한 뒤에는 그 속에서 살아갈 수 있는 것이다.[22]

(『주역』의) 위대함은 천지에 필적하고, 그 변통은 네 계절에 필적하며, 음양의 이치는 일월에 필적하고, 쉽고 간명한 선함은 지극한 덕성에 필적한다.[23]

『주역』은 천지와 일월과 사시의 원리를 모두 담고 있다. 때문에 『주역』에서 그리고 있는 행위방식을 쫓기만 하면 우주의 위대한 덕성에 부합할 수 있다. 때문에 지극히 쉽고 간명한 것이다. 사실 우리는 이미 수많은 자연적 질서를 알고 있다. 낮이 지나면 밤이 오고 가을이 지나면 겨울이 온다는 것 말고도 우리는 타인과 원만한 관계를 유지하려면 상대를 존중하고 배려해야 한다는 것을 알고 있다. 좋은 성적을 얻기 위해서는 열심히 공부해야 한다는 것도 알고 있다. 그것이 모두 자연의 질서이고 인간의 질서다. 지극히 자명하고 지극히 간단한 질서다.

정리해 보자. 『주역』은 자연을 변화로 읽었다. 그러나 그 변화는 지극히 법칙적이기 때문에 변한다는 사실과 변하는 양태, 더 나아가 그 변화에 맞춰야 한다는 사실은 변하지 않는다. 그래서 그 변화에 맞추기만 하면 우주의 이치에 쉽고 간명하게 따를 수 있다. 후대의 역학자들은 이것을 '삼역三易', 즉 '변역變易(변함)·불역不易(변하지 않음)·이간역易簡易(쉽고 자명한 변화의 모습)'이라고 불렀다.

---

22) 「繫辭上傳」, 1장, "乾知大始오 坤作成物이라. 乾以易知오 坤以簡能이니 易則易知오 簡則易從이오 易知則有親이오 易從則有功이오 有親則 可久오 有功則可大오 可久則賢人之德이오 可大則賢人之業이니 易簡而天下之理 得矣니 天下之理 得而成位乎其中矣니라."

23) 「繫辭上傳」, 6장, "廣大는 配天地하고 變通은 配四時하고 陰陽之義는 配日月하고 易 簡之善은 配至德하니라."

5. 다름의 인정과 그 조화(待對와 流行)

『주역』의 창세 이야기 ― 하나가 아닌 둘

『주역』의 일부이자 『주역』에 관한 총론인 「계사전」의 첫 구절은 이렇게
시작한다.

> 하늘은 존귀하고 땅은 비천하니 건乾과 곤坤이 이에 따라 정해지고, 낮은
> 곳에서부터 높은 곳으로 펼쳐지니 귀함과 천함이 자리를 잡고, 움직임(動)
> 과 고요함(靜)에는 항상된 질서가 있으니 강건함(剛)과 유연함(柔)이 분별
> 되고, 성향이 비슷한 유형에 따라 모이고 그렇게 모인 부류에 의해 만물
> 은 분류되니 길흉이 이에 따라 생겨난다. 하늘에서는 상들이 만들어지고
> 땅에서는 형체들이 만들어지니 변화가 이로부터 나타난다. 때문에 강건
> 함과 유연함이 서로 만나고 팔괘가 서로 작용하여, 천둥과 우레가 두드리
> 고 비바람이 적셔 주며 해와 달이 운행하고 추위와 더위가 갈마들어 건
> 의 도는 남성성을 이루고 곤의 도는 여성성을 이룬다.[24]

『주역』적 버전의 창세기라고 할 수 있다. 이 글을 기독교의 창세 이야기와
비교하면 무척 흥미롭다.

> 태초에 하나님이 천지를 창조하시니라. 땅이 혼돈하고 공허하며 흑암이
> 깊음 위에 있고 하나님의 영은 수면 위에 운행하시니라. 하나님이 이르시
> 되 빛이 있으라 하시니 빛이 있었고, 빛이 하나님이 보시기에 좋았더라.

---

24) 「繫辭上傳」, 1장, "天尊地卑하니 乾坤이 定矣오 卑高以陳하니 貴賤이 位矣오 動靜有常하니
剛柔 斷矣오 方以類聚코 物以群分하니 吉凶이 生矣오 在天成象코 在地成形하니 變化見矣라.
是故로 剛柔 相摩하며 八卦 相盪하야 鼓之以雷霆하며 潤之以風雨하며 日月이 運行하며
一寒一暑하야 乾道 成男하고 坤道 成女하니."

하나님이 빛과 어둠을 나누사, 하나님이 빛을 낮이라 부르시고 어둠을 밤이라 부르시니라. 저녁이 되고 아침이 되니 이는 첫째 날이니라.……

기독교의 창세 이야기는 우선 스스로 존재하는 하나님으로부터 시작된다. 그리고 이 하나님이 빛과 어둠, 하늘과 땅으로부터 시작하여 세상을 단계적으로 만들고 마지막에 인간을 만들었다. 그러나 여성의 탄생은 천지의 창조 과정에 포함되지 않는다. 인간 남성이 외로워함을 불쌍히 여겨 나중에야, 그것도 남자의 일부로 여성은 만들어졌다. 즉 여성(wo-man)은 남성(man)을 위하여 남성에 의해 만들어진 것이다. 기독교 전통에서 이 '하나'는 하나님 ― 아담 ― 예수 ― 예수의 재림으로 역사 속에서도 지속된다.

기독교의 창세 이야기와 비교했을 때, 『주역』의 기술에서 가장 주목할 점은 그것이 하나님과 같은 '하나'에서 시작하지 않고 하늘과 땅이라는 '둘'에서 시작한다는 점이다. 그 둘은 계속해서 건곤乾坤 · 동정動靜 · 강유剛柔 · 길흉吉凶 · 일월日月 · 한서寒暑 · 남녀男女로 반복해서 확장된다. 물론 하늘이 땅의 비천함에 대해 존귀함이라는 가치적 우위를 점하기는 하지만, 그렇다고 하늘이 땅보다 먼저 존재하는 것도, 땅이 하늘을 위해 존재하는 것도 아니다. 동정과 강유가 그렇듯 인간의 경우에도 남자가 여자보다 먼저 만들어졌다거나 혹은 남자에 의해, 그리고 남자를 위해 여자가 만들어졌다는 이야기는 없다.

기독교의 창세는 하나님이라는 '하나'에서 시작해 최초의 남자라고 하는 '하나'로 끝을 맺지만, 『주역』은 천지라고 하는 '둘'에서 시작해 남녀라고 하는 '둘'로 끝을 맺는다. 서양의 지적 전통에서 세계에 대한 이해는 이렇게 근원이 되는 '하나'로부터 시작된다. 이 '하나'는 의심할 수 없는 확실한 부동의 근원이 된다. 그것은 기독교의 신神일 수도 있고 플라톤의 이데아(Idea)일 수도 있고 라이프니츠의 모나드(Monad)일 수도 있고 헤겔의 절대정신(Geist)일 수도 있다. 이처럼 그것이 현상으로 드러날 때는 다양한 모습으로 바뀔 수 있지만, 그 본질은 다른 무엇에 의해 변형되거나 변질될 수 없다. 때문에 서양에서는 기본적으로 타자와의 '관계'보다 '존재'를 더 근원적이고 본질적인 것으로 이해한다. 내가 있고 난 다음에야 남이 있기 때문에 나의 존재는 타자와의 관계보다 우선한다.

그러나 『주역』은 처음부터 '둘'과 그 '관계'를 말한다. 상호적 관계와 대비를 넘어선 단독적 실체로서의 하늘이나 땅에 대해 『주역』은 말하지 않는다. 땅이 있기에 하늘이 의미가 있고, 하늘이 있기에 땅이 있을 수 있는 것이다. 강유와 동정 그리고 일월과 남녀가 모두 그렇다. 한국어 '우리 마누라'를 영어로 직역하면 참 우스워진다. 여기서 마누라를 공유할 수 있는 '우리'는 도대체 누구일까? 동양적 사유는 모든 것을 공동체와 그 안의 관계로 끌어들인다. 반면 한국어에서 주어는 쉽게 생략된다. 주체는 관계의 뒤로 숨는다.

관계가 앞서고 주체가 뒤로 빠지기 때문에 한국 사회에서 기혼자는 자신의 이름 석 자보다는 '누구누구 엄마', '누구누구 아빠' 혹은 '누구누구 남편'으로 불린다. 그 자체로 어떤 개성과 인격을 지닌 주체인지에 대해서는 상대적으로 덜 관심을 갖게 되는 것이다. 이는 왜 동양에서 물리학이나 해부학 같은 자연과학이 발달하지 않았는지에 대한 설명이 될 수 있다. 하늘과의 연관 속에서가 아니더라도, 땅의 고유한 속성과 본질을 인정하고 그만큼 탐구하려는 관심이 생겨야만 땅을 파 보고 분석할 수 있게 된다.

하지만 동양은 세계를 그렇게 이해하지 않았기에 이 세상을 그렇게 대하고 그렇게 살지 않았다. 일장일단이 있다. 동양적 사유라고 언제나 훌륭하고 좋기만 한 것은 아니다.

『주역』은 이렇게 세계를 이루는 '둘' 즉 세계의 이원적 구조를 '음양陰陽'이라고 표현했다. 『주역』의 창세 이야기는 처음부터 끝까지 음양의 반복이다. 그러나 각 단계에서의 음양에는 의미의 차이가 존재한다. 『주역』이 처음 주목한 세계인 '천지'는 상하의 기하학적 위상을 지니는 '공간'이다. 『주역』의 저자가 그들이 살아가는 세계로서의 천지를 '내외'로 인식하지 않고 '상하'로 인식한 것은 고대의 천문학적 지식을 고려했을 때 매우 자연스러운 것이지만, 그것은 이 음양적 세계 이해에 가치적·위상적 차등을 부여하게 되는 중요한 요인으로 작용한다. 이들이 이해한 세상은 하늘과 땅이 그러하듯 가치적·계층적 차등의 질서를 갖고 있다.

공간으로서의 천지는 다시 강유剛柔와 동정動靜이라는 '속성'으로 변모한다. 하늘이 무엇으로 이루어져 있고 얼마나 큰지에 대해서는, 마찬가지로 땅이 얼마나 깊고 어디에 의지하고 있는지에 대해서는 애초부터 관심이 없다. 다만 하늘은 강건함과 움직임이라는 속성을 지닐 뿐이고, 땅은 유순함과 고요함이라는 속성을 지닐 뿐이다. 그리고 그것은 물론 타자에 대해 갖는 '상대적' 속성일 뿐이다.

하늘은 어째서 강건함과 움직임이라는 속성을 지니게 되었을까? 이들이 관찰한 하늘은 끊임없이 '움직이는 것'이기 때문이다. 해와 달은 동쪽 하늘에서 떠 서쪽 하늘로 진다. 오늘도 뜨고 내일도 어김없이 뜬다. 그래서 하늘은 끊임없이 움직이는 것이며, 결코 예외가 있을 수 없는 지속성을 지닌다. 『주역』에서 말하는 강건함(剛)이란 단단함이나 강력함의 의미가 아니라 존재와 운동의 '지속성'을 의미한다. 그에 비해 땅은 언제나 그 자리에 그대로 있으면서 하늘로부터 내려오는 모든 것을 받아 준다. 이러한 항상된 수용성이 땅의 유순함과 고요함이다.

운동과 정지라는 속성은 다시 일월과 한서라는 시간 개념으로 전환된다. 여기서의 일월은 해와 달이라는 실체가 아니라 낮과 밤이라는 하루의 시간적 계기를 말하고, 한서 역시 추위와 더위라는 날씨를 의미하지 않고 여름과 겨울로 대비되는 일 년 중의 계절적 순환을 의미한다. 낮과 밤이 그렇고 여름과 겨울이 그렇듯, 이들이 이해한 시간은 근본적으로 '순환적'인 것이었다. 앞에서도 말한 것처럼 낮과 밤의 구분이나 일 년 사계절의 구분이 비교적 분명한 동아시아의 지역적 환경이 이러한 이해를 가능하게 했겠지만, 여기서 우리는 이들이 시간을 여전히 '관계'로 생각하고 있었음을 다시 한 번 확인할 수 있다.

직선적 시간관에서는 어제의 낮과 오늘의 낮이 같을 수 없다. 같은 강물에 두 번 발을 담글 수 없는 것처럼, 역사는 항상 진보하기 때문에 각각의 낮과 각각의 밤은 고유한 좌표와 의미를 지닌다. 그러나 순환적 사고에서의 낮과 밤은 상대적 '속성'으로서의 의미만을 지니기 때문에 본질적으로 어제의 낮은 오늘의 낮으로 반복되고 모든 낮은 모든 밤과 짝을 이룬다. 즉 밤이 없이는 낮도 없다. 때문에 『주역』적 사고에서 시간은 '변화'이자 '반복'이다. 그래서 『주역』의 변화는 '단계적'이며 '반복적'이다.

관계의 탄생

그런데 공간과 시간이 동정이나 강유와 같은 속성으로 연결된다는 점은 매우 중요한 의미를 지닌다. 공간으로서의 하늘과 땅은 변하지 않는다.

하늘은 계속해서 하늘이고 땅은 계속해서 땅이다. 그러나 시간으로서의 일월과 한서는 상대적 속성으로 전화된다. 낮은 밤이 되고 여름은 겨울이 된다. 밤과 별개로서의 낮이 따로 있어서 그야말로 낮 동안에는 활동하다가 밤이 되면 어디엔가 숨어 지내는 것이 아니다. 이것은 "저 밝은 해가 어두운 밤에 있었더라면 더 좋았지 않았겠냐?"라는 식의 어리석은 말에 다름 아니다. 우리가 살아가는 세계는 공간적으로 동일한 세계이고, 단지 낮이 되었다가 다시 밤이 되는 것이다. 낮이 밤으로 되는 것이지 낮이 사라지고 밤이 찾아오는 것이 아니다.

그렇다면 낮은 낮으로만 존재하고 밤은 밤으로만 존재하지 않는 것처럼, 음은 음으로만 존재하고 양은 양으로만 존재하는 것이 아니라 음은 양으로, 양은 또 음으로 전환한다는 결론에 이르게 된다. 즉 음과 양은 실체가 아니라 세계를 이해하는 틀로서의 속성의 짝에 불과하며, 이 이원적 속성은 독립적으로 존재하지 않고 끊임없는 상호작용을 통해 변화를 만들어 내는 것이다. 송대의 위대한 성리학자이자 역학자인 주희朱熹는 이것을 대대待對와 유행流行이라고 정리했다. 대대란 이원적 속성의 마주함이고, 유행이란 이 이원적 속성의 상호작용을 통한 변화와 생성이다.

유행 즉 이원적 속성의 상호작용을 통한 변화와 생성이 가능하기 위해서는 첫째, 하늘과 땅처럼 상대적 속성인 존재의 짝이 필요하다. 하늘이 하늘로만 있거나 땅이 땅으로만 있어서는 어떠한 변화도 생성도 발생할 수 없기 때문이다. 둘째, 『주역』적 사고에서 변화와 생성이 가능하기 위해서는 상대와의 만남이 이루어져야 한다. 하늘은 땅을, 땅은 하늘을 만나야 변화와 생성이 가능한 것이다. 이를 가장 극명하게 보여 주는 것이 하늘과 땅의 관계로 표상되는 태괘泰卦(䷊)와 비괘否卦(䷋)의 이야기다.

태괘는 팔괘 중 땅을 상징하는 곤괘坤卦(☷)가 위에 있고 하늘을 상징하는 건괘乾卦(☰)가 아래에 있다. 비괘는 이와 정반대로 곤괘가 아래에, 건괘가 위에 있다. 이처럼 태괘와 비괘는 상대되는 괘의 조합으로 구성되어 있지만 그 결과는 정반대다. 언뜻 보기에는 아래에 있어야 할 곤괘가 아래에 있고 위에 있어야 할 건괘가 위에 있는 비괘가 좋은 것처럼 보인다. 하지만 사실은 반대다. 비괘는 위로 향하는 성질을 가진 하늘이 위에 있고 아래로 향하는 성질을 지닌 땅이 아래에 있기 때문에, 하늘은 올라가 버리고 땅은 내려가 버려서 서로 만나지 못한다. 이 때문에 "만물이 생겨나지 못하고, 윗사람과 아랫사람이 교류하지 않기 때문에 제대로 된 나라가 되지 못하는"[25] 결과를 맞게 된다. 반면에 태괘는 위로 올라가려는 성질의 건괘가 아래에 있고 아래로 내려가려는 곤괘가 위에 있기 때문에 하늘과 땅이 서로 만나게 되고, 이로써 그 결과는 정반대가 된다. 즉 "하늘과 땅이 만나 만물이 형통하게 되고 윗사람과 아랫사람이 교류하여 그 뜻이 같게 된다."[26]

수컷은 암컷을 만나고 암컷은 수컷을 만나야 새끼를 만들어 번식할 수 있다. 남자는 여자를 만나고 여자는 남자를 만나야 아이를 낳고 가정을 이룬다. 이 장의 제일 처음에 인용한 「계사전」의 문장에서 본 것처럼 『주역』은 하늘과 땅이 만나면 그 속에서 천둥과 번개가 치고 비바람이 부는 것과 같은 변화가 발생한다고 기술하고 있다. 그리고 그 속에서 온갖 동식물들이 생장하는 생성이 생겨난다. 결국 『주역』은 하늘과 땅의 만남을 수컷과 암컷의 만남으로 그리고 있는 것이다. 천지의 교감에 의해

---

25) 否卦,「象傳」, "天地不交而萬物이 不通也며 上下不交而天下无邦也."
26) 泰卦,「象傳」, "天地交而萬物이 通也며 上下交而其志同也라."

만물이 생겨난다는 사고는 전 지구적으로 발견되는 보편적인 사유방식이지만, 「계사전」의 이 구절은 특히 하늘과 땅의 성적인 교감과 그로 인한 만물의 생성을 시적 언어로 찬양하고 있다.

그러나 '상대'의 존재와 만남이 언제나 남녀와 같은 성적인 영역으로 한정될 필요는 없다. 태괘와 비괘의 단전에서 말하듯이 윗사람과 아랫사람이 서로 만나 협력해야 이상적인 정치가 구현될 수 있다. 부모는 자녀와 만나 대화를 열어야 화목한 가정이 유지되고, 남쪽과 북쪽은 교류와 협력을 발전시켜야 통일을 이룰 수 있다. 이런 생각을 가진 사람은 저런 생각을 가진 사람과 만나 대화할 줄 알아야 새로운 아이디어가 생겨날 수 있으며, 기독교인은 회교도와 만나 서로를 이해하려는 노력을 기울여야 두 세계뿐 아니라 전 지구가 안녕할 수 있다.

만남은 자신의 변화를 전제한다

이렇게 변화와 생성이 가능하기 위해서는 상대의 존재가 인정되고 또 만나야 하기에, 이런 사고에서는 상대를 무시하거나 더 나아가 상대를 제거하려는 시도는 결코 있을 수 없다. 만인이 만인을 상대하여 투쟁하고 살아남기 위해 발버둥치는 것이 아니라, 나의 곡식을 그의 생선과 바꿀 수 있고 그와 함께 나의 곡식을 빻을 수 있는 협력과 상생의 세계관이다. 그가 있어야 내가 있을 수 있고, 그의 방아가 있어야 내 곡식이 떡이 될 수 있고 빵이 될 수 있는 것이다. 이렇게 상대의 존재는 내 존재의 가능 근거이자 의미가 된다. 그래서 『주역』에서의 이원적 인소는 '대립'이 아니라 '대대'하는 것이다. 대립은 상대의 제거를 목표로 하지만 대대는 상대의 존재를 전제로 한다. 대립에서의 상대는 틀린 것이지만, 대대에서의 상대는 다를 뿐이다. 『주역』은 서로 다른 이들이 만나 어우러져 사는 것이 세상이라고 본 것이다. 모든 이가 농사를 짓는다면 생선과 고기를 먹을 수 없듯, 서로 다른 이들이 모이고 협력해야 우리의 삶은 좀 더 풍부해지고 넉넉해지는 것이다.

그런데 서로 다른 것이 만나 변화를 촉발하고 새로운 무언가를 만들어 내는 과정이란 나의 곡물을 그의 생선과 바꾸는 것과 같은 기계적이고 계량적인 '교환'만을 의미하지는 않는다. 나는 영원히 나로서 존재하고 그 역시 그의 존재를 바꿀 필요가 없는 교환이 만들어 내는 변화와 생성이란 한계를 지닐 수밖에 없다. 타자에 대한 수용과 내 존재의 변화를 인정하지 않는 것은 진정한 '만남'일 수 없다. 생선에 곡물 가루를 묻혀서 전을 해 먹을 수 있어야 1 + 1이 2를 넘어 3 이상이 될 수 있는 것이다. 그런데 이 과정에서는 생선은 더 이상 생선이 아니고 곡물 역시 더 이상 곡물로 남아 있지 않게 된다.

때문에 타자와의 만남은 일련의 불안정을 수반하게 마련이다. 사춘기 무렵 연애를 시작하는 이들에게 정서적 격정은 필수고, 이는 흔히 학교 성적의 곤두박질로 연결된다. 모처럼 자녀와 대화를 시작하려는 부모는 수도 없이 가슴 속에서 솟구쳐 올라오는 뜨거운 것을 다시 삼켜야 한다. 하지만 이런 과정을 거치지 않으면 영원히 모태 솔로로 지내거나 무자식이 상팔자라는 격언에 동의해야만 한다. '변화'는 '무엇으로의 변화'이기도 하지만 '무엇으로부터의 변화'이기도 하다. 바뀌지 않는 변화란 있을 수 없다. 바뀌는 것에 자신은 예외여야 한다면 그것은 진정한 변화가 아니라 상대에 대한 요구요 강제일 뿐이다. 그래서 『주역』은 서로 다른 것의 만남과 그로 인한 변화와 생성을 다음과 같이 묘사한다.

해가 가면 달이 오고 달이 가면 해가 오는지라, 해와 달이 서로를 밀어 내어 밝음이 생긴다. 추위가 가면 더위가 오고 더위가 가면 추위가 오는지라, 추위와 더위가 서로를 밀어 내어 한 해가 완성된다. 간다는 것은 수축함이요 온다는 것은 확장이라, 수축과 확장의 반복 속에서 이로움은 생겨난다.[27]

　해가 지고 달이 뜨는 과정에서 우리는 하루를 살아갈 수 있고, 추위와 더위 속에서 우리는 일 년의 삶을 꾸려 간다. 영원히 낮만 지속되거나 영원히 밤만 지속된다면 우리는 건강한 삶을 지속할 수 없다. 그런데 여기에는 해가 달에게, 달은 다시 해에게 자리를 양보하는 과정이 전제되어야 한다. 여기에는 근대올림픽의 모토인 더 높이, 더 멀리, 더 빠르게(Citius, Altius, Fortius)와 같은 영원한 확장과 발전은 있지 않다. 확장은 수축을 전제로 한다. 낮이 만약 나는 영원할거야 라고 우긴다면 밝음이란 발생할 수 없다. 상대에게 지속적으로 수축을 강요하고 자신은 영원히 팽창만 할거야 라고 우긴다면 이로움은 발생할 수 없다. 앞에서 하늘과 땅이 만나는 이상적 관계라고 제시된 태괘의 경우에도 창통함과 확장이 영원히 지속되지는 않는다. 태괘의 내괘인 건괘가 끝나 가는 구삼효에서는 "끝내 경사지지 않는 영원한 평평함이란 존재하지 않으며, 가기만 하고 영원히 돌아오지 않음은 존재하지 않는다"[28]라고 말하고, 괘 전체가 끝나 가는 상육효에서는 또 "성벽이 다시 해자로 돌아간다"[29]라고 하고 있다. 해자는 성 주변에 파놓은 인공 저수지로서 성의 방어를 위한 장치다. 성벽이 무너져 해자를

---

27) 「繫辭下傳」, 5장, "日往則月來하고 月往則日來하야 日月이 相推而明生焉하며 寒往則 暑來하고 暑往則寒來하야 寒暑 相推而歲成焉하니 往者는 屈也 오 來者는 信이니 屈信이 相感而利生焉하니라."
28) 泰卦, 九三 爻辭, "无平不陂며 无往不復."
29) 泰卦, 上六 爻辭, "城復于隍."

메움으로써 평지가 된다는 말이다.

이러한 사고는 한낮의 이글거리는 태양도 시간이 되면 노을 지는 석양이 될 것이며 보름달도 차면 이지러질 것이라는 순환적 시간관 속에서만 가능하다. 이런 순환적 사고에서는 '영원함'이란 있을 수 없다. 해와 달도 그러하거늘 하물며 그 속에서 살아가는 인간과 만물은 더할 나위 없다. 오로지 영원한 것은 그렇게 변화한다는 것 혹은 영원한 것은 없다는 법칙, 그래서 그러한 영원한 법칙에 따라야 한다는 경험칙뿐이다. 해는 져 가는데 계속 일하려 하거나 추위가 오고 있는데 계속해서 싹을 틔우려 한다면 그 결과는 참담할 뿐이다. 때문에 변화하는 세계에서 살아가는 이들이 할 수 있는 가장 최선의 방법이란 그 변화의 법칙에 따르는 것이다. 이것을 『주역』은 "한 번 음이었다면 한 번 양이 되는 것이 도道이다"[30]라고 개괄한다. 도란 별개 아니다. 한 번 확장했다면 한 번은 수축해야 하는 것이다. 유행은 음과 양의 대대적 속성이 상호작용을 통해 변화를 만들어 내는 것이지만, 거기에는 음이 양으로, 양이 음으로 전화함을 전제로 하고 있다. 즉 음도 양도 상대적 속성으로 전화하여 본래의 모습을 상실할 것을 전제하고, 그에 따라 심지어는 자신의 소멸까지도 가능할 수 있다는 것을 수용하지 않고서는 유행과 변화는 발생할 수 없는 것이다.

경쟁에서 공생으로

그런데 만약 음이나 양을 독립적으로 존재하는 실체로 여긴다면 아무리 밝음이나 이로움이 지속됨을 인정한다 하더라도 개체로서의 각각의 음이나 양 입장에서는 자신이 사라지는 것이다. 여기에는 집단을 개인보다 우선시하

---

30) 「繫辭上傳」, 5장, "一陰一陽之謂 道니."

는 전근대적 사고라고 비판받을 여지가 있다. 존재보다 관계를 더 중시하는 관점의 필연적 결과라고도 할 수 있다. 그러나 반대로 타자를 고려하지 않은 채 개체의 영원한 지속과 발전을 추구하는 근대 이후의 침탈적 자본주의의 세계관 속에서 과연 우리는 얼마나 행복했는지를 돌아볼 필요가 있다. 내가 타자보다 더 지속하고 발전하려고 한다면 타자 역시 나보다 더 지속하고 발전하려고 할 것이며, 그러기 위해서는 모든 삶이 생존의 단계로 내려앉고 말 것이다. 이것이 바로 작금의 경쟁하는 한국 사회다.

타자와의 소모적인 경쟁을 그만두고 생존을 위한 투쟁에서 벗어날 수 있다면 우리는 타자와 공존하는 삶 속에서 자신을 좀 더 풍부하고 아름답게 꾸려갈 수 있다. 생존은 생활이 되고 경쟁은 놀이가 될 것이다. 내가 남보다 더 많이 소유하고 더 많이 소비해야 한다고 생각하지만 않는다면 삶은 그 누구라도 누릴 수 있는 즐거움이 될 것이다. 항상 경쟁만 하는 사회에서의 밤과 겨울은 제약이고 박탈이며 결핍이고 한계이며 안타까움이고 절망이겠지만, 즐거움을 누리는 삶에서의 밤은 낭만이요 쉼이고, 겨울은 포근함이며 되돌아봄이 된다. 낮은 낮이라 즐겁고 밤은 밤이라 즐거울 것이다. 낮은 밤을 업신여기지 않고 밤은 낮 때문에 위축될 필요가 없다. 다만 낮에는 낮에 맞춰 살고 밤엔 밤에 맞춰 살면 된다. 다름이 없다면 조화를 위한 노력도 필요 없겠지만, 거기에는 생기 있는 다채로움과 끊임없는 생성 역시 있을 수 없다. 차이는 틀림이 아니라 다름이고, 그 다름은 조화로울 수 있는 전제이며 조화되어야 하는 관계다.

우리 사회에서는 남존여비男尊女卑 폐해의 책임을 곧잘 유학에 돌리고는 한다. 그러나 유가의 경전에는 '남존여비'라는 말이 없다. 다만 이 장의 첫머리에서 인용한 『주역』의 천존지비天尊地卑 구절로부터 연신하여 남존여비라는 말을 만들어 낸 것은 사실이다. 아울러 한국뿐 아니라 동양 사회에서 남존여비의 병폐가 심각했던 것도 사실이다. 그러니 동양 사회 남존여비의 폐해에 대한 책임은 『주역』이 져야 할는지 모르겠다.

첫째, 남존여비는 한국이나 동양 사회만의 문제가 아니었다. 그것은 동서양을 막론하고 전근대 사회 일반에서 발견되는 현상이다. 『성경』에 기록된 사람 수에 어린이와 여자는 포함되지 않는다. 선악과를 따 먹고 남자를 유혹한 것은 여자 하와다. 서양에서 여성이 투표권을 갖게 된 것은 그리 오래된 일이 아니며, 많은 여성들은 지금도 결혼 후에 남편의 성을 따른다. 흔히 동양 사회의 문제점을 비판할 때는 서양 사회의 근대성을 들이대지만, 이는 동서의 문제가 아닌 고금의 문제다. 전근대적 사고에서 부당하고 불합리한 것은 고쳐가야 하겠지만, 전근대성이 동양의 특수성은 아니라는 말이다.

둘째, 삼종지도三從之道나 여필종부女必從夫의 관념들이 유가적 남녀불평등 사상의 핵심으로 여겨지지만, 이런 생각은 유가사상의 종지일 수 없다. 이는 전근대의 남성중심적 이기주의가 유학의 이름을 빌려 자행한 만행일 뿐이다. 『주역』의 여자는 남자에게 종속된 존재가 아니라, 남자를 남자답게 하고 가정과 세계의 재생산을 가능케 하는 존재다. 당연히 남자는 여자를 존중해야 하고 여자도 남자를 존중해야 한다. 남자와 여자는 대립의 존재가 아니라 대대하여 유행해야 하는 관계이기 때문이다. 물론 하늘과 땅에는 위상의 차이가 존재한다. 그러나 그것은 "뼈 중의 뼈"와 같은 종속적인 관계가 결코 아니다. 오히려 세계의 절반으로서의 당당한 주체다. 때문에 유가사상을 제대로 공부하고 『주역』을 제대로 읽어 본 사람이라면 더 이상 남녀불평등의 책임을 유가사상에 돌리지는 않을 것이다.

148

6. 구분과 배치, 질서의 시작(品物群分)

나누기 혹은 모아 놓기

앞 장에서 우리는 『주역』이 세계를 음양이라는 이원적 인소의 대대와 그 상호작용으로 이해했음을 살펴보았다. 예컨대 1부터 10까지를 음양의 대대로 이해하면, 1·3·5·7·9는 홀수가 되고 2·4·6·8·10은 짝수가 되어 서로 짝이 된다. 그런데 1~10을 그냥 열 개의 수로 이해하면 안 될까? 왜 굳이 홀수와 짝수로 나눠서 이해해야 할까? 수를 홀수와 짝수로 구분해서 이해하는 것은 대상을 일정한 틀 속에서, 즉 규칙적으로 이해하려는 것이다.

법칙은 주어진 현상에 대한 경험적 관찰을 통해 우연히 '발견'한 것일 수 있다. 어쩌다 보니 사과가 떨어지듯. 하지만 일상생활에서 이런 우연한 '발견'이란 사실상 거의 없다. 그보다 훨씬 더 많은 경우는 필요에 의해 열심히 법칙을 찾은 결과라고 하겠다. 뉴턴도 사과가 떨어지는 것을 통해 자신이 찾고자 한 만유인력이라고 하는 법칙을 확인한 거지, 사과가 떨어지는 것 자체를 처음 발견한 것은 아니다.

우리가 대상을 분류해 이해하는 것 역시 필요에 의해서다. 1부터 10까지의 수 정도라면 그냥 쭉 늘어놓아도 괜찮겠지만, 그 이상으로 커지면 우리는 그것을 이해할 수 있는 '틀'이 필요해진다. 우리의 감각기관과 뇌는 낱낱의 개별자로 대상을 이해하는 데 한계가 있기 때문이다. 예컨대 여기 우리 앞에 열 명의 사람이 있다고 생각해 보자. 우리는 그 사람들을 인격과 이름을 지닌 각각의 개체로 인식할 수 있다. 그러나 그 사람이 백 명쯤으로 늘어났다고 해 보자. 갑자기 그 사람들을 모두 기억하여 낱낱으로 인식한다는 것은 여간한 천재라도 거의 불가능에 가깝다.

그래서 우리는 그 대상들을 이렇게 저렇게 분류한다. 우선 남자와 여자로 구분할 수 있다. 그리고 성인과 미성년자로 구분할 수도 있다. 혹은 안경을 꼈는지 아닌지로 구분할 수도 있다. 꼭 둘로만 분류해야 하는 것은 아니다. 20대인지 40대인지 60대인지, 아니면 말라깽이인지 날씬한지 뚱뚱한지도 분류의 기준이 될 수 있다. 그래서 우리는 이름이 잘 생각나지 않는 누군가를 상대에게 설명할 때 "뚱뚱하고 키 작은 40대의 그 남자"라는 식으로 말하곤 하는 것이다. 그러면 상대도 동일한 분류의 틀에 의해 누군가를 떠올릴 수 있게 되는 것이다. "아~ 주광호."

물론 그 사람의 이름을 알면 다행이다. 이름 역시 개체를 인식하고 기억하려는 장치다. 이름 붙이기는 기억을 위해 매우 유용한 작업이다. 레테르/이름은 매우 중요하다. 색맹은 아니지만 사고로 색깔의 이름을 기억하지 못하는 사람이 있었는데, 그는 빨간색과 파란색을 서로 구분하지만 색깔의 이름을 기억하지 못하기 때문에 좀 전에 본 색을 뭐라 말해야 할지 몰라 다른 사람에게 도저히 설명할 수 없었다는 보고가 있다. 여러분은 향수를 사 본 경험이 있던가? 여러 향을 맡다 보면 처음엔 구분하다가도 나중엔 그게 그거 같다. 향수의 이름이 어려우면 첫 번째 두 번째 하면서 번호를 붙여야만 서로를 구분할 수 있게 된다. 거기에 라벤다·오이·레몬 등의 특징을 담은 이름을 붙여 보면 인식과 분류는 한층 명확해진다.

이름을 다 기억하는 것이 어렵다면 아예 번호를 붙이는 것도 좋은 방법이다. 학번이나 사번 혹은 주민번호와 같은 것이 그런 것이다. 번호 붙이기나 특징짓기는 모두 개별적인 대상을 ~으로 '규정'하는 것인데, 이는 ~으로 분류해서 기억하고 이해하는 데 도움이 되고자 해서다. 뚱뚱한

150

지에 대한, 혹은 키가 작은지에 대한 합의는 나중 일이고, 사람들은 어떤 대상을 색깔이나 소리 혹은 몸매나 의상 같은 감각적 자료에 의해 기억하기 때문이다.

어떤 광고에서 본 기억이 있다. 엄마 아빠와 아이, 이 세 명의 가족은 앞에서 다가오는 어떤 젊은 여성을 본다. 엄마는 그녀의 옷을 본다. 아빠는 그녀의 엄청난 킬힐을 본다. 아이는 그녀가 먹고 있는 아이스크림을 본다. 도대체 그들이 본 대상은 같은 사람일까? 사람들은 대체로 자신이 보고 싶은 것을 본다. 보이는 것만 본다. 그래서 보는 대로 규정하고 분류한다.

우리의 인식은 모종의 '틀'을 통해 이루어진다. 기억 · 판단 · 평가에 도움이 되는 인식은 직관적이기보다는 개념적이다. 적당한 인식의 틀이 있어야 대상을 기억할 수 있다. 우리는 '빨간색'이라는 인식의 봉투에 빨간 장미, 빨간 벽돌, 빨간 립스틱과 같은 일련의 빨간 계통의 실제의 색들을 집어넣는다. 이것이 '분류'(Classification)다. 바탕화면에 모든 파일을 쫙 늘어놓은 컴퓨터 모니터를 본 적이 있을 것이다. 찾기도 힘들고 정신없다.

그런데 '빨간색'과 같은 인식의 봉투가 너무 많으면 도리어 우리의 인식에 도움이 되지 않는다. '약간 빨간 색'과 '많이 빨간 색' 그리고 '너무 빨간 색'으로 구분했다고 해 보자. 빨간 장미를 어디에 넣을지 주저하게 될 것이고, 다음에 찾으려 했을 때 모든 빨간색 계열을 다 찾아 봐야 할지도 모른다. 더 자잘한 구분 즉 세분細分은 전문가들이나 그것이 필요한 사람들이 한다. 에스키모는 눈(雪)을 열세 가지로 구분할 수 있다고 한다. 우리는 함박눈, 싸리눈, 진눈깨비 정도가 다 아닐까? 에스키모의 삶에는 눈이 매우 중요하기 때문이다. 우리에게도 구름을 분류하는 많은 이름들이 있었다. 그러나 이제는 점점 잊혀 간다. 구름이 더 이상 우리의 일상에 그다지 중요하지 않기 때문이다.

그러나 반대로 인식의 봉투가 너무 적어도 문제다. 몇 안 되는 종류로 분류하다 보면 각각의 봉투에는 너무 많은 것이 한꺼번에 들어가게 되고, 그러다 보면 비슷하지만 서로 다른 것들이 같은 봉투에 들어가기도 한다. 사람을 남자와 여자로만 구분하면 나도 현빈이나 정우성과 같은 봉투에 들어가게 된다. '틀린' 구분은 아니지만 이래서는 '의미 있는' 구분이 되기 어렵다. "주광호는 정우성과 같은 남자다." 이건 과연 참된 명제일까, 거짓 명제일까? 분류는 적당한 정도의 크기와 가지여야 한다.

요컨대 우리는 세계를 이러저러한 기준에 의해 '구분'하여 분류함으로써 이해한다. 그런데 위에서 본 것처럼 서로 다른 것을 나눠 놓는 것은 결국 같은 것끼리를 모아 놓는 것이 된다. 남자와 여자의 구분은 남자끼리, 또 여자끼리의 모아 놓기이기도 하다. 때문에 '구분'은 곧 모아 놓기 즉 '취합聚合'이 된다. 「계사전」은 이를 "비슷한 것끼리 모아 놓음으로써 대상은 구분된다"[31]라고 말한다. '구분'의 기준이 존재하면 개체는 원하든 그렇지 않든 기왕의 기준에 맞춰 어딘가에 '취합'되어야 한다.

예컨대 세상은 사람을 남자와 여자로 구분한다. 그래서 새로 아기가 태어나면 주민번호를 1로 시작할지 혹은 2로 시작할지(요즘은 3과 4로 시작한다) 결정하게 되는 것이다. 아기는 태어나면서 원하든 원하지 않든 남자나 여자가 된다. 그리고 그 기준은 생물학적 조건이다. 그런데 경우에 따라서는 생물학적 성과 자신의 주관적 성 정체성이 다를 수 있다. 심지어는 두 개의 생물학적 성징을 갖고 태어나기도 한다. '기왕'의 기준은 남들이

---

31) 「繫辭上傳」, 1장, "方以類聚코 物以群分."

설정한 거다. 아이에게 묻지도 않는다. 기왕의 기준에 동의하지 않는 경우도 있을 수 있고, 기왕의 기준에 들어맞지 않는 예외도 있을 수 있다. 이만큼 '분류'와 '취합'은 폭력일 수 있다.

분류와 모아 놓기의 기준 — 법칙

그럼에도 불구하고 세상의 인간을 남자와 여자로 구분하는 것은 충분한 합리성을 지닌다. 오랜 경험을 통해 발견한 법칙이다. 세상의 인간을 이렇게 구분하는 이유는 앞에서도 말한 것처럼 필요에 의해서다. 사람을 남자와 여자로 구분하는 것은 매우 필요하다. 화장실이나 목욕탕에서부터 국가의 인구정책에 이르기까지 남자와 여자로의 구분은 매우 중요하다. 그러나 이러한 구분이 '필요'에 의한 것이기 때문에 거기에는 그것을 '필요'로 하는 사람의 목적과 의도가 개입되어 있다. 화장실을 구분하는 사람의 목적과 의도야 다중의 이익에 부합하지만, 후배 중에 여학생이 몇이나 되는지 궁금해하는 남자 선배의 목적과 의도는 다분히 사적이다.

세상을 아이와 어른이 아닌 남자와 여자로 구분하는 것은 그것이 중요하다고 생각하기 때문이다. 결국 모든 '분류'에는 분류하는 자의 세계관이 반영되어 있다. 세계를 그렇게 분류하여 구분하고 모아 놓는 것이 유용하며 세계를 더 잘 이해할 수 있다고 믿는 것이다. 예컨대 선거에서 '세대별 대결'이라는 말이 나오는 이유는, 남자와 여자의 투표성향보다는 세대별 투표성향이 더 많은 것을 설명해 준다고 믿기 때문이다. 『주역』이 세계를 음과 양의 짝으로, 혹은 '하늘·땅·물·불·산·연못·바람·우레' 등으로 구분한 것은 그것들이 이 세계를 이해하는 데 가장 중요하고 유용하다고 생각했기 때문이다.

때문에 분류의 '기준'을 이해하는 것은 매우 중요하다. 왜 세계를 이렇게가 아니라 그렇게 구분했는지, 즉 그 세계관이 무엇인지 알 수 있을 뿐만 아니라 그 목적과 의도가 무엇인지, 그리고 그것이 타당한지에 대해서도 따질 수 있기 때문이다. 그 기준이 믿을 만한 것이어서 경험적으로 관찰되는 모든 대상을 효과적으로 구분할 수 있는 틀이 된다면 우리는 그것을 '법칙'으로 받아들인다. "자연수는 홀수와 짝수로 이루어져 있음"과 같은 법칙이 그것이다. 법칙은 세계를 쉽게 이해하게 해 주는 수단이 되기 때문에 매우 중요하다. 모든 자연수를 검토하지 않아도 그것은 언제나 홀수거나 짝수일 것임을 우리는 알게 된다.

그런데 '현상'이 먼저였을까, '법칙'이 먼저였을까? 해가 매일 동쪽에서 뜬다는 것을 통해 '해는 동쪽에서 뜨는 거야'라는 법칙을 발견해 낸 것일까, 아니면 해가 동쪽에서 뜨게 되어 있는 법칙에 의해 매일 해가 동쪽에서 뜨는 것일까? 물리적 법칙이 지구의 자전을 그렇게 만들었다면 아마도 법칙이 먼저라고 말해야 할 것이다. 만약 조물주가 있다면 조물주는 자신이 고안한 자연의 법칙에 의해 자연을 만들었을 것이니 법칙이 먼저라고 하겠다. 나는 자연과학자도 신학자도 아니니 이쯤 해 두자. 여하튼 인간은 자연의 법칙을 '발견'할 수 있을 뿐이다. 만들어 내지는 못한다. 그리고 또 하나 중요한 것은, 이러한 자연의 법칙에 대해 원인을 찾으려 할 뿐 이유를 묻지는 않는다는 점이다.

반면 사회적 약속은 대체로 구체적인 행위보다 앞선다. 그러기로 했기 때문에 그렇게 하는 것이다. 윤리적 규범의 경우는 어떨까? 20대에 안동 도산서원에서 한 일주일 동안 합숙하면서 공부할 기회가 있었다. 그 기간 서원의 뒤에 있는 사당에 배알할 기회가 있었다. 퇴계 선생에게 인사드리는 것이었다. 그런데 여학생은 배알할 수 없다고 했다. 그래서 왜 그런지 물었다. 대답은 "그렇게 안 한다"였다. 강한 경상도 억양의 이런 대답은 일상에서 나만 들은 건 아닐 게다. 하지만 이건 질문에 대한 답이 아니다. 좋거나 나쁜, 혹은 옳거나 틀린 대답이 아니라 그냥 답이 아니다. "그렇게 안 한다"는 이유에 대한 설명이 아니기 때문이다. 그렇게 해야 한다는 당위적 요구다. 그렇다면 "그렇게 해야 한다"라고 대답해야 한다. 하지만 "그렇게 해야 한다"에 대해서도 다시 "왜 그래야 하는지"를 물을 수 있다. 또 물어야 한다. 한편, "그렇게 해라"는 명령문이다. 이런 분위기에서는 이유를 묻기가 좀 어렵겠지만 "싫은데요"라고 할 수도 있다. 그런데 "그렇게 안 한다"는 평서문이다. 명령도 의문도 권유도 아니다. 대화를 단절시키고 마는 형태의 문장이다. 평서형의 문장은 그것이 사회적 약속이나 윤리적 규범이 아니라 자연적 법칙임을 암시하는 효과가 있다. "물은 위로 흐르지 않는다"처럼.

아무리 그럴듯한 이유를 대거나 자연현상으로 유비할지라도 윤리적 규범이 자연적 법칙일 수는 없다. 우리가 믿고 있는 법칙들이 자연적인 것인지 아니면 사회적·윤리적인 것인지 따져 볼 필요가 있다. 많은 사람들은 자신이 신뢰하고 의지하는 윤리적 규범이나 사회적 약속을 마치 자연적 법칙인 양 생각한다. 그렇게 함으로써 '이유'에 대한 대답의 의무를 회피하려고 한다. 하지만 이러한 회피는 자신이 믿는 규범이나 약속이 다중의 합의를 얻을 수 없을지도 모른다는 두려움의 발로에 지나지 않는다. 자연적 '원인'을 설명할 수 없는 모든 주장에는 '이유'가 제시되어야 한다. 그런데 놀랍게도 동양철학에서도 이런 오류를 저지르곤 한다. 강한 열망에서 오는 신뢰와 의지는 개인의 자유지만, 사회적 합의를 얻기 위해서는 그것이 자연법칙이 아닌 사회적 약속임을 먼저 인정하고 그러한 약속이 여전히 유효하고 의미와 가치를 지니는지 열린 마음으로 대화해야만 한다. 그래서 동의될 수 없는 약속은 폐기할 수 있어야 한다. 이 책이 하려는 것이 바로 그 작업이다.

그러나 반대로 사회적 약속과 가치적 지향이 자연적 법칙이 아니라고 해서 무의미한 것은 아니다. 남녀평등, 인종평등, 민주주의 등과 같은 가치는 자연적 사실이 아니지만 그렇게 되기를 바라는 것들이다. 그래서 인류의 역사에서 사람들은 수많은 희생을 바쳐 가면서 그것을 지키고자 노력한 것이다. 이러한 가치는 인간의 내부 어디를 해부해 보아도, 하늘 끝까지 올라가 보아도 발견할 수 없다. 오랜 경험과 시행착오를 거쳐 인간 스스로가 약속한 것들이다.

폭력적 예측

법칙은 세계를 이해하게 해 주는 데 그치지 않고 세계를 예측하는 근거가 되어 준다. 만약 매일 아침 동쪽에서 태양이 뜨는 것을 법칙으로 받아들일 수 있다면, 어제도 그랬던 것처럼 내일 아침에도 태양이 동쪽에서 떠오를 것임을 우리는 예측할 수 있다. 그런데 여기서 우리가 주목해야 할 것은, 매일 아침 태양이 동쪽에서 떠오르는 것은 경험적 반복에 의한 '귀납적 결과'라는 것이다. 내일이라도 지구가 자전을 멈추면 태양은 동쪽에서 떠오르지 않는다. 그러나 우리는 그것이 너무도 오랫동안 반복되어 왔고 또 너무도 오랫동안 어떠한 예외적 상황도 일어나지 않았기 때문에 그것을 '법칙'으로 인정한 것이다. 그래서 우리는 "해가 서쪽에서 뜰 일"이라거나 하는 말로 그러한 일이 결코 일어나지 않을, 즉 '법칙외적인 일'이라고 보는 것이다.

그러나 예측은 믿을 만한 법칙에 의해서 아직 일어나지 않은 일에 대해 행해지지만, 동시에 그 예측이 틀릴 수 있는 가능성이 있을 경우에만 수행된다. 만약 틀릴 수 있는 가능성이 없다면 예측은 무의미하다. 이 문을 열고 들어올 사람이 여자가 아니면 남자라는 식은 아무것도 설명해주지 못한다. 즉 하나 마나 한 예측이다. 오히려 평범한 눈으로는 잘 보이지 않는 법칙일 때라야 주변의 놀라움은 커진다. 아무도 예측하지 못할 때 혼자만 예측할 수 있었다면 그런 사람을 우리는 '족집게'라고 부른다. 그런데 그 '족집게'가 나름의 법칙적 근거 없이 아무렇게나 한 말이라고 한다면, 우리는 그것을 예측이라고 하지 않고 그냥 '찍기' 혹은 '도박'이라고 부른다. 다른 사람들은 모르는 법칙을 혼자만 알고 있을 때라야 다른 사람이 보지 못하는 것을 볼 수 있고, 그래서 족집게처럼 예측할 수 있는 것이다.

예측이 가치의 문제와 연결될 때 그것은 평가가 되기도 한다. 우리 사회에서는 사람을 혈액형에 의해 나누기도 한다. 예컨대 혈액형이 A형인 사람은 소심하다는 믿음이 우리 사회에서 '법칙'처럼 받아들여진다. 그래서 누군가는 그러한 '법칙'에 근거하여 A형의 주광호는 소심할 것이라고 '예측'할 수 있다. 그런데 소심하다고 하는 성격의 문제는 가치의 영역으로, 이 경우에 '예측'은 '평가'가 된다. 혈액형에 근거해 앞으로도 그럴 것이라는 평가적 예측이다.

그러나 여기서 조심해야 할 것은 A형 혈액형의 사람은 소심하다는 것이 과연 언제나 우리가 의지할 수 있는 '법칙'이냐 하는 것이다. 그것은 논리적·과학적 검증의 결과가 아니다. 설령 그것이 오랜 경험의 결과라

하더라도, 그것은 언제라도 예외적 상황이 가능한 '귀납적 결과'라는 점이다. 그런데 어떤 사태를 예측하고 누군가를 평가하는 경우에 있어서는 흔히 그것이 예외가 가능하다는 가능성을 잊곤 한다. 그것이 마치 논리적·연역적 결과인 양, 혹은 예외 없는 자연적 법칙인 양 생각하곤 한다. 설령 주광호가 소심하지 않다는 사실을 확인해도 우리는 흔히 "그럴 리가 없다"는 식으로 말한다. 자신이 믿고 있는 법칙을 법칙이 아닌 것으로 포기할 수 없다는 태도다. 이것은 폭력이다.

남들이 동의하지 않는 자신만의 법칙을 우리는 선입견 혹은 독단이라고 부른다. 선입견과 독단은 대체로 자신의 이익과 결부될 때 발생한다. 보통은 나의 이익과 무관한 일에 핏대 세우지 않는다. 나의 이익과 결부된 것이기에 우리의 선입견과 독단은 불순하다. 자신의 이익에 맞춰 상대를 규정짓고 평가하는 것이며, 거기에서 멈추지 않고 상대를 강제하고 통제하려는 것이다.

예컨대 "여자 목소리가 담장을 넘어서는 안 된다"라는 법칙을 믿고 있는 어떤 이를 생각해 보자. 필경 이런 믿음의 소유자는 아내를 자기 마음대로 부리려는 남편이거나 권력의 열쇠를 넘겨주지 않으려는 시어머니일 가능성이 높다. 이런 관계에서 발생하는 이익의 문제에 아직 그다지 결부되지 않은, 혹은 그 은밀한 수혜자인 시누이나 딸들은 자신이 이러한 믿음의 잠재적 피해자일 수 있다는 것을 자각하는 순간에만 잠시 정의로움에 대해 눈을 뜬다.

선입견과 독단에는 이렇게 '자기'가 개입해 있다. 대상과 세계를 있는 그대로 관찰하고 받아들이지 않는 이유는 자신의 이익이 결부되어 있기 때문이다. 그런데 이러한 '자기'의 개입, 그로 인한 타자에 대한 폭력적 규정·평가·통제는 오히려 더 많이 교육받고 더 많은 경험을 가진 이들에 의해 더 자주, 또 더 강력하게 수행되곤 한다. "내가 해 봐서 아는데"라는 식의 경험적 근거나 무슨무슨 책과 무슨무슨 이론을 들먹이는 먹물들일수록 이런 폭력을 은밀하게, 그러나 확실하게 수행하곤 한다.

따라서 누군가를 평가하고 규정하고 통제할 수 있는 법칙에 동의하는 일은 아주 신중해야 한다. 그것이 학문적·도덕적 권위이든 정치적·법률적 권력이든, 우리는 그것들이 제시하는 법칙이 과연 동의할 만한 것인지를 찬찬히 뜯어보고 면밀히 확인해 봐야 한다. 때로는 법칙이 칼이나 총보다도 훨씬 더 가공할 만한 힘으로 사람을 죽일 수 있다. 그것도 합법적·도덕적으로.

동의할 수 있는 법칙에 의해 대상을 적절히 특징 잡아 분류하고, 그러면서도 폭력적 '규정짓기'로 빠지지 않는다면 우리는 대상세계를 여여如如하게, 즉 있는 그대로 이해할 수 있는 통찰력과 관계적 개방성을 동시에 갖춘 사람이 될 수 있을 것이다.

지금까지 우리가 말한 '법칙'은 논리적 귀결이나 자연적 법칙처럼 보이지만 사실은 사회적 약속이나 윤리적 요구임을 확인할 수 있다. 우리는 거기에 혈액형의 경우에서처럼 심리적·생리적·유전자적 '근거'를 제시하려고 하지만, 그것이 사회적·윤리적 의미에서의 '이유'가 될 수 있는지에 대해서는 의문이다.

20세기에 들어서서 가장 유행한 학문 분야가 진화심리학이 아닐까 싶다. 인간이 그러는 이유는 인간의 유전자에 그렇게 새겨져 있기 때문이라고 진화심리학은 말한다. 여성은 공간인지능력이 떨어지기 때문에 운전을 잘 못한다거나, 남성은 자신의 유전자를 더 넓게 퍼뜨리기 위해 바람을 피우게 된다는 식이다. 전문가들이 그렇다고 하니 동의할 수밖에 없다. 하지만 여기에는 규범적·사회적·문화적 지향이나 가치가 들어설 여지가 없다. 그러니 여성으로부터 운전대를 빼앗고 남성들의 바람을 용인해 줘야 할까? 인간에 대한 생물학적·심리적 이해는 규범적·사회적·문화적 요청과 지향을 넘어설 수 없다.

우리의 『주역』은 어떤가? 『주역』이 말하는 법칙은 과연 자연적 법칙인가, 아니면 사회적 약속이나 윤리적 요구인가? 『주역』은 세계를 두 개의 대대적 인소로 이해하고 있다. 그것은 하늘과 땅 혹은 남자와 여자처럼 자연적 세계에 대한 인식이다. 그러나 그러한 인식은 이내 자연적 영역을 넘어 사회적·규범적 영역으로 확장된다. 여기에는 분명 자연주의의 오류가 있다. 우리는 이러한 주장들이 경험적·귀납적 분류의 단계를 넘어서서 연역적·요청적 단계로 옮아가고 있음을 확인해야 한다. 자연이 그렇더라에서 더 나아가 인간세상이 '그래야 함'을 주장하고, 다시 세상이 '그래야 함'으로부터 세상이 '그렇다'라고 우기는 것이다.32)

그러면 『주역』적 세계인식은 모두 폐기해야 할까? 『주역』의 저자는 인간과 인간이 모여 이루는 사회를 이해하고 또 꾸려 가기 위해 자연의 법칙으로부터 '근거'와 '이유'를 동원한 것에 불과할까? 거기에는 과연 어떤 의미가 담겨 있을까?

---

32) 자연주의의 오류: 현상으로부터 당위를 이끌어 내는 것을 자연주의적 오류(naturalistic fallacy)라고 한다. 진화심리학에서는 여성이 남성보다 공간감각이 열등하다고 말한다. 이런 열등함에 근거해서 남여의 차별을 얘기한다면 이는 자연주의의 오류다. 반면 남여는 동등해야 하기 때문에 어떠한 자연적 차이도 없다고 말한다면 이는 도덕주의적 오류(moralistic fallacy)라고 한다. 당위가 사실을 우기는 것이다.

7. 법칙적 세계 이해와 도道 혹은 이념

도道

요즘은 좀 덜하지만, 내가 대학원에 다닐 때는 동양철학을 공부했다고 하면 흔히 도道를 깨우쳤느냐는 질문을 받곤 했다. 겉으로야 잘 드러내지 않지만 도통道通을 목적으로 공부를 하는 동학들도 제법 있었다. 도대체 '도'는 무엇일까? 그걸 쉽게 알 수 있으면 깨달았네 아니네, 통달했네 아니네 하지도 않을 것이다. 그게 뭔지는 모르겠지만 그것만 알면 이 세상 모든 것들에 대해 뻥 뚫리듯 다 알게 되는 것으로 보인다. 대단하다. 일반적으로 도를 깨닫기 위해서는 도서관이나 실험실이 아니라 산속으로 들어가야 하는 것으로 알려져 있다. 계룡산이나 지리산 혹은 강화도 마니산이 주요 체험장으로 거론된다. 이 도는 깨닫기가 하도 어려워서 보통은 수십 년의 시간을 필요로 한다.

그런데 재미있는 것은 이런 체험적 '재야 철학'이 아닌 강단 철학에서도 도는 중요한 개념이라는 점이다. 동양철학 내에서 노자老子와 장자莊子를 대표로 하는 학파를 도가道家라고 부른다. 또 성리학을 다른 말로는 도학道學이라고도 부른다. 그러니 도는 근엄하고 진지한 학자들 사이에서도 중요한 것임에 분명하다. 도대체 이 도는 무엇일까? '세상 모든 것을 꿰뚫는 근원적이고 본질적인 진리' 정도로 번역될 수 있을까?

그럼 '세상 모든 것을 꿰뚫는 근원적이고 본질적인 진리'란 도대체 무엇일까? 그런 게 있기는 할까? 모르겠다. 그럼 세상의 '모든 것'을 잠시 유보하고, 세상의 '어떤 것'에 대한 진리라도 생각해 보자. 진리? 이 또한 너무 어렵다. 다시 진리보다는 원칙·법칙·질서·원리 정도로 일단 내려오

자. '어떤 특정한 것의 원리 혹은 법칙' 이건 좀 생각해 볼 만하다. 예컨대 '자동차 변속기의 원리' 혹은 '회사의 인사원칙' 이런 것은 한결 생각하기가 쉽다. 구체적이다.

'세상 모든 것의 진리'는 당연히 '자동차 변속기의 원리'도 '회사의 인사원 칙'도 포함하고 있을 것이다. 우리는 자동차 변속기나 회사의 인사제도를 연결시켜야 한다. 하지만 힘써 연결시켰다 하더라도 그것을 무엇이라 말할 수 있을까? 남자와 여자를 다 포함한 인간 일반에 대한 설명은 남자도 여자도 설명하지 못한다. 외연이 커지면 내포는 작아진다. 자동차 변속기와 회사의 인사제도를 모두 포함한 '보편의 진리'는 어쩌면 '도'라는 한마디 말 이외에 그 어떤 것으로도 설명할 수 없으며, 또한 그때의 도라는 말에는 어떠한 실제적 내용도 들어 있지 않을지 모른다. 즉 도라는 말은 설명할 수 없는 것에 대한 빈껍데기 같은 이름이다. 그래서 노자는 "도라고 부를 수 있는 도는 진정한 도가 아니다"라고 했던가?

그럼, 이런 껍데기 같은 도가 여전히 필요할까?

법칙의 축적과 세계에 대한 설명

앞 장에서 본 『주역』의 이분법적 세계관은 오랜 관찰 끝에 세계는 두 가지 대대적 인소로 구분될 수 있고 그 인소들이 끊임없는 상호작용을 통해 변화와 생성을 만들어 간다고 본 결과다.[33] 『주역』의 세계관에서 음양의 대대와 유행은 시간·공간·속성 그리고 인간을 포함한 모든 것에

---

33) 「繫辭下傳」, 2장, "古者包犧氏之王天下也애 仰則觀象於天하고 俯則觀法於地하며 觀鳥獸之文 과 與地之宜하며 近取諸身하고 遠取諸物하야 於是에 始作八卦하야 以通神命之德하며 以類萬 物之情하니."

적용될 수 있다. 이는 세계를 더 이상 파편적인 개체와 우연적인 사건의 무질서한 연속으로 보지 않고 '법칙'적으로 이해하기 시작했음을 의미한다. 사과 하나가 땅에 떨어지는 데에도 그 원인으로서의 법칙이 있는 것이다. 법칙은 많은 것을 설명할 수 있는 힘을 지닌다.

　법칙은 법칙의 연쇄를 가능케 한다. 애초의 법칙이 정말 법칙이기만 하다면. 자연수는 홀수와 짝수로 나눌 수 있는데, 홀수와 짝수를 더했을 경우에는 언제나 홀수가 된다는 새로운 법칙을 만들 수 있다. 그래서 『주역』은 세계를 둘로 나눌 수 있다는 믿음을 연쇄적으로 밀고 나가 2에서 4로, 4에서 8로, 그리고 64의 체계로 확장한다. 그것이 바로 사상四象·팔괘八卦 그리고 64괘다. 『주역』의 저자는 음과 양 각각의 속에 다시 음과 양의 속성이 내재해 있다고 보았다. 그래서 양은 다시 노양老陽과 소양少揚으로 나뉠 수 있고, 음은 노음老陰과 소음少陰으로 나뉠 수 있다. 노양은 그 속에서 다시 음과 양으로 나뉘어, 모두 양의 속성을 갖게 되면 건괘乾卦(☰)가 되고 음의 속성을 갖게 되면 태괘兒卦(☱)가 되는 것이다. 이것을 정리하면 다음과 같다.

곤8	간7	감6	손5	진4	리3	태2	건1
노음4		소양3		소음2		노양1	
음				양			
태극							

〈그림 1〉 「伏羲先天八卦次序圖」

이상과 같은 생각의 근거는 「계사상」 11장의 다음 구절이다.

역에는 태극이 있으니, 이것이 음양이라는 두 개의 짝을 낳고, 두 개의
짝은 노양·소양·노음·소음이라는 네 개의 상을 낳고, 네 개의 상은 팔
괘를 낳고, 팔괘는 길흉을 정하고, 길흉은 위대한 성취를 낳는다.[34]

둘로 나눌 수 있었던 세상을 이제 여덟으로 나눌 수 있게 된 것이다.
세상을 이렇게 나누는 것은 대상을 특정한 유형으로 나누어서 설명하는
것임을 이미 앞에서 다루었다. 사람의 성격을 16가지로 나누는 MBTI와
다를 것이 하나도 없다.
　그런데, 『주역』에는 팔괘의 탄생에 대한 또 다른 관점이 소개되어 있다.
그 내용은 다음과 같다.

건乾은 하늘이라 그러므로 아버지에 해당하고, 곤坤은 땅이라 그러므로
어머니에 해당한다. 진震은 모두 음으로 구성되어 있는 곤괘가 건괘로부
터 하나의 양효를 얻어 사내아이를 얻었으니 그러므로 장남이라고 하고,
손巽은 모두 양으로 구성되어 있는 건괘가 곤괘로부터 하나의 음효를 얻
어 여자아이를 얻었으니 그러므로 장녀라고 하고, 감坎은 곤괘가 건괘로
부터 두 번 구하여 사내아이를 얻었으니 중남(둘째 아들)이라고 하고, 리離
는 건괘가 곤괘로부터 두 번 구하여 여자아이를 얻었으니 중녀(둘째 딸)라
고 하고, 간艮은 곤괘가 건괘로부터 세 번 구하여 사내아이를 얻었으니
소남(막내아들)이라고 하고, 태兌는 건괘가 곤괘로부터 세 번 구하여 여자
아이를 얻었으니 소녀(막내딸)라고 부른다.[35]

---

34) 「繫辭上傳」, 11장, "易有太極하니 是生兩儀하고 兩儀 生四象하고 四象이 生 八卦하니 八卦
　　定吉凶하고 吉凶이 生大業하나니라."
35) 「說卦傳」, 10장, "乾 天也라 故稱乎父오 坤 地也라 故稱乎母오 震 一索而得男이라 故謂之長男이

이는 건괘와 곤괘를 각각 아버지와 어머니로 삼고, 이들이 상호교환을
통해 삼남 삼녀를 낳는 과정을 설명한 것이다. 그래서 세 개의 효 중에서
하나의 양효를 지니고 있는 진괘·감괘·간괘를 양효의 위치가 아래인
것으로부터 각기 장남·중남·소남이라고 부르고, 하나의 음효를 지니고
있는 손괘·리괘·태괘를 음효의 위치가 아래인 것으로부터 각기 장녀·중
녀·소녀라고 부른다는 것이다. 이를 정리하면 다음과 같다.

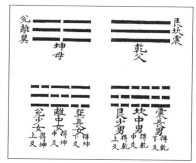

〈그림2〉 「文王八卦次序圖」

북송대의 역학자 소옹邵雍은 후자를 문왕文王의 팔괘 혹은 후천後天역학
이라고 부르고 전자를 복희伏羲의 팔괘 혹은 선천先天역학이라고 불렀다.
복희의 선천역학이 음양의 대대라는 법칙을 기준으로 하여 두 배씩
증가시켜 나간 것이라면, 문왕의 후천역학은 음양이 서로 주고받은 유행의
법칙을 기준으로 하여 완성된 것이다. 선천역학은 기하학적·대수학적
균형이라는 특징을 지니는 반면에, 후천역학은 생물학적 혹은 역학적力學

오 巽 一索而得女라 故謂之長女오 坎 再索而得男이라 故謂之中男이오 離 再索而得女라
故謂之中女오 艮 三索而得男이라 故謂之少男이오 兌 三索而得女라 故謂之少女라.”

的 교환이라는 특징을 지닌다. 어느 것이 『주역』 팔괘 형성 과정의 사실에 부합하는지는 알 수 없다. 그러나 적어도 『주역』의 음양이라는 이원적 원소가 확장될 수 있는 두 가지 원칙을 각기 보여 주고 있다는 점은 분명하다. 소옹은 선천역학의 수학적 특징을 중시했는데, 주희는 소옹의 이러한 관점을 받아들여 자신의 역학 체계를 수립하는 데 중요한 근거로 삼게 된다.

팔괘의 형성이 어떤 과정을 거쳤든, 팔괘가 『주역』의 저자들이 이해한 세계의 가장 주요한 구성요소임은 분명하다. 하늘과 땅, 물과 불, 우레와 바람, 산과 연못, 이런 것들에 의해 그들이 살아가는 세상은 구성되어 있으며, 또 그들의 삶은 그런 것들에 의해 설명이 가능했던 것이다. 만약 현대 한국인들이 팔괘를 구성한다면 어떤 것들이 들어갈 수 있을까? 혹시 돈과 권력, 학벌과 부동산, 인터넷과 핸드폰, 명품과 자동차가 되지는 않을까?

64괘는 이 팔괘를 서로 조합하여 완성한 결과다. 태괘泰卦(䷊)의 경우 하늘과 땅의 조합이었음은 앞에서 이미 확인했다. 『주역』의 저자들은 세계에서 벌어질 수 있는 일들을 64개의 경우의 수로 갈무리했는데, 세계가 언제나 팔괘의 상관관계로 설명될 수 있다고 믿었던 것이다. 애초에 둘이었던 세계 이해의 틀은 이렇게 여덟으로, 다시 64개의 경우의 수로 확장되었다. 하나의 괘에는 여섯 개의 효가 있다. 『주역』은 64로 늘어난 경우의 수를 다시 매 경우의 수마다 6개의 시간적 단계로 구분하여 총 384개의 '사건×시간'의 조합으로 세계를 이해하고 있는 것이다. 정이는 64괘를 사건(事)으로, 6효를 시간(時)으로 규정한다.

태극, 궁극의 법칙과 그 지배

지금까지는 『주역』의 이원적 인소가 확장되는 과정을 추적했다. 그런데 앞에서 살펴본 「계사전」의 구절은 사실 확장의 과정만이 아닌 수렴의 과정도 말하고 있다.

> 역에는 태극이 있으니, 이것이 음양이라는 두 개의 짝을 낳고, 두 개의 짝은 노양·소양·노음·소음이라는 네 개의 상을 낳고, 네 개의 상은 팔괘를 낳고, 팔괘는 길흉을 정하고, 길흉은 위대한 성취를 낳는다.[36)]

앞의 이 구절에서는 '음양 → 사상 → 팔괘'의 과정에 앞서서 '태극 → 양의'의 과정을 먼저 말하고 있다. 즉 음양이 사상과 팔괘로 분화되기 이전에 음양 역시 태극으로부터 확장된 결과라는 말이다. 그렇다면 성경이 하나님이라는 '하나'로부터 시작한 데 반해 『주역』은 음양이라는 둘로부터 시작되었다는 나의 말은 거짓말이 되고 마는가? 그런데 『주역』에서는 이 구절 외에 어디에서도 '태극太極'에 대해 다시 언급한 적이 없다. 아무리 동양사상에 관심이 없는 사람들이라 할지라도 동양 사람이라면 태극을 모를 수 없다. 그만큼 태극은 동양의 지적 전통에서 중요한 개념이다. 그런데도 『주역』의 원문에서는 여기 단 한 번 출현한 것이 고작이다. 『역경』의 단계에서는 전혀 언급된 적도 없을 뿐만 아니라, 이러한 '하나'라는 관념 자체를 찾을 수가 없다.

때문에 이 구절은 사실상 「계사전」의 저자가, 세계를 구성하는 가장

---

36) 「繫辭上傳」, 11장, "易有太極하니 是生兩儀하고 兩儀 生四象하고 四象이 生 八卦하니 八卦 定吉凶하고 吉凶이 生大業하나니라."

원초적인 단계였던 '음양'이라고 하는 이원적 인소를 통합하여 그 위에 하나의 새로운 단계를 개발한 것이라고 할 수 있다. 『계사전』은 이렇게 말한다.

> 성인께서는 천하에 존재하는 모든 것들이 지극히 잡박하다는 것을 보시고서 각각의 것들이 생긴 것에 의탁하고 그것이 가진 성질을 상징해 내셨다. 그래서 상象이라고 부르는 것이다.[37]

즉 잡박한 개체들이 먼저였고, 그것을 상징의 체계로 갈무리했다는 것이다. 이렇게 보자면 2 → 4 → 8 → 64의 과정이 아니라 ∞ → 384 → 64 → 8 → 4 → 2의 과정이었다고 보는 것이 더 사실에 부합한다. 『주역』의 저자들은 무원칙적이고 우연적으로 보이는 현상들을 법칙적으로 이해하기 위해 비슷한 것들끼리 모아 놓음으로써 서로 다른 것을 분류하였고, 그 다음엔 그렇게 분류가 가능하기 위한 원칙들을 추적하여 최종적으로 음양이라는 이원적 법칙으로 수렴해 갔던 것이다. 그런데 이제 「계사전」은 거기서 한 걸음 더 나아가 이 이원적 인소를 통합할 수 있는 더 상위의 개념을 창조해 내었다. 그것이 바로 태극太極이다.

결국 "역에는 태극이 있다"라는 「계사전」의 이 구절은 두 가지 각도에서 해석할 수 있다. 먼저, 하나가 둘을 낳고 둘이 넷을 낳고 하는 식으로 위에서 아래로 단순에서 복잡으로의 과정으로 보는 것은 발생적 관점이다. 이 세계는 어디서 왔는가, 이 세계의 궁극의 시원은 어디인가에 대한 답이라고 하겠다. 구절의 표면적 의미는 여기에 있다.

---

37) 「繫辭上傳」, 8장, "聖人이 有以見天下之賾하야 而擬諸其形容하며 象其物宜라 是故謂 之象."

다만 그 '발생'의 과정이 정말 구체적인 물리적 대상 혹은 현상에 대한 것인지 아니면 단계적 확산을 의미하는 관념에 대한 것인지는 논란의 여지가 있다. 예컨대 아담이 가인과 아벨을 낳고…… 하는 식이라면 태극은 더 이상 죽고 없거나, 아니면 태극이 양의를 낳는 것은 일회적 사건에 불과하게 된다. 반면 태극이 양의를, 양의가 사상을 낳는 것을 속성의 파생 정도로 이해한다면 최종적인 구체물들 내부에는 모두 태극이라는 속성 혹은 원리가 내재한 것으로 이해될 수 있다. 이건 좀 어려우니 이 정도 해 두자.

둘째, 「계사전」의 이 구절을 아래에서 위로, 즉 복잡하고 구체적인 대상과 사건들을 추려서 갈무리하는 것으로 이해하는 것은 경험적 분석의 관점이다. 젊은 여자와 늙은 여자를 여자로 묶고 여자와 남자를 인간으로 묶고 인간과 개를 포유류로 묶는 과정에 해당한다. 그런데 「계사전」은 모든 암컷과 모든 수컷을 '하나'로 묶은 것이다. 그리고 거기에 '태극'이라고 하는 아주 생소한 이름을 부여한 것이다.

역대의 학자들은 이 태극을 다양한 관점에서 해석했다. 많은 사람들은 태극을 음양이라는 두 개의 기가 분화되기 이전의 원기元氣라고 보기도 했다. 혼돈에서 하늘과 땅이 갈라져 나오듯 말이다. 그러나 후대 성리학의 집대성자인 주희는 태극을 음양의 기氣를 규율하는 원리로서의 리理라고 보았다. 그가 말하는 태극은 이제 역학적 개념을 넘어서서 모든 존재하는 것들에 깃들어 있는 원리원칙의 의미가 되었다. 즉 '우주의 원리'가 된 것이다.

여기서 우리는 앞에서 살펴봤던 자연적 법칙과, 사회적 약속 혹은 규범적 요청 간의 거리를 다시 한 번 검토해야 한다. 애당초 태극은 ∞ 즉 일상의 구체적인 사태들을 수렴하여 그 속에 내재하는 법칙을 추적해 들어가서 찾아 낸 개념이다. 그것은 음과 양 즉 존재하는 모든 것을 포괄하는 법칙이다. 외연이 커지면 내포는 작아진다. 예컨대 남자와 여자를 포함하는 것은 인간이다. 인간 일반을 말하는 것은 남자와 여자 모두가 지니고 있는 특성에 대해서만 말한다. 인간 일반은 남자와는 다른 여자 혹은 여자와는 다른 남자를 설명하지 않는다. 남자와 여자를 포괄하는 인간이 그럴진대 존재하는 모든 것을 포괄한 태극이란 과연 어떤 것일까? 그 속에 들어갈 수 있는 내포란 무엇일까? 어찌 보면 ∞는 0과 통한다. 모든 것을 다 말하려는 것은 아무것도 말하지 않는 것과 같다.

그럼에도 불구하고 최고의 원리로서 태극을 말하는 이유는 무엇인가? 그것은 경험적으로 귀납된 법칙도 아니고 논리적 필연의 법칙에 의해 추적된 연역의 법칙도 아니다. 그것은 사실 필요에 의해 만들어지고 생각되어진 '요청'일 뿐이다. 그것이 있어야만 하기 때문에 그것이 있다고 말하는 것이다. 하지만 그것은 이미 '요청'된 것이기 때문에, 그 속에 어떤 내용을 넣느냐 하는 것은 요청하는 사람의 마음이기도 하다. 모든 자녀들이 부모를 사랑하기를 원하는 사람이라면 그 '우주적 원리'에 '효도'를 넣을 것이다. 그것은 필요하기 때문이다. 만약 여자를 제2의 성으로서 부려먹고 싶은 남자라면 거기에 '여필종부'의 법칙을 넣어 둘 것이다. 이처럼 '요청'이 얼마나 폭력이 될 수 있는지에 대해 우리는 충분히 인식하고 있어야 한다. 그래서 그러한 요청이 정말로 합당한 것인지, 모두가 동의할 수 있는 것인지를 꼼꼼히 다시 따져 봐야 한다. 그럼 『주역』의 저자 그리고 후대의 역학자들은 이 만물상자 태극에 어떤 것들을 넣어 놓았을까?

170

모두가 태극을 부여받았다

주희는 「계사전」의 이 구절을 우주 내에 존재하는 모든 것들은 이 통합적인 원리의 지배를 받지 않는 것이 없다고 말하는 것으로 해석해야 한다고 주장했다. 우주 내에 존재하는 모든 것들은 이 우주의 원리를 각각 부여받아 자신의 존재 원리로 삼는다는 말이다. 즉 우주 내의 모든 존재들은 우주와 그 원리가 같다는 것이다. 이것을 어려운 말로 "만물은 각기 하나의 태극을 부여받았다"[38]라고 말한다. 인간뿐만 아니라 모든 존재하는 것은 태극을 품고 있다. 때문에 인간 하나하나가, 또 만물 하나하나가 모두 우주의 축소판이다. 하느님이다. "만물은 각기 하나의 태극을 부여받았다." 모두가 하느님이라면 남자도 하느님이고 여자도 하느님이다. 양반도 하느님이고 종놈도 하느님이다. 강아지도, 깨진 기와도, 똥덩어리도 모두 하느님이다. 이렇게 저렴해진 하느님은 도대체 누구지? 정말 존재하는 모든 것에는 태극이 깃들어 있나?

태극은 우리나라의 국기인 태극기의 핵심적 구성요소다. 건곤감리 사정 괘四正卦와 더불어 이제 우리나라 국기에 담긴 의미를 대충은 이해할 수 있게 되었다. 우선 태극기는 세계의 다양성을 인정하고 있다. 음양과 사정괘가 그것이다. 그런데 그 다양성은 독립적으로 존재하지 않고 상호연관을 갖는다. 그것은 사정괘의 구조에서 보이고, 또 음양의 관계에서도 보인다. 상호연관은 상호작용함이며 상호개입이고 상호로의 전환이다. 음은 양으로 양은 음으로. 이 모든 관계와 작용을 주관하는 법칙의 총체가 태극이다.

---

38) 朱熹, 「太極圖說解」, "蓋合而言之, 萬物統體一太極也. 分而言之, 一物各具一太極也."

그것이 사실인지는 중요치 않다. 그런 주장을 왜 했는지, 그런 주장을 통해 하려는 말이 무엇인지를 추적하는 것이 더 중요하다.

만물이 모두 태극을 부여받았기 때문에 모두 다 태극의 지배를 받는다는 말은 첫째로, 규범적 의미를 지닌다. 만물이 모두 그러하듯 인간도 우주의 원리 즉 태극을 부여받았다. 그러므로 인간 역시 그 태극의 지배에 따라야 한다. 태극은 인간의 영역으로 내려와서는 일체의 도덕적 규범이 된다. 예컨대 우리는 왜 부모님을 사랑해야 하는가? 왜냐면 우리는 그렇게 태어났기 때문이다. 우리의 존재 원리인 태극은 부모님을 사랑하도록 규정하고 있다. 때문에 부모님을 사랑하는 것이 나의 존재 원리에 부합하는 것이다. 성리학자들은 공자 이후로 강조되어 오던 온갖 전통적 가치들을 모두 태극 속에 집어넣었던 것이다.

성리학자들은 규범이란 단순한 의무가 아니라 존재의 본질에서 우러나는 자발적 욕구라고 말한다. 즉 도덕적 감정이 자발적이고 의욕적으로 솟구친다는 말이다. 이러한 도덕적 욕구는 교육받은 특정한 사람들만 가능한 것이 아니라 인간이라면 누구나 마찬가지라고 그들은 주장한다. 나는 이것을 한나 아렌트가 말하는 '악의 평범성'[39]에 빗대 '선의 평범성'이라고 부른다. 아무리 악한 사람도 불쑥불쑥 착한 마음이 생겨난다는 것이 맹자가 말하는 '선한 본성'(性善) 이야기의 핵심이다.

그럼 우리는 어째서 이 존재 원리대로 살지 않을 수 있는 것인가?

---

39) 한나 아렌트는 나치 정권에서 유대인 인종 청소에 협력했던 아이히만의 재판과정을 보고하면서, 아이히만이 특별히 악한 인간이 아니라 지극히 평범하고 성실한 사람이었음을 보여 주었다. 그녀는 이렇게 평범한 사람들에게서 보이는 도덕적·주체적 자각이 없는 악한 행위를 '악의 평범성'이라 명명했다.(한나 아렌트, 김선욱 역, 『예루살렘의 아이히만』, 한길사, 2006 참고)

그것은 기질氣質 즉 육체적 속성에서 기인한 잘못된 욕망 때문이다. 이것이 바로 성리학자들이 말하는 리기론理氣論이다. 그러나 이런 것들은 그 자체로 복잡하고 어렵기 때문에 여기서는 간단하게 이정도 소개하는 것으로 그치고자 한다. 어쨌든 태극은 인간의 영역에서는 규범이자 이성이자 상식이자 질서이자 가치가 된다. 때문에 인간 사회에서 요구되는 이념이라는 것을 알 수 있다.

둘째, 모두 다 태극의 지배를 받는다는 주장은 그래서 자연스럽게 사회적 의미로 확장된다. 삼라만상이 모두 궁극의 법칙에 의해 지배를 받는다. 모든 법칙은 수학적 논리적 연산이 그렇듯 모두 연결되어 있다. 즉 보편적이다. $2 + 3 = 5$는 미국에서도 그렇고 한국에서도 그렇고, 과거에도 그렇고 오늘에도 그렇다. 더하기의 법칙은 빼기의 법칙을 내포한다. 때문에 이 세계의 존재하는 모든 것은 논리적·법칙적 연쇄 속에 존재한다. 마찬가지로 나는 개별적 주체로서의 나이기에 앞서 누구의 자식이고 남편이며 아버지다. 나는 가족의 테두리 속에서 존재하며 가족은 친족의 일부분이다. 물론 국민의 일원이기도 하다. 나의 경제적·정치적·사회적 활동은 지극히 사회적이어서 독립적이고 파편적일 수 없다. 때문에 사회적 장치와 교육의 과정은 정해진 절차에 의해 진행되어야 한다. 이상의 생각이 성리학의 집대성자인 주희의 관점이다. 주희는 불교 화엄종華嚴宗의 영향을 받아 이 세계가 엄밀한 법칙에 의해 꾸려진다고 생각했다. 그래서 교육은 소학과 대학의 엄정한 과정이 필요하고, 사회는 향약과 사창 및 예절에 의해서 규율되고, 정치는 윤리적 훈련을 받은 지식인들에 의해 통제되어야 한다고 주장했다.

셋째, 누구나 태극의 지배를 받아야 한다는 주장은 특히 봉건시기에 중요한 정치적 의미를 지닌다. 봉건시기의 지배자는 무소불위의 힘을 지니고 있다. 네로나 진시황처럼 자기 마음대로 사람들을 죽일 수 있는 것이 왕이요 황제다. 때문에 봉건시기에는 이러한 무소불위의 권력자를 어떻게 제어할 것인가가 지식인들에게는 가장 큰 문제였다. 이 시기에 법에 의한 통제는 한계를 지닐 수밖에 없다. 그럼 무엇으로 할 것인가? 규범이요 이념이다. 그런데 그 규범의 근거는 어디인가? 최종적 근거는 바로 하늘 즉 자연이다. 우주로부터 연유한 규범은 아무리 황제라 하더라도 따라야 한다는 것이 성리학자들의 주장이었던 것이다.

이념으로서의 태극

이렇게 태극은 윤리적·사회적·정치적 함의를 지닌다. 그렇다고 '최고의 법칙'이 속박과 폭력의 부정적 의미만을 지니는 것은 아니다. 물론 태극이라는 이름으로 전통적 가치를 모두 긍정한 성리학자들의 생각은 봉건적 이데올로기의 근거를 확보하려던 것이 분명하지만, 그 구체적인 내용에 앞서서 '법칙'이 지배하는 세상을 상정한 것에는 나름의 중요한 의미가 담겨 있다. '법칙'은 요구요 지향이며 이념이기 때문이다. 민주·평등·자유와 같은 것은 그랬으면 좋겠다는 이념일 뿐 '사실'이 아니다. 자연적·필연적 근거도 없다. 실제 인간의 역사에서 이러한 이념이 실현된 것은 최근세의 그리고 아주 한정적인 영역에서일 뿐이다. 감히 말하건대 인간 역사의 0.00001%도 안 될 것이다. 그래야 하는 근거도 없고 실현된 적도 거의 없지만, 우리는 이 이념을 포기할 수 없다. 그것이 좋고 그래야 하기 때문이다. 그래서 '궁극의 법칙'은 우리 사회의 헌법에 비견될 수 있다.

우리나라 헌법의 제1조는 "① 대한민국은 민주공화국이다. ② 대한민국의 주권은 국민에게 있고, 모든 권력은 국민으로부터 나온다"이다. 대한민국은 과연 민주공화국인가? 우리 사회의 모든 과정과 절차는 민주적으로 진행되는가? 모두의 권리가 동등하게 존중되고 모든 권력은 과연 국민으로부터 나오는가? 헌법은 이념이요 지향이다. 우리나라가 그렇게 되기를 바라는 것이다.

그렇다면 '대한민국'을 빼면 어떤가? '민주공화'는 지상명령인가? 그무엇보다도 훌륭한 최고의 가치라고 할 수 있는가? 플라톤은 민주제를 좋은 것으로 보지 않았다. 언제든 어리석은 대중에 의한 중우衆愚정치가될 수 있기 때문이다. 그래서 플라톤은 철학적 훈련을 받은 이들에 의한 독재를 최고의 정치체제로 여겼다. '민주공화'는 자연의 법칙인가? 인간이 생긴 이래로 늘 그래왔던가? 물론 결코 아니다.

'민주공화'는 이념이요 약속이다. 그렇게 했으면 좋겠다는 것이다. 그러니 그렇게 하자는 것이다. '가치'는 부족한 인간들이 머리를 맞대고 고안해낸 것이다. 훌륭한 한 사람에게 결정을 맡길지, 아니면 부족하더라도 모든 사람들이 함께 참여해 결정하는 것이 좋을지, 고민에 고민을 거듭해 약속한 것이다. 그게 좋겠다는 것이다. 때문에 이 가치는 시대에 따라 변할 수도 있고 역사 속에서 수없이 훼손될 수도 있다.

존재하는 모든 것이 태극을 부여받았다는 말은 인간이 모두 평등하고 존엄하다는 말이 될 수도 있다. 인간뿐만 아니라 개나 닭도 동일하게 존엄하다는 말로 해석될 수도 있다. 누구나 존엄한 존재이니 함부로 살 것이 아니라 존귀한 존재로 살아가라는 인격적 요구의 목소리가 될 수도 있다. 누구도 확인할 수 없는 구라지만 좋은 구라다. 필요한 구라다.

도道로 돌아가 보자. 도가 무언지는 잘 모르겠지만 거기에 남녀평등과 인간평등, 만물평등의 이념을 넣을 수 있겠다. 도는 실체적으로 고정불변하게 존재하는 그 무엇이 아니라 우리 스스로 고민하고 고민해서 만들어 내는 것인지도 모른다. 때문에 계룡산으로 지리산으로 들어갈 것이 아니라 복잡하고 시끄러운 인간의 세상으로 내려와야 할 것이다. 벽을 보고 수십 년을 있을 것이 아니라 주위의 사람들과 끊임없이 논쟁하고 다투며 양보하고 절충해서 다듬어 내야 할 것이다.

길에서 가끔 "도에 관심 있으십니까?"라고 묻는 사람을 만나곤 한다. 나는 도에 관심이 많다.

8. '있음'에서 '삶'으로(生生)

앞 장까지는 존재하는 모든 것을 법칙적으로 이해하려는 『주역』의 노력을 살펴보았다. 『주역』은 우선 세상을 둘로 나누어 그것이 서로 관계를 맺는 것으로 보고, 그 둘을 다시 넷 여덟 식으로 확장해서 대상을 분류하여 이해하였으며, 그러한 분류를 가능하게 하는 기준으로서의 법칙을 상정한 후 세계는 이 법칙에 의해 만들어졌고 또 운행된다고 생각하였다. 이렇게 되면 세계는 원칙 없이 우연하게 돌아가는 것이 아니라 철저하게 '법칙적'으로 운행하는 것이 된다. 세계 속에서 존재하는 모든 것은 그냥 어쩌다 그렇게 존재하는 것이 아니고, 당연히 그리고 반드시 거기에 그렇게 존재해야만 하는 것이 된다.

때문에 2 다음엔 3이 오고 3 다음에는 4가 오듯이 모든 개체는 전체

속에서 고유한 좌표를 얻어 주변의 것들과 불가분의 '관계'를 맺으며 존재한다. 예컨대 나는 무인도에 떨어진 로빈슨 크루소가 아니다. 나는 남자이고 누구의 남편이며 아들이고 아버지다. 『주역』은 어떤 개체를 이렇게 전체와의 관계 속에서 이해하고자 노력한 것이다. 이런 관계적 이해는 공간적·기하학적이라고 할 수 있다. 나를 중심으로 내 옆에는 배우자가 있고 내 앞에는 부모, 내 뒤에는 자녀라고 하는 식으로 우리는 관계를 '공간적' 관념으로 이해한다. 가계도나 조직도가 그런 것처럼 이 세계가 거대한 그물망이라고 생각하는 것이다.[40]

하지만 우리가 살아가는 세상과 우리의 삶은 2 + 3 = 5가 아니다. 엄밀한 법칙에 의해 어딘가에 배치되어 영원히 변하지 않은 채 존재하는 무엇이 아니다. 2로 태어나 3을 만나서 5가 되고, 이렇게 '변화하는' 것이 우리의 삶이요 우리가 살아가는 세상이다. 이것은 2 + 3이 5라는 법칙을 부정하는 것이 아니다. 1학년 때 더하기와 빼기를 배우다가 2학년 때 곱하기를, 3학년 때 나누기를 배우듯이 우리에게 적용되는 촘촘한 법칙들은 우리가 처한 시간과 상황에 따라 다양해질 뿐이다. 그것은 우리가 수학식처럼 시간을 초월한 보편적 관념체가 아니라 시간 속에서 살아 숨 쉬는 구체적인 생명체이기 때문이다. 우리가 만나는 모든 관계들 역시 시간 속에서 진행된다. 거기에는 시작과 끝 혹은 만남과 헤어짐이 있다. 때문에 우리가 인간과 세계를 적실하게 이해하는 데는 공간적·법칙적 이해만이 아니라 시간적·생명적 이해도 반드시 필요하다.

---

40) 불교의 한 유파인 화엄종은 세계를 모든 것이 서로 관계 맺는 촘촘한 체계로 이해한다. 모든 개체가 엄밀한 법칙과 질서에 의해 충돌 없이 존재함을 나타낸 것이 불교의 '만다라曼陀羅'(maṇḍala)다.

시간적 이해란 개체와 세계가 어떤 시간 속에 있냐는 말이 된다. 시간은 개체의 시간과 세계의 시간, 혹은 주관적 시간과 객관적 시간으로 구분될 수 있다. 객관적인 세계의 시간은 낮과 밤, 여름과 겨울 같은 것들이다. 그러한 물리적 시간은 누구에게나 공평하고 누구도 어찌할 수 없는 '몰이해'적인 것이다. 이 자연은 곡식이 익으라고 먹구름을 걷어 주지도 않고 노숙자들을 위해서 겨울을 따뜻하게 해 주지도 않는다. 우연하고 몰이해적인 자연의 시간은 때로 예측을 넘어서는 야속한 시간이기도 하다. 너무나 추웠던 러시아의 겨울날씨는 우연한 것이었겠지만 나폴레옹에게는 불가항력적인 것이기도 했다. 일본 후쿠시마 지역에 살던 사람들에게 2011년은 누구도 벗어날 수 없었던 재앙의 시간이다.

객관적인 세계의 시간에는 물리적인 자연적 시간만 있는 것이 아니다. 한국인은 1950년에 태어났는지 아니면 1990년에 태어났는지에 따라 너무도 다른 삶을 살아간다. 대부분의 1950년생 한국인은 극심한 사회적 혼란과 기아를 경험했을 것이지만, 대부분의 1990년생 한국인은 다이어트에 대한 의무감 속에서 그들이 사는 세상이 너무나 꽉 막혀 있다고 생각할 것이다. 사회적·역사적 시간은 인간이 만든 것임에도 불구하고 한 개인에게는 자연적인 시간만큼이나 우연적이고 불가항력적인 것으로 여겨질 수 있다.

한편, 주관적인 개체의 시간은 '주관적' 시간과 '개체'의 시간으로 구분될 수 있다. 주관적인 시간이란 주체가 느끼는 주관적 감정과 판단에 의한 시간 관념이다. 아무리 찬란한 아침도 실연의 아픔을 지닌 사람을 기쁘게 하기에는 역부족이지만, 이제 막 사랑을 시작하는 연인에게는 장맛비마저 낭만적일 것이다. 극심한 사회적 혼란을 기회라고 생각한 이에게 1950년의 한국은 기회의 땅이었을 것이며, 정년을 제2의 시작이라고 생각하는 이에게 늙음은 아예 없을 것이다.

주관적 시간은 개체의 주관적 관념이기 때문에 지극히 '개체'적이다. 그러나 개체의 모든 시간이 주관적이기만 한 것은 아니다. 어떤 일도 처음과 끝이 있듯 모든 개체에게는 시작과 끝이 있다. 출생으로 시작되고 죽음으로 끝나는 그 시간을 우리는 '일생'(lifetime)이라고 부르고, 일생 동안 가꾼 시간의 내용을 '삶'(life)이라고 말한다. 모두에게 허여된 시간이 동일한 것은 아니지만, 누구나 한 번의 삶을 산다는 것은 지극히 보편적이기에 지극히 공평하다. 결국 우리는 지극히 우연적인 자연적·사회적 시간 속에서 자신만의 주관적인 시간을 꾸려 가지만, 누구나 자신에게 허락된 한 번의 시간을 채워 가는 것이다. 그것이 우리가 만난 세상이요, 그것이 우리의 삶이다. 우리는 존재하지 않고, 살아간다.

던져진 운명과 의지적 삶

지금까지 우리는 한 개체가 살아가는 삶의 배경으로서의 시간과 공간에 대해 살펴보았다. 시간과 공간은 종적·횡적 좌표가 되어 나를 규정한다. 나는 안드로메다가 아닌 지구에서 태어났다. 지구에서도 아시아의 한국에서 태어났다. 『주역』이 말하는 하늘과 땅 그리고 물과 불이 있는 세계, 그에 더해 미세먼지와 산성비가 있는 공간에 태어났다. 나는 해방과 남북전쟁의 혼란기도 아니고 IMF의 경제대란도 아닌 무작정 상경기의 끝 무렵인 1970년 서울에서 태어났다. 이러한 삶의 조건은 내가 선택한 것도 아니고 회피할 수도 없는 것이다. 그래서 우리는 이것을 '운명'이라고 말한다.

운명처럼 다가온 삶의 조건에는 시간적·공간적 좌표만 있는 것은 아니다. 신체적·심리적 조건과 더불어 가족이나 친구를 비롯한 타자와의 관계도 생각할 수 있다. 누구도 부모를 선택하지 못한다. 내가 어렸을 때는 어느 날 재벌 회장님이 나타나 "사실은 내가 네 아빠다"라고 하는 식의 드라마가 유행이었다. 그래서 내게도 언젠가는 회장님 아버지가 나타날 줄 알았다. 영화에서처럼 회장님 아버지에게 떠나보내는 엄마를 향해 "미워 미워 엄마 미워" 할 이유가 전혀 없다고 나는 생각했다. 침착하게 운명을 받아들이리라 다짐했다. 하지만 아직까지 회장님 아버지는 나타나지 않았다. 회장님 엄마도 좋은데…….

우리 고전문학 중에는 『박씨전』이라는 작품이 있다. 못생긴 부인을 지극 대우했더니 어느 날 예뻐지더라는 얘기다. 의학이 발달한 지금이야 가능할지 모르지만 옛날에야 현실에서는 결코 일어날 수 없는, 그래서 문학의 소재나 될 법한 이야기다. 자신이 선택하지도 않은 못생긴 부인과 평생을 살아야 하는 자신의 운명이 얼마나 힘들었으면 그런 작품을 남겼을까?

가족이나 외모뿐만 아니라 성별과 국적에서부터 성격과 재능에 이르기까지, 우리의 삶은 우리가 선택하지 않은 것들에 의해 좌우되곤 한다. 그래서 우리는 그것을 '운명'이라고 부른다. '운명의 장난', '가혹한 운명'과 같은 표현에서도 보이듯이 대체로 운명은 부정적인 것일 때 거론된다. 그 이유는 내게 주어진 것보다 남에게 주어진 것이 더 좋아 보이기 때문이다. 아니, 더 좋은 조건을 지닌 사람만 보기 때문이다. '피치 못할 운명'이라는 말처럼 운명은 정말로 불가항력적인 것으로 보인다.

하지만 그것들에 의해 우리의 삶이 온전히 '결정'되는 것은 아니다. 우리에게는 '운명' 말고도 '의지'가 있다. 의지는 어디서 어떻게 생겨나는지, 또 어떻게 얼마나 지속될지도 모르는 신비한 것이다. 주삿바늘 앞에서

떨던 아이가 손목을 내어놓을 수 있는 것이 바로 의지요 용기다. 30년을 피우던 담배를 끊겠다고 다짐하는 것이 의지다. 의지는 곧바로 꺾일 수도 있지만, 그것을 세웠다는 것 자체는 부정되지 않는다. 귀머거리에 장님으로 태어났어도 자신의 한계를 깰 수 있는 것은 의지의 힘이다. 손가락이 두 개만 있는 장애를 갖고 태어났어도 훌륭한 연주자가 될 수 있는 것 역시 의지의 힘이다.

운명의 힘과 의지의 힘은 길항관계다. 운명의 힘이 더 강하게 느껴지면 의지의 힘은 약해지고, 의지가 강해지면 운명은 더 이상 운명이 아니게 된다. 가능하면 운명의 힘보다 의지의 힘을 키워 주고 인정해 줄 수 있는 사회가 바람직한 사회다. 나의 노력과 무관하게 내가 선택하지 않은 것들에 의해 삶이 결정되는 사회는 공정하지도 않고 발전할 가능성도 약하다. 출생과 더불어 양반과 쌍놈이 결정되는 조선 사회를 생각해 보라. 아버지를 아버지라 부르지 못했던 홍길동의 분노와 슬픔은 체제의 불안요소가 된다. 조선은 노비 장영실이나 서얼 박제가가 좀 더 많은 능력을 발휘할 수 있는 사회가 아니었다.

금수저와 흙수저라는 용어의 유행은 우리 사회가 점차 신분제로 흘러가고 있음을 의미한다. 다만, 대한민국이 조선과 다른 점은 신분의 기준이 혈통에서 '돈'으로 바뀌었다는 정도에 불과하다. 하지만 '돈'은 차츰 '혈통'을 만들어 간다. "유전무죄, 무전유죄"가 정말이라면 대한민국의 헌법 1조는 수정되어야 한다.

교육과 부동산은 우리 사회에서 신분을 규정하는 가장 중요한 두 개의 키워드다. 그래서 모두들 이 두 문제에 대해 예민한 것이다. 신분제는 민주의 반대말이다.

민주공화국은 우리가 끊임없이 추구해야 할 이념이요 지향일 뿐 '사실'은 아니다. 부모 이외에 우리 사회에서 신분을 결정하는 것에는 또 어떤 것들이 있을까? 학벌은 이미 넘어설 수 없는 신분이 된 것이 아닐까? 외모에 의해 취업이 결정된다면 그 역시 외모신분제다.

모든 것을 개인의 의지에 맡겨두고 나 몰라라 하는 사회는 정의롭지 않을 뿐더러 발전 가능성도 없다. 평범한 인간이라면 누구나 제 자식에게 더 많이 물려주고 싶어 한다. 때문에 동서와 고금을 막론하고 어느 사회든 가만히 놔두면 자연스럽게 신분제로 흘러가게 되어 있다. 신분제가 극대화 되어 더 이상 어떠한 역동성도 기대할 수 없을 때 혁명이 일어나고 사회는 새롭게 세팅된다. 우리 사회는 조선의 패망과 남북전쟁을 통해 신분제가 크게 한 번 흔들렸다. 하지만 반세기가 넘게 흐르고, 이제 사회는 '안정'되었 다. 여기서의 '안정'은 신분제적 안정을 의미한다. 학벌과 외모마저도 이제는 돈이라는 신분제를 따라간다. 바람직한 사회라면 개인의 의지와 노력이 운명의 힘을 이길 수 있도록 도와줘야 한다. 상속세와 증여세를 1000%로 하면 어떨까? 이력서에는 사진도 학벌도 나이도 성별도 기재하지 못하도록 해야 한다.

삶에 대한 의지

하지만 이런 아름다운 사회가 내일 당장 오는 것은 아니다. 의지와 노력보다는 외모와 집안과 학벌의 힘이 더 큰 사회에서 가혹한 조건을 운명으로 지니고 태어났다면, 나는 과연 어떻게 해야 되는가? 사회가 모든 것을 해결해 주지 않더라도 우리는 오늘을 살아가야 한다. 삶은 '나의 삶'이기 때문이다. 누구도 나를 대신해 주지 않고 누구도 책임져 주지 않는다. 나의 삶은 내가 꾸려 가야 한다. 나의 삶을 운명의 힘이 결정하도록 놔두지 말자. 물론 모든 것을 의지의 힘만으로 극복할 수 있다고 말하지는 않겠다. 태어날 때부터 듣지도 보지도 못하는 헬렌 켈러에게 의지의 힘만으로 파일럿이 되라고 할 수는 없다. 모두가 맹이 맹소나 홍길동 같은 혁명의 전사가 될 수 있다고 생각지도 않는다. 취업이 안 되니 모두 중동으로 떠나라거나 창업을 하라는 둥 혹은 열정페이로 만족하라는 둥 하는 것은 너무나도 가혹하다. 결코 위인전의 주인공이 될 것 같지 않은 평범한 우리도 삶을 아름답게 꾸려 갈 수 있어야 한다. 나는 의지의 힘을 인정하고 존중한다. 하지만 우리는 우선 우리의 삶을 결정하는 또 다른 한 축인 이 운명이라는 놈을 대하는 자세를 배워야 한다.

운명은 태어날 때 한 번 부여되는 '과거'의 사태만이 아니다. 운명은 어느 날 느닷없이 찾아와 나의 삶을 송두리째 바꿔 놓는 것이기도 하다. 2011년 일본 동북부 대지진과 후쿠시마 원전사고로 2만 명 이상이 목숨을 잃었다. 남겨진 수십만 명은 이재민이 되어 고향을 떠나야 했다. 수학여행을 다녀오겠다고 집을 나선 아이들 수백 명이 한꺼번에 물에 빠져 죽은 비극을 우리는 잊지 못한다. 남겨진 가족들은 그날 아이를 보내지 말 것을 하고 수없이 후회했을 것이다. 그 사건 하나로 이전의 삶으로는 결코 돌아갈 수 없는 그런 운명이 우리의 일생에는 얼마든지 있다. 앞으로도 또 어떤 운명적인 일들이 벌어질지 알 수 없는 것이 우리네 삶이다. 시간은 돌이킬 수 없다. 다가온 운명은 회피할 수 없다. 내가 회장님 댁에서 태어나지 않은 것처럼, 어느 날 다가온 운명적인 사건 역시 부정할 수도 피할 수도 없다.

어렸을 때, 아버지가 중풍에 걸린 친구가 있었다. 집에 놀러 가면 몸의 반쪽을 쓸 수 없는 그 친구의 아버지를 보면서, 나라면 어떻게 할까 생각해 보았다. 결론은 언제나 '앓느니 죽지'였다. 구차한 삶을 살면서 가족들에게 피해를 주느니 깨끗하게 삶을 정리하는 것이 낫겠다고 생각했다. 어느덧 나이가 들어 40 중반을 넘기자 몸의 여기저기서 고장이 나기 시작했다. 심장이 멎기도 하고 무릎 인대가 파열되기도 했다. 병원 신세 한 번 져 보지 않던 청춘은 어느새 앰뷸런스 고객이 되어 있었다. 처음에는 억울하고 답답했다. 이 젊은 나이에 웬 날벼락인가 하면서 상대도 없는 원망을 수없이 했다. 이게 꿈이 아닌가 라는 생각도 했다. 잘못을 뉘우치면 원래대로 돌아가지 않을까 생각하기도 했다. 하지만 결코 그런 일은 일어나지 않았다. 현실은 냉엄했다. 그런데 나는 결코 죽지 않았다. '앓느니 죽지' 못했다. 그러면서 생각했다. 나중에 나이가 더 들고 혹은 더 큰 병이 와도 나는 쉽게 죽지 않으리라는 것을.

왜 우리는 쉽게 죽지 못할까? 죽음의 고통이 무서워서일까? 그렇다면 안락사처럼 고통 없이 죽을 수 있다면 죽음이 두렵지 않게 될까? 그것으로는 설명이 되지 않는다. 그럼 질문을 바꿔 보자. 우리는 왜 살아갈까? 삶이 그토록 아름답고 행복해서? 꼭 그런 것 같지도 않다. 중국의 장예모 감독이 만들고 공리와 갈우가 주연한 〈인생〉이라는 영화가 있다. 원제는 '활착活着'이다. 중국어로는 '훠저'라고 읽는데, 그 의미는 '살아감' 즉 '삶'이다. '인생'이 명사라면 '삶'은 동명사다. 그냥 살아가는 것이 바로 인생이다. 영화에서는 민국民國 말기부터 공산혁명 그리고 문화대혁명 시기를 겪어 나오는 한 가족의 일대기가 그려진다. 그야말로 파란만장한 삶을 꾸려 가는 것 그 자체가 인생임을 담담히 말해 줄 뿐 어떠한 고발도, 지향도, 교훈도 없다. 수없이 다가오는 역사의 격동 속에서 주인공은 항상 "꼭

184

살아야 한다"라고 말한다. 왜 우리는 꼭 살아야 할까?

혼자 자취할 때 수선화를 키운 적이 있었다. 양파처럼 생긴 알뿌리를 시장에서 사다가 플라스틱 컵에 물을 담고 거기에 뿌리를 담가 주었다. 며칠이 지나자 대공이 올라오고 다시 며칠 뒤에는 작고 예쁜 꽃이 서너 송이 피었다. 참 예뻤다. 40일쯤 된 어느 날 밖에서 돌아와 보니 컵째 바닥에 쓰러져 꽃대가 부러져 있었다. 참으로 허망했다. 이 생명은 무엇 때문에 꽃을 피우고 사라졌을까? 혼자 있었으니 열매도 맺지 못한 채 내게 잠시 왔다가는 사라졌다. 도대체 이 꽃의 존재의 의미는 무엇일까? 여러 날을 큰 충격 속에 있었다.

생명은 그 자체로 맹목적이다. 그야말로 '그냥'이다. 기독교에서는 신의 섭리를 얘기하고 불교에서는 인연을 말한다. 하지만 유학에서는 '그냥'이다. 생명은 그 자체로 목적이기에, 무엇을 위해서 혹은 무엇 때문에가 아니다. 야속한 운명에도 불구하고 삶에 대한 애착을 놓지 못하는 것은 유학의 관점에서는 그냥 당연한 거고 자연스러운 거다.

삶은 '그냥'이기에 여행일 수 있다. 여행이 목적지를 향한 이동이 아니듯, 삶은 죽음을 향해 가는 이동일 수 없다. 삶은 맹목적인 여행일 뿐 어떤 목적을 향한 매진일 수 없다. 여행 그 자체가 목적이기에 그 여행을 어떻게 꾸미고 어떻게 즐겼느냐가 관건일 뿐이다. 결국엔 누구나 여행에서 돌아오듯, 인생은 반복이 없는 일회용이다. 호화로운 여행이 아닐 수 있지만, 그렇다고 불평만 하고 있다면 그것보다 어리석은 것도 없다. 여행은 이미 시작됐다. 중간 중간에 만나는 운명적인 사건들을 여행의 묘미라고 여길 수만 있다면 이보다 더 잘한 여행이 있으랴.

유학에서 이야기의 출발은 생명이고 그 끝 역시 생명이다. 『주역』 역시 마찬가지다. 『주역』의 '변화'는 시간 속을 살아가는 생명에 대한 것이다. 그래서 『주역』은 시간의 변화를 생명현상의 진행으로 읽는다.

  낳고 낳는 것을 일러 변화(易)라고 한다.[41]

「계사전」의 이 구절은 『주역』이 곧 변화를 말하는 것임과 동시에 그 변화는 시종 생명에 대한 이야기임을 말해 준다. 춘하추동과 같은 자연적 시간의 단계는 개체에게 원형이정元亨利貞이라는 시간의 단계로 적용된다. 원元은 봄날에 새싹을 틔우는 것과 같은 생명의 시작이다. 형亨은 여름에 무성한 잎이 나는 것과 같은 생명의 무성함이다. 이利는 가을에 열매를 맺는 것과 같은 생명의 결실이다. 정貞은 겨울에 다음해의 생명을 위해 씨앗을 간직하는 것과 같은 생명의 감춤(蘊藏)이다.[42]

  그런데 이 개체의 시간 단위는 일회적 사건으로 그려지지 않는다. 겨울에 감추어 둔 생명의 씨앗이 다음해 봄에 새로운 싹이 되듯이, 이 '생명의 시간'은 반복된다. 때문에 아무리 겨울이라 할지라도 그것을 생명의 '죽음'으로 보지 않는다. 현상적으로는 죽음으로 보일지라도 그 내면에는 새로운 생명을 잉태하고 있기 때문에 이 생명의 시간은 결코 단절되지 않는다고 보았다. 그래서 『주역』의 모든 변화와 모든 시간은 '생명'으로 읽힐 수 있는 것이다. 『주역』은 여기서 그치지 않고 우주 그 자체의 의미가 바로 '생명'이라고 주장한다.

---

  41) 「繫辭上傳」, 5장, "生生之謂易이오."
  42) 乾卦, 「文言」, "文言曰, 元者는 善之長也오 亨者는 嘉之會也오 利者는 義之和也오 貞者는 事之幹也나"; 乾卦, 「象傳」, "【本義】 元者物之始生 亨者物之暢茂 利則向於實也 貞則實之成也 實之旣成則其根蔕 脫落 可復種而生矣. 此四德之所以循環而无端也. 然而四者之間 生氣流行 初无間斷 此元之所以包四德而統天也."

천지의 위대한 덕성을 일러 생生이라고 한다.[43]

여기서의 '생生'이란 '낳는다'는 동사로도 읽을 수 있고 '생명'이라는 명사로도 읽을 수 있다. 천지의 덕성 즉 천지의 본질은 생명이다. 생명을 이어 가는 끊임없는 '생성'이다. 그래서 '낳는 것'이 아니라 '낳고 낳는 것'이라고 한 것이다. 마치 모든 것의 어머니로서의 대지가 올해도 새싹을 틔우고 내년에도 다시 새싹을 틔우듯이, 낳는 것은 한 번에 그치지 않는 것이다.

'낳고 낳는' 생명의 지속은 '생명에 대한 의지'라고 번역할 수 있다. 만물의 어머니인 가이아(Gaea)가 이 땅의 모든 생명을 낳는 것이나, 한 어머니가 아이를 낳는 것이나, 수선화가 싹을 틔워 꽃을 피우는 것이나 모두 생명에 대한 의지라고 할 수 있다. 낳고 낳는 생명에 대한 맹목적인 의지와 그 지속, 이것이 바로 『주역』에서 본 우주의 본질이다.

타자의 생명에 대한 존중

이렇게 볼 때 어떤 어려움에 직면해서도 꾸역꾸역 살아가려는 나의 마음은 지극히 자연스럽다. 맛있는 거 있으면 나 먼저 먹고, 몸에 좋은 거 있으면 나부터 하는 것은 지극히 당연한 것이다. 내 자식은 나의 연속이다. 내 몸 속의 유전자가 이기적이어서인지는 몰라도, 내가 자식을 낳고 기르며 그들이 행복한 삶을 살기를 바라는 마음은 지극히 자연스럽다. 자식들에게 좀 더 좋은 거 좀 더 많이 주려는 마음 역시 지극히 당연하다. 아니, 그것이 진리요 우주의 본질이라고 『주역』은 말한다.

---

43) 「繫辭下傳」, 1장, "天地之大德曰生이오."

그런데 문제는 나의 생명과 타자의 생명이 만났을 때다. 『주역』적 입장에서는 나의 생명이 중요한 만큼이나 타자의 생명 역시 중요하다. 내 자식이 중요한 만큼 남의 자식 역시 중요하다. 때문에 나 살자고 타자를 죽여서는 안 되는 것이다. 내 자식 소중하다고 남의 자식 함부로 대해서는 안 되는 것이다. 시선을 자신에게만 고정시키면 남이 보이지 않는다. 자기중심적인 생각은 지극히 '자연스러운' 것이지만, 그렇다고 그것이 훌륭한 것은 아니다. 현명하지도 않다.

봉준호 감독이 만들고 송강호가 주연을 한 영화 〈괴물〉에서, 송강호는 하나 있는 딸을 극진히 사랑하는 평범한 아버지로 나온다. 영화 초반 한강 둔치에서 괴물을 만난 송강호는 딸의 팔을 잡고 도망친다. 하지만 자신이 잡고 달아난 아이는 자신의 아이가 아니었다. 영화 말미에서 송강호는 다른 아이를 위해 심지어 자신의 딸을 희생하기까지 하게 된다. 그리고 그 아이를 자식으로 삼아 함께 살게 된다. 내 자식만 소중하다고 생각하는 지극히 평범했던 주인공 송강호는 혹여 그 자신이 바로, 자신과 자신의 가족 이외에는 아무것도 보지 못하는 괴물이 아니었을까?

인간은 누구나 이기적이다. 자신의 자식에게 좋은 것을 내어 주는 사람을 보고서 우리는 이타적이라고 말하지는 않는다. 자식은 자신의 연장이기 때문이다. 자신과 자식에 대한 사랑은 지극히 자연스럽고 당연한 것이지만, 그 사랑의 울타리가 배타적인 것이 될 수 있음을 직시해야 한다. 모두가 배타적인 울타리를 둘러칠 때 오히려 모든 개개인은 자신의 울타리에 갇히고 만다는 것을 알아야 한다. 모두가 자기 자식 손목만을 부여잡고 뛴다면, 그건 거꾸로 누구도 내 자식을 잡고 뛰어 주지 않는다는 것을 의미한다. 기독교든 불교든 유교든 모든 위대한 인류의 가르침은 동일하게,

자신만의 껍질을 깨라고 말하고 있다. 사회의 본질은 '나'만 생각하는 이와 '너'도 생각하는 이의 싸움이다.

『주역』에서 말하는 우주적 본질로서의 '생'은 자신의 생명에 대한 의지로 한정되지 않고 타자의 생명에 대한 존중으로 확장된다. 「계사전」은 계속해서 천지의 본질을 이어받은 인간이 어떻게 살아야 하는지에 대해 말하고 있다.

> 성인의 위대한 보물은 지위이니 이것을 어떻게 지킬 것인가? 바로 인仁이다. 어떻게 사람들을 통치할 것인가? 바로 생계다. 생계를 돌보고 말을 바로 하여 백성들로 하여금 나쁜 일을 저지르지 못하게 하는 것이 의義이다.[44]

천지의 본질인 생명을 인간의 사회에서 구현하는 것이 통치자의 임무다. 봄에 새싹이 돋는 것은 우주의 질서지만, 우주는 인간을 위해 곡식의 싹을 틔워 주지 않는다. 우주의 생명 질서에 맞게 곡식을 뿌리도록 알려 주고 도와주는 것이 통치자의 역할이다. 자연의 질서에 맞추어 사람들이 먹고 살 수 있게 해 주는 것이 통치자의 역할이고, 그것이 바로 '인仁' 즉 '사랑'이다. 인간이 올바른 삶을 살도록 만들어 주는 것이 '옳음' 즉 '의義'이다.

우리는 임금이 아니다. 임금이 아닌 보통사람으로서 우리는 위의 구절을 어떻게 독해해야 할까? 인간은 자연을 경작하여 인간의 무늬(人文)를 만들며

---

44) 「繫辭下傳」, 1장, "聖人之大寶曰位니 何以守位오 曰仁이오 何以 聚人고 曰財니 理財하며 正辭하며 禁民爲非 曰義라."

살아간다. 때문에 인간은 만물의 영장이다. 만물의 왕이다. 왕의 책임은 인仁이다. 모두가 살아갈 수 있도록 해 줄 책임이 인간에게 있다. '영장'이란 지배와 착취의 이름이 아니라 의무와 책임의 이름이다. 자신을 둘러싼 모든 존재와의 관계를 꾸려 간다는 의미에서도 인간은 누구나 왕이다. 만인 대 만인의 투쟁으로 몰아 가 끝없는 경쟁과 집착으로 관계를 만들어 갈 수 있는 것도, 협력과 보살핌으로 타인과의 관계를 꾸려 갈 수 있는 것도 평범한 우리가 할 수 있는 일이다. 인간은 누구나 영장이고 누구나 왕이다.

　잘 알려진 것처럼 인仁은 타자에 대한 존중과 사랑이고, 유가에서는 그것을 인간의 본질(人)이라고 보았다. 그런데 『주역』에서는 그러한 인간의 본질을 우주의 본질 즉 '생성' 혹은 '생명'과 연결하고 있다. 그래서 인은 타자의 존재 혹은 생명에 대한 존중과 사랑으로 읽힐 수 있는 것이다. 북송대의 유명한 성리학자인 정호程顥는 그래서 인을 '생生'이라고 번역했다. 그는 한의학에서 수족마비를 '불인不仁'이라고 표현하는 것을 들어 인에 대해 설명했다. 같은 몸이라도 혈맥이 통하지 않으면 팔다리에 감각이 없게 되고 내 것이라 할 수 없다. 이것이 '불인' 즉 수족마비다. 서로 통하지 않으면 한 몸이라도 아픈지 어떤지 알 수 없다는 것이다. 타자의 고통에 대해 아픔을 느끼지 못한다면 그것은 타자와 소통 공감하지 못하는 것이고, 그럴 때야말로 타자는 타자가 된다는 말이다. 모든 존재를 '관계'로 이해하는 『주역』적 사고에서 관계의 단절은 비정상적인 병적 상태일 수밖에 없다. 내 손발의 고통을 느끼지 못하는 수족마비의 병자처럼, 타인과의 단절 때문에 타인을 느끼지 못하는 것은 이미 병자가 되었음을 의미한다.

　내가 살고 싶은 만큼 남도 살고 싶을 것이다. 정호의 스승이기도 했던 유학자 주돈이周敦頤는 창 앞에 피어난 잡초를 제거하지 못하게 했다고 한다. 옆 사람이 왜 그러냐고 묻자 주돈이는 "내 생각과 마찬가지다"라고 대답했다. 여기서 말하는 '내 생각'이란 물론 살고 싶다는 생각일 터다. 잡초인지 화초인지는 지극히 인간중심적인 생각이다. 대자연의 입장에서는 잡초와 화초의 구분이 있을 수 없다. 잡초의 생명에 대한 의지가 화초나 나의 생명에 대한 의지보다 결코 못한 것일 수 없다.

생명에 대한 존중이 바로 도덕이다

『주역』에서는 춘하추동을 인간의 생로병사로 읽었다고 했다. 그러나 유자들은 이에서 멈추지 않고 유가의 전통적 규범인 인의예지仁義禮智를 봄여름가을겨울에 유비하기에 이른다. 춘하추동이 자연의 질서이듯 인의예지는 인간의 질서라는 말이다. 그래서 모든 존재자가 춘하추동이라는 자연적 질서로부터 벗어날 수 없듯이 인간은 인의예지라는 인간의 질서에서 벗어날 수 없다는 말이다. 그런데 앞에서는 춘하추동을 모두 생명현상의 연속으로 읽었다고 했다. 그리고 지금 인仁을 생명과 생성으로 읽었다. 때문에 우리는 인의예지와 같은 일체의 규범이 사실은 인仁이라는 타자에 대한 존중과 사랑으로 읽힐 수 있다는 결론에 이르게 된다. 그래서 '인포사자仁包四者' 즉 인의예지라는 네 가지의 규범이 사실은 모두 인仁으로 포섭될 수 있다고 한다.[45] 결국 유가에서 말하는 모든 규범은 생명과 생명에 대한 존중으로 귀속된다.

---

45) 乾卦, 「象傳」, "【本義】 元者物之始生 亨者物之暢茂 利則向於實也 貞則實之成也 實之旣成則其根蔕 脫落 可復種而生矣. 此四德之所以循環而无端也. 然而四者之間 生氣流行 初无間斷 此元之所以包四德而統天也."

아무리 생명현상의 연속이라고 하지만 겨울은 생명의 잠재태요 근거일 뿐 현상적인 생명현상일 수는 없다. 추운 겨울이 어서 끝나고 따뜻한 봄날이 오기를 기다리는 것은 모든 생명 가진 것들의 공통점이다. 황량한 들판에서 눈을 뚫고 새싹이 피어오르고 모든 어미들이 새끼를 낳는 봄이야 말로 진정한 생명의 시작이다. 현상적으로는 아무것도 없다가 새로운 생명이 틔어 나오는 것으로부터 유자들은, 현상적으로는 아무런 선함과 아름다움이 없다가 내면으로부터 타자에 대한 존중과 사랑이 피어오르는 것을 얘기하고자 했다.

현상적으로는 없던 선한 마음이 불쑥 생겨나는 것을 유자들은 '회복되었다'라고 표현했다. 그들은 선한 마음이 인간의 내면에 본성으로 주어져 있지만 현실의 어려움 때문에 우리가 이렇게 된 것이라고 본다. 때문에 불쑥 생겨난 선한 마음을, 아예 없다가 생겨난 것이 아닌 '원래 있다가 놓친 것을 다시 회복한 것으로 보는 것이다. 그래서 이들은 '회복된다'(復)는 말을 무척 중시했다.

『주역』의 복괘復卦(䷗)에서는 "복復에서 천지의 마음을 볼 수 있다"[46]라고 하였다. 복괘는 괘상에서 알 수 있듯 모든 효가 음효이고 제일 아래의 하나만 양효인 구조를 지니고 있다. 대표적인 위진현학자인 왕필王弼은 도가적 관점의 영향 하에, 이 복괘를 양효가 모든 음효 밑에 숨겨져 있는 것으로 보았다. 즉 양효가 상징하는 움직임을 '동요'로 보고서, 두터운 고요함 속에 이 동요의 주체를 묻어 둔 것으로 본 것이다. 그래서 아무런

---

46) 復卦,「象傳」, "復애 其見天地之心乎인져. 【傳】其道, 反復往來, 迭消迭息, 七日而來復者, 天地之運行, 如是也, 消長, 相因, 天之理也, 陽剛君子之道, 長, 故利有攸往, 一陽, 復於下, 乃天地生物之心也, 先儒, 皆以靜, 爲見天地之心, 蓋不知動之端, 乃天地之心也, 非知道者, 孰能識之."

불안도 동요도 없는 완전한 고요함의 경지를 '천지의 마음'이라고 읽었다. 왕필 이후로 많은 사람들은 그의 이런 해석을 따랐다. 그러다가 북송대의 정이에 와서야, 완전한 음효만의 세상으로부터 이제 막 하나의 양이 시작한 것으로 읽기 시작했다. 즉 괘의 전개 과정을 박괘剝卦(☶)에서 곤괘坤卦(☷)로, 다시 곤괘에서 복괘(☷)로의 과정으로 본 것이다. 음효가 계속 성장해서 마지막 하나의 양효만 남은 것이 박괘라면 이제 그 하나의 양효마저 없어진 것이 곤괘이고, 그러다가 다시 아래로부터 하나의 양효가 다시 '회복된 것'을 복괘로 본 것이다. 그래서 양의 움직임을 생명의 운동으로 읽고, 이 생명의 현상이 새롭게 시작되는 것을 '천지의 마음'으로 본 것이다. 왕필이 도가적 '고요함'을 천지의 마음으로 본 것에 비해 정이는 유가적 '움직임' 혹은 '생명'을 천지의 마음으로 규정한 것이다.

사실 유자들은 곤괘坤卦마저도 양이 없는 것은 아니라고 주장한다. 현상적으로는 양효가 없지만 '일음일양一陰一陽'의 대대적 전환이 가능하기 위해서는 양의 씨앗이 결코 완전히 사라질 수는 없다는 것이다. 그래서 설령 곤괘라 하더라도 보이지 않는 양이 숨어 있다고 말한다. 이는 흔히 아무리 악한 사람일지라도 선한 본성은 결코 사라지지 않는다는 것을 주장할 때의 근거 혹은 비유로 사용되었다. 이에 대해서는 뒤에서 본격적으로 다루도록 하겠다.

9. 멈출 때와 행동할 때(動靜과 寂感)

변해야 오래간다

관건은 변한다는 것이다. 세상도 변하고 나도 변한다. 흐르는 강물에서 우리는 같은 물을 두 번 만날 수 없다. 흐르는 강물에서는 가라앉은 돌멩이라도 언제나 새로운 시간과 새로운 세상을 맞는 것이다. 하물며 인간은 돌멩이가 아닌 생명체다. 『주역』은 변화하는 세상을 능동적으로 대처해 가야 하는 인간을 위한 책이다. 세상이 변하고 나도 변한다면 그러한 변화에 맞춰 변해 가야 한다. 그것이 오래가는 길이다. 『주역』에서는 '항구함'을 한결같음이 아닌 '변화'로 설명한다. 변해야만 오래간다는 말이다. 『주역』에서 '항구함'을 의미하는 항괘恒卦에 대해 정이는 다음과 같은 탁월한 해설을 붙인다.

천하의 이치에 움직이지 않으면서 항구할 수 있는 것이란 없다. 끊임없이 움직이기 때문에 끝마치면 다시 시작할 수 있는 것이다. 때문에 영원토록 지속되면서 끝나 버리지 않는 것이다. 이 세상에 존재하는 것이라면 아무리 산처럼 크고 견고한 것이라 할지라도 변하지 않을 수 있는 것이란 없다. 그러므로 항구함이란 하나로 정해져 있음을 의미하지 않는다. 하나로 정해져 있으면 항구할 수 없다. 오직 때에 맞춰 변해야만

항구함의 도라고 할 수 있다.[47]

'항구함'(eternal)의 의미를 우리는 흔히 변하지 않고 영원히 지속되는 것으로 생각한다. 변하지 않고 자신의 본질과 모습을 유지하는 것을 우리는 실체로서의 그 무엇으로 생각한다. 그러나 『주역』의 세계관은 기본적으로 모든 것이 변한다는 것이다. 세상도 변하고 나도 변하고……. 이런 세계관 속에서 변하지 않음으로써 자신의 본질과 자기동일성(personality)을 유지한다는 것은 의미가 없다. 자신은 변하지 않는다고 주장한들 이미 자신은 조금 전의 자신이 아니다. 아무리 자신이 변하지 않았다고 해도 이미 조금 전의 세상이 아니며, 그러한 세상과 끊임없이 상호작용을 지속해 가는 자신 역시 변해 있다. 흐르는 강물에서는 돌멩이마저 변하는 것이다.

기왕에 나도 세상도 이렇게 끊임없이 변한다면 어떻게 변해야 할 것인가? 당연히 그 흐름을 타야 한다. 강물이 아래로 흐르는데 나는 거슬러 올라가려 한다면 당연히 힘이 들 수밖에 없다. 세상은 겨울을 향해 가는데 나는 이제 새싹을 틔우려 한다면 그 결과는 참담할 수밖에 없다. 기왕에 변해야 한다면 세상의 흐름에 맞춰 변해야 한다. 그리고 나 자신의 변화에 맞춰 변해야 한다. 나는 이미 젊은 날의 내가 아닌데 여전히 젊은이들처럼 클럽에서 놀려고 하면 물 흐린다고 비난 받고 쫓겨날 수밖에 없다. 이제는 노는 모습도 변해야 한다. 세상의 변화와 나의 변화에 맞춰 변해야 한다. 그것이 '수시변역隨時變易' 즉 때에 맞춘 변화다.

---

47) 恒卦,「象傳」, "利有攸往은 終則有始也일새라. 【傳】天下之理, 未有不動而能恒者也. 動則終而復始. 所以恒而不窮. 凡天地所生之物, 雖山嶽之堅厚, 未有能不變者也. 故恒非一定之謂也. 一定則不能恒矣. 唯隨時變易, 乃常道也."

정이는 이렇게 때에 맞춰 변화해야 항구할 수 있다고 말하는 것이다. 그렇다면 여기서의 항구함이란 하나로 정해져서 변하지 않겠다고 고집 피우는 게 아니라, 적절하게 환경에 맞춰 자신을 변화시키는 것을 의미한다.

그러려면 세상이 어떻게 변하고 있는지를 잘 살펴야 한다. 세상은 2G, 3G의 시대가 가고 이제 5G의 시대에 들어섰는데 여전히 2G, 3G를 연구하고 거기에 투자하려 한다면 망하는 지름길이다. 동양철학에서는 변화의 조짐을 '기機'라고 불렀다. 흔히 '기미'라고 한다. 사태의 변화는 사실 어느 날 갑자기 발생하는 것이 아니다. 누구나 알 수 있는 명백한 변화가 있기 이전에 이미 수많은 전조현상들이 있게 마련이다. 평범한 사람은 그러한 조짐을 보고서도 알아채지 못하지만, 현명한 사람은 조짐을 통해 앞으로의 변화를 통찰할 수 있다. 그 조짐을 놓치면 이미 때는 늦었다. '실기失機'다. 그래서 동양에서는 '기미' 혹은 '조짐'을 중시한다. 기미를 알아 거기에 맞춰 기민하게 움직여야 성공한다.

잘 변하는 방법은?

여기서 갑자기 전광용의 소설 『꺼삐딴 리』가 생각난다. 일제강점기에는 친일 인사로 살다가 러시아 치하의 북한에서는 아들을 러시아로 유학 보내고, 다시 남한으로 와서는 딸을 미국으로 유학 보내는 잘나가는 외과의사 이인국 박사에 관한 이야기다. 이런 사람이야말로 『주역』에서 말하는 '수시변역'을 가장 잘하는 사람이 아닐까? 남들보다 영민하게 '기미'를 알아차려 그에 맞춰 발 빠르게 변했을 뿐이다. 그에 대한 비난은 기미를 알아채지 못한 어리석은 자들의 넋두리일 뿐이다. 그럴지도 모른다. 과거로 갈 것도 없이 지금도 우리는 그런 사람들을 우리 주변에서 많이 목도한다. 권력이 바뀔 때마다 화려하게 다시 태어나는 정치인을 불멸의 새 '피닉스'에 비겨 부르기도 한다. 직장에서도 친구들 사이에서도, 어제까지 욕하다가도 그가 갑자기 잘나가기 시작하면 언제 그랬냐는 듯 간이라도 내어 준다.

일본이 지배하고 소련과 미국이 나눠 지배했던 지난 세기 한국의 역사는 분명 격동의 시간일 수밖에 없다. 그야말로 '수시로' 변하는 역사적·사회적 환경 속에서 자신의 신념을 지키고 인격적 동일성과 자존심을 지킨다는 것은 바보스러운 짓임에 틀림없다. 이런 사람은 분명 시대의 흐름에 역행하는 사람이다. 친일파의 후손들이 여전히 득세한 반면에 많은 독립유공자의 자녀들은 어렵게 살고 있다는 기사를 우리는 자주 접한다. 역사의 평가와 정치적·경제적 정의가 무너진 사회라면 『주역』이 말하는 법칙적 세계관은 힘을 잃을지도 모른다. 착한 사람이 복 받고 악한 사람이 벌 받는다는 그런 법칙은 더 이상 없는 것이다. 아니 어쩌면 약삭빠르면 살고 고지식하면 죽는다는 새로운, 아니 이미 충분히 익숙한 법칙이 진리인지도 모른다. 우리의 영민한 정치인들은, 아니 우리 주변의 똑똑한 사람들은 이 오래된 진리에 맞춰 이미 잘 살아가고 있는 것인지도 모른다.

이인국 박사나, 아니면 언제나 화려하게 부활하는 정치인들을 우리는 『주역』적 처세의 구현자라고 보아야 할까? 어제까지의 신념과 태도를 바꾸어 새로운 시대에 맞추는 이러한 처세술에는 그 어떤 바꾸고 버리지 못할 것이 없다. 돈과 권력이 향하는 바가 신념일 뿐이다. 과연 『주역』이 말하는 '수시변역'에는 어떠한 기준도 방향도 한계도 없는 것일까? 모든 것이 변한다는 세계관에서는 과연 '변해선 안 되는 것'이란 없는 것일까? 분명 최소한의 변화의 요령 혹은 기준은 필요할 것이다. 이 기준은 무엇이며, 또 이 기준마저 변하는 것일까?

『주역』은 이익을 말하지만 좀 더 항구적인, 좀 더 긴 시야에서의 이익을 말한다. 『주역』은 변화를 말하지만 상황과 환경에 '맞는' 변화를 말한다. 즉 변화에도 때와 정도가 있다는 말이다. 상황과 환경에 맞는 변화란 '법칙에 의한 변화'를 의미한다. 항구적인 이익을 위해서는 법칙에 부합하게 변화해야 한다는 말이다. 한때 대통령 후보까지 지냈던 '불멸의 정치인'은 소리소문 없이 우리의 관심에서 멀어졌다. 아무리 바꾸고 버리지 못할 것 없는 정치인들이라 하더라도 자신의 항구한 이익을 위해서는 나름의 '법칙'에 의거하지 않으면 안 된다. 법칙은 우리에게 기준과 지향과 한계를 제시해 준다. 『주역』이 제시하는 이 기준과 지향으로서의 법칙이 과연 무엇이고, 그것이 지금 우리에게도 여전히 유효한가에 대해서는 다음 장에서 본격적으로 다루도록 하겠다.

변하려거든 혁명적으로 변해라

『주역』의 혁괘革卦(☲)는 물이 담겨 있는 연못을 의미하는 태괘兌卦(☱)와 불을 상징하는 리괘離卦(☲)로 구성되어 있다. 그래서 혁괘는 물과 불이 서로 상대를 잡아먹는 형상 혹은 두 여자가 한 집에 거하면서 서로 뜻이 맞지 않아 계속해서 다투는 형상이다. 한마디로 틀어진 거다. 앙숙이 만난 거다. 어떻게 해야 할까? 바뀌어야 한다. 그래서 혁괘의 「단전」은 이렇게 말한다.

> 천지가 바뀌어 네 계절이 이루어지고, 탕임금과 무임금이 천명을 바꾸어
> 위로는 하늘에 따르고 아래로는 사람들의 바람에 응하니, 바꿈의 때가
> 위대하도다.[48]

『주역』의 저자는 은나라의 탕임금과 주나라의 무임금이 혁명革命을 일으킨 것을 계절의 순환에 빗댄 것이다. 찌는 더위가 지속되다가도 선선한 가을이 되듯이, 그들이 만든 '변화'는 너무나 자연스럽고 당연한 것이어서 하늘의 질서에도 인간의 바람에도 부합된다는 뜻이다. 우리가 알고 있는 '혁명'이라는 단어는 바로 여기서 나왔다. '명命'이란 '천명天命'을 의미한다. 하늘이 어느 날 위대한 인물에게, "이제 네가 왕이 되어 백성들을 잘 다스려라!"라고 명령을 내리는 것이다. 하나라의 마지막 임금인 걸임금이나 은나라의 마지막 임금인 주임금처럼 악행을 저질러 더 이상 천명에 부합하지 않을 때, 하느님은 "괘씸한 놈. 너는 이제 왕도 아니다"라고 하면서 이전의 명을 거두어들인다. 그러고는 "앞으로는 네가 왕이다"라고 다른 이에게 명을 내려주는 것이 바로 혁명 즉 명을 바꿈이다.

이런 전설적인 이야기가 아니더라도 역사 속의 모든 혁명이 멋있어 보이거나 혹은 무슨 대단한 신념에 의해서 진행된 것은 아니다. 그렇게는 더 이상 살 수 없기 때문에 죽을힘으로 일어서는 것이 혁명이다. "못 살겠다, 갈아 보자"다. 귀족의 폭압 하에서 더 이상 살 수 없었던 러시아의 농노들이, 프랑스의 시민들이, 미국의 흑인들이 혁명을 부르짖었던 것이다. "이게 나라냐?"라는 질문은 "이런 나라에서는 더 이상 살 수 없다"라는 절규다. 혁명은 그렇게 절체절명의 순간 발생한다.

그런데 혁명은 과연 역사 속에서만, 혹은 정치적 격변기에만 일어날까? 우리의 일상에서 벌어지는 혁명은 없는가? 수십 년 담배를 피워 오던 사람이 폐암 선고를 받으면 그 순간 담배를 끊는다. 혁명이다. 이제까지의

---

48) 革卦, 「象傳」, "天地革而四時 成하고 湯武 革命하야 順乎天而應乎人하니 革之時 大矣哉라."

삶의 방식으로는 살 수 없기 때문에 삶의 태도를 바꾼 것이다. 다만, 이 경우에는 이미 늦은 경우다. 실기다. 그 전에 분명 많은 조짐이 있었을 텐데도 알아차리지 못한 우둔한 경우다. 하지만 혁명은 혁명이다. 실패한 혁명이다. 성공한 혁명이 되기 위해서는 늦기 전에 알아차리고 바꾸어야 한다.

우리의 일상에서 바꾸어야 할 것들은 도대체 얼마나 많을까? 그렇게 하면 학기말에 좋은 성적을 받지 못할 것이고, 그렇게 하면 건강을 해쳐 언젠간 쓰러질 것이며, 그렇게 하면 가족들에게 버림받아 노년이 외로울 텐데, 우리는 그걸 모르고 바꿀 줄을 모른다. 어쩌면 알면서도 바꾸지 못한다. 지금까지 해 오던 인습因襲의 두께가 한 번에 깨지지 않는 것이다.

그래서 바꾸려거든 한 번에 확 바뀌야 한다. 혁명적으로 바꿔야 한다. "내일부터"나 "천천히"는 실패의 정석이다. 내일부터 담배를 끊겠다거나 하루에 반으로 줄이겠다는 사람치고 성공한 경우가 없다.―말은 이렇게 하지만 나도 잘 못한다.―

변화에는 점진적인 변화(漸變)와 급진적인 변화(突變)가 있다. 사람이 갑자기 변하면 죽는다는 말도 있지만, 변하려면 확 바꿔야 한다. 그것은 자신에 대한 다짐이고 지금까지의 잘못된 방식에 대한 도전이다. 모든 도전은 전쟁이다. 전쟁은 모든 것을 걸고 해야 이길 수 있다. 전쟁을 치르듯 변해야 한다. 불교에는 돈오頓悟와 점수漸修라는 말이 있다. 깨달음은 확 오지만 그에 대한 공부는 점차적으로 진행된다는 말이다. 하지만 성철스님은 돈오頓悟에 돈수頓修라고 했다. 매순간이 깨달음의 연속인 것이다. 면벽 수십 년의 고행을 거쳐 어렵게 깨달음을 얻었듯, 그것을 자기 것으로 만들기 위해서는 매순간 죽을 듯이 공부해야 한다는 말일 게다.

죽을병이 들지 않았더라도 혁명적인 변화를 통해 제2의 삶을 살 수 있다. 잘 다니던 직장을 때려치우고 무작정 세계여행에 올랐다는 사람이 많다. 돌아오면 뭘 먹고 살 건지에 대한 걱정은 떠나지 못한 사람들이나 한다. 지금까지의 삶이 그다지 재미없었다면, 뭔지 몰라도 이건 아니라는 생각이 들면 확 바꿔 볼 수 있어야 한다. 백세 시대에는 더더욱 인생을 몇 개의 단위로 나누어 살 수도 있겠다는 생각이다. 나는 정년 뒤에 라면집을 차려 볼까 생각 중이다.

우리가 무언가 새로운 것을 과감하게 뛰어들지 못하는 이유는 실패에 대한 두려움 때문일 것이다. 기존의 관념과 타성의 견고함에서 오는 의구심일 것이다. 불교에는 "백척간두에 진일보"라는 말도 있다. 백 척이면 대략 30미터다. 30미터 장대 위에 올라서서 한 발을 앞으로 내딛는다는 말이다. 허공에서 한 발을 내딛으면 어떻게 될지는 너무 뻔하다. 하지만 그것이 바로 고정관념이라는 말이다. 그러한 상식의 울타리를 깨부술 수 있을 때라야 무언가 새로운 것이 열린다는 말이다. 죽고야 말 것 같은 그곳에 자신의 모든 것을 온전히 다 던져야 깨달음을 얻을 수 있다는 말이다. 변화를 두려워하지 말아야 한다.

움직임과 고요함(잠잠함)

우리는 앞에서 『주역』이 세계를 음양이라는 두 개의 인소로 이해한다는 것을 이미 살펴보았다. 그래서 음양이 '운동'의 속성을 표시할 때는 '동정' 즉 '움직임'(動)과 '고요함'(靜)이라는 계기로 표현된다는 것을 보았다. 『주역』은 세계의 변화를 움직임과 고요함이라는 대비되는 모습의 '운동'으로 이해하고 있는 것이다. 그런데 '고요함'은 청각적 개념이고, '움직임'은 시각적 개념이다. 현상적 운동과 대응은 없지만 그 속에서 벌어지는 미묘한 변화를 표현하기에는 오히려 '고요함'이라는 청각적 표현이 더 적절해 보인다. '고요함'이라고 번역했지만, 한자어 '정靜'의 의미는 움직임 없음을 의미할 뿐이다.[49] 움직임을 운동이라고 하는 것은 이해가 되지만, 고요함을 '움직임 없음'이라고 하면서 동시에 그것을 운동이라고 말하는 것은 어쩐지 이상하다. '움직임 없음'을 운동으로 이해하는 것은 타당한가?

『주역』에서의 '정靜'은 '동動'에 비해 상대적인 '운동 없음'이다. 때문에 '정靜' 역시 운동의 일부다. 가을에는 고즈넉하게 낙엽이 떨어지고 겨울에는 그마저도 움직임이 없다. 깊은 산속의 눈 덮인 고요함, 그 속에 무슨 운동이 있겠는가? 하지만 『주역』은 그 역시도 운동의 일환이라고 본다. 꽁꽁 얼어붙은 땅 속에서 생명은 다음해의 봄을 기다리고 있다. 그 속에서도 뱀과 개구리는 숨을 쉬고 있고 개미와 지렁이는 꿈틀대고 있다. 자연의 '겨울'뿐만 아니라 인간의 겨울 역시 마찬가지다. 역사는 밤에 이루어진다고 했던가? 자고 나니 유명해졌다는 말도 있다. 우리 눈에는 보이지 않지만 인간의 관계와 사회와 역사는 '무르익는 시간'이 존재하고 또 필요하다. 김장김치가 익어 가고 담근 술이 발효되듯 모든 것에는 시간이 필요하다.

---

49) 우리는 한자어를 소리와 의미로 이해한다. 즉 音과 訓이 그것이다. 예컨대 '靜'은 '고요할 장'이라고 암기해 왔다. 이는 한자어가 본질적으로 외국어이기 때문에 발생하는 현상이다. 중국인들에게는 '훈'이 따로 없다. 많은 용례를 통해 의미를 드러낼 뿐이다. 우리나라 사람들은 한자어를 음과 훈으로 표현하기 때문에 흔히 그 전형적인 '훈'에 얽매이는 경향이 있다. 예컨대 '之'는 '갈 자'다. 그러나 '之'자가 '가다'는 의미의 동사로 사용되는 경우는 극히 드물고, 대부분은 관형격 조사로 쓰인다. 그래도 우리는 '갈 자'로 읽고 쓴다. '靜'을 '고요함'이라고 번역하는 것은 옳지 않아 보인다. 그러나 '정자'라고 부르는 것도 역시 오해가 되기는 마찬가지다. '정자'는 대체로 움직이다가 멈추는 것을 의미한다. 그러나 움직임의 상대적 의미가 움직임의 결여만을 의미하지는 않는다. 그런 점에서 우선은 새로운 번역어로 대체할 때까지 일반적인 용어를 쓸 수밖에 없겠다.

그래서 『주역』은 아무런 움직임도 없는 완벽한 고요함을 상정하지 않는다. '정靜'은 상대적인 '운동 없음'일 뿐이다.

물론 동양의 사상 중 도가道家는 완벽한 고요함을 말하기도 한다. 아무런 동요도 불안도 망설임도 없는 평정함으로서의 고요함을 추구한다. 불교의 선종禪宗 역시 절대적인 고요함을 추구한다. 일체의 탐욕과 번뇌와 어리석음이 없는 참된 깨달음은 부처님의 고요한 미소로 표현된다. 그러나 『주역』은 변화를 말한다. 변화하기 위해서는 그 어떤 것도 완벽한 고요함에 멈춰 있을 수 없다. 현상적으로는 아무런 움직임이 없을지라도 그 내부에서는 끊임없이 변하고 있는 것이다.

'움직임'과 '고요함'은 외재적 세계의 운동·변화를 표현하는 것이기도 하지만, 그보다는 주체의 능동적 행위를 표현하기 위한 것이 된다. 세상도 변하고 나도 변하기 때문에 그러한 변화에 맞춰 우리는 변해야 한다. 어떻게 변할 것인가? 『주역』은 세계를 이해하는 두 개의 속성을 이 능동적 변화에도 적용한다. 즉 주체는 움직이거나 움직이지 않는다. 즉 움직여야 할 때는 움직이고 움직이지 말아야 할 때는 움직이지 말아야 한다. 물론 여기서 말하는 움직임이란 단순한 물리적 위치의 변경만을 의미하지 않는다. 적극적이고 참여적인 일체의 '행위'를 말한다. 그래서 끊임없이 변화하는 이 세상에 대처하는 주체의 행위는 '무엇을 함'과 '하지 않음'으로 대표된다.

그런데 『주역』은 앞에서도 말한 것처럼 도가나 불교처럼 절대적인 '하지 않음'을 말하지 않는다. 궁극적으로는 '하지 않을' 수 없다. 왜냐하면 『주역』이 본 세계는 끊임없이 변화하는 세계이며, 주체는 생명을 지닌 존재이기 때문이다. 때문에 생명을 유지하고 발양하여 변화하는 세계에 맞추기 위해서 주체는 어쩔 수 없이 무언가를 '하지' 않을 수 없다.

> 자벌레가 몸을 수축하는 것은 펼쳐서 뻗어 나가기 위함이요, 용과 뱀이
> 움츠러드는 것은 자신의 몸을 보존하기 위해서이다.[50]

송충이나 자벌레는 몸을 수축했다가 확장시킴으로써 앞으로 진행해
간다. 몸을 수축하지 않으면 앞으로 나가는 확장이 있을 수 없다. 우리도
주먹을 뻗기 위해서는 우선 뒤로 빼야 한다. 『주역』은 적극적이고 참여적인
'함'을 위한 예비적 단계로 '하지 않음'을 그리고 있는 것이다. 때로는
자신의 몸을 뒤로 빼서 움츠러들어야 할 때가 있다. 하지만 그것은 용과
뱀이 자신의 몸을 보호하기 위한 것이듯 훗날을 위한 기약일 수 있다.

왜 그런가? 『주역』은 기본적으로 세계를 음과 양이라는 두 개의 대대로
보기 때문이다. 그 두 개의 속성이 끊임없이 교체되는 '일음일양—陰—陽'이
바로 『주역』이 본 세계이기 때문이다. 때문에 지금은 밤이어도 낮이 오게
되고 지금은 겨울이어도 봄날이 오게 되는 만큼, '때에 맞춰 변화'하기
위해서는 때를 기다릴 줄도 알아야 한다. 한겨울에 매미가 땅을 뚫고
나오지는 않듯, 봄이 되어 특정한 시기가 오면 온 들의 꽃들이 한꺼번에
피듯, 때를 기다릴 줄 알아야 한다.

'예비'는 상황이 무르익지 않은 때에 적당한 시기를 '기다리는 것'이기도
하지만, 아직 그 상황이 닥치지 않았을 때 미리미리 '준비하는 것'이기도
하다. 준비 없는 기다림은 기다림이 아니라 시간 낭비일 뿐이다. 평소에

---

50) 「繫辭下傳」, 5장, "尺蠖之屈은 以求信也오 龍蛇之蟄은 以存身也오 精義入神은 以 致用也오
利用安身은 以崇德也니."

훈련을 잘해 둔 군대라야 정말 전쟁이 일어났을 때 소임을 다할 수 있다. 민방위 같은 화재 대응 훈련도 그렇고 성추행 예방 교육도 그렇고, 어쩌면 평생 동안 자신에게 발생하지 않을 수도 있는 일에 대해서도 우리는 미리미리 준비를 해 두어야 한다. 그래야 정말 그러한 상황이 되었을 때 우왕좌왕하지 않고 적절히 대응할 수 있는 것이다. 『주역』의 다음 구절은 너무나 유명하고 너무나 중요하다.

> 『주역』은 아무런 생각도 하지 않고 아무런 행동도 하지 않는다. 고요히 움직이지 않다가 어떤 일에 직면하면 그것이 어떤 일이라 할지라도 거기에 맞춰 적절히 대응할 수 있다.[51)]

『주역』은 참으로 신비하고 위대해서, 아무런 생각도 행동도 하지 않다가 갑자기 어떤 일이라도 닥치면 뚝딱 그것을 모두 해치울 수 있다는 것일까? 나는 그렇게 생각하지 않는다. 우리는 이 문장에서 '거기에 맞춰 적절히 대응함'(感而遂通)에 앞서서 '고요히 움직이지 않다가'(寂然不動)라는 구절에 주목해야 한다. 앞에서 우리는 『주역』에서의 '고요함' 즉 움직임 없음이 절대적인 정지를 의미하지 않는다고 확인했다. 때문에 여기서의 '고요히 움직이지 않음' 역시 아무런 '함이 없는' 절대적인 의미의 것이 아니다. 현상적으로는 아무런 '함'이 없지만 현상의 이면에는 치밀하고 부지런한 준비의 과정을 거치는 것이다.

나는 두꺼비가 파리를 채 먹는 것으로 곧잘 비유를 든다. 앵앵 날아다니는 파리에 비해 두꺼비는 전혀 움직임이 없다. 그러나 잘 보면 눈동자는

---

51) 「繫辭上傳」, 10장, "易은 无思也하며 无爲也하야 寂然不動이라가 感而遂通天下之故하나니라."

끊임없이 파리를 주목하고 있다. 아마 보이진 않지만 두꺼비는 입 안에서도 혀를 말아 두고 파리를 잡을 준비를 하고 있을 것이다. 그러다가 파리가 자신의 유효 반경에 접어들면 지체 없이 그리고 순식간에 날름 혀를 내밀어 파리를 잡아먹는다. 이것이 '고요히 움직이지 않다가(寂然不動) 어떤 일에 직면해서 거기에 적절히 대응함(感而遂通)'이다.

그러면 왜 '아무 생각도 아무 행동도 없다'고 했을까? 여기에는 두 가지 경우를 생각해 볼 수 있다. 첫째, 모든 것에 대응할 수 있는 준비란 특정한 어떤 무엇에 대한 준비일 수 없다. 때문에 특정한 무엇을 위한 생각이나 행동은 있을 수 없다. 그것은 다가올 수 있는 모든 사태에 대한 준비이기 때문에 주체의 '태도'를 의미할 수 있을 뿐이다. 둘째, 다가오는 그 일을 가장 적절히 대응하기 위해서는 그 일 이외의 것에 대해서는 고려하지 않아야 한다. 만약 옆에 있는 암컷 두꺼비에게 자신의 파리 낚는 솜씨를 잘 보여야겠다는 수컷 두꺼비의 '의도'가 개입된 상황이라면 어떻게 될까? 분명 두꺼비는 파리를 놓치고 말 것이다. 파리를 잡을 때는 파리 잡는 일에 몰입해야 한다. 그 몰입의 과정이 있어야 준비가 되었다고 할 수 있다. 때문에 여기서의 생각이나 행동은 다가오는 대상 이외의 것에 대한 계산이나 의도라고 할 수 있고, 여기서의 '준비' 역시 태도와 밀접한 연관을 갖는다.

태도란 어떤 구체적인 일을 처리하는 방식이 아닌 주체의 전반적인 몸가짐·마음가짐이다. 전통적인 유학자들은 대상과의 관계 맺음이나 사태 처리의 방식에 있어서 주체의 태도에 특별히 주목했다. 평소의 몸가짐과 마음가짐이 대상과의 관계에서나 사태 처리에 있어서나 중요한 요소로 작용하기 때문에 무척 중시했던 것이다. 그러나 이러한 몸가짐 마음가짐은 어느 날 갑자기 만들어지는 것이 아니다. 그것은 평소에 꾸준히 그리고 진실되게 만들어 가는 것이지, 특정한 대상이나 사태를 위해 보여 주기 식으로 뚝딱 만들어지는 것이 아니라고 생각했다. 그러한 위선은 남을 속일 수도 없지만 자신을 속일 수도 없다. 결국 자기 스스로 그러한 거짓 태도를 견디지 못하기 때문이다. 그래서 『주역』의 이 구절은 유학자들의 '평소 태도 만들기'에 대한 방법으로서, 또 그러한 방법을 통해 일을 잘 처리하는 방식으로서 오랫동안 인용되어 왔다.

부록 ─ 잘 응대하기 위한 감정적 훈련[52]

평소 감정 길들이기로서의 미발공부

성리학자들은 특히 이 '평소의 태도'로서 '감정 길들이기'를 무척 중시했다. 타인과의 관계에서나 일을 처리하는 데 있어서나 가장 중요한 것이 바로 감정이라고 보았기 때문이다. 그래서 구체적인 사태에 직면하여 감정이 발생하기 이전인 평소의 '감정 길들이기 공부'를 '미발공부未發工夫'라고 하여 무척 중시했다. 미발이란 유가의 경전인 『중용』에 나오는 "감정이 발생하기 이전"에 해당하는 말이다.

> 기뻐하고 화내고 슬퍼하고 즐기는 감정이 아직 겉으로 드러나지 않았을 때를 중中이라고 하고, 그러한 감정이 드러나되 모두 적절하게 된 상태를 화和라고 한다.[53]

---

52) 부록 속의, 퇴계의 미발과 미발 공부에 대한 내용은 필자의 논문 「退溪의 미발설과 居敬의 수양론」(『철학연구』 제40집, 고려대학교 철학연구소, 2010) 중의 일부를 수정 보완한 것이다.
53) 『中庸』, 1장, "努哀樂之未發謂之中, 發而皆中節謂之和."

일반적인 사람은 일상적 생활 속에서 감정적·인격적 자기동일성을 유지하기 어렵다. 기질적(육체적·성격적) 간섭이란 너무나 은밀하게 작용하면서도 신속하고, 그러면서도 지속적이기 때문이다. 자신의 이익을 객관화시키고 이성의 명령을 따라야 한다는 내면의 목소리는 삽시간에 다가온 감정적 자극에 의해 손쉽게 무너질 수 있다(道心惟微). 따라서 기질적 간섭에도 불구하고 자신의 감정적·인격적 자기동일성을 유지할 수 있을 것이라고 믿는 것은 매우 위험스러운 일이다(人心惟危).

나는 성격이 급하고 화를 잘 낸다. 요즘은 '분노조절장애'라는 말이 유행이다. 어쩌면 유행성 전염병인지도 모른다. 우리는 모두 화낼 준비가 되어 있다. 평소에는 아무리 화내지 말고 조곤조곤 천천히 말해야지 하고 다짐하지만, 막상 어떤 일에 부닥치고 나면 아무 생각도 들지 않는다. 불같이 화를 내고는 이내 후회한다. 매번 반복되는 후회를 줄이려면 과연 무엇이 필요한가?

기질적 간섭에 의해 감정적 평정을 잃거나 인격적 자기동일성을 유지할 수 없게 되는 것을 우려하여 아예 생각 자체를 없애 버려야 한다고 생각할 수 있다. 마음이란 생각이 머무는 자리인데, 우리 마음은 다가오는 사태에 너무나도 허망하게 무너진다. 도대체가 고요할 날이 없다. 그렇게 어지러운 속에서는 결코 마음의 평정을 찾을 수 없다고 생각한 나머지, 모든 생각 자체를 끊어 버려야 한다고 생각하는 것이다.

이러한 태도는 감정적 동요가 무서워서 아예 모든 관계를 끊어 버리겠다는 생각이다. 결혼은 사랑의 결실이라고들 한다. 하지만 생활의 시작이기도 하다. 좋아하는 두 사람이 만나 연애할 때는 마냥 좋을 수 있더라도, 결혼하고 나면 역할과 의무가 생긴다. 경제적으로 감정적으로 육체적으로

폭폭할수록 결혼이 아름답게 보이지만은 않는다. 아니 고통의 시작일 수 있다. 하지만 결혼해야 철이 들고 어른이 된다는 말도 있다. 현실적인 문제를 해결하고 두 사람의 서로 다른 생각을 잘 조율하면서 역할과 의무를 잘 수행할 수 있다면 이런 사람은 어른이다. 단순히 현실에 순응하는 것이 아니라 인격적으로 성숙해지는 것이다. 신혼 무렵의 잦은 부부싸움은 인격성숙을 위한 몸부림이다. 이것이 두려워 아예 시작도 안 하거나 금방 그만둬 버리는 것은 그저 회피일 뿐이다. 결혼은 결코 아름답기만 한 것은 아니지만 또한 소중한 기회이기도 하다.

조선의 대표적인 성리학자인 퇴계退溪 이황李滉은 '평소의 마음공부'에 대해 집중적이면서도 친절하게 설명해 주고 있다. 퇴계 이황의 제자인 김돈서金惇敍는 '생각함과 동시에, 이기적 욕망에 빠지게 만드는 기질적 간섭을 받게 되는 것'(纔思便有私意)을 우려하여 퇴계에게 생각 자체를 끊어 버리는 것이 어떤지에 대해 문의해 온다. 이에 대해 퇴계는 생각함(思)과 기질적 간섭에 의해 추동되는 이기적 욕망(意)을 구분하고, 문제는 이기적 욕망에 있지 생각 자체에 있지 않다고 말한다. 오히려 이기적 욕망을 극복할 수 있는 방법은 주체의 능동적 사고활동 즉 판단과 선택에 의해 가능하다고 보았다. 때문에 올바른 판단과 선택을 할 수 있는 주체를 어떻게 확보할 것인가의 문제이지, 생각 자체를 끊어서 될 것이 아니라고 충고한다.

요즘 '멍 때리기'가 유행이라고 한다. 사는 게 힘드니 가끔은 치열함에서 벗어나 쉼을 갖자는 의미일 게다. 심지어는 누가 더 오래 멍 때리고 있나를 시합하는 대회까지 있다고 한다. 하지만 어쩐지 내 눈에는 그다지 좋아보이질 않는다. 그래야 하는 사람들도 불쌍하지만, 그런다고 해서 쉼을 얻을 것 같지도 않다. 일시적인 회피는 될지언정 해결도 재충전도 될 수 없다고 생각한다. 쉴 때 역시 적극적으로 쉬어야 한다고 생각한다. 나도 어쩔 수 없는 꼰대라 그렇게 생각하는 걸까?

아무 생각도 하지 않거나 의식을 두절시켜서는 끊임없이 다가와 우리의 판단과 선택을 기다리는 사태들에 적절히 대처할 수 없다. 사태에 직면하지 않았을 때 생각을 끊어 두었다가 사태에 직면해서 즉각적으로 대응한다는 것은 아무런 훈련도 무기도 없이 전쟁터에 나가는 것과 같다. 기질적 간섭에 노출되는 순간, 준비 없는 주체는 언제나 이기적 욕망과 감정적 동요에 허망하게 무릎을 꿇을 수밖에 없다. '생각하는 순간 이기적 욕망에 빠진다'는 김돈서의 고백이 바로 그것이다. 사태에 직면하지 않았을 때는 물론이고 사태에 직면해서도 아무런 감정적 동요 없이 인격적 자기동일성을 유지할 수 있는 것, 그것이 바로 감정 공부가 필요한 이유다.

고기도 먹어 본 놈이 잘 먹는다고 했다. 연애도 많이 해 봐야 사람을 안다. 연애 한 번 못 해 본 숙맥이 사고 친다. 경험은 면역력을 기르는 예방주사와도 같다. 우리 아이만큼은 시행착오 없이, 고통도 없이 꽃길만 걷게 해 주리라는 부모의 생각은 이해는 가지만 어리석은 생각이다. 독일 초등학생의 성교육은 정확한 성행위에 대한 설명과 피임 등을 포함하고 있다고 한다. 내가 아는 한 한국의 초등학생들은 난자와 정자가 만나는 수준에서 벗어나지 못하고 있다. 감추면 더 보고 싶고, 못하게 하면 더 하고 싶다. 사람이 수없이 죽어나가는 폭력영화나 좀비는 다 되면서도 성적인 것만 19금의 선을 넘지 못하는 것은 문제다. 그럴수록 야동은 더 성행하게 되어 있다.

평소의 감정 훈련

퇴계는 평소의 훈련이 잘 쌓여지기만 한다면 시시각각 다가오는 수많은 일들을 모두 적절히 처리할 수 있다고 말한다. 그런데 여기서 유의할 것은, 한 주체가 이렇게 수많은 일들을 처리하는 것을 '일일이 생각지 않아도'(心能主宰專一, 則有不待思而能隨事中節) 할 수 있다고 말하는 것이다. '일일이 생각지 않는다'는 것은 거의 기계적인 대응을 말한다. 그런 기계적인 대응은 평소의 훈련을 통해서만 가능하다. 예컨대 스포츠 선수가 경기에서 모든 기량을 발휘할 수 있는 것은 평소의 훈련이 있을 때만 가능하다. 경기 당일 손은 어떻게 하고 발은 어떻게 하고 호흡은 어떻게 해야지 하는 식으로 일일이 생각해서는 결코 좋은 결과가 나올 수 없다. 악기를 연주하는 전문 연주자도 한 곡을 수백 시간 수천 시간 연습하고 나면 공연 당일에는 손이 알아서 연주한다. 연극의 연기자도 마찬가지다. 물론 이러한 효과가 가능하기 위해서는 '주체가 오롯하게 깨어 있어야만'(主宰專一) 한다.

이런 평소의 훈련을 거치지 않으면 우리는 어떤 사태에 직면했을 때 그 사태만을 움켜쥘 뿐 다른 것을 돌아볼 겨를이 없게 된다. 한 사태에 국한된다는 것은, 그 사태가 내 마음에 얽매임이 됨을 의미한다. 예컨대 시험에서 앞의 한 문제를 붙들고 끙끙대는 바람에 뒤의 문제를 풀지 못하는 것과 같다. 한 손님을 배웅하느라 집안을 비워 두는 것과 매한가지다.

우리의 마음은 원래 동시에 많은 사태들을 적절히 대응할 수 있는 능력이 있다. 그러나 기질적 간섭에 비교적 무력한 평범한 사람들로서는, 평소에 적절한 훈련을 해 두지 않으면 외적 자극에 의해 쉽게 이러한 능력을 잃을 수 있다. 그래서 어떤 한 자극에 얽매여 끙끙대게 되고,

동시에 밀어닥친 다른 자극들을 처리할 수 없어 어지럽다고 느끼게 된다. 그렇다고 이런 어지러움이 싫어 골방에 들어앉을 수는 없다. 그렇다면 어떻게 해야 할 것인가? 기질적 간섭 혹은 외적 자극이 있기 이전에, 즉 평소에 적절한 훈련을 해 두어야 한다. 이것이 바로 미발공부다.

미발 상태의 공부란 자신의 주재성을 명징하게 깨어 있도록 하면서 일상적 행동이 규범에 어긋나지 않도록 검속하는 것을 의미한다. 이렇게 '깨어 있음'은 성리학의 전통에서 경敬 혹은 거경居敬으로 표현되었고, 퇴계에게 있어서도 예외는 아니었다. 유가 전통에서 경은 자신의 몸과 마음을 흩어 놓지 않고 언제나 깨어 있으면서 반듯하고 올곧게 유지함을 의미한다. 여기에 미발과 관련해서는 특별히 계신공구戒愼恐懼와 평일함양平日涵養을 추가할 수 있다. 계신공구는 아무런 특별한 사태가 없는 상황에서도 혹여 감정적 자극과 그에 대한 이기적 욕망의 엄습에 자신의 인격적·감정적 동일성을 잃게 되지 않을까 하고 조심하며 긴장하는 것이다. 특별한 사태가 없는 상황에서의 평일함양이란 자신의 일거수일투족을 검속함으로써 규범에 어긋나지 않도록 조심함을 의미한다.

퇴계는, 마음이 어느 하나에 집착해서는 안 된다고 설명한다. 심지어 그것이 아무리 좋은 일이라도 계속 붙잡고 있을 수 없고, 혹은 잘못을 뉘우치는 일이라 하더라도 마찬가지라고 말한다. 어떤 한 가지 좋은 일을 했을 때 그것을 계속 생각하는 것은 흔히 우쭐대는 마음일 수 있다. 반면 잘못을 뉘우치는 것이라 할지라도 계속해서 마음속에 담아 두는 것은 자신을 위축시키거나 필요 이상으로 스스로를 비하하는 것일 수 있다. 그 어느 것도 결국엔 마음의 응어리가 되어 일상 사태에 대한 적절한 대응을 방해한다고 퇴계는 생각한 것이다.

억지로 무엇을 하려고 하는 '조장助長'이나 반드시 해야겠다고 마음먹는 '기필期必함'은 일정한 효과 혹은 결과를 위해 자기 스스로를 과도하게 몰아세우는 것이다. 이때 기대했던 효과나 결과는 도리어 장애가 되어 주체의 주재함을 방해하게 된다. 흔히 스포츠 선수에게 '힘을 빼라'고 말한다. 테니스선수나 야구선수 모두 어깨의 힘을 빼야 한다고 말한다. 이때 빼야 하는 힘은 무엇인가? 그것은 바로 더 좋은 결과를 위해 과도하게 들어가는, 그래서 오히려 좋은 결과를 방해하는 그런 힘이다. 사태에 대처하는 모든 감정적 · 인식적 대응 역시 마찬가지다. 그것이 아무리 선이라 하더라도 '반드시 선을 해야지' 하는 이런 '마음 씀'은, 선 그 자체가 목적이 아니라 선을 행함으로써 얻어질 효과를 은연중에 기대하는 것으로서 결코 좋은 주재함이라 할 수 없다.

그렇다고 선수에게 몸에서 모든 힘을 제거하라는 말이 아니듯, 조장하지 않고 기필하지 않는다고 해서 어떠한 '태도나 자세'도 없어야 하는 것은 아니다.[54] 다시 스포츠의 예로 설명하자면, 꼭 홈런을 쳐야지 하는 마음은 버려야 하지만 투수의 공을 정확히 보고 최선을 다해 스윙을 해야 한다. 경기 때만 그런 것이 아니다. 연습 때도 최선을 다해서 임해야 한다. 경기와 연습에 최선을 다해 임한다는 것은 언제라도 자신의 긴장감을 늦추지 않는 것이다. 작위적인 기필함이나 조장함 없이 최선을 다하는 것이 바로 '잊지 않고 항상 그것을 염두에 둠'이며, 한시도 늦추지 않는 주체의 긴장감(戒愼恐懼 · 常惺惺)이다.

---

54) 『退溪集』, 권28, 「答金惇敍」, "事無善惡大小, 皆不可有諸心中. 此有字, 泥著係累之謂. 正心助長, 計功謀利, 種種病痛, 皆生於此, 故不可有. 若如三省之類, 有事於心, 卽孟子所謂必有事焉之有, 此豈所當無耶. 如欲幷此而無之, 則自堯舜禹湯精一執中, 顔冉請事斯語, 皆可廢, 而必如佛老枯槁寂滅而後, 爲學之至也, 奚可哉."

이처럼 대응하지 않는 '대응함' 즉 '잊지 않고 항상 그것을 염두에 둔다'는 것은 바로 결과에 상관없이 혹은 대응하는 상대에 상관없이 주체가 지니게 되는, '긴장의 끈을 놓지 않는 태도'로서의 '몸가짐'이다. 여기서 우리가 주목할 것은, '기필'이나 '조장'의 원인은 '결과에 대한 기대'이고, 그것은 내가 아니라 남에게 보이기 위한 의도를, 즉 타인의 평가에 대한 고려를 기저에 깔고 있음을 의미한다. 주체가 자신의 자리를 잡지 못하고 손님이 오는 대로 혹은 일이 닥치는 대로 끌려 다닌다는 것은 관계의 주체가 내가 아니라 대상임을 의미한다. 때문에 퇴계는 마음속에 하나도 남겨 두어서는 안 된다고 한 것이다. 반면에 '잊지 않거나' '항상 염두에 둔다'는 것은 결과에 대한 기대나 상대에 대한 안배와는 전혀 상관없는 자신만의 일이다. 선수가 지녀야 하는 긴장감은 연습이냐 실제 경기냐, 강한 상대냐 약한 상대냐에 대한 것이 아니다. 그것은 언제 어디서나 선수로서 지녀야 하는 태도이고 자세다. '연습처럼 하라'는 요구는 그 어떤 고려도 없이 평소의 훈련처럼 열심히 하라는 것이다. 때문에 퇴계가 말하는 '힘쓰지 않는 힘씀'으로서의 긴장감은 철저히 자신에게 향한 것이다. 자신에게 향한 것이기에 '특별한 사태가 없다'라고 할 수 있다. 이는 사태에 직면하지 않았다는 것이 아니라, 『주역』에서 말한 '사태에 대한 대응함이 없다'(無爲) 혹은 '사태를 고려치 않는다'(無思)는 것이다. 사태에 관계없이 자기 자신이 지니는 긴장감과 명징함이 바로 미발시의 공부다.

결론적으로 '잊지도 않고 조장하지도 않음' 혹은 '항상 그것을 염두에 두지만 기필하지는 않음'이란, 결과나 대상에 대한 조작적이고 작위적인 사유의 간섭을 배제하고 주체의 깨어 있는 주재함과 긴장감만을 남겨 둔 채 평소의 훈련대로 사태에 대응함을 의미한다. 어떤 사태에 직면하더라도 그것이 가져올 결과나 효과를 고려치 않고 자신이 응당 지녀야 하는 긴장감만을 유지하기에, 자신의 감정적·인격적 동일성을 유지하면서도 시시각각 다가오는 사태들을 적극적으로 해결할 수 있는 것이다.(雖日接萬事, 無不中節矣.)

10. 시기의 적절함(時中)

최대의 이익은 적절함에서

『주역』은 변화를 말한다. 세계도 변하고 자신도 변한다. 때문에 기왕에 변해야 한다면 잘 변해야 한다. 잘 변함의 기준은 무엇인가? 결국은 '이익'이다. 내게 이익이 되어야 한다. 내게 이익이 되도록 변해야 한다. 문제는 무엇이 내게 '참된 이익'이냐는 것이다. 이익은 물론 좋은 것이지만, 포괄적이고 최종적인 의미에서 진정한 이익이 되기 위해 우리가 고려해야 할 것들은 무엇인가?『주역』은 이익을 단편적으로 보지 않는다. 『주역』은 우리의 삶을 통째로 고려의 대상으로 삼는다. 삶이라는 전반적인 지평 위에서 고려되는 이익이란 그대로 우리의 삶 그 자체라고 해도 좋을 것이다. 즉『주역』이 말하는 '잘 사는 법'이란 우리의 삶을 어떻게 꾸려갈 것인가에 대한 고민이라고 할 수 있는 것이다.

『주역』은 물질적·가시적 이익을 경시하지 않는다. 그러나 동시에 정신적·의미적 차원의 이익도 함께 고려한다. 그런 점에서『주역』의 이익관은 끊임없이 균형을 찾으려는 노력이었다고 할 수 있다. 균형의 기준은 온전한 삶 혹은 건강한 삶이라고 할 수 있다. 어느 하나가 결핍되거나 위축된 상황을 건강하다고 할 수 없다. 어느 하나를 희생한 채 다른 극단을 향해 가는 것을 『주역』은 이롭다고, 때문에 바람직하다고 보지 않는다. 예컨대 『주역』은 물질만 쌓아 두는 자린고비 스크루지를 당연히 비난하지만 현실을 나 몰라라 한 채 고고한 정신의 경지만을 추구하는 것 역시 거부한다.

문제는 어느 지점에서 멈출 것인가이다. 어느 지점이 균형 잡힌 건강한 선택이냐 하는 것이다. 동양사상에서는 정해진 어느 한 지점을 제시하려고 하지 않는다. 오히려 어느 한 지점을 정하는 것은 잘못된 방법이라고 본다. 세상은 변하기 때문이다. 세상도 변하고 나도 변하고 상황도 변한다. 이 세상을 '변화'로 읽는 『주역』의 경우는 더더욱 그렇다. 겨울에는 따듯한 물을 마시지만 여름에는 시원한 물을 마시는 것이 옳다. 때문에 겨울과 여름이라는 시간적·맥락적 조건을 무시한 일률적인 기준의 제시가 얼마나 위험한 것인지 『주역』은 충분히 경고하고 있다.

'교주고슬膠柱鼓瑟'이라는 성어가 있다. "기러기발을 아교로 붙여 놓고 거문고를 연주한다." 거문고에는 음의 높낮이를 맞출 수 있는 기러기발이라는 장치가 있다. 날이 습한지 건조한지에 따라 기러기발을 좌우로 움직이면서 음정을 조율하는 것이다. 아무리 절대음감을 지닌 사람이 맞춰 놓은 것이라고 해도 다음에 날씨가 변하거나 거문고 줄이 낡아지면 그 음은 틀리고 만다. 그런데도 절대음감을 절대적인 기준이라고 여겨서 거기에 아교 칠을 해 버리면 다음엔 영영 조율할 수 없게 된다는 말이다. 이 성어는 임기응변을 할 줄 모르는 고지식한 모습을 비판하는 것이라기보다는, 절대적인 기준에 의지하는 태도의 위험성을 보여 주는 말이다.

그래서 동양사상에서는 '나 이외의 다른 신을 섬기지 말라'거나 '살인하지

말라'와 같은 이거다 하는 식의 절대적인 기준을 제시하기보다는, '적절히'
혹은 '적당히'라는 애매한 표현을 잘 쓴다. '적당適當'이라는 말은 '대충대충'
의 뜻이 아니라 '그 상황에 꼭 알맞은 정도'라는 뜻이다. 최고 최대가
아니라 적당히 적절히 즉 '최적最適'이다. 더 많아도 문제가 되고 더 적어도
문제가 되기 때문에, 꼭 해야 할 때 꼭 해야 할 만큼만 하라는 말이다.
나 참, 도대체 얼마만큼이 '적절한' 것일까? 구체적인 사태와 맥락과 주체에
따라 그것은 얼마든지 변할 수 있다. 때문에 상황마다 사태마다 하려는
사람에 따라 적절함을 말해 주는 것은 너무나 어려운 일이다.

그 유명한 '우물 안 개구리' 비유는 도가철학의 핵심적 문헌인 『장자』에서
나왔다. 이 이야기의 원의는 대중적으로 알려져 있는 것과 같은 '견식이
좁은 사람에 대한 풍자'가 아니라, 절대적 진리란 없기 때문에 자신의
관점을 절대화하지 말라는 교훈이다. 동해바다의 거대한 거북이 어느
날 육지의 한 우물가를 지나고 있었다. 우물 속에 있던 개구리가 이렇게
말한다. "어이 거북, 여기는 천국이야. 여름엔 시원하고 겨울엔 따뜻할
뿐더러 물이 마르는 경우도 없어. 언제나 이끼와 벌레가 있어서 그야말로
천국이지." 그 말에 혹한 거북은 우물에 한 발을 들이밀어 보지만 그
길로 꽉 막히고 말았다. 들어가지도 나가지도 못하는 꽉 막힌 상황에
처한 것이다. 사철 일정한 기온과 수량을 유지하는 우물이 개구리에게는
천국일지 몰라도 거북에게는 그렇지 않다는 얘기다. 적절함도 마찬가지다.
누구에게는 적절한 것이 다른 누군가에게는 그렇지 않을 수도 있고, 한때는
적절했던 것이 다른 시점에서는 그렇지 않을 수도 있다.

『장자』에는 수레바퀴 깎는 이야기도 나온다. 평생을 수레바퀴 깎는
노인이 있었다. 수레바퀴와 바퀴축이 연결되는 구멍을 파는 것이다. 조금만

부족해도 축이 들어가지 않고, 조금만 남아도 바퀴는 헛돌게 되어 있다. 평생을 해 온 작업이지만 그 요령을 남에게 말로 전해 줄 수는 없다고 말한다. 설령 아들이라고 해도 그 미묘함은 전해 줄 수 없고, 다만 스스로 터득해 갈 수 있을 뿐이라고 말한다. 인생이 결국 그런 것이 아닐까? 누군 몰라서 못하나? 머리가 아니라 몸으로, 감각으로, 감정으로 체득하는 과정이 필요하다.

이처럼 동양적 사유에서 '적절함'은 감각적으로 터득하는 것이라고 생각했다. 감각을 익히기 위해서는 많은 시간과 경험이 필요하다. 또한 문화적 분위기와 상식적 배경이 필요하다. 일단 이 감각을 터득하고 나면 다가오는 다양한 사태마다, 또 고려해야 할 다양한 맥락마다, 그리고 다양한 주체에 맞춰서 어떻게 해야 할지를 잘 알게 된다는 것이다. 물론 이는 쉬운 일이 아니다.

『논어』에서 공자는 끊임없이, 유사한 두 개념 사이에 존재하는 미묘한 차이를 보여 주기 위해 노력했다. "군자는 조화롭지만(和) 같지는(同) 않고, 소인은 같지만 조화롭지는 않다."[55] 유명한 구절이다. 조화로움의 추구는 자칫 상대의 다름을 인정하지 않고 모든 것이 획일화되는 것으로 오해될 수 있다. 공자는 서로의 다름이 하나로 일치하지 않으면서도 함께 공존 상보하는 것이 조화로움이라고 말하고 싶었던 것이다.

이렇게 공자는 비슷한 개념 사이에 보이는 차이점을 통해 긍정적인 가치 속에 혼재할 수 있는 위험을 경고한다. '유연함'과 '유약함', '강직함'과 '완고함'의 관계가 모두 그렇다. 어떤 것이 유연함이고 어디부터가 유약함일

---

55) 『論語』, 「子路」, 23장, "子曰, 君子和而不同, 小人同而不和."

까? 그것을 하나로 집어서 기준을 제시한다는 것은 결코 쉬운 일이 아니다. 때문에 오랜 경험과 시행착오를 통해서 그것에 대한 감각을 익히도록 하고자 한 것이다.

그래도 뭔가 기준을 제시해 주지 않으면 안 된다. 그래서 어렴풋하게나마 대강이라도 행동의 요령을 얻지 않으면 안 된다. 왜냐면 우리는 매순간 뭔가를 판단하고 선택해야 하기 때문이다. 『주역』의 '적절함'에 대한 조언은 크게 '시기'와 '관계'로 나눠서 볼 수 있다. '시기'가 사태의 변화에 대한 추적을 통해 얻게 되는 행위선택의 시간적 맥락이라면, '관계'는 어느 한 시점에서 타인과의 사이에서 요구되는 상황판단과 행동요령이다. 이 둘은 물론 독립적이지 않다. 일을 적절히 잘 처리하기 위해서는 이 두 가지를 모두 고려해야 한다.

시기적 적절함

'시기적 적절함'이라는 관념은 『논어』[56]나 『맹자』[57]에서 이미 출현했다. 그러나 정확하게 '때에 맞춤' 혹은 '정확한 때'라는 의미의 '시중時中'이라는 개념을 쓴 것은 『중용』[58]과, 『역전』 중의 하나인 「단전」이 처음이다. '시중時中' 즉 때에 맞음을 살피기 이전에 '중간'을 의미하는 '중中'이 어째서 '적절함'의 의미로 사용되었는지를 먼저 살펴야 한다. 원래 '中'은 자형에서 보이듯 한 물건을 위에서 아래로 꿰뚫은 모습이고, 이로부터 '내면'과 '중간'의 의미를 지니게 되었다.[59] 그리고 중간과 내면이라는 의미의 '中'은 『논어』에

---

56) 『論語』, 「學而」, 5장, "使民以時."
57) 『孟子』, 「萬章下」, 1장, "孔子聖之時者也."
58) 『中庸』, 2장, "君子之中庸也, 君子而時中."
59) 『說文解字』 참조.

서 '들어맞다' 혹은 '정확함'의 의미로 쓰이게 된다. "형벌이 들어맞지 않으면 백성들은 수족을 놀릴 수 없게 된다."[60] 하지만 정확하게 기하학적 중간이 독립적인 개념으로서 가치의 의미를 지니게 되는 것은 역시 『역전』이 본격적이다.[61] 『주역』에서의 '中'은 일차적으로 내괘와 외괘의 중간 즉 2효와 5효가 차지하는 공간적·관계적 '중간'을 의미한다. 이로부터 동양의 전적에서 '中'은 광범위하게 긍정적 가치를 표현하는 술어가 되었다.

> 몽매함이 형통한 이유는 형통함의 도로 행하기 때문이니, 이는 '때에 맞음'(時中)이라. 내가 몽매한 이를 찾는 것이 아니라 몽매한 이가 나를 찾는다는 것은 서로의 뜻이 맞아떨어진 것이다.[62]

아무리 몽매하더라도 형통할 수 있는 이유는 '때'에 맞았기 때문이다. 왜 때에 맞는가? 몽괘蒙卦(䷃)는 몽매함을 상징하는데, 특히 몽매함의 주체는 음효인 5효다. 이를 깨우쳐 주는 주체가 양효인 2효인 것이다. 그런데 깨우쳐 주는 주체가 깨우쳐 줄 이를 찾아 가는 것이 아니라 깨우침을 받을 이가 깨우쳐 줄 이를 찾아 왔기 때문에, 즉 그 때를 기다렸기 때문에 형통할 수 있다는 말이다. 이처럼 '때에 맞음'은 어떤 일을 가장 잘 처리하기 위한 중요한 조건으로 인식된다. 일을 잘 처리하기 위해서는 왜 시기적

---

60) 『論語』, 「子路」, 3장, "刑罰不中, 則民無所措手足."
61) 물론 『논어』에서도 "子曰中庸之爲德也, 其至矣乎. 民鮮久矣"(『論語』, 「雍也」, 27장)와 같은 구절을 찾을 수는 있다. 그러나 이에 대한 구체적인 사고의 확장은 보이지 않는다. 『역경』에도 이미 '中行'이라는 표현이 총 5회 출현한다. 정확하게 '중행'의 의미가 무엇인지는 더 추적해야겠지만 '중앙으로 다닌다' 혹은 '가운데로 다닌다'의 의미로 볼 때 이미 가치적 의미를 지니고 있다고 볼 수 있다. 그러나 '中'이 독립적인 개념으로서 긍정적 가치를 표현하는 것은 역시 『역전』의 단계에 와서 본격화된다.
62) 蒙卦, 「彖傳」, "蒙亨은 以亨行이니 時中也오 匪我求童蒙童蒙求我는 志應也오."

적절함이 필요한가? 그것은 최소의 비용으로 최대의 효용을 끌어 낼 수 있기 때문이다.

기뻐함은 순조롭게 움직이기 때문에 천지도 그와 함께하니, 하물며 제후를 세우고 군사 행동을 함에 있어서이겠는가? 천지는 순조롭게 움직이기 때문에 해와 달이 그것을 어기지 않고 네 계절도 그에 위배되지 않는다. 성인은 순조롭게 움직이기 때문에 형벌이 분명하고 백성들이 복종한다. 때문에 기뻐함이 주는 시기의 의미가 무척 중요하다.[63]

천지는 자연적 질서에 맞게 돌아간다. 때문에 그에 속한 해와 달도 네 계절도 그러한 자연스러운 질서에 위배되지 않을 수 있는 것이다. 마찬가지로 성인은 '순조롭게'(順) 즉 자연스러운 질서에 맞게 행동하기 때문에 형벌이 분명하고 백성들이 복종하는 것이다. '순조롭다'는 의미는 조리에 들어맞는다는 말이다. 억지나 무리가 없다는 말이다. 만약 농번기에 백성들을 동원한다면 백성들은 원망하는 마음이 생길 것이다. 때문에 '즐겁게'(기쁘게) 움직일 수 있게 하기 위한 '시기'가 중요하다는 말이다. 그래서 『주역』은 군자 혹은 통치자가 지녀야 할 덕목으로 시기적 적절성을 무척 중시했다.

대인은 천지와 그 덕을 같이하고, 일월과 그 밝음을 같이하고, 네 계절과 그 질서를 같이하며, 귀신과 그 길흉을 같이한다. 하늘보다 먼저 해도 하늘의 질서에 위배되지 않고, 하늘보다 늦게 한다 해도 하늘의 때를 따른

---

63) 豫卦, 「象傳」, "豫順以動故로 天地도 如之온 而況建侯行師乎여. 天地 以順動이라 故로 日月이 不過而四時 不忒하고 聖人이 以順動이라 則刑罰이 淸而民이 服하나니 豫之時義 大矣哉라."

다. 이렇게 하늘도 대인이 하는 일에 어긋나지 않거늘 하물며 인간이랴, 하물며 귀신이랴.[64]

여기서 '같이한다'는 것은 동일하게 한다는 말이다. 즉 대인은 천지의 덕성을 자신의 덕으로 삼는다는 말이다. 마찬가지로 대인은 자연에서 보이는 해와 달 혹은 네 계절과 같은 순환적·시간적 질서를 자신의 질서로 삼는다는 말이다. 그렇기 때문에 대인의 행위방식은 언제나 자연의 질서에 위배되지 않고, 자연의 질서 속에 위치하는 인간이나 귀신의 경우에도 결코 대인의 행동방식에 위배되지 않는다. 그래서 대인의 일처리는 언제나 성공할 수 있는 것이다.

상황파악과 통찰

시기를 잘 알기 위해서는 상황의 변화를 재빨리 알아차리는 게 필요하다. 지금 상황이 좋아지고 있는 건지 나빠지고 있는 건지에 대한 정확한 파악이 선행되어야 그러한 상황의 변화에 적절히 대응할 수 있다. 상황의 변화를 미리 파악한다는 것은 상당한 통찰력을 요한다.

서리를 밟으면 두꺼운 얼음이 온다.[65]

어떻게 서리를 밟으면 두꺼운 얼음이 오는가? 이 구절은 곤괘坤卦(☷)의 첫 효에 대한 설명이다. 곤괘는 괘의 구조에서도 알 수 있듯이 전체가

---

64) 乾卦,「文言」, "夫大人者는 與天地合其德하며 與日月合其明하며 與四時合其序하며 與鬼神合其吉凶하야 先天而天弗違하며 後天而奉天時하나니 天且弗違온 而況於人乎며 況於鬼神乎여."
65) 坤卦, 初六, "履霜하면 堅氷이 至하나니라."

222

음효로 구성되어 있다. 그런데 그 시작인 첫 음효에서 이제 앞으로 모든 효가 음효가 될 것임을 예언하는 것이다. 즉 이 구절을 정확하게 번역하면 "서리를 밟거든 두꺼운 얼음의 시기가 도래할 것임을 알아야 한다"는 말이다. 늦가을 서리가 시작되면 아 이제 곧 겨울이 올 것이며 겨울이 오면 두꺼운 얼음이 얼겠지 하고 생각하라는 말이다. 사태가 어느 방향으로 향할 것인지를 미리 통찰하라는 말이다. 이 구절을 인용하여 「계사전」은 다음과 같은 중요한 잠언을 말해 준다.

선을 쌓는 집안에는 반드시 좋은 일이 넉넉하게 있을 것이다. 악을 쌓는 집안에는 반드시 좋지 않은 일이 넉넉하게 있을 것이다. 신하가 자신의 군주를 죽이고 자식이 부모를 죽이는 일은 하루아침 하루저녁에 생긴 일이 아니다. 그 과정은 매우 점진적이다. 다만 그 과정을 일찍 통찰해 내지 못했기 때문이다. 『주역』에서는 서리를 밟으면 두꺼운 얼음이 이르게 될 것임을 알아야 한다고 했다. 그것은 사태의 향방이 어떠한지를 알아야 한다는 말이다.[66]

선을 쌓는 것도 악을 쌓는 것도 점진적이다. 때문에 어느 방향으로 갈지를 정하는 것은 그 싹이 자랄 때 결정해야 한다. 선과 악이라는 규범적 의미만이 아니라 모든 행위의 판단과 선택은 현재 자신이 시기적으로 어느 위치에 있는지를 아는 것이 중요하다. 『주역』의 시기는 출발(start) · 숙성(maturation) · 행동(action) · 최적(optimum) · 마침(finish)의 단계로 구분할 수 있다.

---

66) 坤卦, 「文言」, "積善之家는 必有餘慶하고 積不善之家는 必有餘殃하나니 臣弑其君하며 子弑其父 非一朝一夕之故라. 其所由來者는 漸矣니 由辯之不早辯也니 易曰 履霜堅氷至라하니 蓋言順也라."

시기의 단계

출발(start)은 한 사태의 시작점을 의미한다. 학교로 치면 입학이요, 회사로 치면 입사다. 이제 어떤 일을 막 시작하는 단계이기에 모든 것이 미숙하고 생경하다. 따라서 이때는 적극적으로 어떤 일을 떠맡고 주도하려고 해서는 안 된다. 이는 마치 신입생이 학생회장이 되려고 하는 것이며, 신입사원이 회사의 중역이 되고자 하는 것이다. 이때는 오히려 열심히 공부하고 주변의 도움을 받아 상황을 판단하고 이해해야 한다. 때문에 『주역』에서는 거의 대부분 초효의 경우 적극적으로 행동하지 말 것을 요구한다. 대표적인 것이 건괘乾卦(☰)의 초효다. "잠겨 있는 용이니 쓰지 말지라."[67]

숙성(maturation)은 본격적으로 일을 추진하기에 앞서서 준비하는 단계다. 일을 추진하기 위해서는 추진의 주체인 자신도, 또 그것이 성공할 수 있는 조건도 모두 무르익어야 한다. 김치가 숙성하고 사람이 성숙하는 것처럼 무르익는 과정은 가시적으로 보일 수도 있고, 내면의 변화이기에 눈에 보이지 않을 수도 있다. 계속해서 건괘乾卦의 예로 설명하자면, 이 주체는 "드러난 용이 둔덕에 있으니 대인을 봄이 이롭다"[68]이다. '드러난 용'이라는 것은 출발 단계의 '잠겨 있는' 상태를 벗어났다는 말이다. 주머니 속의 송곳이 숨겨져 있을 수 없듯이 출중한 재능과 자질은 점점 세상에 의해 주목된다. 그럼에도 불구하고 이 주체는 자만하지 않고 때가 되기를 기다리면서 낮에도 밤에도 열심히 준비한다. 이런 과정을 거쳐야만 이제 일을 맡아서 할 수 있는 것이다.

행동(action)은 말 그대로 본격적으로 일을 감행하는 단계다. 건괘는 구사효

---

67) 乾卦, 初九 爻辭, "潛龍이니 勿用이니라."
68) 乾卦, 九二 爻辭, "見龍在田이니 利見大人이니라."

가 되어서 중요한 전기를 맞는다. "혹은 뛰어오르거나 혹은 그대로 연못에 있어도 좋다."[69] 4효는 내괘가 끝나고 외괘가 시작하는 시점이다. 상황이 변한 것이다. 그래서 올라갈 것이냐 아니면 현 위치를 고수할 것이냐의 갈림길에 위치하고 있다. 건괘의 주체는 '용龍'이다. 용은 물속에 살 때는 이무기였다가 하늘로 승천해야 용이 된다. 잠겨 있는 상태로부터 땅 위에 올라온 단계까지는 사실상 이무기에 불과했다. 그러나 이제 하늘로 올라갈 수 있는 상황이 된 것이다. 하늘로 올라가 용이 될 것인가, 아니면 아직은 시기가 무르익지 않았다고 판단하여 조금 더 기다릴 것인가? 이것이 건괘 구사효의 위치다. 『주역』은 뛰어올라도, 가만히 있어도 모두 좋다고 말하고 있다. 그걸 결정하는 것은 주체의 몫이다. 이에 대해 「문언전」은 이렇게 설명한다.

혹은 뛰어오르거나 혹은 그대로 연못에 있어도 좋다는 것은 무슨 의미인가? 공자께서는 이렇게 말씀하셨다. 위로 올라가거나 아래로 내려가는데 정해진 것이 없음은 사사로운 욕심이 있어서가 아니다. 나아갈 수도 있고 물러날 수도 있음은 무리를 떠나려는 것이 아니다. 군자가 덕성과 경험을 축적해 가는 것은 적절한 때에 맞추기 위함이다. 그러므로 어느 경우라도 좋은 것이다.[70]

주체인 군자는 덕성과 경험을 축적하면서 상황이 최적화되기를 기다린다. 이는 뭔가 다른 생각이 있거나 자신의 개인적인 영달을 위한 고려가

---

69) 乾卦, 九四 爻辭, "或躍在淵하면 无咎리라."
70) 乾卦, 「文言」, "或躍在淵无咎는 何謂也오, 子曰 上下无常이 非爲邪也며 進退无恒이 非離群也라. 君子進德修業은 欲及時也니 故로 无咎니라."

아니다. 오직 '시기적 적절함'을 기다리는 것뿐이다. 그러나 최적의 시기라는 것이 어느 날 만천하에 공표되는 그런 것은 아니다. 언제가 과연 최적의 시기인지는 주체 자신의 끊임없는 통찰과 집중 속에서만 발견되는 것이다. 최적의 순간이란, 그 시간이 지나면 상황은 오히려 점점 더 악화된다는 말이다. 때문에 최적의 순간이란 놓쳐서는 안 되는 기회이기도 하다. 그래서 이 타이밍 혹은 터닝 포인트를 '기미 혹은 조짐'(幾)이라고 표현한다. 기미란 어떤 일에서의 결정적인 변화의 포인트를 의미한다. 그러나 이 터닝 포인트를 알기란 쉽지 않다. 사후에야 "아, 그때였는데"라고 할 수 있지만 그 당시에는 뛰어난 통찰력을 지닌 사람이 아니면 알아보기 힘들다. 이 결정적인 '때'를 알아볼 수 있는 훌륭한 주체에 대해 「계사전」은 다음과 같이 찬양한다.

공자께서 말씀하셨다. 조짐을 아는 것은 신묘한 일이다. 군자는 윗사람에 대해 아첨하지 않고 아랫사람에 대해서 함부로 하지 않으니, 이는 조짐을 아는 것이다. 조짐이란 변화의 미미한 출발점이다. 길함에 앞서서 먼저 나타나는 것이다. 군자는 조짐을 보고서 일을 시작하니, 오랜 시간이 필요치 않다. 『주역』에서는 "돌만큼 단단한지라 하루를 기다릴 것도 없으니, 바르고 길하다"라고 했으니, 돌만큼 단단한데 뭐 하러 하루를 기다리겠는가? 확고부동하다는 것을 금방 알 수 있다. 군자는 아주 미미한 것도 아주 분명한 것도, 아주 유연한 것도 아주 강건한 것도 모두 아나니, 모든 사람들의 모범이 된다.[71]

---

71) 「繫辭下傳」, 5장, "子曰知幾 其神乎ᆫ뎌 君子 上交不諂하며 下交不瀆하나니 其知 幾乎ᆫ뎌 幾者는 動之微니 吉之先見者也니 君子 見幾而作하야 不俟終日이니 易曰介于石이라 不終日이니 貞코 吉타하니 介如石 焉커니 寧用終日이리오 斷可識矣로다 君子 知微知彰知柔知剛하나니 萬夫之望이라."

226

이렇게, 미미하지만 결정적인 조짐을 깨달았다면 그때가 바로 주체로서도 조건으로서도 가장 좋은 시점, 즉 최적(optimum)의 상태이며, 이때 일을 추진해야 한다. 그리고 가능하다면 그 최적의 상태를 오래도록 유지하는 것이 중요하다. 그래서 『주역』은 그러한 최적의 상태에서 '멈추라'(止)고 말한다.

> 간괘는 멈춤이다. 시기적으로 멈춰야 할 때면 멈추고 시기적으로 행동해야 할 때면 행동하니, 움직임도 멈춤도 모두 그 적절한 때를 벗어나지 않아서 그 도가 밝게 빛난다. 간괘에서 멈춘다는 것은 멈춰야 할 곳에서 멈춤이다.[72]

여기서의 '멈춤'이란 아무것도 하지 않는 정지를 의미하는 것이 아니라 최적의 상태를 유지함을 의미한다. 가장 최적화된 상태를 유지함으로써 최소의 비용으로 최고의 효과를 산출하는 것이다. 그래서 유학자들은 역대로 간괘(艮卦(☶))를 중시했다. 간괘는 위와 아래가 모두 간괘(艮卦)로 구성되어 산을 상징한다. 산은 움직이지 않는다. 그래서 '멈춤'(止)이라는 의미를 지니게 된다. 최적의 상태에 머무른다는 것은 자신이 있어야 할 곳에서 멈춘다는 것을 의미한다. 『논어』의 "군주는 군주답고 신하는 신하답고 부모는 부모답고 자녀는 자녀다워야 한다"[73]라는 말은 각자가 맡은 역할에 충실해야 함을 의미한다. 『주역』에서의 '멈춤' 역시 이러한 역할과 지위에 맞는 행위모형을 의미한다.

---

72) 艮卦, 「象傳」, "艮은 止也니 時止則止하고 時行則行하고 動靜不失其時 其道 光明이니 艮其止는 止其所也일새라."
73) 『論語』, 「顔淵」, 11장, "齊景公問政於孔子, 孔子對曰, 君君臣臣父父子子."

각자가 자신이 맡은 역할을 수행하고 타자의 권리와 권한을 침해하지 않는 이상적인 상태를 유학자들은 '각자가 자신이 있어야 할 곳을 얻음'(各得其所)이라고 표현했다. 이는 불교의 화엄사상에서 영향을 받은 것으로서, 각자가 자신의 소임을 다해 내고 서로가 유기적인 관계를 이루어 가는 정합적인 사회상을 표현한 것이다. 물론 이러한 사상에는 신분제나 성역할을 고착시키는 전근대성이 숨겨져 있을 수 있다. 그러나 그 자리에 있어서는 안 될 사람이 그 자리에 있지 않도록 해야 한다는 의미로 읽는다면 오히려 충분히 역동적이고 사회비판적인 측면으로 해석될 수도 있다. 또한 『주역』적 사고에서는 어떠한 역할도 고립적이지 않기 때문에, 관계적 적절성을 수행하라는 것으로도 해석할 수 있다. 부모에게는 자식으로서, 자녀에게는 부모로서 각각의 관계적 역할이 혼동되어서는 안 된다.

　　그러나 아무리 최적화된 상태라 하더라도 변하지 않을 수는 없다. 세상의 모든 것은 변하기 때문이다. 변화에 맞춰 변해야 한다는 것은 『주역』의 가장 기본적인 원리다. 때문에 상황이 변하여 그 일을 더 이상 해서는 안 되겠다는 판단이 서게 되면 과감히 그 일에서 손을 떼고 물러설 줄을 알아야 한다. 그것이 마침(finish)의 단계다. 건괘乾卦의 '뛰어오른 용'은 "높이 날아오른 용이 하늘에 있으니 대인을 봄이 이롭다"[74]라는 최적의 단계를 통해 많은 일들을 수행해 내지만, 그 역시도 어느 단계에서는 물러나야 할 때에 이르게 된다.

　　너무 높이 올라간 용이니 (움직이면) 후회가 있으리라.[75]

---

74) 乾卦, 九五 爻辭, "飛龍在天이니 利見大人이니라."
75) 乾卦, 上九 爻辭, "亢龍이니 有悔리라."

누구나 '최고의 순간'을 계속해서 유지하고 싶을 것이다. 그러나 아무도 그럴 수는 없다. 조건이 변하기도 하고 돌발적인 변수가 생기기도 하고 주체가 변하기도 한다. 그럴 때는 더 이상 '올라가면' 안 된다. 너무 높이 올라간 이카루스처럼 건괘 상구효는 너무 높이 올라가 버렸다. 때문에 '움직이면', 즉 어떤 일을 하기만 하면 곧 후회가 생기게 되는 것이다. 어째서 너무 높이 올라가는 것은 좋지 않은가? 이에 대해 「문언전」은 이렇게 설명한다.

> 너무 높이 올라갔다는 표현은, 앞으로 나아갈 줄만 알고 뒤로 물러날 줄은 모르며 살아남을 줄만 알고 죽을 줄은 모르며 움켜 쥘 줄만 알고 잃을 줄은 모른다는 의미이다.[76]

나만 계속해서 이익을 얻고 나만 계속해서 권력을 쥐고 나만 계속해서 살아남겠다는 말은 남들이야 어떻게 되든 상관없다는 말이 된다. 나는 살아남을 테니 너는 죽으라는 말이며, 나는 계속해서 움켜 쥘 테니 너는 내어놓으라는 말이다. 친구 간에도 계속해서 한 사람만 밥을 사면 문제가 된다. 하물며 계약적 관계에서, 서로가 서로의 이익을 위해 다투는 관계에서 계속해서 너만 손해를 보라는 것은 있을 수 없는 일이다.

모든 '자리'에 있는 사람은 기득권이다. 더 이상 올라갈 자리가 없다면 뒤에 오는 사람을 위해 비켜날 줄을 알아야 한다. 측근들과 아첨하는 사람들은 계속해서 역할을 해야 한다고 말하지만, 나 아니면 안 된다는

---

76) 乾卦, 「文言」, "亢之爲言也는 知進而不知退하며 知存而不知亡하며 知得而不知喪이니 【本義】所以動而有悔也. 其唯聖人乎아 知進退存亡而不失其正者 其唯聖人乎ㄴ져."

생각은 손쉽게 독선과 아집으로 흐른다. 진취적인 기상과 상상력이 없어지고 매너리즘에 빠질 무렵이라면, 그건 더 이상 전체를 위한 것이 아니라 자신의 사적인 이익만을 위한 것임을 깨달아야 한다. 스스로를 잘 알아야 한다. 물러날 때를 놓쳐 구설수에 오르거나 물러나려 하지 않아 추해지는 경우가 너무도 많다. '움직이면 후회가 있다'는 말은 움직이지 말라는 말이다. 일의 주체가 되지 말고 한 발 물러서라는 말이다. 추해지기 전에 존경받는 원로로 물러날 줄을 알아야 한다는 것이다.

때문에 반대로 더 이상 올라갈 자리가 없는 자리로는 안 가는 게 좋다. 제일 앞에 있다는 것은 제일 먼저 제거될 수 있다는 말이기도 하다. 그래서 『주역』은 제일 앞에 서는 것을 좋게 보지 않는다. "하늘의 덕성은 머리가 되는 것을 옳게 보지 않는다."[77] 머리가 된다는 것은 적의 타깃이 됨을 의미한다. 이제 앞으로는 물러날 일밖에 없음을 의미한다. 때문에 머리가 되었다고 좋아하지 말라는 말이다. 최강의 처신술이라고 볼 것이 아니라, 뭐든 과하지 말라는 가르침이라고 들어야겠다. 『주역』은 일의 추진에 있어서도 극강의 정도를 좋은 것으로 보지 않는다.

> 몽매한 이를 깨우쳐 주는 데 있어서는 스스로 도적이 되는 것은 이롭지 않고 도적을 막는 정도가 이롭다.[78]

이 구절은 몽매함을 상징하는 몽괘蒙卦(䷃)의 마지막 상구 효사다. 몽매함을 깨우쳐 주는 주체로서의 상구 양효가 나머지의 몽매함을 깨우쳐 주는

---

77) 乾卦, 用九 「象傳」, "天德은 不可爲首也라."
78) 蒙卦, 上九 爻辭, "上九, 擊蒙이니 不利爲寇오 利禦寇하니라."

상황인데, 그 정도가 몽매함을 깨우쳐 주는 수준에서 그쳐야지 스스로 공격적으로 무엇인가를 해서는 안 된다는 말이다. 몽매함을 깨우쳐 주는 문제마저도 지나칠 경우는 상대의 거부감을 불러올 수 있다. 쥐도 도망갈 곳이 없으면 고양이를 문다고 했다. 지나친 의욕은 과도한 것이 되기 쉽다. 때문에 애초의 의도에서 벗어난 자기과시일 수 있고, 상대의 저항에 부딪혀 바람직한 결과를 저해할 수도 있다. 즉 『주역』은 뭐든지 과하면 좋지 않다는 것이다. 공자는 "과한 것은 부족한 것과 같다"(過猶不及)라고 했다. 지나침도 모자람도 없는 상태가 바로 가장 '적절함'이다.

효위설爻位說 — 효의 자리로 길흉을 푼다

『역전』은 『역경』의 괘효사에 나오는 길흉의 결과를 괘상의 구조로 설명하려 했다. 괘의 모양이 어떠냐에 따라 그 길흉의 결과가 필연적으로 그렇게 나올 수밖에 없었다는 설명이다. 그런데 괘의 모양을 푸는 방식은 언제나 "지금 너는 어떤 상태이고 또 누구와 있느냐?"이다. 주체가 어떤 상태인지조차도 전체와의 관계 속에서 결정된다. 때문에 이 모든 것은 관계의 문제라고 할 수 있다.

『역전』에서 괘상의 구조를 분석하는 틀에는 당위설當位說, 추시설趨時說, 중위설中位說, 응위설應位說, 승승설承乘說, 왕래설往來說 등이 있다. 이 중 당위설과 추시설은 시간적 조건과 그 변화에 따른 이해방식이다. 나머지 넷은 한 괘 내의 다른 효와의 관계로 효의 길흉을 설명하는 방식으로, 이에 대해서는 다음 장에서 다루도록 하겠다.

당위설當位說이란 그 위치가 적당하냐에 의한 판단 방법을 말한다. 여섯 개의 효에서 1, 3, 5 즉 홀수 자리의 효를 양의 자리 즉 양위陽位라고 부르고, 2, 4, 6 즉 짝수 자리의 효를 음의 자리 즉 음위陰位라고 부른다. 양의 자리에는 양의 효가 오고 음의 자리에는 음의 효가 와야 적당하다(當). 반대로 양의 자리에 음의 효가 오거나 음의 자리에 양의 효가 있으면 적당하지 않다(不當). 『주역』의 63번째 괘는 기제괘旣濟卦(☲)다. 괘상에서 보이는 것처럼 여섯 효가 양의 자리에는 양효가, 음의 자리에는 음효가 온 '적당한' 괘다. 그래서 완벽함 혹은 '다 이루었다'는 뜻의 '기제旣濟'가 되는 것이다.

'당위'란 있을 자리에 있다는 말이다. 있어야 할 사람이 있어야 할 자리에 있느냐는 말이다. 아버지는 아버지의 자리에 있어야 하고 아들은 아들의 자리에 있어야 한다. 역할에 맞는 자기 자리 찾기를 의미한다. 임금의 자리에는 임금다운 이가 와야 하고 신하의 자리에는 신하다운 이가 와야 한다. 그런데 재미있는 것은 이 기제괘 다음에 『주역』은 다시 미제괘未濟卦(☲)로 끝을 맺는다. 64번째의 마지막 괘가 '아직 다 끝나지 않았다'는 뜻의 미제괘가 되는 것이다. 완성이란 『주역』에서 있을 수 없다. 미제괘는 괘상에서 보듯이 모두가 '부당위'다. 엔트로피의 극대화다. 이 불안함은 다시 변화의 역동성이 된다. 재미있다.

추시설趣時說이란 지금 상황이 어떤 방향으로 발전해 가고 있느냐에 의한 판단 방법이다. 지금 변화가 발전해 가는 방향이냐 아니면 퇴락해 가는 방향이냐에 따라 행동할 것이냐 말 것이냐가 결정될 수 있다. 쇠도 달궈졌을 때 치라고 했다. 상황파악능력을 의미하며, 크게는 역사인식이라 고도 할 수 있다. 삼십 년 전 한중수교가 될 무렵 나는 대학생이었다. 죽의 장막 적성국가와 외교관계를 여는 순간이었다. 이제 와 생각하니 우리나라가 미국의 영향으로부터 중국의 영향으로 회귀하는 첫발에 해당했다. 한반도가 미국의 영향을 받은 것이 지난 한 세기였다면 중국의 영향을 받아 온 것은 수천 년이다. 지정학적으로 그럴 수밖에 없다. 하지만 그 무렵 나는 중국으로 자유롭게 여행할 수 있다는 것 이상으로는 별로 생각하지 못했던 것 같다.

시간과 세계의 변화, 그 변화의 현상 너머에 있는 의미를 정확히 간취할 수 있는 것은 아무나 할 수 있는 일이 아니다. 이 능력이 바로 통찰력이다. 통찰력은 관심에서 나오고 훈련을 통해 배양될 수 있다.

11. 관계의 적절함(中正과 應比)

『주역』이 보는 적절함이 요구되는 두 번째 경우는 타자와의 '관계'다. 물론 시간의 적절함 역시 큰 틀에서는 관계의 적절함이라고 할 수도 있다. 여름에 시원한 물을 마시고 겨울에 따뜻한 물을 마시는 것은 항온동물 이라고 하는 나의 문제이기도 하지만, 여름과 겨울이라고 하는 환경이 주는 문제이기도 하기 때문이다. 내 주위를 둘러싼 환경이란 언제나 나와의 관계 속에서 의미를 갖기 마련이다. 그래서 "여름엔 어떻게 지내야 하는가?" 는 "여름과는 어떻게 잘 지낼 수 있는가?"이기도 하다. 이렇게 시간적·종적 계기는 관계적·횡적 환경과 별개일 수 없다.

다만, 동일한 시점에서도 상이한 '관계'는 존재한다. 나는 아들이면서 동시에 남편이고 또 아버지다. 나를 둘러싼 관계, 그 중에서도 가장 중요한 '인간관계'가 바로 『주역』이 중시한 적절함의 환경이다. 내 주변에 지금 어떤 사람들이 있는지에 대한 정확한 이해가 있을 때 자신이 무엇을 해야 하고 무엇을 조심해야 하는지를 파악할 수 있는 것이다. 때문에 일을 추진하기에 앞서서 내 주변에 있는 사람에 대한 이해가 우선되어야 한다.

중위설中位說 — 가운데가 좋다

중위中位란 소성괘 즉 팔괘의 구조에서 두 번째의 효가 세 효 중의 가운데에 오는데 이 효는 일반적으로 좋은 위치에 있다는 관점이다. 때문에 대성괘에서는 중위가 2효와 5효 두 개가 되고, 이 둘은 모두 좋은 위치가 된다. 그래서 대부분의 2효와 5효에 대한 길흉의 결과는 좋다는 것이 『역전』의 관점이다. 예컨대 겸괘謙卦(䷎)의 경우는 2효가 "울림이 있는 겸손함이니 바르고 길하다"[79]이고 5효는 "많은 사람들을 모으지 않더라도 전쟁을 치르기에 이로우니 이롭지 않음이 없다"[80]이다. 2효는 음의 자리이기 때문에 당위라고 할 수 있지만 5효의 경우는 양의 자리이기 때문에 당위도 아니다. 그럼에도 불구하고 '이롭지 않음이 없'을 수 있는 이유는, 기본적으로 그것이 가운데의 자리이기 때문이다. 이처럼 『주역』에서 2효와 5효 즉 중위의 자리는 기본적으로 좋은 효로 이해된다.

왜 중위는 좋은 자리가 되었을까? 『주역』의 대성괘는 두 개의 소성괘 즉 상괘와 하괘의 구조로 이루어져 있다. 그래서 상괘와 하괘의 상호적 관계로 전체 괘를 해석한다. 그리고 3효에서 4효 즉 하괘에서 상괘로의 전환은 중요한 상황의 변화로 이해된다. 때문에 하괘는 하괘대로, 상괘는 상괘대로 마치 전반전과 후반전처럼 나름의 독립적인 상황이 되는 것이다.

---

79) 謙卦, 六二 爻辭, "鳴謙이니 貞코 吉하니라."
80) 謙卦, 六五 爻辭, "不富以其隣이니 利用侵伐이니 无不利하리라."

따라서 각각의 소성괘에서 가운데가 아닌 자리는 처음이거나 마지막이 된다. 초효는 이제 막 시작하는 단계로서 적극적으로 뭔가를 할 수 있는 자리가 아니다. 3효는 하괘의 마지막으로서 이제 상괘로의 전이를 준비해야 하는 안정되지 않은 자리다. 또 4효는 5효라고 하는 막강한 권력의 바로 아래에 있는 자리로서 자기 역할을 다하면서도 나서면 안 되는 조심해야 하는 자리다. 상효는 전체적인 상황이 종료되는 시점이기 때문에 당연히 좋을 수가 없다. 최종적으로 마무리하고 물러나야 할 시점이기 때문에 적극적으로 움직인다는 것은 도리어 자신에게 해가 된다. 때문에 남는 자리는 2효와 5효 각각의 중간이 되는 것이다.

나의 경험으로 "뭘 하든 중간만 해라"라는 조언은 군대 훈련소에서 요긴했다. 군대에서는 줄을 잘 서야 한다. 되도록 상관의 눈에 띄지 말아야 한다. 앞에 서면 일을 시킬 수 있다. 그렇다고 뒤가 좋은 것도 아니다. 늦으면 늦었다고 혼날 수도 있고, 갑자기 '뒤로 돌아' 하면 앞이 될 수도 있다. 가운데가 좋다. 처음은 시행착오를 겪기 쉬운 위치다. 비용은 많지만 들인 만큼 결과를 보기 어려운 자리다. 마지막은 끝물이다. 뭔가를 야심차게 시작하기에는 이미 늦었다. 가운데는 좌우로 보나 상하로 보나 사람들을 가장 많이 만날 수 있는 자리다. 극단적인 생각을 가진 사람들은 서로 말이 통하지 않는다. 만나서 말해 봐야 싸움만 된다. 그들에게는 중재할 수 있는 중도의 사람이 필요하다. 아랫사람이 곧바로 최고 책임자에게 말하기도 어렵고, 윗사람이 저 밑의 사람에게 직접 말하기도 그렇다. 중간은 행동대장이다. 일이 어떻게 돌아가는지도 알고 윗사람의 의중이 무엇인지도 안다. 때문에 맡은바 역할을 다 하면서도 자신의 의견을 반영할 수 있는 자리다.

역대의 주석가들은 그래서 2효와 5효를 무척 중시했다. 특히 대표적인 성리학자인 정이의 경우는 2효를 사대부士大夫로 5효를 황제로 규정하고서 『주역』 해석을 통하여 자신의 정치철학을 기탄없이 개진했다. 앞에서 예로 든 건괘乾卦의 경우, 2효는 "나타난 용이 둔덕에 있으니 대인을 만나 봄이 이롭다"이고 5효는 "나는 용이 하늘에 있으니 대인을 만나 봄이 이롭다"이다. 정이의 해석에 의하면 2효가 만나서 이로운 대인은 5효의 황제이고, 5효의 황제가 만나서 이로운 대인은 2효의 사대부다. 사대부는 정치적 식견을 갖추고 윤리적으로 훈련된 지식인을 의미한다. 이들은 자신의 정치철학을 실현시키기 위해서 황제를 만나야 한다. 그리고 황제 역시 훌륭한 정치를 펴기 위해서는 능력과 비전을 갖춘 젊은 지식인을 적극적으로 활용해야 한다. 바로 이것이 소위 '공치천하共治天下' 즉 '사대부와 황제가 천하를 함께 다스린다'는 이념이다.

여기서 잠시 지식인에 대해 생각해 보자. 우리 사회에서 의사나 판검사 혹은 교수가 저지른 범죄에 대해서는 일반인보다 더 엄격한 도덕적 기준을 들이대곤 한다. 그럴 때 흔히 동원되는 말이 '배운 사람'이다. 맞다. 이들은 분명 일반인보다 많이 배웠다. 그러나 그들이 배운 것이 무엇인지 한번 생각해 볼 일이다. 우리나라의 의사나 판검사들은 나름의 전문적인 지식을 정말 열심히, 정말 어렵게 공부한 것은 맞지만, 그렇다고 그들이 윤리적 훈련을 남들보다 더 많이 받은 것은 아니다. 교수 역시 마찬가지다. 교육자라는 신분에도 불구하고 우리나라의 교수는 남들보다 윤리적 훈련을 결코 더 받지 않는다.

그럼, 우리는 왜 이들에게 좀 더 엄격한 윤리적 자세를 요구하는 것일까? 그것은 모든 학문이 분리되지 않았을 때의 독서인상이 아직도 남아 있기 때문으로 보인다. 과거의 유자儒子는 관료이자 학자이며 사상가이자 교육자였다. 때문에 이런 이들에게 도덕적 훈련을 기대하는 것은 자연스러운 일이었다. 그러나 요즘의 관료는 학자도 사상가도 아니다. 학자 역시 모두가 윤리학이나 철학을 공부하는 것은 아니다. 공학자나 천체물리학자를 생각해보라. 이런 의미에서 그들은 '많이 배운 사람'이 아니다.

사르트르는 어떤 영역에 대해 많이 알고 있는 사람을 전문가로 인정할 뿐 지식인이라고 표현하지 않았다. 그가 말하는 지식인이란 어떤 영역에서든 자신이 속한 사회에 대해 책임의식을 지니고 참여하여 발언하고 행동하는 이를 의미한다. 이런 점에서 사르트르의 '지식인'은 성리학적 사대부와 맥을 같이한다. 누구나 의사나 판검사가 될 수는 없지만, 누구나 지식인이 될 수는 있다. 사르트르에 의하자면.

2효와 5효는 서로 만나야 하는데, 이는 각각이 중위이기 때문이면서 동시에 서로 대응의 관계라고 하는 응위의 자리이기 때문이다. 이로써 자연스럽게 응위로 넘어간다.

응위설應位說 ─ 누가 나의 조력자인가?

응위란 한 괘를 구성하고 있는 상괘와 하괘의 각 효는 서로 대응의 관계에 있다는 관점이다. 즉 1효는 4효와, 2효는 5효와, 3효는 6효와 서로 대응의 관계가 된다. 그래서 예컨대 1효의 경우에는 4효가 자신의 조력자가 된다. 그래서 1효가 양효일 때 4효가 음효이면 좋은 도움을 주는 자가 된다. 그러나 만약 1효도 4효도 모두 양효라면 그다지 좋은 조력자가 아니다. 즉 서로 대응의 관계에 있는 효는 서로 다른 성질의 것이어야 한다. 이것이 응위설이다.

응위의 관계에서 인상적인 괘는 대유괘大有卦(䷍)다. 대유괘는 괘의 구조로 볼 때 모든 효들이 양효고 오직 5효만 음효다. 당위설로 보자면 5효는 양의 자리이기 때문에 좋지 않다. 그럼에도 불구하고 괘사는 "많이 지니고 있어 크게 형통하다"[81]라고 했다. 이에 대해 「단전」은 이렇게 설명한다.

> 대유괘는 음효가 존귀한 자리에 있어서 훌륭한 중도를 지키니 위와 아래에 있는 모든 사람들이 그에게 응하기 때문에 '많이 지니고 있는' 것이 된다. 그 덕성이 강건하고 밝으며 하늘에 응하고 때에 맞춰 행하기 때문에 크게 형통하다고 한 것이다.[82]

'그 덕성이 강건하고 밝다'는 것은 이 괘가 강건함을 상징하는 건괘乾卦와 밝음을 상징하는 리괘離卦로 구성됐기 때문이다. '하늘에 응하고 때에 맞춰 행한다'는 것은 5효가 건괘의 중심인 2효와 대응의 관계에 있어서 건괘의 '하늘' 혹은 '하늘의 때'에 맞춰 움직인다는 말이다.

문제는 '음효가 존귀한 자리에 있어서 훌륭한 중도를 지킨다'는 것이다. 5효는 양의 자리이기 때문에 음효가 오는 것은 일반적으로 좋은 것이 못 된다. 그럼에도 불구하고 좋을 수 있는 이유는 2효와 대응의 관계에 있기 때문이다. 음효인 5효가 지니는 수용성이 2효가 지니는 양효의 적극성을 받아들이는 것이다. 더 나아가 이 괘는 5효만 빼고 나머지는 모두 양효다. 때문에 모든 양효가 5효만 바라보고 있는 형국이다. 복이 많은 이는 옆에서 다 해 준다. 자신이 조금 부족하더라도 옆에서 다 도와주기

---

81) 大有卦, 卦辭, "大有, 元亨하니라."
82) 大有卦, 「象傳」, "大有는 柔得尊位하고 大中而上下應之할새 曰大有니 其德이 剛健而文明하고 應乎天而時行이라 是以元亨하니라."

때문에 성과가 좋을 수밖에 없다. 모두들 자신을 바라보기 때문에 '많이 지니고' 있는 것이다. 즉 2효만이 아니라 나머지 모든 효들과 대응의 관계에 있는 것이다.

주변의 도움 없이 혼자의 힘으로만 일을 추진하기란 무척 어렵다. 비용은 많이 들고 결과는 생각만큼 나오지 않을 수 있다. 가능하면 모든 사람들을 자신의 편으로 만들어야 한다. 그래서 사람들은 사돈의 팔촌까지라도, 아니면 지연에 학연에 군대연이나 미용실연까지 '아는 사람'을 찾는다. 아니 만든다. 사람은 혼자 살아갈 수 없다는 것을 알기 때문이다. 1효는 신입사원에 해당한다. 회사에 들어갔는데 4효의 이사님이 잘해 주신다. 서로 만날 일도 없다고 생각했는데 언제 보셨는지 나를 잘 보셨나 보다. 툭툭 던지듯이 조언도 해 주시고 음으로 양으로 도움도 주신다. 4효는 키다리 아저씨다. 나도 모르게 내 주변에서 나에게 도움을 주는 사람이다. 4효는 장학재단이다. 학비가 없어서 전전긍긍할 때 보상 없이 도와주는 장학금이다. 이런 도움을 받을 수 있다면 럭키한 케이스다. 하지만 무엇보다 더 직접적이고 중요한 건 바로 옆에 있는 사람의 협력이다.

승승설承乘說 — 옆에 있는 사람한테 잘해라

승승이란 바로 위나 아래 즉 옆에 있는 효와의 관계를 말한다. '받들다'라는 의미의 승承은 위의 효에 대한 아래 효의 입장이고, '타다'라는 의미의 승乘은 아래의 효에 대한 위 효의 입장이다. 받들든 타든 인접해 있는 두 효는 서로 다른 성질의 것이 만나야 좋다. 나도 강한데 저 사람도 강하면 부딪칠 수밖에 없다. 내가 수용적이고 유약한데 저 사람도 물러 터졌다면 서로에게 도움이 되지 않는다. 서로 다른 성질의 사람이 만나야 서로에게 도움이 되는 것이다. 서로 다르면 기본적으로 좋지만, 그 중에서도 위가 양효이고 아래가 음효일 때 더 좋다고 여겨진다. 아무래도 윗사람이 주도적이고 적극적일 때 자연스럽다. 아랫사람이 윗사람을 보필하고 부족한 부분을 채워 줄 때 관계가 매끄럽다.

비괘賁卦(䷕)의 3효를 예로 들 수 있다. 그 효사는 "장식되어 있고 촉촉하니 계속해서 바르면 길하리라"[83]라고 되어 있다. 이에 대해 정이와 주희는 모두 승승의 관계로 설명하고 있다. 즉 양효인 3효는 음효인 2효와 4효의 가운데 위치하고 있기 때문에 2효와 4효가 모두 자신을 장식해 주고 있다는 것이다. 그러나 귀매괘歸妹卦(䷵)의 경우는 반대다. 귀매괘의 괘사는 "앞으로 나아가면 흉하니 이로울 것이 없다"[84]라고 했는데, 이에 대해 「단전」은 "이로울 것이 없는 이유는 음효가 양효를 타고 있기 때문이다"[85]라고 설명하고 있다. 이는 3효가 2효를, 5효가 4효를 타고 있는데 타는 주체는 음효이고 태우는 주체는 양효이기 때문에 이롭지 않다는 말이다.

상황적 합리성을 의미하는 '적절함'이란 자신에게 주어진 조건 속에서 자신이 할 수 있는 최선을 다하는 것이다. 결코 소극적이거나 나태한 자기합리화를 의미하지 않는다. 그러나 여기서 말하는 '최선'이란 어디까지나 타자와의 공존 공생이라는 전제 하의 것이다. 이기적 욕망의 무한 추구를 위한 타자에 대한 침탈은 동양적 사유에서 용납될 수 없다. 낮이 지나면 밤에게 양보하듯, 자신의 이익은 심지어 생명까지도 타인과 자연의 질서 속에서만 용납 받을 수 있다. 그것은 타자를 해할 뿐만 아니라 자신의

---

83) 賁卦, 九三 爻辭, "賁如濡如하니 永貞하면 吉하리라."
84) 歸妹卦, 卦辭, "歸妹는 征하면 凶하니 无攸利하리라."
85) 歸妹卦, 「象傳」, "无攸利는 柔乘剛也일새라."

존재 질서에도 위배되어 결과적으로 자신에게 불이익과 불행을 가져오기 때문이다.

따라서 이러한 사고에서는 탐욕적 자본주의의 무한 경쟁과 무한 욕망 추구는 어리석은 것이기에 옳지도 않을 뿐만 아니라 이익이 되지도 않는다. 경제적 부유함이 곧장 '잘 사는 것'으로 인정되는 우리 사회에서 과도한 소유와 비교가 오히려 주체를 소외시키고 있는 현실은 관계와의 적절함을 추구하는 동양적 사유에서 보면 어쩌면 지극히 당연한 결과다.

왜 이렇게 되었나? 내 주변의 사람들은 왜 비교와 경쟁의 대상 즉 적이 되었을까? 만인 대 만인의 투쟁이다. 물론 자본주의나 물신숭배 혹은 기호의 소비와 같은 문제점들을 제기할 수도 있지만, 나는 그 이유를 도시화·산업화에서 찾는다. 도시, 그것도 지극히 비정상적으로 비대해져 있는 서울이 문제다. 우리나라 인구의 거의 절반이 수도권에 살고 있다. 국토의 대부분이 얼음에 덮여 있거나 사막인 것도 아닌데 이런 것은 미쳤다고밖에 말할 수 없다.

서양 사람들은 친절하고 예의바른데 한국인들은 거칠고 막무가내라고들 한다. 미국에서는 하루에 스무 번 이상 땡큐와 쏘리 혹은 익스큐즈를 듣는다. 뭐가 그렇게 고맙고 미안한지. 그런데 뉴욕 같은 대도시에서는 그렇지도 않다. 내 인상 속의 맨해튼은 서울과 똑같았다. 문제는 인구밀도다. 사람이 예의와 에티켓을 지키려면 최소한의 물리적 공간이 필요하다. 만원버스에서는 아무리 영국신사라도 신체접촉을 피할 수 없다. 서울 같은 곳에서 차선 지키면서 끼어드는 차 다 양보하고 나면 출근 못한다. 적당히 '악바리'가 되지 않고는 버틸 수 없는 곳이다. 우리나라도 시골에는 여전히 배려와 인정이 있다. 인구집중만 사라지고 나면 우리 사회도 서구와 같은 예의와 배려가 살아날 것이라고 나는 확신한다.

문제는 집중이다. 서울로의 집중이다. 강남으로의 집중이다. 인터넷과 대중매체로의 집중이다. 서울과 강남 등은 '중앙'을 의미한다. 중앙으로의 집중은 그것이 '기준'이기 때문이다. TV와 스마트폰 그리고 인터넷은 그 기준을 전파하는 도구다. 왜 인터넷 포탈의 파워블로거나 댓글이 문제가 되는가? 그것이 기준이 돼서 개체를 단말기로 만들어 획일화시킬 수 있는 힘을 갖기 때문이다. 제레미 리프킨은 소유의 자본주의가 '접속'의 세계로 전환한다고 읽었다.[86] 여기서의 접속은 다자와 다자 간의 평등한 관계가 아니라 종속적이고 중앙집중적인 경향성을 지닌다. 그것이 바로 권력이기 때문이다.

인터넷과 대중매체의 중앙집중적 관계는 다자적·자율적·중첩적·책임적 관계망을 단절시키고 획일적·타율적·상업적·소외적 관계를 양성한다. 우리는 〈무한도전〉이나 〈나 홀로 산다〉 등에서 다 큰 어른이 노는 것을 쳐다보며 좋아한다. 물놀이가 하고 싶으면 나가서 하면 되고 음식을 먹고 싶으면 먹으면 된다. 그러나 우리는 구경할 뿐이다. 대중매체는 대리만족이라는 미명 하에 우리의 일상적이고 소소한 즐거움을 빼앗아 갔다. 그 흔하고 대단할 것 없는 술래잡기나 딱지치기도 이제는 저들을 통해서만 즐길 수 있게 되었다. 우리는 행위의 주체에서 관람자로 물러났다. 그러면서도 스스로는 그것을 '한' 것처럼 착각한다. 여럿이 앉은 식당 테이블엔 사람 수만큼의 스마트폰이 켜져 있다. 다자적·직접적 관계가 단절되고 있다. 이렇게 우리는 '상관없는 관계' 속에 던져지고 있다.

---

86) 제레미 리프킨, 이희재 옮김, 『소유의 종말』(민음사, 2009).

'중앙의 기준'은 우리 모두가 이 기준을 향해 달려갈 것을 요구한다. 그래서 누가 얼마나 더 그 기준에 근접해 있는지를 따지고 비교하게 만든다. 연대는 단절되고 지역사회는 해체된 채 '상관없는 관계'만 우리를 추동하기에, 우리는 누구도 배려할 필요가 없다. 때문에 중앙의 기준에 좀 더 가까운 이가 자신보다 못한 이를 업신여길 수 있는 것이다. 모든 '갑질'은 '상관없는 관계'에서 발생한다. 저가 나에게 아무런 영향을 주지 못한다고 생각할 때 배려와 존중이 불필요한 것이다.

우리 사회의 빈곤은 이제 절대적이기보다는 상대적이며, 생계적이기보다는 문화적이다. 물론 우리 사회에 여전히 존재하는 절대빈곤은 계속해서 극복되어야겠지만, 그 보다는 좀 더 문화와 가치 측면에서 풍성하고 다양해져야 하는 국면이다. 여기서 내가 말하는 '문화적'이란, 뮤지컬 공연이나 전시회를 다닐 수 있는 여유를 의미하지 않는다. 그보다는 타인을 배려하고 포용하고 관용하며 함께할 수 있는 관계적·사유적 의미를 지칭한다.

타자를 밀어내는 경쟁에서는 결코 풍성함과 다양함이 존재할 수 없다. 여러 '다름'들이 상호존중 속에서 공존하고 서로 섞일 때만이 풍성함과 다양함은 싹틀 수 있다. 타자에 대한 배려와 존중은 필연적으로 자신에 대한 검속과 절제를 요구한다. 때문에 최고가 아닌 적절함을, 독존이 아닌 공존을 보다 가치롭게 여기는 동양적 사유는 이러한 시대적 요구에 부응하는 새로운 가치관이 될 수 있는 것이다.

과도한 경쟁은 불필요한 비용 속에서 개인을 지치게도 하지만 분노나 무기력 같은 사회적 비용을 초래하기도 한다. 집단 따돌림이나 자살률 증가 혹은 삼포세대(연애, 결혼, 출산 포기)와 같은 사회적 병리 현상은 우리 사회가 얼마나 중증이며, 이것이 개인의 노력으로만 해결될 수 있는 것이 아님을 말해 주고 있다. 이런 상황에서는 풍성함이나 다양함이 오히려 사치처럼 보인다. 그러나 그럴수록 풍성함과 다양함을 찾는 노력을 게을리 하지 않아야 한다. 이제는 최소한 살기 위해서, 행복하기 위해서 내려놓아야 한다. 주변을 돌아보고 함께 공존해야 한다.

거대한 사회적 운동이 필요한 시점이다. 문화적이고 윤리적이고 가치적인 측면에서의 혁명이다. 적절함의 의미와 가치에 대한 탐색은 이 거대한 변화에 방향키가 되어 줄 것이다.

이익을 대하는 『주역』의 자세

무엇이 이익인가?

지금까지 우리는 『주역』이 보는 잘 사는 요령을 살펴봤다. 『주역』의
제안은 적절함이었다. 그러나 적절함이란 잘 삶의 구체적 내용이 아니라
그 형식적 기준이다. 적절함이란 어떤 상황에서도 요청되는 황금률이겠지만,
『주역』은 특별히 시기의 적절함과 관계의 적절함에 집중했다. 너무 이르지도
너무 늦지도 않게 적당한 대상에게 적당한 만큼만. 적절함이란 분명 유용하면
서도 동의할 수 있는 행동의 규준이라고 할 수 있다.

그러나 최고의 노력과 집중력으로 적절하게 행동한다 하더라도 언제나
좋은 결과만 주어지는 것은 아니다. 앞에서 살펴본 것처럼 우리네 삶이라는
것이 언제나 의지의 힘만으로 해결되지는 않기 때문이다. 태어날 때 부여받는,
혹은 어느 날 갑자기 허리케인처럼 휘몰아쳐 와 내 인생을 송두리째 흔들어
놓는 운명, 그리고 끊임없이 내 주변에서 나를 힘들게 하는 의지적인 부조리
유발자 즉 나쁜 놈들, 이런 것들이 우리의 삶을 힘들게 한다. 따라서 적절함이라
는 형식적 규준은 때로 공허한 조언에 불과할 수도 있다. 우리에게는 뭔가
좀 더 직접적인 행동의 방침이 필요하다.

'잘 사는 법'이라는 애초의 질문으로 돌아오자. 어떻게 사는 것이 잘
사는 것인가의 『주역』적 기준은 '이익'이다. 이익은 결과로만 측정될 수

있다. 『주역』은 의무론적 윤리관이나 동기주의와는 거리가 있다. 오직 결과적으로 어떤 것이 내게 이익이 되는가 혹은 어떤 것이 좋은 결과를 만들어 내는가가 기준이 될 뿐이다. 다만 무엇을 '최종적 결과'로 받아들일 것인가에 대해서는 이견이 있을 수 있다. 바로 이 사태에 대한 결과만을 독립적으로 분리해서 생각할 수도 있고, 여러 사태들의 연관을 통해 얻어지는 보다 포괄적이고 총체적인 결과를 최종적이라고 생각할 수도 있다.

예컨대 엘리베이터 줄서기를 생각해 보자. 남들은 다들 성실하게 줄을 서고 있는데 나만 슬쩍 껴들기를 해서 많은 비용을 들이지 않았다고 해 보자. 뒷사람의 비난이나 눈총 정도는 있을 수 있지만, 그렇다고 경찰에게 딱지 떼는 게 아니라면 분명 비용대비 효과는 만족할 만할 것이다. 그렇다면 이러한 행위는 내게 이익이 된다. 그런데 만약 공중도덕을 무척 중시하는 내 상사가 껴드는 나를 뒤에서 봤다고 해 보자. 나에 대한 인상은 그야말로 형편없게 될 것이고, 분명히 이는 내게 불이익으로 돌아올 것이다. 구설수나 직장 상사의 평가가 아니더라도, 내가 지키지 않은 줄서기 때문에 모두들 더 이상 줄서기를 하지 않는 직접적인 상황도 생각해 볼 수 있다. 더 이상 줄을 서지 않기 때문에 이젠 껴들기도 할 수 없게 되었다. 만인 대 만인의 투쟁이다. 모두들 불편하고 불쾌하며 불리하다.

여기서 우리는 한 사태의 독립적인 이익을 따지는 것이 얼마나 어리석은 짓인가를 확인하게 된다. 이 사태는 다른 사태의 원인이 될 수도 있고, 지금의 결과는 장기적인 관점에서 다르게 평가될 수도 있다. 그러면 우리는 어디까지를 고려해야 할까? 공간적·시간적으로 고려될 수 있는 모든 것을 고려하는 것이 물론 좋겠지만, 공간적·시간적 거리가 멀어질수록 나에게 미치는 영향은 줄어들 수밖에 없다. 때문에 경제원리에 의해 내가 고려해야 할 관계의 거리는 내게 미치는 영향의 정도에 의해 선택될 것이다.

『주역』의 역사는 고려의 범위를 내 개인의 단계를 넘어선, 사회 혹은 후대의 역사 전체까지로 점차 확장시켜 가는 경향을 보인다. 그래서 점점 '내 이익'을 객관화하고 대상화할 것을 요구한다. 그러나 그것은 지나치게 『주역』의 '제안'을 '규범적'으로 만드는 것이다. 나는 자랑스런 태극기 앞에 조국과 민족의 무궁한 발전을 위하여 몸과 마음까지 바칠 생각은 없다. 그리고 민족중흥의 역사적 사명을 띠고 이 땅에 태어난 것 같지도 않다. 이러한 경향은 분명 나의 사적 이익 추구라고 하는 애초 『역경』의 관점에서 벗어난 것이다.

하지만 자신의 이익을 확보하기 위해서라도 장기적인 관점과 타인을 고려·배려하는 고차적인 행동방식이 필요하다는 점 역시 분명하다. 때문에 『역전』 이후에서 보이는 이러한 '규범화'는 어떤 의미에서는 최종적인 이익 추구를 위한 고도의 행동요령이라고도 할 수 있다. 따라서 이것은 이익과 도덕의 관계 문제이면서 어떻게 하면 더 많은 이익을 챙길 것인가에 대한 문제이기도 하다. 나는 『역전』 이후 역학의 역사에서 제시하는 수많은 규범적 태도들이 '내 이익 추구'라고 하는 애당초 『주역』의 기준으로부터 멀어져 간 것이라고 보지 않는다. 오히려 '항구적이고 최종적인 이익을 확보하는 방법'이라고 규정하고 싶다.

내 이익을 방해하는 것들

앞 장에서 우리는 『주역』이 세계를 법칙적으로 이해한다고 보았다. 그래서 그러한 법칙에 부합하는 삶을 살아야 한다는 것이다. 법칙이 존재하기 때문에 우리는 예측이 가능하고 판단과 선택을 할 수 있는 것이다. 물론 우리가 사는 세상은 결정된 세상이 아니기 때문에 『주역』이 말하는 법칙이란 $f(x) = y$ 라는 식의 개연성으로 설명될 수 있다고 했다. 법칙성과 개연성 사이에는 무엇이 존재하는가? '그렇다'는 엄밀함이 '그럴 것이다'로 내려오는 유연함에는 '운명적 우연성'과 '의지적 부조리'가 작용한다.

삶이란 사태, 관계, 시간, 공간 등의 '조건'과 주체의 '의지'가 어우러진 것이다. 조건은 내가 선택한 것도 아니고 내가 어떻게 할 수 있는 것도 아니다. 그래서 몰이해적이고 우연적이며 폭력적이기까지 하다고 했다. 아무리 열심히 살아도 내일 교통사고로 죽을 수 있는 것이 우리네 인생이다. 우리를 배려하지 않는 이 우연적 조건들을 우리는 어떻게든 이해해야 한다. 어떻게든 받아들이고 삼켜야 한다. 『주역』은 세계를 법칙적으로 보지만, 동시에 이 우연적이고 몰이해적인 조건의 작용을 인정한다. 그래서 그러한 조건마저도 포함하여 고려한 '최종적 제안'을 제시하고자 한다.

삶의 한 축인 의지 역시 법칙을 깨는 중요한 요인이다. 더 이상 개천에서 용 나는 세상이 아니라고 하지만, 여전히 암울한 현실에 굴복하지 않고 꿋꿋하게 살아 내는 사람들이 있다. 이런 사람들은 우리의 예상을 통쾌하게 깨 준다. 즐거운 일이다. 그러나 부정적인 의지도 생각할 수 있다. 어떤 이유에선지 자신의 삶을 망쳐 버리려는 안타까운 의지를 고려해 볼 수 있다. "망가질 테다!" 하지만 이런 경우는 『주역』의 관점에서 보면 충분히 미련한 생각이다. 자신의 삶보다 더 중요한 것은 없기 때문이다.

그러나 더 큰 문제는 이 의지가 내게만 있는 것이 아니라는 점이다. 『주역』은 기본적으로 인간을 이익 추구의 존재로, 즉 욕망의 존재로 읽고 있다. 타인 역시 욕망의 존재로서 자신의 욕망 추구를 위해 최선을 다할 것이며, 그것이 때로는 나의 이익을 침해하기도 한다. 각자가 정해진 규칙

안에서 자신의 이익을 추구하는 것은 오히려 '법칙적'으로 예측이 가능하다. 문제는 타자가 정해진 규칙을 지키지 않는 '부조리'를 범하는 경우다. 나는 이것을 타자에 의한 '의지적 부조리'로 표현한 것이다. 우리는 '의지적으로 부조리를 만들어 내는 타자'를 그냥 '나쁜 놈'이라고 부른다. 세상엔 나쁜 놈들이 너무 많다. 그래서 세상은 정해진 방식으로 법칙적으로 굴러가지 않고, 따라서 예측은 빗나가곤 한다.

물론 『주역』적 관점에서 이런 나쁜 놈들은 주어진 법칙에 따르지 않는 자들로서 최종적으로는 좋지 못한 결과를 맞게 될 것이다. 그래서 이런 자들이 법칙의 응징을 받고 나면 세상은 다시 법칙대로 굴러 가게 될 것이며 나의 불이익도 해소될 것이다. 그런 점에서 『주역』은 도덕적 낙관론 이라고 할 수 있다. 법칙은 실현된다고 하는 믿음이 법칙에 따르지 않는 '예외적인' 부도덕함의 패배를 예측하는 것이다. 그것이 예측인지 희망인지 요청인지는 독자의 판단에 맡기고자 한다. 우선 나는 『주역』의 관점을 소개할 뿐이다.

결론적으로 세상은 대체로 법칙적이지만 우연한 조건과 부조리한 상황 때문에 반드시 그렇다고 할 수는 없는 것이다. 그래서 우리는 이 우연한 조건과 부조리한 상황까지도 고려된 '제안'을 필요로 한다. 내일 어떻게 될지 알 수 없고 또 내가 동의할 수 없는 부조리가 판치는 세상에서 나는 어떻게 해야 잘 사는 것이 되는가? 이것이 최종적 제안이 되어야 한다.

그래서 『주역』의 제안을 우리는 세 가지로 나눠서 생각해 볼 수 있다. 첫째는 예측 가능한 인소들에 의한 개연적 세상에서의 삶의 태도다. 둘째는 부조리한 세상을 살아가는 방법이다. 셋째는 아무리 법칙적으로 성실히

살아도 해결되지 않는 숙명적 조건을 대하는 태도다. 이제 하나하나 장을
나눠 추적해 보자.

12. 조심하라, 잘난 체 말라, 수용성, 우환의식

최선을 다하라

예측 가능한 법칙적 세상에서는 당연히 열심히 살아야 한다. 열심히
하지 않고 얻게 되는 요행을 『주역』은 말하지 않는다. 모두들 자신의
이익을 위해 애쓰기 때문에, 그런 타인에게 도움이 되지 않는 나를 도와
줄 이는 없다. 하늘은 스스로 돕는 자를 돕지만 인간은 자신을 돕는 자를
돕는다. 그것이 호혜적 원칙이다. 자신의 이익을 추구하는 평범한 인간들의
당연하고도 현명한 행동방식이다. 네가 이걸 해 주면 나는 그걸 해 주겠다.
이번에 네가 밥을 사면 다음에 내가 술을 사겠다. 열심히 일하면 승진시켜
주고 월급도 올려 주겠다. 이것이 지극히 상식적인 계약적 관계에서의
행동요령이다. 때문에 자신에게 주어진 역할을 성실하게 수행하는 것은
'잘 사는 법'의 기본 중의 기본이다. 그러나 때로는 나의 이러한 성실함을
몰라 줄 때도 있다. 오해가 있을 수도 있다. 그럴 경우에도 『주역』은
개의치 말고 꿋꿋이 너의 할 일을 하라고 말한다.

하늘의 움직임은 강건함이니, 훌륭한 사람은 그것을 본받아 스스로를 강
건하게 하여 쉬지 않는다.[87]

---

87) 乾卦, 「象傳」, "天行이 健하니 君子 以하야 自彊不息하나니라."

'하늘'로 대변되는 이 우주의 법칙이 강건함이듯, 인간은 강건하게 쉬지 말고 자신의 일을 수행해야 한다는 말이다. 이렇게 성실하게 살기 위해서는 항상 자신을 다잡는 긴장감이 요구된다. 그것은 직접 그 일을 할 때뿐만 아니라 한 발 물러서 있을 때도 계속해서 조심하고 잊지 않는 태도로 나타나기도 한다.

> 훌륭한 사람은 하루 종일 열심히 일하고 밤이 되어서도 긴장을 풀지 않는다. 이렇게 하면 힘은 들겠지만 허물은 없을 것이다.[88]

세상에 대충해서 될 일은 없다. 아무리 작은 일이라도 우리는 최선을 다해야 하고, 최선을 다하는 것에는 항상 '관심'이 요구된다. 그것이 완전히 끝나기 전까지는 그것에 대한 관심을 거두지 않는 것이다. 때문에 밤이 되어서도 긴장을 풀지 않아야 한다. 이러한 긴장감은 어떤 특정한 일에 대해서도 요구되지만 전반적인 태도에서도 요구된다. 이 일이 끝나더라도 다시 저 일이 있고, 결국 우리의 삶이란 무수한 일들의 연속이기 때문이다. 그래서 후대의 유자들은 이 긴장감을 '공경함'(敬)이라고 표현했다. 마치 제사를 지내듯, 혹은 하나님을 대하듯[89] 최대한의 긴장감과 공경함을 유지하는 것이 일을 성공적으로 처리하는, 그리고 더 나아가 내 삶을 성공적으로 꾸려 내는 태도라고 본 것이다.

긴장감을 지니고 자신을 검속하는 것은 특히 중요한 상황일 때 더더욱 요구되는 태도다. 평소에야 별문제지만 회사의 중역들을 상대로 브리핑을

---

88) 乾卦, 九三 爻辭, "君子 終日乾乾하야 夕惕若하면 厲하나 无咎리라."
89) 『論語』, 「八佾」, 12장, "祭如在, 祭神如神在."

할 때라면 당연히 더더욱 조심해야 한다. 이 중요한 상황에서의 실수나 나태는 치명적인 불이익을 가져다 줄 것이 분명하다. 거기에 더하여 상대가 호시탐탐 나의 빈틈을 노리는 자라면 그건 말할 것도 없다. 『주역』에서 5효는 대부분 임금으로 이해되고 4효는 임금을 보필하는 태자 혹은 재상宰相 즉 2인자로 이해된다. 회사로 치면 5효는 사장, 4효는 이사 정도라고 할까? 그런데 곤괘坤卦처럼 5효가 음효인 경우는 적극적이고 대범하지 못한 임금 혹은 사장으로 분석될 수 있다. 그런 경우에 그 밑의 태자나 대신은 극도로 조심해야 한다. 동서고금을 막론하고 2인자는 권력의 핵심에 있으면서도 가장 위험한 자리다. 왕만 없으면 왕자가 이어서 왕이 되기에, 왕에게는 역설적으로 태자가 가장 위험한 존재다. 때문에 태자의 목숨은 언제나 위태롭다. 동서양의 역사에서 왕이 되지 못한 태자는 수두룩하다. 왕자가 그럴진대 재상宰相의 경우는 말할 것도 없다.

주머니를 졸라매듯 하면 허물이 없을 것이며 영예도 없을 것이다.[90]

아무것도 쏟아져 나오지 않게 주머니를 단단히 졸라매라는 말이다. 그러면 허물이 없을 것이다. 물론 영예도 없다. 하지만 이때의 영예란 오히려 위험한 것이 될 수 있다. 1인자보다 더 잘난 2인자는 오래갈 수가 없다. 훌륭한 1인자라면 좋은 후계자를 키우지만, 못난 1인자는 2인자를 두지 않는다. 자신이 없기 때문이다. 그는 나보다 더 잘난 사람이 성과를 내는 것을 받아들이지 못한다. 자신의 휘하에 있는 사람들의 성과를 모두

---

90) 坤卦, 六四 爻辭, "括囊이면 无咎며 无譽리라."

자신의 것으로 받아들이고 장려할 수 있는 것은 충분한 자신감과 여유가 있을 때만 가능하다. 때문에 자신의 윗사람이 권력의 칼자루를 쥐고 있는데 그리 마음보가 넉넉한 사람이 아니라면, 자신의 기량을 유감없이 발휘하는 것은 오히려 위험한 일이 될 수 있다.

겸손함은 귀신도 좋아한다

이러한 태도는 기본적으로 겸손함을 전제로 한다. 자신보다 못한 상사를 만났을 때 특히 요구되는 것은 나서지 않는 겸손함이다. 물론 겸손함은 타인과의 어떤 관계에서도 요구되는 기본적인 덕목이 된다. 사람은 누구나 다른 사람이 자신을 무시하는 것을 좋아하지 않는다. 누군가가 자신의 능력이나 조건이 뛰어나다고 자랑하는 것을 보면 사람들은 은연중에 자신보다 우월하다고 주장하는 것으로 받아들이고, 결국엔 자신을 무시해도 좋을 열등한 사람으로 치부해 버린다고 생각하게 된다. 때문에 아무리 상대가 아랫사람이거나 자신보다 못한 사람이라 할지라도 자신의 능력이나 성취를 자랑하는 것은 타인에게 좋은 감정을 줄 수 없다.

귀한 몸이지만 천한 사람의 아래로 내려가니, 크게 백성을 얻을 것이다.[91]

이 말은 준괘屯卦(䷂) 초구에 대한 설명이다. 준괘는 하늘과 땅이 만나 처음으로 새로운 생명 즉 새싹을 틔우는 상황을 상징한 것이다. 준屯이라는 글자 자체가 땅을 뚫고 나오는 새싹을 상형한 것이다. 새롭게 시작하는 데서 오는 어려움이 이 괘의 의미다. 그런데 초구는 가장 밑에 있는 양효다.

---

91) 屯卦, 初九 「象傳」, "以貴下賤하니 大得民也로다."

위에는 많은 음효가 있다. 양효는 보통 음효에 비해 존귀한 존재로 이해된다. 그럼에도 불구하고 여러 음효들 밑에 내려와서 새로운 싹을 틔우는 어려운 작업을 수행하고 있는 것이다. 그래서 "귀한 신분으로 천한 사람보다 아래로 내려왔다"라는 말을 한 것이다. 이렇게 겸손하게 일을 처리하기 때문에 "크게 백성을 얻게" 되는 것이다.

『주역』의 64괘 중에서 6효가 모두 좋기만 한 괘는 단 하나다. 설령 건괘乾卦라 할지라도 상구효에 가서는 "너무 높이 올라간 용이니 후회가 있을 것"이라고 하면서 좋지 못한 경우를 말한다. 64괘 중 유일하게 겸괘謙卦만이 여섯 효가 모두 좋다. 겸손함은 어떤 경우에도 필요하고 좋다는 말이다. 겸괘는 겸손함에 대해 다음과 같이 말한다.

하늘의 도는 가득 찬 것을 비워 내고 겸손한 것을 보태 주며, 땅의 도는 가득 찬 것을 변하게 하여 겸손한 것에게 흘러가도록 하며, 귀신은 가득 찬 것에게 해를 끼치고 겸손한 것에게 복을 내려 주며, 사람의 도는 가득 찬 것을 싫어하고 겸손한 것을 좋아하기 때문이다.[92)]

달도 차면 이지러지지만 이지러진 것은 다시 보름달이 된다. 땅 위의 강물은 높은 곳에서 낮은 곳으로 흘러가지만 가장 낮은 곳이 바로 가장 넓은 바다다. 이런 것처럼 겸손함은 하늘도 땅도, 귀신도 인간도 좋아하는 것이 된다. 겸손함은 타인을 존중하는 자세에서 나온다. 존중 받는데 싫어할 사람은 없다.

---

92) 謙卦, 卦辭, 「象傳」, "謙亨은 天道下濟而光明하고 地道卑而上行이라. 天道는 虧盈而益謙하고 地道는 變盈而流謙하고 鬼神은 害盈而福謙하고 人道는 惡盈而好謙하나니."

남과 함께 살아간다

『주역』에서는 타인을 존중하지 않고 반목하여 재판까지 가는 경우에 해당하는 송괘訟卦를 좋게 보지 않는다. 대신에 남과 함께 지내는 것을 의미하는 비괘比卦의 경우는 길하다. 누구라도 혼자 살아갈 수 있는 사람은 없다는 것이 『주역』의 관점이다. 때문에 우리는 어쩔 수 없이 타인의 도움을 받아야 하고 또 타인에게 도움을 주어 함께 살아가야 하는 것이다. 정이는 함께함의 도에 대해 다음과 같이 말한다.

> 하늘과 땅 사이에서 태어난 이로서 타인과 함께 지내지 않고도 능히 제대로 살아갈 수 있는 사람은 없다. 아무리 강건하고 강력한 사람일지라도 홀로 설 수 있는 자는 없다. 함께함의 도라는 것은 두 사람의 의지가 서로 맞아떨어져야 한다. 두 사람의 의지가 서로 맞아떨어지지 않으면 어그러진다.93)

'독불장군獨不將軍'이다. 혼자서는 장군이 될 수 없다. 타인과 함께 살아가야 함을 말한 것이다. 타인과 함께 살아가기 위해서는 나만 옳다는 생각을 고집해서는 안 된다. 내가 틀릴 수도 있다는 생각이 타인을 존중할 수 있는 전제가 된다. 이렇게 타인을 존중하다 보면 저절로 사람들이 모인다고 『주역』은 말한다. 군대를 상징하는 사괘師卦에서는 이렇게 말한다.

> 땅 가운데에 물이 있는 경우가 사師에 해당하니, 훌륭한 이는 이를 본받아서 백성들을 받아들이고 그들을 키워 낸다.94)

---

93) 比卦, 卦辭, "【傳】凡生天地之間者, 未有不相親比而能自存者也, 雖剛强之至, 未有能獨立者也, 比之道, 由兩志相求, 兩志不相求則睽矣."

사괘師卦(䷆)는 땅을 상징하는 곤괘坤卦 아래에 물을 상징하는 감괘坎卦가 있는 구조로 이루어졌다. 그래서 낮은 땅으로 물이 흘러들어 모이듯 군대가 형성된 것을 상징한 것이다. 훌륭한 사람은 이 형상을 본받아서 자신을 스스로 낮춘다. 자신이 낮아져야만 사람들이 자신에게 모여드는 것이다. 사람이 모이면 군대가 되겠지만, 그 군대는 모인 그 사람들을 위한 것이기 때문에 그 사람들은 도구적 존재가 아니다. 그 모인 사람들을 '키워 내기' 위해서, 즉 그 사람들을 보호하고 성장시키기 위해서 사람을 모으는 것이다. 그렇기 때문에 전쟁이라고 하는 사람들에게 커다란 해악을 끼치는 행위도 달갑게 받아들일 수 있는 것이다.

『주역』은 이렇게 자신을 낮추고 타인과 협력하여 원만하게 일을 처리할 것을 말한다. 왜 그런가? 사람은 누구나 자존심이 있고 이기적 욕망이 있기 때문이다. 내가 내 생각이 있고 내 이익을 추구하려는 마음이 있는 것처럼 다른 사람도 각자의 생각이 있고 자신의 이익을 추구한다. 때문에 이러한 서로 다름을 조율하고 서로의 이익이 한 지점에서 만날 수 있도록 맞춰 가는 것만이 최소의 비용으로 최대의 효용을 끌어낼 수 있는 길이다. 그럼에도 불구하고 이러한 조율과 타협은 언제든지 실패할 수 있다. 서로의 지향이 끝내 다를 수도 있고, 예기치 않았던 예외적 요인들이 작용할 수도 있다. 그래서 『주역』은 언제라도 일이 잘못될 수 있다는 '위기의식'을 지니라고 말한다. 『주역』은 그것을 '우환의식憂患意識'이라고 표현한다.

---

94) 師卦, 「象傳」, "地中有水 師니 君子 以하야 容民畜衆하나니라."

공부 하나도 안 했다는 모범생처럼

『주역』을 만든 이는 우환이 있었던 것 같다.……『주역』이 만들어진 때는
아마도 은나라의 말기이자 주나라가 흥기했던 바로 그때인 것 같다. 즉
주나라의 문왕과 은나라의 주왕紂王에 해당한다. 때문에 『주역』의 표현은
무척 위태롭다. 그래서 위태롭게 여기는 자를 평안하게 만들어 주고 쉽
게 여기는 자를 자빠뜨린다.95)

문헌 연구에 의하면 『역경』은 은나라와 주나라의 교체기에 만들어졌다고
한다. 전통적으로는 주나라의 첫 임금인 문왕文王이 지었다고 알려져 왔다.
문왕이 아직 혁명을 완수하지 못했을 때 은나라의 마지막 왕인 주왕紂王에게
잡혀 유리羑里라는 곳에 연금된 적이 있는데, 이때 『주역』을 지었다고
한다. 문왕은 지금 자신의 정적에게 잡혀 있는 상황이다. 언제 죽을지
모르는 절체절명의 시기다. 때문에 『주역』의 표현들이 상당히 위태롭게
보인다는 말이다. 그래서 사태를 너무 안일하게 보는 이들에게는 여지없이
실패를 주고, 혹여나 잘못될지 모른다는 마음으로 최선을 다하는 이에게는
성공을 준다는 말이다. 여기서 보듯 우환의식이란 별 게 아니다. 최선을
다하고서도 혹여 잘못될지 모른다는 노파심과 같은 것이다.

세상의 막힘을 종식시킬 수 있는 경우인지라 대인의 길함이다. 망하고야
말 것이다, 망하고야 말 것이다 라고 해야 단단하게 뽕나무와 넝쿨에 묶
어 둘 것이다.96)

---

95) 「繫辭下傳」, 7·11장, "作易者 其有憂患乎ㄴ뎌.……易之興也 其當殷之末世周之盛德耶ㄴ뎌
當文王與紂之事耶ㄴ뎌 是 故로 其辭 危하야 危者를 使平하고 易者를 使傾하니 其道 甚大
하야 百物을 不廢하나 懼以終始면 其要 无咎니 此之謂易之道 也라."
96) 否卦, 九五 爻辭, "九五, 休否라 大人의 吉이니 其亡其亡이라아 繫于苞桑이리라."

이 구절은 꽉 막혀서 숨을 쉴 수 없는 비괘否其(☷)가 이제 끝나가는 시점인 구오효의 효사다. 세상의 막힘을 종식시키려는 대인은 자신이 할 수 있는 최선을 다 할 것이다. 그럼에도 불구하고 '망하고야 말 것이다, 망하고야 말 것이다'라고 되뇌는 것이다. 그리고는 단단한 뽕나무나 넝쿨에 한 번 더 묶어 두어 결코 실수가 있지 않게 만드는 것이다. 이는 마치 밤새 공부한 모범생이 아침에 교실에 들어서며 "아 나 큰일 났어, 어제 공부 하나도 안 했어"라고 말하는 엄살 부림이다. 하지만 이런 겸손함과 노파심이 결국 일을 성공으로 가져다 줄 수 있다는 말이다. 이런 조심함을 「계사전」은 다음과 같이 정리한다.

> 위태롭게 생각하는 것은 자신의 지위를 안전하게 하는 길이요, 죽을지도 모른다는 위기의식은 자신을 지킬 수 있는 방법이요, 혼란하게 될지도 모른다는 생각은 계속해서 잘 다스려질 수 있도록 하는 길이다. 그러므로 군자는 편안할 때도 위태로움을 잊지 않고, 멀쩡히 잘 살고 있을 때도 죽음을 잊지 않고, 잘 다스려질 때도 혼란함을 잊지 않는다.[97]

이 정도면 이제 운전은 문제없다고 생각하는 그 순간 보통 자동차 사고는 발생한다. 잘한다고 생각하는 그때가 가장 방심하는 순간이기 때문이다. 군대든 직장이든 학교든, 선배가 후배를 훈계할 때 흔히 하는 말이 '빠졌다'는 말이다. 어떤 구체적인 사건을 특정할 수 없을 때, 그러나 후배를 한 번은 잡아 쥐야겠다고 생각할 때 하는 포괄적인 비난이다. 여기서 후배는 뭐가 빠졌을까? 긴장감이다. 다른 말로는 '헝그리 정신'이라고도 한다. 배고프지

---

97) 「繫辭下傳」, 5장, "子曰危者는 安其位者也오 亡者는 保其存者也오 亂者는 有其治 者也니 是故로 君子 安而不忘危하며 存而不忘亡하며 治而不忘 亂이라."

않아도 배고프던 때를 잊지 않는 것이 헝그리 정신이다. 배고플 때는 그냥 헝그리다. 헝그리 정신은 헝그리하지 않을 때 필요하다.

역사의 현장에서도 긴장감을 잃고 망해 간 제국이 한둘이 아니다. 로마제국이 그렇고 당나라가 그렇다. 건국 초기의 담박 솔직함은 문화적 풍요로움과 사상적 자유라는 이름으로 흐릿해진다. 강력한 권력과 넘쳐나는 부는 부패와 윤리적 타락을 불러온다. 모든 왕조와 국가가 분명 역사의 교훈을 모르지 않으련만, 망해 가는 나라는 뚜벅뚜벅 망하는 길로만 충실히 걸어간다. 역사 속에서 장수했던 나라들은 언제나 초기의 긴장감을 잃지 않았기에 가능했다.

개인이든 국가든 혹은 기업이든 사회든, 그 건강함을 유지하기 위해서는 건강할 때 조심하고 노력해야 한다. 『주역』에서는 초효로 시작되는 모든 개체와 사건이 언젠가는 육효로 끝날 것을 말한다. 모든 것은 영허소식盈虛消息 즉 차고 기우는 질서 속에 놓여 있다. 때문에 언제 끝나고 망한다 하더라도 이상할 것이 없다. 하지만 끝나고 망하는 것을 좋아할 사람은 없다. 어떻게든 지금의 이 좋은 상황을 조금이라도 더 유지하고 싶은 게 인지상정이다. 그러려면 언제든 끝나고 망할 수 있다는 생각을 간직한 채 지금의 건강함을 유지하기 위해 최선을 다하라는 말이다. 이것이 우환의식이다.

13. 당당하라, 이익에 연연하지 말라

세상이 상식적일 땐 상식적으로 행동하면 된다. 상식적인 차원에서 자신이 할 수 있는 최선의 것을 하고 타인을 존중하면서 타인의 이익과 자신의 이익이 가능한 한 합치할 수 있도록 조율하면 된다. 그러나 만약 세상이 상식적이지 않다면 어떻게 해야 할까? 상식적이지 않은 세상에서 어떻게 하는 것이 나의 이익을 가장 많이 확보할 수 있는 길일까? 『주역』은 상식적이지 않은 세상의 원인을 '의지적 부조리 유발자' 즉 나쁜 놈들로 본다.

나쁜 놈 평전

나쁜 놈들이 판치는 세상에서의 행동요령을 확인하기에 앞서서 나쁜 놈이란 어떤 사람인지를 먼저 검토해 보자. 이른바 '나쁜 놈 평전'이다. 나쁜 놈들의 공통점은 욕심이 많다는 것이다. 하지만 사람은 모두 욕심이 많다. 때문에 그냥 욕심을 부리는 정도로는 나쁜 놈 축에 들기 어렵다. 룰을 어겨 가면서까지 자신의 욕심을 채울 때 우리는 나쁜 놈이라고 부른다. 나쁜 놈이 되려도 능력이 필요하다. 앞에서는 선량한 척 하지만 뒤에서는 없는 사실을 만들어 내기도 하고, 사실을 왜곡할 줄도 알아야 한다. 나쁜 놈은 의지가 단단할 뿐만 아니라 부지런하기도 하다. 자신의 이익을 위해서는 못할 일이 없다. 자신에게 이익을 줄 수 있는 권력자에게는 간이라도 빼 줄 것처럼 행동한다. 이런 사람들은 대부분 이미 많은 것을 가졌다. 그러나 이들은 자신의 이익을 위해 아주 열심히 사는 사람들이기 때문에, 이미 많은 것을 가졌음에도 불구하고 더 많이 갖기 위해 더 열심히 나쁜 짓을 한다.

사실 그 자신은 자신의 행위가 그리 나쁘다고 생각하지 않는다. 다만 자신이 소기한 목적을 달성하기 위해 좀 더 열심히 뛰고 동원 가능한 모든 수단을 활용했을 뿐이라고 생각한다. 그 정도 가졌으면 그런 짓은 이제 안 해도 될 듯싶은데, 절대 그만두지 않는다. 보통의 사람이라면 부끄러워서, 혹은 구차해서 그런 짓을 하지 않는다. 혹은 하지 못한다. 하지만 나쁜 놈은 부끄럽다거나 치사하다고 생각하는 것을 치열하지 못하거나 뻔히 보이는 이익도 챙겨 먹지 못하는 게으른 자들의 넋두리라고 생각한다. 결국 더 치열한 사람일수록 못할 짓은 없게 된다.[98] 때문에 상대적으로 '더 나쁘지 못한 놈'은 언제나 이런 치열한 사람에게 질 수밖에 없다. 못할 짓이 있는 사람이 못할 짓이 없는 사람을 이길 수 없는 것은 지극히 당연하다. 때문에 세상은 언제나 나쁜 놈들이 이긴다. 세상은 나쁜 놈들이 차지한다. 그래서 세상은 부조리해질 수 있는 것이다.

물론 자신의 이익을 위해 애쓰는 생계형 나쁜 놈 외에, 정말 자신이 하는 행위가 나쁜 것이 아니라고 생각하는 사람도 있을 수 있다. 이런 사람들을 우리는 '확신범'이라고 부른다. 관점에 따라 사실은 다르게 평가될 수 있다. 이 관점에서는 진리이던 것이 저 관점에서는 죄악이 될 수도 있다. 여러 생각이 공존하는 사회에서 과연 어떤 생각이 진리에 부합하고 어떤 생각이 위배되는지에 대해서는 천천히 오랫동안 논의를 진행해야 한다. 때문에 지금 이 자리에서 모든 사람을 판가름한다는 것은 불가능하다. 다만 어느 사회나 진리를 판정하고 서로 다른 생각을 조율하기 위한 절차적 정당성을 확립하려고 노력해야 한다. 최소한의 민주적 절차를 침해하지 않는 '대화'가 필요한 이유다. 최소, 이러한 절차적 정당성을 훼손하는 이들은 나쁜 놈일 가능성이 크다.

아무리 확신범이라 할지라도 이성과 논리와 의도와 역사의 관점에서

---

98) 否卦, 六三 爻辭, "六三, 包 羞로다. 【傳】三以陰柔, 不中不正而居否, 又切近於上, 非能守道安命, 窮斯濫矣, 極小人之情狀者也, 其所包畜謀慮, 邪濫, 无所不至, 可羞恥也."

합리적인지의 여부를 판정할 수 있다. 그래서 이런 경우도 여전히 우리는 나쁜 놈이라고 규정할 수 있다. 확신범이라 할지라도 여전히 '의지적'이기 때문이다. 그런 점에서 '의지적'이지 않은 나쁜 놈은 성립할 수 없다. 의도하지 않았거나 우연히, 혹은 잘 몰라서 저지른 경우는 '정상을 참작해서' 최소 '멍청한 놈'이라고 할 수는 있어도 나쁜 놈이라고 하기에는 부족하다. 그래서 나는 나쁜 놈을 '의지적 부조리 유발자'라고 하는 것이다. 확신범은 스스로는 동의하지 않겠지만 보편의 관점에서, 그리고 진리의 관점에서는 여전히 '의지적 부조리 유발자'다.

과연 생계형 나쁜 놈이 더 나쁜지 아니면 확신형 나쁜 놈이 더 나쁜지를 따지는 것은 무의미하다. 하지만 일반적으로는 확신형 나쁜 놈의 주변에 생계형 나쁜 놈들이 몰려 있다. 멍청한 대통령 주변에는 그를 꼬드겨 자신의 이익을 챙기는 모리배들이 꼬여들기 마련이다. 멍청하면서도 남을 믿지 못하는 어리석은 대통령은 자신의 심기를 살펴 듣기 좋은 말만 하는 사람만을 좋아하기 때문이다. 이념이나 정의로 자신을 포장하고 있지만 사실 확신범은 그 내면을 들여다보면 거의 대부분은 여전히 자신의 이익을 위해 집중한다. 때문에 확신형이든 생계형이든 이익을 위해 추동된다는 점에서는 동일하다. 다만 확신형이 이념이나 신념과 같은 거창한 외피를 입고 있는 반면에 생계형은 상황이 바뀌면 얼마든지 새로운 옷을 입을 준비가 되어 있다. 그래서 자신에게 더 이상 이익이 되지 않는다면 언제든지 새로운 '라인'으로 갈아 탈 준비가 되어 있다. 때문에 일반적으로 확신형보다 생계형이 우리 주변에 훨씬 더 많고 생명력이 강하다. 때로 생계형도 확신범으로 위장할 때도 있지만 잘 들여다보면 그냥 생계형인 경우가 많다. 이런 경우는 조금만 더 시간을 두고 관찰해 보면 쉽게 판정된다.

나쁜 놈이 가장 『주역』적이지 않은가?

만약에 이익이 모든 행위 판단의 기준이 된다면 『주역』은 이런 나쁜 놈들을 가장 현명한 이로, 동시에 가장 훌륭한 사람으로 그려야 할 것이다. 그러나 『주역』은 이런 사람들을 여지없이 '소인小人'이라고 매도한다. 그렇다면 『주역』은 '이익 추구'를 포기한 것인가? 그렇지 않다. 『주역』은 여전히 이익을 행위 판단의 기준으로 삼는다. 다만 『주역』이 고려하는 이익은 좀 더 포괄적일 뿐이다. 앞에서 설명한 나쁜 놈, 그 중에서도 절대다수를 차지하는 생계형 나쁜 놈의 경우를 다시 살펴보자.

일반적으로 나쁜 놈은 돈과 권력을 획득하는 데 성공한다. 다시 말하면 대부분의 돈과 권력은 나쁜 놈들이 갖고 있게 마련이다. 나는 여기서 그 대우 즉 "돈과 권력을 가진 자는 모두 나쁜 놈"이라고 말하지는 않겠다. 여러분 주변의 돈과 권력을 가진 사람에 대한 평가는 여러분 스스로에게 맡기겠다. 돈과 권력을 획득하기 위해서 그들은 하지 못할 짓이 없었기 때문에 상당히 무리를 저지르게 마련이다. 함부로 저지른 횡포에 상처를 입은 사람들도 많고, 그의 행동에 대해 뒤에서든 앞에서든 비난하는 소리가 많다. 작게는 구설수와 평판에서부터 크게는 역사의 기록으로, 작게는 원망하는 소리로부터 크게는 복수에 이르기까지 그 무리한 행동에는 나름의 비용이 따른다. 그래서 『주역』에서는 명시적인 '흉함'(凶) 이외에도 많은 부정적인 결과들을 나열한다. 구설수(有言)·허물(咎)·힘듦(厲)·부끄러움(吝)·후회(悔) 등이 그것이다. 이런 것들은 흉함의 정도까지는 아니더라도 결코 '길함'(吉)이나 그에 버금가는 긍정적인 결과라고 볼 수는 없다.

그런데 구설수·허물·힘듦 등은 내가 느끼느냐의 여부와 관계없이 외부에서 다가오는 것이지만, 부끄러움과 후회는 내 내면의 감정적 결과다.

때문에 내가 느끼지 못하면 그만이다. 남이야 뭐라 하던 나는 괜찮다는 사람에게는 부끄러움에 대해 설명할 방도가 없다. 부끄러움이란 사회적 규제와는 별개로 윤리적 감정 즉 양심의 영역이다. 예컨대 음주운전을 해서 걸린 사람이 벌을 받는 것과 부끄러워하는 것은 별개의 일이다. 부끄러움을 느끼지 않는 이에게 음주운전하다 걸리는 것은 그저 재수 없는 일일 뿐이다. 지금 우리 사회는 법 만능주의다. 법은 윤리의 최소한인데 오히려 최대라고 생각하게 되었다. 법만 어기지 않으면 된다는 것이다. 설령 법을 어겼을지라도 법이 정하는 비용만 치르면 된다고 생각하기에 그것을 부끄러워할 필요가 없다.

부끄러움은 한 개인이나 사회가 정한 최소한의 인간다움을 의미한다.[99] '인간으로서 어떻게 그럴 수 있느냐고 하지만 인간은 그럴 수 있다. 더욱 더 저열해질 수 있는 것도 인간이요, 조금 더 향상할 수 있는 것도 인간이다. 때문에 인간다움의 기준을 정하는 것은 그 사회의 구성원들이다. 부끄러움을 느끼지 못하는 인간들이 늘어날 때 그 사회의 인간다움의 기준은 한 없이 내려갈 것이고, 거기에 맞춰 부끄러움은 점점 더 설 자리가 없게 된다.

이런 사람에게는 부끄러움을 자신의 '이익'의 범주에 넣어 고려하라고 하는 것 자체가 난센스다. 하지만 인간다움 혹은 부끄러움의 정도를 우리 스스로 선택할 수 있듯이, 부끄러움까지 자신의 이익의 영역에 넣을지 말지를 선택하는 것도 우리 자신이다. 부끄러움은 다른 말로 죄책감 혹은 죄의식이라고 할 수 있다. 『레미제라블』이나 『죄와 벌』에서 주인공들이

---

99) 부끄러움은 사회적이면서 동시에 개인적일 수 있다. 사회적 시선으로부터 자유로운 이에게 사회적 부끄러움은 아무런 힘을 발휘하지 못한다.

느꼈던 죄의식을 공감할 수 있는 현대인은 이미 그리 많지 않다. 나는 이 문제에 대해 기독교의 구원이나 불교의 업보를 동원해서 설명하고 싶지는 않다. 우리 스스로가, 부끄러움을 말하는 『주역』의 수준으로 올라와서 함께 논의할 수 있기를 희망할 따름이다.

결국 『주역』적 관점에서 소인 즉 나쁜 놈은 최종적 이익을 획득하지 못한다. 『주역』은 나쁜 놈들이 최종적으로는 흉하게 될 것이라는 윤리적 낙관주의를 보이기도 한다. 적어도 부끄러움이나 후회와 같은 내면의 감정적 손상을 자각하게 될 것이라고 말하고 있다.

과연 그렇다면 소인은 결국 이익을 얻지 못하는 소위 사필귀정의 결과로 향하게 될 것이다. 그러면 천도天道 즉 우주의 정의가 소인을 징벌할 것이니 우리는 소인 때문에 분노하고 가슴 썩힐 필요가 없다. 언젠가 저 놈은 거꾸러질 것이고 모든 것은 바로잡힐 것이다. 이렇게만 된다면 얼마나 좋을까?

하지만 현실은 그렇지 않다. 앞에서도 말한 것처럼 나쁜 놈은 부지런하고 치열하며 대부분은 똑똑하기까지 하기 때문에 쉽게 거꾸러지지 않는다. 한없이 떨어진 인간 존엄의 기준 때문에 내면의 부끄러움과 후회를 기대하는 것은 요망한 일이다. 설령 한 놈이 거꾸러졌다 하더라도 또 다른 나쁜 놈이 그 자리를 대신한다. 인간은 모두 욕망을 지니고 있기 때문에 누구나 잠재적 나쁜 놈이다. 게다가 우리는 시간을 고려해야 한다. 나쁜 놈이 거꾸러지기 전까지는 지속적이며 강력하게 내게 나쁜 짓을 하기 때문에, 그 고통은 하루가 여삼추다. 진리와 정의의 단죄를 기다리기엔 너무 힘들다. 나쁜 놈은 여전히 큰 문제다.

나쁜 놈을 이기는 방법

도대체 나쁜 놈을 어떻게 이겨 낼 수 있을까? 비극적이지만 대부분은 이기지 못한다. 못할 것이 없는 똑똑하고 부지런한 이런 이를 어떻게 이길 수 있단 말인가? 역사가 증언하고 있다. 그럼 도대체 어쩌란 말인가? 가장 쉬운 길은 거기에 빌붙어서 같이 나쁜 놈이 되는 것이다. 하지만 내면의 정의감이 용납하지 않을 수도 있고, 그냥 그 꼬락서니가 보기 싫어서 도저히 그렇게는 못 하겠다는 사람도 분명 있을 것이다. 게다가 『주역』적 관점에서는 이런 선택이 최종적 이익을 가로막을 수도 있다.

두 번째 방법은 결사항전이다. 「계사하」 5장 전체는 소인에게 대처하는 태도에 대해 말하고 있다. 소인은 미연에 방지해야 한다. 그러나 일단 소인이 판 칠 때는, 우선은 몸을 보존하고, 다음은 단단히 준비하고 수단을 갖춘 뒤에 협력할 수 있는 이들을 모아 정확한 시점을 잡아 행동해야 한다.

> 자벌레가 몸을 웅크리는 것은 다시 펴기 위함이다. 뱀과 용이 칩거하는 것 역시 자신의 몸을 보존하기 위함이다. 내면을 가다듬는 것은 결국에 그것을 펼쳐 쓰고자 함이요, 펼쳐서 활동하는 것은 내면의 덕성을 기르는 방법이기도 하다. 그 이상의 일은 누구도 알 수 없지만, 내면을 들여다보고 변화를 아는 것은 자신의 덕성을 기르는 방법이 된다.[100]

자벌레가 몸을 웅크리듯 뒤로 물러서는 것은 훗날을 기약함이다. 상황이 자신의 신념을 펼칠 수 없다면 일단은 뒤로 물러설 줄도 알아야 한다. '지진지퇴知進知退'라고 했다. 나아가야 할 때를 알아 나아가고 물러서야

---

100) 「繫辭下傳」, 5장, "尺蠖之屈은 以求信也오 龍蛇之蟄은 以存身也오 精義入神은 以 致用也오 利用安身은 以崇德也니 過此以往은 未之或知也니 窮神知化 德之盛也라."

할 때를 알아 물러나야 한다. 앞으로 나아갈 줄만 알고 물러설 줄을 모르는 것은 불굴의 깡패도 피하는 어리석음이다. '못 먹어도 고'는 때로 금방 판돈을 날리게 한다. 상황이 물러나야 할 때라면 내면의 덕성을 길러야 한다. 즉 언제고 찾아 올 기회에 맞춰 준비하는 것이다.

『역경』에서는 "그가 높은 성벽에 올라 활로 새를 쏘아 맞히니 이롭지 않음이 없다"고 했다. 공자께서는 이에 대해 이렇게 말씀하셨다. "새는 날 짐승이고 활은 수단이며 활을 쏜 이는 바로 그 사람이다. 군자가 수단을 갖춰 때에 맞춰 행동하면 어찌 이롭지 않음이 있으리오.[101]

높은 곳에 올라 활로 새를 쏘아 맞히는 군자의 행동을 들어 설명하고 있다. 활이라는 '수단'을 갖추고 적절한 환경과 적절한 때를 맞춰 행동하는 것이 최고의 결과를 확보하는 길이라는 말이다. 어떤 주석가는 여기서 말하는 '새'가 득세한 간신배라고 한다. 제 세상을 만나 활개 치는 소인을 저격하여 낙마시키는 방법에 대해 말하고 있다는 것이다. 그래서 그 다음에는 소인에 대해 길게 말하고 있다.

공자께서 말씀하셨다. "소인은 자신이 인仁하지 못한 것을 부끄럽게 생각지 않고 자신이 정의롭지 않음을 두려워하지 않는다. 소인은 이롭다고 여겨지지 않으면 움직이지 않고 두려움을 느끼지 않으면 조심하지 않는다. 조금만 겁을 줘서 크게 조심한다면 이는 소인의 복이라 하겠다. 『역경』에는 '착고(발에 채우는 수갑)를 채워 발을 묶어 두니 허물이 없을 것이다'라고 했다. 바로 이런 것을 말한 것이다. 선함이라도 충분히 쌓이지

---

101) 「繫辭下傳」, 5장, "易曰公用射隼于高墉之上하야 獲之니 无不利라 하니 子曰隼者는 禽也오 弓矢者는 器也오 射之者는 人也니 君子 藏器於身하야 待時而動이면 何不利之有리오."

않으면 훌륭하다는 평가를 이루기에는 부족하고, 악함도 충분히 쌓이기 전까지는 자신을 멸망시키지 않는다. 때문에 소인은 작은 선함을 이익이 되지 않는다 하여 하지 않으며 작은 악을 상해가 되지 않는다 하여 못할 것이 없다. 그러므로 결국에는 악이 누적되어 더 이상 숨길 수 없게 되며, 죄가 커서 해어 나올 수 없게 된다. 그래서 『역경』에서는 '칼(목에 채우는 수갑)을 쓰고 있어 귀가 보이지 않으니 흉하다'라고 했다."[102]

이어서 「계사전」은 준비되지 않은 행동의 위험에 대해 이렇게 말한다.

공자께서 말씀하셨다. "덕이 부족한데도 높은 자리에 있거나, 아는 게 없으면서도 큰일을 도모하거나, 힘이 적은데도 중요한 임무를 맡은 경우는 거의 성공할 수가 없다.…… 군자는 자신의 몸을 편안하게 한 뒤에 움직이고, 자신의 마음을 안정시킨 다음에 말을 하며, 안정된 관계를 확립한 다음에 상대에게 구한다. 군자는 이 세 가지를 충분히 완비하기 때문에 온전할 수 있는 것이다. 자기 자신이 위태로운데 행동하면 남들이 함께 해 주지 않고, 자기 스스로 두려운데 말을 하면 남들이 응해 주지 않으며, 안정적인 관계도 없는데 느닷없이 구하면 사람들은 주지 않는다. 자신을 도와줄 수 있는 사람이 함께하지 않으면 자신을 해칠 이가 다가오게 마련이다. 그래서 『역경』에서는 '도와주지 않고 오히려 공격하니 이는 자신의 마음을 제대로 세우지 못했기 때문이다. 흉하다'라고 한 것이다."[103]

---

102) 「繫辭下傳」, 5장, "子曰小人은 不恥不仁하며 不畏不義라 不見利면 不勸하며 不威면 不懲하나니 小懲而大誡 此 小人之福이라 易曰屨校하야 滅趾니 无咎라하니 此之謂也라. 善不積이면 不足以成名이오 惡不積이면 不足以滅身이니 小人이 以小善으로 爲无益而弗爲也하며 以小惡으로 爲无傷而弗去也라 故로 惡積而不可掩이며 罪大而不可解니 易曰何校하야 滅耳니 凶이라하니라."

103) 「繫辭下傳」, 5장, "子曰德薄而位尊하며 知小而謀大하며 力小而任重하면 鮮不及矣나니 … 子曰君子 安其身而後에아 動하며 易其心而後에아 語하며 定其交 而後에아 求하나니 君子 脩此三者故로 全也하나니 危以動하면 則民不與也코 懼以語하면 則民不應也코 无交而求하면 則民不與也 하나니 莫之與하면 則傷之者 至矣나니 易曰莫益之라 或擊之리니

268

나쁜 놈이 밉다고 준비 없이 달려드는 것은 지극히 어리석은 짓이다. 『주역』은 세 가지를 말한다. 자신을 도와줄 수 있는 사람, 충분한 수단, 적절한 때. 준비되지 않은 채 의협심에서 부르짖는 것은 멋있어 보일는지는 모르지만 성공하기 어렵다. 남들도 그걸 잘 안다. 때문에 함께하려 하지 않는다. 사회의 부당함에 당당히 맞서 일생을 투쟁하는 이들의 숭고한 정신과 투지는 존경해 마지않지만, 투쟁이 성공하기 위해서는 더더욱 철저한 준비가 있어야 한다. 나쁜 놈을 거꾸러뜨리기 위해서는 오히려 차분히 준비하기 위해 한 발 물러설 줄을 알아야 한다. 이렇게 할 수 있는 사람은 참 대단한 사람이다. 이렇게 해야 한다. 하지만 나 스스로도 자신은 없다. 어려운 일이다. 누누이 말하지만 나쁜 놈들은 부지런하고 똑똑하며 치열하다. 나쁜 놈을 이기기 위해서는 그들보다 더 부지런해야 하고 더 똑똑해야 하며 더 치열해야 한다. 어렵다.

세상이 힘든 이유

『주역』에서 '어려움'을 상징하는 괘에는 준괘屯卦·비괘否卦·둔괘遯卦 세 개가 있다.

먼저 준괘屯卦(☷)는 앞에서 말한 것처럼 처음 시작하는 단계에서의 어려움이다. 새싹이 두꺼운 땅껍질을 뚫고 나오는 것처럼 어떤 일을 새로 시작할 때에 겪게 되는 어려움이다. 때문에 이러한 어려움은 누구나 겪는 것이며, 또 즐거운 어려움이라고 할 수 있다. 이러한 어려움을 겪어 내지 못하면 꽃과 열매는 맺을 수 없다. 때문에 준괘의 어려움은 진정한 어려움이

立心勿恒이니 凶이라하니라."

라고 할 수 없다. 가슴 설레는 어려움이다.

다음은 비괘否卦(䷋)다. 비괘는 땅을 상징하는 곤괘坤卦가 아래에 있고 하늘을 상징하는 건괘乾卦가 위에 있어서, 땅은 아래로 내려가 버리고 하늘은 위로 올라가 버려 만남이 없기에 어떠한 변화도 생성도 일어나지 않는 '꽉 막힌' 괘다.

> 꽉 막힘은 진정한 사람의 도가 아니니, 군자의 올바름으로는 이롭지 못하다. 큰 것이 가고 작은 것이 온다. 이는 하늘과 땅이 만나지 못해 만물이 순통하지 못함이며, 윗사람과 아랫사람이 만나지 못해 천하에 온전한 나라가 설 수 없음이다. 음이 안에 있고 양은 밖에 있으며, 유약함이 안에 있고 강건함이 밖에 있으며, 소인은 안에 있고 군자는 밖에 있으니, 소인의 도가 성장하고 군자의 도는 소멸하게 된다.[104]

모두 음효로만 구성된 곤괘가 아래에 있으니, 이는 음이 안에 있고 양은 밖에 있는 것이다. 음은 소인을 상징하고 양은 군자를 상징한다. 이로부터 소인이 득세하고 군자는 핍박받는다는 결론에 이르게 된 것이다. 하늘과 땅이 만나 그 속에서 만물이 순조롭게 생성 변화하는 것이 자연의 이치다. 마찬가지로 윗사람과 아랫사람이 조화롭게 협력하는 것이 정치의 근본이다. 그런데 우주적 질서가 어그러져 하늘과 땅이 만나지 못하는 것처럼, 인간의 세상엔 더 이상 상식과 합리가 통용되지 않게 되었다. 때문에 소인이 득세하고 군자는 핍박받게 된 것이다.

---

104) 否卦, 卦辭, 「象傳」, "否之匪人不利君子貞大往小來는 則是天地 不交而萬物이 不通也며 上下不交而天下 无邦也라 內陰而外陽하며 內柔而外剛하며 內小人而外君子하니 小人道 長하고 君子道 消也라."

마지막으로는 둔괘遯卦(☰)다. 둔괘는 이런 부조리한 세상에서 군자가 스스로 물러남을 의미한다. 세상은 이미 소인들의 세상이 되었다. 그런 세상에서 무리하게 소인들을 물리치고 상식의 세계를 회복하려고 하는 것은 도리어 자신을 해치는 결과를 맞게 된다. 때문에 상식과 합리의 복원에도 다 때가 있다고 『주역』은 말한다. 그래서 그 때를 기다려야 한다는 것이다. 아직 때가 되지 못했을 때 어떻게 자신을 숨길 것인가가 둔괘의 내용이다. 때문에 둔괘는 꽉 막힌 세상이라고 하는 비괘 상황에서의 행동요령이기도 하다. 비괘가 부조리한 세상을 그리는 데 중점을 둔다면, 둔괘는 그런 세상에서의 군자의 행동요령에 대해 집중적으로 말하고 있는 것이다.

그러면 왜 부조리한 세상에서 소인은 득세하고 군자는 핍박받게 되는 것일까? 이에 대해 정이는 다음과 같은 의미심장한 말을 한다.

○ 비괘否卦 육이 효사: 신임받기를 간구하니, 소인은 길하고 대인은 꽉 막힘 이다. 형통하다.

○ 정전: …… 소인의 경우에는 아래의 위치에서 꽉 막힌 상황을 만나면 오 직 윗사람의 신임을 받아 자신의 막힌 상황을 타개하기를 갈망할 뿐이다. 그래서 자기 자신에게는 이로움이 되니, 이는 소인의 길함이다. 대인은 꽉 막힌 세상을 만나면 스스로 도에 머물기를 원할 뿐 어찌 자신과 도를 굽혀 윗사람에게 신임을 받으려 하겠는가? 오직 그 스스로 꽉 막힌 세상 을 버텨낼 뿐이다. 그 자신이 꽉 막힌 것이 곧 도의 입장에서는 형통한 것이 된다.[105]

---

105) 否卦, 六二 爻辭, "六二, 包承이니 小人은 吉코 大人은 否니 亨이라. 【傳】六二, 其質則陰柔, 其居則中正, 以陰柔小人而言則方否於下, 志所包畜者, 在承順乎上, 以求濟其否, 爲身之利, 小人之吉 也, 大人, 當否則以道自處, 豈肯枉己屈道, 承順於上, 唯自守其否而已, 身之否, 乃其道之亨也."

비괘 육이 효사에서 말하는 것은 '소인은 길하고 대인은 꽉 막힌다'는 것과, 그럼에도 불구하고 모두 다 '형통하다'는 것이다. 소인이 길한 것은 소인에게는 좋은 것이지만 대인이 꽉 막히는 것은 분명 대인에게는 좋지 않은 것이다. 그런데 어째서 모두 형통한 것인가? 이를 설명하기 위해 정이는 '자기 자신에게 이로움'과, '도에 형통함' 혹은 '도에 이로움'이라는 두 가지 상황으로 분리하여 설명하고 있다.

소인은 윗사람의 신임을 받기 위해 자신의 신념이나 의지와는 무관하게 윗사람이 시키는 일을 다 해 낸다. 그래서 결국 윗사람의 신임을 얻고 자신의 꽉 막힌 상황을 해결한다. 하지만 대인은 윗사람의 신임을 얻어 자신의 꽉 막힌 상황을 타개하는 것보다는 자신의 신념과 정의를 지키는 것이 더 중요하다고 생각한다. 때문에 결코 자신의 자존심과 가치관을 포기하지 않는다. 정이는 자신의 신념과 자존심을 '도'라고 표현한 것이다. 물론 여기서의 도를 좀 더 관념적으로 해석할 수도 있고 지성사적으로 해석할 수도 있다. 하지만 나는 그런 관념화를 원하지 않는다. 지금 여기의 우리들에게 의미를 주기 위해서는 신념이나 자존심 정도로도 충분하다.

대인 혹은 군자가 자신의 이익을 위해서 자신의 신념과 자존심을 포기하는 일은 있을 수 없다. 때문에 부조리한 현실에서는 이런 사람을 용납하지 못한다. 그러나 소인은 자신의 이익을 위해서라면 못할 짓이 없기 때문에 윗사람이 시키는 일을 반드시 해 낸다. 때문에 부조리한 현실에서 소인이 득세하고 잘나가는 것은 너무나 당연한 결과다. 그럼 이익을 기준으로 하는 『주역』의 관점에서 과연 자신의 신념과 자존심을 지키는 것이 윗사람의 신임을 얻어 자신의 꽉 막힌 처지를 타개하는 것보다 더 중요한 일인가? 적어도 『주역』은 그렇게 보고 있는 것이다.

272

꼭 그렇게 힘들게 살아야 하나?

물질적 조건을 절대적이고 유일한 기준으로 삼는 현대사회에서는 이런 주장이 너무도 이상적으로 느껴질지 모르겠다. 사흘 굶어서 담 넘지 않을 사람 없다고 했다. 자존심이 밥 먹여 주냐고도 한다. 물질적 조건을 떠나, 과연 누가 얼마나 자신의 자존심을 지킬 수 있단 말인가? 우리 사회에서 가구당 월 소득이 500만 원을 넘어서면 이혼율이 현격히 줄어든다는 보고가 있다. 물질적 조건이 정서적 관계적 안정에 절대적으로 중요하다는 의미다. 그렇다면 돈이 가장 중요한 것이 아닌가?

그렇지 않다. 아무리 돈이 좋지만 돈이 모든 것을 해결해 주지는 못한다. 우리는 더 많이 소유하고자 하는 욕구도 있지만 자존심을 지켜 당당하고 싶은 욕구도 있으며, 타인에게 떳떳하고픈 욕구도 있다. 이를 두고 『맹자』는 "한 끼 밥을 못 먹으면 곧 죽을 거지라도 밥을 발로 차면서 주면 먹지 않을 것이다"라고 말한다. 돈은 무척 중요하지만, 돈이 모든 것을 해결해 주지는 못하는 것이다. 소득이 500만 원 이하일 때는 소득의 증가에 비례해서 행복도가 증가하지만, 500만 원이 넘어서면 행복도는 소득과 비례해 증가하지 않는다는 보고도 있다. 물질적 조건은 행복을 위한 '최소'일 뿐 '최대'요 '궁극'이 아니라는 말이다. 돈을 위해 못할 짓이 없는 사람은 불행한 사람이다. 그것을 위해 자신의 자존과 인격 그리고 정서적 안정과 사회적 규범을 모두 포기해야 하는 사람은 이미 '온전한 삶'과는 거리가 멀다.

『주역』은 지금 '온전한 삶'의 조건으로서 돈이나 권력 혹은 사회적 지위 이외의 것들에 대해 말하고 있는 것이다. 우리가 고려해야 할 '온전한 삶'의 조건은 무엇이 있을까? 그것은 오로지 개인의 선택이다. 누구는 돈만 있으면 된다고 생각할 것이고, 누구는 돈과 명예라고 말하기도 할 것이다. 언제부턴가 우리 사회에는 추구해도 좋을 가치들이 점점 줄어들고 있다. 숭고함이나 희생과 같은 것은 이미 너무 먼 얘기고, 배려나 존중도 사치스러운 말들이 되었다. 실용이나 효용, 증가나 발전, 속도나 효율 같은 것들이라야 많은 사람들의 동의를 얻을 수 있다.

목표만 있고 과정은 없다. 어디로만 있고 왜와 어떻게가 없다. 정작 거기에 도착해서 그 목표를 달성한 다음에는 무엇을 할 것인가를 생각할 수 없었고, 또 생각하지도 못하게 한다. 목표 혹은 목적지에 도달하는 것이 유일한 목적이라면 그것은 이동이지 여행이 아니다. 가는 동안 그 자체가 여행이지, 목적지에 도달하는 것이 여행은 아니다. 삶은 살아 내야 하는 이동이 아니다. 죽음뿐만 아니라 그 무엇도 삶의 목적이 될 수는 없다. 설령 그것이 조국과 민족 혹은 진리나 평화 같은 거대한 것이라 할지라도 그것이 삶의 목적이 될 수는 없다. 삶은 그 무엇을 '하며' 살아가는 현재진행형일 뿐이다. 삶은 가는 동안을 즐기는 여행이다. 더 빨리 더 멀리 더 높이라는 구호 속에는 진행형으로서의, 즐김으로서의 삶은 없다.

온전한 삶의 조건을 선택하는 것은 철저히 개인에게 달려 있다. 누구는 하나면 족하고 누구는 좀 더 풍부한 것들을 요구할 수도 있다. 어떤 것이 요구해도 좋을 만한 것인지를 제시하는 것은 지식인의 몫이고, 그것에 동의하고 수정하고 꾸려 가는 것은 한 사회의 문화의 힘이다. 모든 것을 돈으로 환원시키는 우리 사회에는 어떠한 가치도 힘을 발휘하지 못하고, 그만큼 그걸 꾸릴 만한 문화랄 것이 없다. 박약하다. 천박하다. 우리가 바라는 삶이 과연 이런 것인가?

자존심과 신념을 지켜 낸다는 것은 결코 쉬운 일이 아니다. 그것은

274

돈과 지위와 사회적 평판을 뒤로 한다는 것을 의미하기도 한다. '빈천貧賤', 그야말로 가난하고 천함을 견뎌 내야 함을 의미할 수도 있다. 이런 생활에서 보통사람이라면 행복하기가 어렵다. 『논어』에서는 수없이 '즐거움'에 대해 말한다. 그런데 그 즐거움을 말할 때 공자는 거의 대부분 물질적 조건과 대비해서 말한다.106) "아무리 궁핍한 삶을 살지라도 그것이 나의 즐거움을 침해하지 않는다." 이것이 공자의 일관된 태도다. 『주역』의 '숨김'(遯)의 태도 역시 완전히 이와 일치한다.

숨어 산다는 것

숨어 사는 이유는 세상에서 자신을 펼칠 수 없기 때문이다. 그것은 아직 준비가 되지 않은 자신 때문일 수도 있고, 혼탁한 세상 때문일 수도 있다. 그런데 재미있는 것은, 언제나 『주역』은 숨어 살더라도 근심하지 않는다고 말한다는 것이다. 과연 어떻게 그럴 수 있는가?

『주역』에서는 '숨어 삶의 도'에 대해 세 번 말한다. 첫째는 건괘乾卦의 초효 "잠겨진 용이니 쓰지 말지라"에서다.

(건괘) 초구에서 "잠겨 있는 용이니 쓰지 말지라"라고 말한 것은 왜인가? 공자께서는 이렇게 말씀하셨다. "용의 덕을 갖추었으되 숨어 있는 자이니, 이런 자는 세상에 의해 변질되지 않고, 세상에 이름을 날리지 않아 세상을 숨어 지내더라도 번민하지 않으며, 옳다는 평가를 받지 않더라도 걱정하지 않고, 즐거우면 행하고 근심스러우면 떠나간다. 이렇게 확고한 그의 신념을 뽑아 버릴 수 없는 것이 잠겨 있는 용이다."107)

---

106) 『論語』, 「述而」, 15장, "子曰, 飯疏食飲水, 曲肱而枕之, 樂亦在其中矣. 不義而富且貴, 於我如浮雲."

건괘는 일반적으로 왕의 괘로 알려져 있다. 초구는 앞으로 왕이 될 운명의 사람이지만 아직 자신도 세상도 준비가 되지 않아 숨어 지내는 사람을 상징한다. 하지만 그에게는 용 즉 왕이 될 수 있는 덕성과 자질이 이미 갖추어져 있다. 때문에 아무리 세상의 동의를 얻지 못하고 인정받지 못한다 하더라도 결코 동요되고 근심하지 않는다. 일반적인 사람들은 자신의 행위에 대한 강한 신념이 없기 때문에 언제나 타인의 평가에 전전긍긍하게 된다. 타인의 시선에 비친 자신의 모습을 생각하며 언제나 '보여지는 나'를 꾸미느라고 정신없다. 그러나 이 잠재적 영웅은 확고한 신념을 지니고 있기 때문에 타인이 나를 어떻게 볼 것인지에 대해 신경 쓰지 않는다. 묵묵히 자신의 길을 갈 뿐이다. 때문에 세상의 평가에 '근심'하지 않는 것이다.

야망 있는 젊은이는 어서 자신의 때가 오기를 기다리며 조급해할 수도 있다. 그러나 때라는 것은 도둑처럼 찾아든다. 어느 순간 자신이 주목받는 위치에 서 있음을 발견하게 된다. 장강長江의 뒷물결이 앞물결을 밀어내듯, 자신이 주도적인 역할을 해야 할 때가 온다. 문제는 그 순간 자신에게 충분한 준비가 되어 있느냐다. 준비 없는 주역主役은 곧장 퇴물이 된다. 야망의 젊은이여, 조급해할 일이 아니다. 준비하라.

숨김의 도에 대한 두 번째 예시는 대과괘大過卦(䷛)다. 대과괘는 연못을 상징하는 태괘兌卦가 위에 있고 바람 혹은 나무를 상징하는 손괘巽卦가 아래에 있는 구조의 괘다.

연못이 나무를 삼킨 것이 대과괘이니, 군자는 이를 본받아 혼자 있더라도

---

107) 乾卦, 「文言」, "初九曰 潛龍勿用은 何謂也오 子曰 龍德而隱者也니 不易乎世하며 不成乎名하야 遯世无悶하며 不見是而无悶하야 樂則行之하고 憂則違之하야 確乎其不可拔이 潛龍也라."

근심하지 않고 세상을 피해 숨어 있더라도 걱정하지 않는다.[108]

　연못이 나무 위에 있기 때문에 '연못이 나무를 삼켰다'고 한 것이다. 군자는 자연 상태의 이 모습을 보고서 '혼자 있더라도 근심하지 않고 세상을 피해 숨어 있더라도 걱정하지 않는다'고 하였다. 군자는 어떻게 해서 이런 참담한 상황에서도 근심하지 않을 수 있는 것인가? 분명히 내가 옳고 저들은 틀렸다. 나는 정당하고 저들은 나쁜 놈들이다. 그런데 세상이 무도하여 저들은 승승장구하고 나는 억울하게 피해를 입고 있다. 이런 상황에서 어떻게 근심스럽지 않을 수 있는가? 앞의 건괘 잠룡의 경우에는 언젠가는 자신이 비룡飛龍 즉 나는 용이 될 것이라는 자신감이라도 있다. 하지만 여기서는 꼭 그런 것도 아니다. 언제고 상황이 나아진다는 보장도 없다. 앞에서 본 것처럼 나쁜 놈들은 집요하고도 부지런하다. 게다가 못할 짓이 없다. 때문에 이런 자들이 정의의 심판을 받으리라고 기대하는 것은 요원한 일이다.

　과연 이 세상에 정의란 존재하는 것일까? 왜 이런 세상에서 나는 굳이 정의의 편에 서야 하는 것일까? 그것이 바로 '정의'이기 때문이다. 정의는 '옳음'이기 때문이다. 저들의 부조리와 비이성은 '다름'이 아니라 '틀림'이기 때문이다. 내게 어떤 이익을 준다 해도 옳지 않은 일을 할 마음이 없다. 다른 이유는 없다. 그것은 바로 그것이 옳기 때문이다. 부정의의 뒷면에는 누군가의 눈물이 있다. 누군가에게 상처와 억울함을 주는 것이 바로 부조리와 비이성이다. 때문에 그것이 나의 억울함이나

---

108) 大過卦, 「象傳」, "象曰, 澤滅木이 大過니 君子 以하야 獨立不懼하며 遯世无悶하나니라."

나의 눈물이 아니더라도 나는 옳음을 포기할 수 없다.

하지만 그렇다고 해서 언제나 정의가 이기는 것은 아니다. 동서고금을 막론하고 인류의 역사는 비이성과 부조리에 대한 고발의 역사였지만, 그렇다고 이성과 합리의 승리에 대한 기록은 아니었다. 세상은 원래 그런 것이다. 때문에 옳기로 했거든 이기려 하지 말아야 한다. 물론 이겨야 한다. 정의는 승리해야 한다. 그러나 승리해야만 정의의 편에 서는 것은 아니다. 승리하지 못한다 하더라도 정의의 편에서 떠날 수 없다. 때문에 옳기로 했거든 이길 것을 기필하지 말아야 한다. 군자가 이런 세상에서도 근심하지 않을 수 있는 이유가 바로 여기에 있다. 옳고자 하는 나의 선택과 이기고 지는 결과는 별개이기 때문이다.

「문언전」은 이익을 단도직입적으로 '옳음'으로 설명하고 있다. "군자가 대상을 이롭게 해 줌은 족히 옳음에 합치한다."[109] 『주역』에서 군자가 이익을 추구한다는 것은 상대 즉 백성을 이롭게 해 준다는 것이며, 그러한 행위는 정의로움에 합치한다는 말이다. 이렇게 「문언전」은 『주역』의 이익을 다분히 '공익'의 의미로 확장하고 있고, 때문에 『주역』에서 애초에 말하는 '자신의 이익'과는 꽤 거리를 갖게 되었다. '군자'라고 하는 규범적 명칭에서 어쩌면 이런 결과는 필연적일지 모른다. 인간은 누구나 이익을 추구한다. 하지만 삶의 결과 질에는 군자와 소인이 있을 수밖에 없다. 아등바등 자신의 이익만을 추구하느라 눈이 벌게진 놀부나 스크루지를 우리는 더 이상 부러워하지 않는다. 그들이 얻은 이익과 결과는 부러울 수 있지만, 과연 그렇게까지 해야 하는지에 대해서는 선뜻 동의되지

---

109) 乾卦, 「文言」, "利物이 足以和義며 【傳】 和於義, 乃能利物, 豈有不得其宜, 而能利物者乎."

278

않는다. 만약에 자신의 삶을 그런 모습과는 조금 다르게 꾸미고자 한다면 우리는 『주역』의 조언에 귀 기울일 필요가 있다. 군자까지는 아니더라도, 스스로를 욕망의 동물 차원으로 떨어뜨리고 싶지 않은 사람이라면 자신의 이익 추구를 정의로움의 기준으로 검증할 필요가 있다고 『주역』은 말하는 것이다.

마지막으로 『주역』에서 숨김의 도를 말하는 것은 둔괘遯卦다. 둔괘는 앞에서 설명한 것처럼 '물러남'의 괘다. 소인이 득세하고 군자는 숨는 시기다. 때문에 좋지 못한 상황이다. 그러나 여기서 『주역』은 역설적으로 '형통함'을 말한다.

둔괘가 형통한 이유는 숨어 있기 때문에 형통한 것이다. 강건함으로써 정당한 위치에 있고 또 좋은 조력자가 있기 때문에 때에 맞춰 행동할 뿐 이다.[110]

숨어 있음이 어째서 형통할 수 있는가? 그것은 강건함이나 정당한 위치, 좋은 조력자와 같은 내외부의 조건이 성숙해 있기 때문이다. 때문에 이런 상황에서는 '때'만 기다리면 된다. 즉 지금은 때가 아닌 것이다. 지금은 때가 아니기 때문에 우리에겐 역설적으로 희망이 있는 것이다. 때만 찾아오 면 다시금 해 볼 수 있다는 희망이다. 『주역』은 이익과 도덕의 관계에 대해 최종적으로 '때'를 말하면서 우리에게 희망을 준다.

---

110) 屯卦, 卦辭, 「象傳」, "象曰, 遯亨은 遯而亨也나 剛當位而應이라 與時行也니라."

14. 기다려라, 볕들 날 있다. 그러나 끝을 받아들여라

"끝나기 전까지는 끝난 게 아니다."

이 장에서 다루는 것은 이익과 도덕에 관한 『주역』의 세 번째 입장, 즉 불가피하고 몰이해적인 운명과 같은 삶의 조건을 대하는 태도에 대한 것이다. 『주역』이 보는 세계는 지극히 개연적이다. 때문에 우리는 세상과 그 속에서 살아가는 우리의 삶을 예측하고 준비할 수 있다. 아침에 해가 동쪽에서 뜰 것을 기대하듯이 우리는 십대에는 공부하고 이십대에는 대학을 다니고 삼십대에는 취직을 하고 하는 식으로 삶을 기대하고 준비해 간다. 그러나 이것은 어디까지나 '일반적'인 기대일 뿐이다. 내일이라도 불의의 사고로 죽을 수 있는 것이 우리네 삶이다.

그런가 하면 누구나 동일하게 부여받고 태어난 것도 아니다. 누구는 여자로 태어나고 누구는 남자로 태어났다. 누구는 강남의 값비싼 아파트에서 태어나지만 누구는 외국인 노동자의 자녀로 태어난다. 누구는 빼어난 재능과 외모를 타고 나지만 누구는 초라한 재능과 볼품없는 외모를 지니고 태어난다. 불교적 관점에서는 전생의 인연과 업보에 원인을 돌리지만, 어쨌든 현재 타고난 것을 부인할 수도 바꿀 수도 없다. 상식적 관점에서는, 어떤 조건을 부여받고 태어났느냐 하는 것은 결코 개인의 책임이 될 수 없다. 그야말로 '운명적'이다.

역사적·사회적 조건 역시 우연적이기는 마찬가지다. 각자가 다른 삶의 조건과 개성을 지니고 태어났어도 1940년대 유럽에서 살았던 유대인은 수백만이나 동일한 운명에 처해졌다. 2011년 3월 11일 일본 도호쿠 지역에 살던 사람들은 거대한 해일로 2만 명이 넘는 사람들이 한꺼번에 죽음을 맞았고, 뒤이은 원자력발전소 사고로 후쿠시마 지역의 주민 수십만 명은 하루아침에 고향을 잃어야 했다. 이러한 역사적·사회적 조건에서는 하필 그때 하필 거기에 산 것이 유일한 이유다. 여기에는 사실상 어떠한 개인의 의지도 무의미하고 개인에게 어떠한 책임을 묻는 것도 부당하다.

시간; 받아들이고 기다려라

이렇게 기약할 수 없는 혹은 어떻게 할 수 없는 운명과도 같은 삶의 조건에 대해 『주역』은 어떤 행동방식을 제안하는가? 우선은 '받아들이라'고 말한다. 돈 없는 집에서 못생기게 태어난 것도, 잘 사는 북유럽이 아니라 독재가 판치는 세상에 태어난 것도, 심지어는 말기암 판정을 받고 한 달 밖에 살지 못하는 운명도 받아들이라고 말한다. 그러나 그 받아들임은 숙명에 대해 취하는 무기력한 포기를 의미하는 것이 아니다. 일단은 받아들인다. 그러나 기다린다. 이 문제가 언젠가는 해결될 것이라는 믿음을 지니고 기다리고 열심히 준비하는 것이다.

> 어려워 머뭇거리는지라 말을 탔다가는 다시 내리고 하니, 도적이 아니라
> 면 배필이다. 여자가 정조를 지키면 시집가지 못하다가 십년에야 시집갈
> 수 있게 될 것이다.[111]

이 구절은 준괘屯卦(䷂) 육이 효사의 내용이다. 준괘는 초효와 오효만이 양효다. 그런데 육이효 입장에서는 오효의 양효가 배필이 되어야 한다.

---

111) 屯卦, 六二 爻辭, "屯如邅如하며 乘馬班如하니 匪寇면 婚媾리니 女子 貞하야 不字라가 十年에야 乃字로다."

그렇지만 그 배필은 너무 멀리 있고, 바로 아래에 있는 초효 자리의 양효가 가까이서 집적대는 형국이다. 때문에 초효는 온당하지 않은 '도적'이고 오효는 정당한 '배필'이다. 이는 전쟁을 위해 떠나간 오디세우스를 기다리느라 수많은 구애자들을 십년 동안 물리친 페넬로페의 경우에 해당한다. 기다리는 페넬로페에게 과연 언젠가는 남편이 돌아오리라는 믿음이나 희망 혹은 기대가 있었을까? 시간은 십년이 지났고 남편은 죽었는지 살았는지 소식조차 없다. 그 심경을 어느 누가 알 수 있겠는가? 여하튼 그녀는 기다렸다. 그리고 끝내는 '배필'을 만날 수 있었다.

『주역』에서의 10년은 단순히 1년의 열 배를 의미하지 않는다. 그것은 어떤 사태가 완결을 지을 수 있는, 즉 한 순환을 돌고 난 시간을 의미한다. 구애자들에게 시달릴 만큼 시달린 시간이란 뜻이다. 준괘의 이 경우는 초효의 유혹을 따돌리고 오효가 올 수 있을 때까지라는 말이다. 때문에 그것은 경우에 따라 10년을 넘길 수도 있고 10년이 안 될 수도 있다. 이에 대해 「상전」은 "십년 만에 시집갈 수 있었던 것은 정상의 상태로 돌아왔기 때문이다"[112]라고 설명한다. 끝이 보일 것 같지 않은 시간을 견딘 자만이 누릴 수 있는 '정상'이다. 비정상의 정상화다. 그래서 『주역』은 "오래도록 그 도道에 힘쓰라"[113]라고 말한다. 하늘과 땅이 억겁의 시간을 견디며 자신의 소임을 다하듯, 인간도 자신이 걸어야 할 길을 좌고우면하지 말고 정확하게 열심히 걸으라는 것이다. 이렇게 『주역』에서는 암담한 현실을 견딜 수 있는 '희망'을 말한다.

---

112) 屯卦, 六二 「象傳」, "十年乃字는 反常也라."
113) 恒卦, 「象傳」, "久於其道也니 天地之道 恒久而不已也니라."

기다려도 오지 않으면?

그러나 언제나 그 결과가 좋은 것은 아니다. 기다리다가 말기암 판정을 받아 버리면 어떻게 할 것인가? 열심히, 착하게 살았는데 교통사고를 당해 버리면 어떻게 하란 말인가? 여기서 『주역』은 '시간'과 '주체'에 대한 재해석을 통해 새로운 차원의 제안을 해 온다. 먼저 '시간'에 대한 재해석이다.

> 큰 과실은 먹히지 않으니, 군자는 수레를 얻고 소인은 오두막마저 무너지리라.[114]

이 구절은 박괘剝卦(䷖)의 마지막 양효 즉 상구 효사다. 박괘는 그 생김새에서 알 수 있듯이 아래로부터 음효가 발전해 와서 이제는 제일 위의 마지막 양효 하나만 남은 상황이다. 그런데 『주역』은 그 마지막 양효를 '큰 과실'이라고 하면서 결코 먹히지 않는다고 하고 있다. 늦은 가을 감나무 꼭대기에 남겨져 있는 까치밥을 생각하면 된다. 이 마지막 남은 양효는 왜 먹히지 않는가? 이에 대해 정이는 이렇게 주해를 달았다.

> 큰 과실이 먹히지 않는 것은 장차 그것이 씨앗이 되어 다시 태어날 이치가 있기 때문이다. 상구효마저 변해 버리면 모두 음만 있는 순음이 된다. 그러나 양은 다해 버려 없어질 리가 없다. 위에서 변하면 아래에서 다시 생겨난다. 여기에는 어떠한 간격도 없다. 성인께서 이 이치를 밝히시어 양과 군자의 도는 결코 망할 수 없음을 보이신 것이다.[115]

---

114) 剝卦, 上九 爻辭, "碩果不食이니 君子는 得輿하고 小人은 剝廬리라."
115) 剝卦, 上九 爻辭, "【傳】如碩大之果, 不見食, 將見復生之理, 上九, 亦變則純숲矣, 然, 陽无可盡之理, 變於上, 則生於下, 无間可容息也, 聖人, 發明此理, 以見陽與君子之道, 不可亡也."

정이는 군자의 도가 결코 사라지지 않는다는 희망 섞인 당위적 표현을 박괘의 마지막 남은 양효에 의지해 표현한 것이다. 군자는 끝내는 수레를 얻고 즉 영달하고 소인은 오두막마저 무너져 버리는 정의의 승리가 올 것이라는 말이다. 어떻게 그럴 수 있는가? 이 마지막 남은 까치밥이 떨어져 다음 봄에 새로운 싹으로 자라기 때문이다. 한 생명이 다하는 순간 다음 생명을 위한 씨앗이 준비되어 있다가 다시 새로운 생명이 시작되기에, 끝끝내 악이 완전히 승리하는 경우는 없다는 말이다. 오랜 독재가 결국에는 끝나고 민주화가 실현되듯, 극심한 부조리는 이성에게 자리를 내어 줄 수밖에 없다는 희망 어린 해피엔딩이다.

과연 역사에서 언제나 정의가 승리했는지 나는 모른다. 떨어진 까치밥이 언제나 새로운 생명으로 다시 태어났는지 역시 나는 알지 못한다. 하지만 적어도 『주역』은 지금 당대의 마지막 남은 양효를 희망으로 여기라는 것이다. 다만 그 희망은, 지금 당대에 성공하고 결실을 맺는 그런 희망이 아니라 다음 세대를 위한, 미래를 위한 밑거름으로서의 희망일 뿐이다. 지금 당장이 끝이 아니라는 말이다. '지금 여기'는 아니더라도 또 다른 시작과 또 다른 장場이 있다는 말이다. 그래서 지금 여기에서의 끝은 진정한 끝이 아니라 '일단락'일 뿐이라고 말한다. 『주역』은 지금 여기에서 이익의 여부를 판정하려는 우리의 시간 관념을 '일단락'에 연연하는 성급한 관점으로 치부하고서 진정한 끝을, 즉 새로운 시간관을 제시하고 있는 것이다.

주체; 꼭 네가 결실을 따야 하는 것은 아니다

해도 중천에 오르면 기울게 마련이며 달도 차면 다시 이지러진다. 하늘

과 땅의 차고 비움도 때에 맞춰 불었다 줄었다 하는데 하물며 인간이랴,
하물며 귀신이랴.116)

내일 다시 해는 뜰 것이다. 하지만 오늘의 해는 이제 끝이다. 그것이
자연의 이치다. 때문에 그 속에서 살아가는 인간이라면 이 우주의 질서에
맞춰 이지러질 줄을 알아야 한다. 음양·동정의 존재 법칙은 인간에게서는
'준비와 행동'(寂感)이라는 행위 방식 이외에도 '늘어나고 줄어듦'(消息) 혹은
'차고 비움'(盈虛)이라는 삶의 주기로 드러나기도 한다. 젊은 날이 있었으면
늙은 날도 있을 것이며, 손에 가득 쥔 때가 있었으면 내려놓을 때도 있어야
한다는 말이다. 우리의 마음 같아서는, 또 '이익'이라고 하는 일관된 기준에
입각해서는 언제나 늘어나야지 결코 줄어들어서는 안 된다. 점점 꽉 차야지
비어서는 안 된다. 그러나 그것은 『주역』이 본 우주의 원리가 아니다.
그래서 우주의 원리를 잘 터득한 사람은 늘어날 줄을 알면서도 줄어들
줄도 알고, 올라갈 줄을 알면서도 내려갈 줄도 알아야 한다고 말한다.
건괘乾卦(☰)의 마지막 양효인 상구효에서는 이렇게 말한다.

너무 높이 올라간 용이니 후회가 있으리라.117)

잘 알다시피 건괘는 양이 성장하여 왕이나 영웅이 되는 괘를 의미한다.
그러나 아무리 좋은 양이라고 하더라도 너무 극한에 가면 좋지 못하다는
말이다. 그래서 이런 때는 나서지 말아야 한다는 말이다. 올라갔으면

---

116) 豐卦, 「彖傳」, "日中則昃하며 月盈則食하나니 天地盈虛도 與時消息이온 而況於人乎며 況於鬼
神乎여."
117) 乾卦, 上九 爻辭, "亢龍이니 有悔리라."

이제는 내려와야 한다. 왜냐하면 그것이 우주의 원리이기 때문이다. 우리는 "물러날 때를 알고 물러나는 이의 뒷모습은 얼마나 아름다운가"라는 말을 알고 있다. 이제 그 정도 했으면 됐다는 말이다. 열심히 했고, 그 공로도 인정할 수 있다. 그러나 적당함을 넘어서면 과하다. 늙으면 자기가 제일 잘한다는 착각에 빠지곤 한다. 늙어서 사리분변이 흐릿해지고 해 오던 일이라 매너리즘에 빠지고 나면 새로운 활력과 변화는 점점 사라지게 된다. 그럴 땐 다른 사람에게 기회를 줘야 한다는 말이다. 그래야 그 끝이 좋다는 말이다. 노욕을 부리지 말고 자기 스스로 아름다운 결말을 맺으라는 말이다.

주체의 문제다. 애당초의 까치밥으로 돌아가 보자. 까치밥이 떨어져 새로운 생명의 씨앗이 되는 것은 이전 생명과의 절연이며 동시에 연속이다. 분명 나뭇가지 끝에 달려 있던 그 까치밥 홍시는 이전 생명의 연속이다. 동일한 DNA를 지속하기에 연속이다. 그러나 어미 나무와 어린 나무는 분명 별개의 개체다. '절연'이다. 이 '절연'과 '연속'의 결합은 '주체의 전환'으로만 가능하다. 생명의 지속을 수행하는 주체는 다음 세대로 전환되었다.

계속해서 나무의 비유를 들어 보자. 과실수를 심는 농부의 심경을 그린 다큐멘터리가 많다. 심는 자는 자신이 그 열매를 수확할 것을 기필하지 않는다. 수확은 자신의 자식 혹은 그 후손이 될 수도 있다. 어떤 일의 결과와 효용을 자기 당대로 한정해서는 더 크고 항구한 이익을 얻을 수 없다. 주체를 '자신'에서 '우리'로 확장할 때 인간은 더 큰 의미와 가치 그리고 이익을 수확할 수 있다. 정의가 그렇고, 민주가 그렇다. 옳은 일은 물론 결과와 무관하지만, 그 결과를 반드시 자기가 얻을 요량으로는 할 수 없는 일이다. 옳은 일을 하는 것은 과실 묘목을 심는 일이다.

그런데 이렇게 말하면 앞에서 얘기했던 '일단락' 정도가 아니다. 이건 아예 끝을 받아들이라는 말이다. 이 장 처음에 말했던 우연적이고 몰이해적인 운명을 받아들이라는 말이다. 누구는 금수저를 물고 태어났지만 나의 흙수저를 인정하라는 말이다. 이효리나 정우성이 아님을 인정하라는 말이다. 말기암의 한 달이나 교통사고의 최후를 받아들이라는 말이다. 우리는 일관되게 『주역』을 '이익'의 기준으로 이해해 왔다. 그런데 이제는 이익의 최종 기준이라고 할 수 있는 주체의 종말까지도 순순히 받아들이라고 말하고 있는 것이다. 그렇다, 『주역』은 여기서 '주체'와 '이익'에 대한 완전히 새로운 관점을 쏟아 내고 있는 것이다.

관계의 연쇄

『주역』은 계속해서 불연속으로부터 연속을 찾으려는 경향으로 발전해 왔다.

『주역』은 원래 점치던 기록이며 또한 점을 치기 위한 책이었다. 때문에 『주역』 64괘 384효는 사실 각각 별개의 사태를 점친 기록이다. 마찬가지로 점을 쳐서 어떤 괘사 혹은 효사를 얻는다는 것은 그 특정의 한 구절을 본다는 것을 의미한다. 즉 64괘 384효는 사실 독립적이다. 그래서 초효에서는 분명 이효가 좋은 존재였더라도 이효에서는 그 자신이 나쁜 존재일 수도 있다. 즉 초효가 본 이효와, 이효 입장에서의 이효는 별개라는 말이다. 마찬가지로 초효가 보는 삼효는 이효가 보는 삼효가 아니다.

그러나 이미 이루어진 텍스트로서의 『주역』을 보면 어떤 특정한 괘는 초효부터 상효까지 일관된 스토리를 지니는 연속성을 보인다. 예컨대 건괘乾卦(☰)는 처음에 잠겨 있던 용이 수면 위로 나타나고, 다시 물을 차고 올라가서 하늘을 날다가 끝내는 너무 높이 올라간다는 식의 일관된 흐름이 있다. 이는 점을 치는 단계가 아니라 한 괘를 하나의 이야기로, 즉 하나의 시작과 끝으로 읽을 때만 보이는, 서사를 지닌 텍스트로 받아들이는 관점이다. 하지만 『역경』의 단계에서는 여전히 한 괘와 다른 괘 사이의 연속성에 대한 언급은 없다.

　그러다가 『역전』의 단계에 이르면 한 괘와 다른 괘와의 연속성을 주장하기에 이른다. 예컨대 「서괘전」에서는 64괘를 순서대로 연결시켜 설명한다. "하늘(乾)과 땅(坤)이 있고 난 다음에 그 속에서 만물이 생겨나는데, 그 처음 생겨난 것이 새싹의 어려움(屯)이고 처음 시작하는 것은 언제나 어리숙(蒙)할 수밖에 없다.……"118)라는 식이다. 엄청난 구라다. 「설괘전」은 여러 괘들의 상호적 관계에 대해 이렇게 저렇게 늘어놓는다. "건괘는 머리고 곤괘는 배고 진괘는 다리고 손괘는 허벅지고 감괘는 귀고 리괘는 눈이고 간괘는 손이고 태괘는 입이다"119)라는 식이다. 「계사전」은 이 단계를 넘어서 각각의 괘들이 어떤 공통의 원리와 원칙에 의해 발생했는지를 설명하기에 이른다. "역에는 태극이 있으니 이것이 양의를 낳고 양의는 사상을 낳고 사상은 팔괘를 낳는다"120)라는 식이다. 이제 이 단계에 오면 각 괘들은 일정한 원리에 의해 체계적으로 발생되었고 또 일관된 의도에 의해 정합적으로 배치된 것이라고 이해된다.

　『역전』 이후의 역학사는 「계사전」의 이 태극太極으로부터 착안하여

---

118) 「序卦傳」, "有天地然後에 萬物이 生焉하니, 盈天地之間者 唯萬物이라 故受之以屯하니 屯者는 盈也니 屯者는 物之始生也라, 物生必蒙이라 故受之以蒙.……"

119) 「說卦傳」, 9장, "乾爲首오 坤爲腹이오 震爲足이오 巽爲股오 坎爲耳오 離爲目이오 艮爲手오 兌爲口라."

120) 「繫辭上傳」, 11장, "易有太極하니 是生兩儀하고 兩儀 生四象하고 四象이 生八卦하니."

『주역』의 특정 괘효들뿐만 아니라 세계 전체를 모두 아우르는 통합적 원리 즉 역리易理를 추구하는 방향으로 발전해 간다. 그래서 시간·공간·질료·색상·동물·역사·인물에 이르기까지 존재하는 모든 것을 엮어서 한꺼번에 설명할 수 있는 체계적 연속성을 주장한다. 세계에 더 이상은 우연적이고 개별적인 것은 없다. 모든 것은 최고의 원리에 의해 처음부터 계획되고 잘 구획된 것이다.

정우성이 아니어도 괜찮을 수 있는 길

이렇게 『주역』의 역사는 불연속으로부터 연속을 보려는 경향으로 발전해 왔다. 이를 정리하면 점(筮) → 텍스트(經) → 해석(傳) → 원리(理)의 과정이라고 할 수 있다. 왜 『주역』의 역사는 이렇게 불연속으로부터 연속으로의 과정을 밟았을까? 거기에는 물론 사상사적 맥락과 우여곡절이 있었을 것이다. 그러나 나는 그것을 개체의 불연속(mortal)과 우연성(accidental) 그리고 운명의 몰이해성(unavoidable)이라는 한계를 극복하기 위한 시도라고 생각한다.

개체의 실존적·일회적 삶은 누구도 어쩔 수 없는 것이다. 개개인마다의 운명은 피할 수 없는 것이다. 때문에 그것은 부인할 수도 회피할 수도 없다. 『주역』은 이제 그러한 한계를 벗어날 수 있는 새로운 시도를 제안한다. 그것은 주체의 생물학적·물리적 차원에서의 확장이 아닌 의미적 차원에서의 확장이다. 개인은 이제 더 이상 개인으로 머물지 않는다. 개인은 한 효가 다음 효와 연결되고 한 괘가 다음 괘로 다시 시작하듯이 생물학적·개별적 개체의 차원을 넘어서서 전체로 확장되어 간다. 여기서 말하는 전체란 정치적·사회적 전체이며 가치적·규범적 전체이자 문화적·역사적 전체다. 이러한 확장을 통해 자기와 자신의 이익만 알던 자잘한 사인私人은 사회 전체로 확장된 공인公人으로 탈바꿈한다. 눈앞의 이익을 위해 재빨리 머리를 굴리던 생물학적 차원의 인간은 이익을 넘어서 가치와 규범을 추구하는 이성인이 된다. 당장의 먹고사는 문제만을 따지던 즉자적 인간은 거대한 역사적 시각에서 다채롭고 풍요롭게 해석할 줄 아는 지성인이 된다. 『주역』은 이런 사람을 군자君子 혹은 대인大人이라고 말한다. 이러한 확장을 통해서 우리는 단절적 이익의 주체인 소인小人으로부터 풍부하고 넉넉한 인격체인 대인이 되는 것이다. 그렇게 우리는 부조리하고 우연적인 삶의 조건을 뛰어넘을 수 있다는 것이다.

선택은 개인에게 달렸다. 눈앞의 이익을 포기한다는 것은 말처럼 그리 쉬운 일이 아니다. 나의 생물학적 종말을 덤덤히 받아들인다는 것은 말기암 환자도 회피·부정·분노·우울의 모든 단계를 거쳐 마지막에나 가서야 가능한 일이다. 『주역』은 우리에게 단순히 제안만 할 뿐이다. 자, 이런 길이 있고 또 저런 길이 있다. 그 중에 너는 어떤 길을 걸을래? 이것이 『주역』이다. 그래서 『주역』은 "하나로 정해진 불변의 법칙이란 없다. 오직 변화에 맞춰 선택할 뿐이다"121)라고 말한다. 중요한 것은 이러한 삶의 태도들 중에 어느 것을 선택할 것이냐의 문제이고, 그것은 결국 주체의 깨달음과 의지에 달려 있다는 점이다.

---

121) 「繫辭下傳」, 8장, "不可爲典要오 唯變所適."

15. 『주역』처럼 살면 과연 행복해질까?

자, 숨 가쁘게 달려 왔다. 『주역』이라는 책이 원래는 점치는 책이었지만 점차 인간과 세계와 우주를 다루는 철학책이 되었다는 점, 그에 따라 결정된 운명보다는 점차 주체의 의지적 노력이 중요하게 대접받게 되었다는 점, 『주역』은 세계를 음과 양이라는 대대의 인소가 짝을 이루면서 서로 영향을 주고받는 관계에 있다고 생각했다는 점, 하지만 모든 것이 변화한다고 생각하기 때문에 그것은 특히 인간의 삶에 대한 깊은 철학적 성찰을 담고 있다는 점, 이러한 변화의 세계에서 취한 행동 요령은 적절함 즉 시기적 적절함과 관계적 적절함이라는 점, 그리고 궁극적인 이익을 얻기 위해서라도 자신의 이익을 객관화시키고 주변의 모든 관계와 시간을 고려해고 배려해야 한다는 점 등을 이야기했다.

나는 책머리에서 『주역』을 읽어야 하는 이유가 ① 원형적 사유, ② 관계적 사유, ③ 이기적 사유이기 때문이라고 했다. 즉 『주역』은 동양의 모든 지적 전통에서 뿌리가 되는 원형적 사유로서 동양인의 사유방식을 설명해 줄 뿐만 아니라 현대의 우리 사회가 직면한 여러 문제를 해결해 줄 수 있다고 생각했다. 그 이유는 개인을 독립적인 주체로 보기보다는 타자와의 관계 속에서 이해하기 때문이다. 그래서 관계의 단절과 주체의 소외에서 오는 현대사회의 제 문제를 해결할 수 있다고 했다. 그러면서도 이기利己 즉 나의 이익을 근본적인 출발점으로 삼고 있기에 의무론적인 규범의 갑갑함을 벗을 수 있다고 했다.

우리네 삶이 지금까지 그다지 충분히 행복하지 않았다면 새로운 길을 찾아 나서야 하는 것은 당연하다. 앞서 간 이들이 번번이 실패하는 것을 보면서도 우직하게 그 길로 걸어 들어가는 것은 그냥 어리석은 것에 불과하다. 수고했다고 나중에 상 주지 않는다. 우리가 불행한 원인을 『주역』은 원치 않는 운명과 의지의 박약 그리고 부조리한 현실이라고 보았다. 이 분석에 동의한다면, 어쨌든 이러한 불행의 원인들을 직면하고 해결해야 한다. 누구도 우리의 삶을 대신 책임져 주지 않기 때문이다. 『주역』적 처방이 과연 믿을 만한 것인지는 독자의 판단에 맡기겠다. 더 중요한 것은 문제를 직시하고 회피하지 않는 것이다.

그 많은 역학자들은 무엇 때문에 『주역』을 그렇게 중시하고 소중하게 여겼을까? 과연 『주역』은 그들의 삶을 넉넉하고 아름답게 가꾸었을까? 즉 그들은 '잘' 살았나? 또 세상은 그들이 말한 것처럼 『주역』적 관점으로 굴러 갔고, 그 속에서 많은 사람들은 『주역』의 가르침에 의해 풍부하고 자유롭게 되었던가? 『주역』이 말하는 것이 결국 '상식'이라면, 이는 인간의 역사가 상식의 역사였는지, 그래서 상식적으로 살아간 이들은 과연 행복했는지에 대한 물음이다.

인간의 역사는 상식의 역사가 아니라 상식을 요구해 온 역사다. 상식은 언제고 온전히 실현된 적이 없다. 인간이 욕망의 존재인 한에 있어서 상식은 언제나 더 높은 곳을 향해 나아갈 여지를 지니게 마련이다. 어쩌면 인간의 역사는 더 내려갈 곳이 있을까 싶을 정도의 우려와 야만의 역사였는

292

지도 모른다. 이렇게 상식이 '있었던 사실'이 아니라 '있어야 할 무엇'이라면, 그것은 '요청'이 된다. 상식은 '당연히 그런 것'이 아니라 '그렇게 되었으면 좋을' 무엇이다.

그러나 아무리 세상이 상식적이지 않더라도 상식적으로 살아간 사람들은 있다. 그들은 과연 행복했던가? 적어도 분명한 건, 그들은 상식적이지 않게 즉 비상식적으로는 살 수 없었던 사람들이다. 때문에 그들이 행복했는지는 모르겠지만 그들의 관점에서 더 불행할 수 있었던 길을 피한 것만은 분명하다.

결국은 무엇을 최종의 궁극적인 이익 혹은 행복으로 볼 것인가의 문제다. 『주역』의 역사는 이 고려의 범위를 점점 넓혀 가는 방향이었다. 모든 위대한 가르침은 주체를 개인의 영역으로 놔두지 않는다. 쫀쫀한 소인小人은 이제 대인大人이 된다. 인격적 고양이다. 많은 사람들은 돈을 행복의 조건으로 본다. 나도 동의한다. 그러나 그것은 필수적이면서도 최소에 머물러야 한다. 돈 다음이 중요하다. 많은 사람은 흔히 '일과 사랑'을 말한다. 좀 더 정확하게는 '일과 사람'이라고 나는 생각한다. 사랑과 친구와 가족이 모두 사람에 들어갈 터다. 나도 전적으로 동의한다.

그런데 나는 여기에 하나를 더 보태고 싶다. 인격의 고양이다. 인격은 일과 사람을 만나는 태도의 문제다. 인격이 배제된 일과 사람은 한없이 아름다운 것일 수도, 한없이 타락한 것일 수도 있다. 놀부도 연쇄살인범도 자신의 일과 자신의 사람에게는 더 없이 잘할지 모른다. 그렇다고 그것이 대단한 것은 아니다. 일과 사람을 부둥켜안고 어디로 어떻게 삶의 여행을 꾸려갈지가 관건이다. 그래야 잘 사는 것이다. 어디로 어떻게가 없으면 그냥 사는 것이다. 독일의 철학자 하이데거는 인간만이 자신의 삶을 대상화해서 바라볼 수 있는 존재라고 했다. 아무리 재벌 회장님이래도 인격의 고양이 없으면 그냥 일평생 돈 잘 모으고 잘 쓰다가 가는 것에 불과하다. 우리의 묘비명이 "한평생 열심히 살아서 강남에 똘똘한 아파트 한 채 마련해 두고 가다"일 수는 없지 않는가?

어떻게 사는 것이 잘 사는 것일까? 이 책은 모범답안이 아니다. 질문의 시작일 뿐이다. 이어지는 질문은 여러분 스스로 던지고 스스로 대답해야 한다.

제3부 『주역』의 임상사례

제3부는 제목 그대로 『주역』의 대표적인 괘 몇을 소개함으로써 『주역』의 실제 텍스트를 알기 쉽게 접하도록 하고자 했다. 여기서 '대표적'이라는 기준은 순전히 나의 주관적 판단이다. 하지만 역대의 주역 연구자들이 대체로 중시한 것이고 보면 나만의 생각이라고 하기는 어렵다. 왜 많은 사람들이 중시했을까? 물론 그것은 거기에서 중요한 메시지를 추출해 낼 수 있기 때문이다. 요즘 말로 하면 스토리텔링이 되기 때문이다.

하지만 같은 텍스트에서 어떤 이야기를 끄집어내느냐 하는 것은 전적으로 해석자의 몫이다. 예컨대 『주역』의 첫 번째 괘인 건괘乾卦는 첫 번째 괘인 만큼, 또 모두 양효로 이루어진 만큼 역대로 가장 많은 관심을 받은 괘다. 그래서 그에 대한 해석은 『역전』의 단계에서부터 가장 많다. 그만큼 많은 이야기를 뽑아 낼 수 있다는 말이다. 많은 해석이 가능하겠지만, 건괘는 대체로 임금의 괘로 이해되어 왔다. 하지만 지금은 임금이 존재하는 봉건시대도 아니고, 우리 역시 임금이 될 가능성은 희박하다.

나는 『주역』 저자들의 의도를 존중한다. 하지만 그것을 읽는 우리는 이미 삼천 년의 시간을 격해 있다. 때문에 우리는 우리의 맥락에서 우리의 관심으로 읽을 수 있다고 생각한다. 모든 해석은 창조적 작업이다. 베토벤의 악보를 연주자가 자신만의 목소리로 해석해 내고 셰익스피어의 희곡을 연출가와 배우가 자신만의 시각으로 새롭게 해석해 낼 수 있듯이, 모든 독자는 자신만의 관점으로 새롭게 해석해 낼 수 있는 자격이 있고 또 그래야 한다. 저작권은 저자에게 있지만 해석권은 저자에게 있지 않기 때문이다.

중국 송나라 때의 대표적인 『주역』 연구자였던 주자朱子에게 한 제자는, 점을 쳐서 건괘가 나왔을 때 임금이 아닌 일반 독자들은 어떻게 이해해야 할지에 대해 물었다. 주자는 이에 대해 열린 자세로 누구나 그 구절을 자신에 맞게 해석할 수 있어야 한다고 했다. 역시 해석학적 확장을 인정한 것이다.

그렇다면 우리는 어떻게 해석해 낼 수 있을까? 그것은 물론 독자 개개인의 역량에 따른다. 저마다의 역량은 어디서 오는가? 우선은 당연히 『주역』을 많이 읽고 잘 알아야 할 것이다. 베토벤 전문가가 베토벤을 잘 해석하는 것은 당연한 일이다. 하지만 베토벤 전문가가 아니어도 베토벤을 해석해 낼 수 있는 것처럼, 『주역』의 전문가가 아니어도 『주역』을 해석해 낼 수 있다. 어떻게 가능한가?

실연의 아픔을 노래한 유행가를 가장 절절하게 느낄 수 있는 사람은 음악 전문가이기보다 이제 막 실연한 사람일 거다. 분명 그 전에도 들었던 노래인데도 그 노래가 절절하게 들리는 것은, 그 노래가 나의 심정을 드러내 주기 때문이다. 달리 말하면, 내가 실연하기 전까지는 실연의 노래를 충분히 감상하기 어렵다는 말도 된다. 공감을 잘하는 이라면 실연하기 전에도 실연한 이의 마음을 이해할 수 있겠지만, 일반적인 사람은 자기가 직접 경험하기 전에는 그것을 공감하기 어렵다.

그럼, 우린 『주역』 전문가도 아니고 또 실연한 사람도 아닌데 도대체 『주역』

을 어떤 자세로, 어떤 심경으로 읽고 해석하라는 말인가? 이것이 고전의 위대함이다. 똑같이 쇼팽의 녹턴을 들어도 외로운 사람은 슬퍼지고 사랑하는 사람은 감상적이 된다. 삶의 덧없음을 느끼는 이는 침울함에 젖어들고 예술의 위대함을 생각하는 사람은 감탄하게 된다. 즉 귀에 걸면 귀걸이고 코에 걸면 코걸이다.

누구나 한마디씩 거들 수 있기에 고전이다. 누구든 자신의 관심으로, 자신의 맥락으로 거들면 된다. 문제는 공감 가능성이요 일반화의 가능성이다. 물론 누구도 보지 못했던 새로운 모습을 찾아내는 천재성도 필요할 수 있다. 하지만 무엇보다 우선하는 것은 자신만의 관심이다. 자신만의 깊은 관심을 갖고 고전을 접할 때 우리는 자신에게만 귓속말로 전해 주는 저자의 메시지를 들을 수 있게 된다.

여기에 풀어 놓는 나의 해석은 물론 나의 관심에 입각한 해석들이다. 이것이 얼마나 공감을 줄 수 있는지는 독자들이 판단할 일이다. 나는 나의 해석을 강요하지 않는다. 이것은 해석의 예일 뿐이다. 삼천 년도 넘은 점친 기록으로부터 우리의 관심사를 끄집어낸다는 것은 엄청난 구라이며, 그렇기 때문에 엄청나게 재미있다. 자, 준비됐나요?

1. 건괘乾卦(☰): 영웅의 탄생

괘사: 건乾은 크게 형통하고 바름이 이롭다.

초구: 물속에 잠겨 있는 용龍이니 쓰지 말지니라.
구이: 들판에 나와 있는 용이니 대인을 만나 봄이 이롭다.
구삼: 군자는 하루 종일 힘쓰고 힘쓰다가 저녁이 되어도 여전히 흐트러지지
      않는다. 이렇게 하면 다소 힘들기는 하겠지만 허물은 없을 것이다.
구사: 연못에서 뛰어 오르거나 아니면 그대로 연못에 있어도 허물이 없을
      것이다.
구오: 하늘 높이 날아오른 용이니 대인을 만나 봄이 이롭다.
상구: 너무 높이 날아오른 용이니 후회만 있으리라.
용구: 많은 용들이 있음을 보되 머리가 되지 않으면 길하리라.

건괘에서는 용龍이 출현한다. 동양에서 용은 대체로 임금을 상징한다.
임금이 입는 옷을 곤룡포袞龍袍라고 부른 것에서 알 수 있듯이 용은 임금을
의미한다. 그래서 건괘 역시 역대로 임금을 의미하는 것으로 이해되어
왔다. 뿐만 아니라 건괘는 『주역』에서 가장 먼저 출현하고 여섯 효 모두가
양효로 구성되어 있기 때문에 어머니 괘인 곤괘坤卦와 더불어 『주역』의
다른 괘들을 만들어 내는 아버지 괘에 해당한다. 모두 음효로 구성된 곤괘와
효를 서로 하나 혹은 두셋 씩 주고받으면 나머지 62개의 괘가 만들어진다.
이것을 역대의 주석가들은 하늘과 땅이 교감하여 만물을 만들어 내는 것으로

해석해 왔다. 하늘과 땅 사이에는 비가 내리고 바람이 불며 번개가 친다. 그러면 그 속에서 물과 불이 생겨나고, 산과 연못이 만들어진다. 하늘이 내려 주면 땅은 그것을 받아 만물을 틔운다.

이렇게 건괘와 곤괘는 모든 것의 부모가 된다. 군사부君師父일체가 아니라 천군부天君父일체다. 그러나 우리는 만물을 만들어 내는 하늘도, 나라를 다스리는 임금도 아니다. 모두가 아버지가 되는 것도 아니다. 그렇다면 우리는 이 괘를 어떻게 해석할 수 있을까?

우선 괘의 내용을 살펴보자. 물속에 잠겨 있던 용이 점점 뭍으로 나와서 하늘로 올라가게 되는 진행의 과정을 그리고 있다. 처음에는 남들의 눈에 띄지 않던 이가 결국에는 온 천하 사람들이 모두 볼 수 있는 하늘 높은 곳으로 날아오르게 된다는 이야기다. 그래서 나는 이것을 '영웅의 탄생'으로 읽고 싶다.

그럼, 우린 영웅이긴 한 건가? 평범하기 이를 데 없는 우리가 무슨 영웅? 영웅이라면 태어날 때부터 특별해야 한다고 들었다. 태어날 때 무지개가 꽂힌다거나 적어도 아버지의 사과나무를 도끼로 찍어 내면서도 솔직할 수 있는 뻔뻔함이라도 갖춰야 하는 것으로 알고 있다. 영웅은 적어도 한 말 술과 두세 근 고기를 앉은 자리에서 해치우며, 한 번 칼을 빼들면 나라를 구하고 천하를 평정하는 그런 사람 아닌가? 에이 우리가 무슨.

하지만 나는 이런 영웅을 별로 대단하게 생각지 않는다. 태어날 때 이미 정해진 영웅이거나 아니면 신체적 조건이 특출하기 때문에 쉽게 된 영웅이라면 부럽기는 하겠지만 별로 대단할 건 없다고 생각한다. 그런 자질을 갖고 태어나고서도 그렇게 되지 못했다면 오히려 '잘 못 된' 것이고

300

부끄러워해야 할 일이다. 때문에 영웅은 태어나는 게 아니라고 생각한다.

그런데 나는 이 괘를 영웅의 '탄생'으로 명명했다. 여기서의 탄생은 '태어남'이 아니라 '만들어짐'의 의미이다. 영웅은 태어나는 것이 아니라 만들어진다는 말이다. 그러면 특별한 재능과 유산이 없어도 누구나 영웅이 될 수 있다는 말인가? 그렇다. 그래야 진정한 영웅이고, 그래야 존경할 수 있는 영웅이다.

그럼 누구나 노력하면 한 말 술을 마시고 나라를 구할 수 있다는 말인가? 나는 한 말 술을 마시고 나라를 구해야만 영웅이라고 생각지 않는다. 자신의 위치에서 그 어떤 일이 되었든 대단한 노력을 통해 그것을 해 내는 이가 영웅이라고 생각한다.

짐 캐리가 주연을 맡은 영화 〈브루스 올마이티〉라는 영화에서 모건 프리먼이 하느님으로 나온다. 전능한 능력을 하느님으로부터 부여받은 브루스(짐 캐리)는 자신의 능력을 이용해 특종 기사를 만들어 내고 승승장구 하지만 인생은 잘 풀리지 않는다. 그때 하느님이 브루스에게 나타나, 그것은 기적이 아니라고 말한다. 매일의 노동에 힘겨운 미혼모가 자신의 아이를 위해 일을 하나 더 뛰는 것이 기적이라고 말한다. 빈민가에서 태어난 아이가 더 나은 삶을 위해 학교에 가는 것이 기적이라고 말한다. 정말 감동이다.

이런 기적을 해 내는 이가 바로 '우리의' 영웅이다. 건괘의 영웅 역시 날 때부터 금수저가 아니었다. "물속에 잠겨 있는 용龍이니 쓰지 말지니라." 아직 준비되지 않은 이, 물속에 잠겨 있는 용은 그저 이무기일 뿐이다. 준비되지 않은 이에게 칼을 쥐어 주는 것은 자신도 남도 해치는 일이다. 이무기는 세상에 나오면 안 된다. 자신은 용이라고 아무리 우겨 봐도 남들의 눈에는 그저 이무기일 뿐이다. 잡혀 죽는다. 때문에 가다듬고 준비해야 한다.

"들판에 나와 있는 용이니 대인을 만나 봄이 이롭다." 들판에 나왔다는 것은 이제 조금은 갖춰졌다는 말이다. 이런 단계에서는 좋은 사람을 만나는 것이 중요하다. 이때의 '대인'이란 자신을 성장시켜 줄 수 있는 사람을 의미한다. 그 사람은 선생님일 수도 있고 주변의 어른일 수도 있으며 책속의 인물일 수도 있다. 주변의 누구든 될 수 있다. 공자는 누구라도 자신의 스승이 될 수 있다고 했다. 누구에게서라도 배울 수 있는 사람이 대단한 사람이다.

"군자는 하루 종일 힘쓰고 힘쓰다가 저녁이 되어도 여전히 흐트러지지 않는다. 이렇게 하면 다소 힘들기는 하겠지만 허물은 없을 것이다." 모든 영웅에게는 숙성의 기간이 필요하다. 우리의 영웅은 누구라도 될 수 있지만, 아무나 영웅이라고 하지는 않는다. 일상에 지친 미혼모나 열악한 환경에 던져진 아이처럼, 남들은 그가 하지 못할 것이라고 생각한 그 일을 해낼 수 있는 이라야 한다. 때문에 누구도 그가 이룬 것을 쉬웠다고 말할 수 없다. 평범했던 우리의 영웅이 그것을 해 내기 위해서는 힘겨운 숙성의 기간이 필요할 수밖에 없는 것이다. 우리의 영웅은 '평범'하기 때문에 그 숙성의 기간이 더욱 힘든 것이다. 누구나 우리의 영웅이 될 수 있지만 날로 먹을 수 있는 건 아니다. 자신의 삶 속에서 영웅이 되고 싶은 이여, 고생하라.

이런 숙성의 과정을 거친 이에게는 기회가 찾아온다. "연못에서 뛰어오르거나 아니면 그대로 연못에 있어도 허물이 없을 것이다." 본래 이무기가 있던 곳은 연못이다. 충분한 숙성의 가간을 거쳐 이무기는 이제 용이

302

될 수 있는 자격을 갖췄다. 겨드랑이가 간질간질해 온다. 날개가 돋고 있다. 이제는 날아올라 용이 될 수 있다. 중요한 것은 시기다. 언제 날아오를 것인가? 때를 맞춰야 한다. 너무 일러서도 안 되고 너무 늦어서도 안 된다. 아기 새가 날아오르는 것을 비약飛躍이라고 한다. 한 번도 날아오른 적이 없던 새가 날아오르는 것이다. 지금까지와는 다른 신분이 되는 것이지만, 그 전에 지금까지와는 다른 태도와 관점이 요구됨을 의미한다. 비약(transcendental)이란 기존의 발 디딘 지평으로부터의 격절을 의미한다. 그래야 초월 즉 뛰어넘음 혹은 벗어남이 가능해진다.

"하늘 높이 날아오른 용이니 대인을 만나 봄이 이롭다." 이런 숙성과 비약을 거치고 나면 영웅이 된다. 드디어 자신이 원하던 것을 이룩할 수 있게 되는 것이다. 그런데 여기서 『주역』은 '대인을 만나라'고 다시 한 번 주문한다. 이때의 대인은 누굴까? 역시 주변의 누구라도 될 수 있다. 숱한 역경을 뚫고 비로소 영웅이 된 이는 자신감에 충만해 있다. 그의 자신감에는 그만한 근거가 있다. 실력과 경험을 겸비했기 때문이다. 그러나 바로 그때, 그때가 바로 자만심과 우월감에 빠질 수 있는 때다. 그때가 바로 독선과 아집에 사로잡히는 때다. 때문에 『주역』은 이때 대인을 만나라고 말하는 것이다. 자기 혼자 이 자리까지 왔다는 생각, 그래서 내가 제일 잘하고 나만 할 수 있다는 생각에 사로잡히는 순간, 모든 것은 끝나고 만다.

"너무 높이 날아오른 용이니 후회만 있으리라." 이카루스의 비행이 생각나는 구절이다. 태양을 향해 너무 높이 올라갔던 이카루스의 날개는 태양의 열기에 모두 타 버리고 이카루스는 추락하고 만다. 추락하는 것에게는 날개가 없다. 날개가 있었더라면 추락하지 않았겠지. 추락하는 것은 사정없이 무너지고 만다. 죽고야 만다. 그러니 후회밖에 남는 것이 없다. 아니, 후회하기엔 이미 늦었다.

때문에 진정한 영웅은 너무 높이 날아오르지 않는다. 날개가 타 버리지 않도록 하기 위해 자신을 부단히 경계시킨다. "많은 용들이 있음을 보되 머리가 되지 않으면 길하리라." 사실 최고의 자리란 이제 내려갈 길밖에 없다는 말이기도 하다. 우리의 진정한 영웅은 추락하기 전에 내려앉는다. 자신이 그랬던 것처럼 다른 젊은 용들이 날아오를 때, 우리의 진정한 영웅은 이제 물러나야 한다는 것을 안다.

그리스 신화의 영웅들은 대체로 비참한 최후를 맞는다. 대단한 일을 벌이지만 그건 도리어 어떤 신에게 미움을 사는 일이기도 하다. 때로는 직접 신에게 대항하기도 한다. 요즘 유행하는 판타지 영화에서처럼 해피엔 딩하는 그리스 신화의 영웅은 사실 없다. 『주역』의 영웅은 비참한 최후를 맞기 전에 물러날 줄을 안다. 그렇기 때문에 영웅인 것이다. 그가 누군가? 깊은 물속에서부터 이 자리까지 올라온 이다. 낮도 밤도 없이 고생해서 이 자리까지 왔다. 천기天機를 얻어 날아오를 수 있었고, 모든 이가 칭송하는 그 일을 해 냈다. 하지만 떠나야 할 때는 뒤도 돌아보지 않고 훌훌 떠난다. 미적미적 질척대면 모냥 빠진다. 자신이 쥐고 있던 것을 내어놓기 싫어서 전전긍긍하는 이의 모습은 추함을 넘어서서 안쓰럽기까지 하다.

자본주의적 사유에서는 '끝'이 없다. 항상 '더'만 있을 뿐이다. 더 많이 더 높이 더 멀리 더 빠르게. 하지만 『주역』에서는 끝을 말한다. '유시유종有始有終', 즉 시작했으면 좋게 마무리를 지으라고 말한다. 일도 인생도 좋은 마무리를 해야 영웅이다. 어떤가? 여러분은 영웅이 될 수 있겠는가?

2. 곤괘坤卦(☷): 로마도 나치도 하루아침에 이루어지지 않았다

괘사: 곤坤은 크게 형통하고 암말의 바름이 이로우니, 군자의 앞으로 나아감
   이 있을 것이다. 먼저 하면 미혹되지만 나중으로 하면 얻으리니 이로
   움을 주로 한다. 서쪽과 남쪽으로 가면 벗을 얻을 것이요 동쪽과 북쪽
   으로 가면 벗을 잃을 것이니, 바름을 편안하게 여겨야 길하리라.

초육: 서리를 밟으면 두꺼운 얼음이 이르느니라.

육이: 곧고 반듯하며 크니라. 달리 연습하지 않아도 이롭지 않음이 없으
   리라.

육삼: 자신의 아름다움을 감추어야 오래도록 자신을 지킬 수 있으리니, 혹
   왕의 일을 하더라도 그 성공을 자신의 것으로 여기지 않고 오로지 직
   분을 다할 뿐이다.

육사: 주머니를 졸라매듯 하면 허물도 없고 영예도 없을 것이다.

육오: 노란 치마를 두르듯이 하면 크게 길하리라.

상육: 용들이 들판에서 다투니 그 피가 검고 노랗다.

용육: 길이 바름이 이롭다.

『주역』의 두 번째 괘인 곤괘坤卦는 괘상에서 보이듯 모든 효가 음효로
이루어져 있다. 음효로만 이루어져 있기 때문에 여자와 땅을 상징한다.
괘사에서도 '암말'이 나오는 것을 보면 알 수 있다. 『주역』에서 본 여성성은
무엇보다 수용성이다. 땅이 모든 것을 받아서 실어 주듯, 여성은 모든
것을 품어 주는 어머니를 의미한다.

우리네 어머니가 대부분 그러하듯 동양의 여성은 강인하다. 이른 아침부
터 늦은 저녁까지 가족을 위해 헌신하고 봉사하는 것이 전통적인 어머니상
이다. 그것이 바람직하냐를 따지기에 앞서, 우리는 그렇게 생각했고 또

그렇게 기대했으며 많은 어머니들이 그렇게 살아 왔다는 말이다. 괘사의 '암말'은 바로 그런 의미다. 뚜벅뚜벅 언제나 그 모습으로 한결같이 나아가는 암말에게서 땅과 여성성의 강인함을 읽은 것이다. 그래서 그것을 본받은 군자 역시 뚜벅뚜벅 앞으로 나아가야 한다는 말이다.

수용성은 때로 양보와 순종으로 보이기도 한다. 자식들의 투정과 요구를 모두 받아주는 어머니. 아버지의 배려 없는 주장을 묵묵히 받아주시는 어머니. 『주역』은 여성성에 양보와 순종을 배정했다. "먼저 하면 미혹되지만 나중으로 하면 얻으리니." 암탉이 울면 집안이 망한다는 말을 우리는 많이 들으며 자랐다. 여성의 자기주장이 용납되지 않던 시대의 산물이다.

중국의 지형에서 동쪽과 북쪽은 양陽의 방향, 서쪽과 남쪽은 음陰의 방향이다. 서쪽과 남쪽이 좀 더 지형이 높고 울창하며 습기가 많은 연유일 것이다. 그러나 『주역』의 이 구절이 정확히 어떤 근거에 의한 것인지는 알 수 없다. 대략 추측만 할 뿐이다. 그럼, 왜 양의 방향으로 가면 벗을 잃는다고 했을까? 그것은 곤괘 자체가 음괘이기 때문이다. 때문에 양의 방향으로 가면 자신과는 다른 성질의 방향이 되고, 그래서 '벗을 잃는다'고 한 것이다.

언뜻 생각했을 때 벗을 잃으면 좋지 않을 것 같은데 오히려 그것이 좋다고 보았다. 왜냐하면 음은 부정적인 성질로 이해되기 때문이다. 음은 나쁜 친구들이다. 자신의 나쁜 점을 키워 줄 우려가 있는 이들이다. 양은 좋은 친구다. 때문에 지금까지 같이 놀던 예전의 친구들을 떠나 좋은 친구들이 있는 방향으로 가야 좋을 것이라는 말이다. 그것이 '바른' 길이라는 말이다.

"서리를 밟으면 두꺼운 얼음이 이르느니라." 초육 효사가 참 재미있다.

서리를 밟으면 왜 두꺼운 얼음이 이르지? 이 글을 처음 읽었을 때는 서리를 발로 긁어모아 두꺼운 얼음을 만드는 광경을 상상했었다. 하지만 영 이상하다. 이 글의 정확한 번역은 이렇게 되어야 한다. "서리를 밟게 되거든 이제 곧 두꺼운 얼음이 어는 계절이 될 것임을 알아야 한다." 이렇게 번역하면 좀 이해가 될 것이다.

늦가을 상강霜降이 되면 서리가 내린다. 아직 겨울이라고 할 수는 없지만, 계절의 진행은 분명 두꺼운 얼음이 어는 겨울을 향하고 있다. 그것이다. 초육 효사가 말하고자 하는 것은 바로 이러한 '방향성'이다. 그럼, 그것은 어떤 방향을 의미하고 왜 경계警戒의 의미가 되는가?

곤괘는 괘상에서 보이듯 모두 음효로 이루어져 있다. 그 중 이 효사는 초효에 해당한다. 처음으로 음이 시작하는 초효는 바로 '서리를 밟는' 것에 해당한다. 그 서리를 밟음이 결국에는 모두 음효로 구성된 곤괘를 형성하게 될 것이라는 말이다. 그것은 음으로 상징되는 악행 혹은 악습이 결국에는 후퇴할 수 없는 지경에 이르게 될 것임을 경계한 것이다.

이 구절에 대해 『역전』 중의 하나인 「문언전」은 이렇게 보충 설명한다.

선을 쌓아가는 집안에는 반드시 넉넉한 경사가 있게 될 것이지만, 악을 쌓아가는 집안에는 반드시 숱한 재앙이 있게 될 것이다. 신하가 자신의 군주를 죽이고 자식이 부모를 죽이는 것은 하루아침 하룻밤 사이에 된 일이 아니다. 그 유래는 매우 점진적이다. 다만 그것을 일찍 분변하지 못했기 때문에 그런 일이 벌어진 것이다. 그래서 『역경』에서는 서리를 밟거든 두꺼운 얼음이 얼게 될 것이라고 말한 것이다. 바로 그 방향성을 경고한 것이다.[1]

선을 행하면 경사가 있게 되고 악을 행하면 재앙이 있게 된다는 것은 흔히 인과응보, 사필귀정으로 표현된다. 신하가 군주를 죽이고 자식이 부모를 죽이는 일은 분명 커다란 재앙에 해당한다.—자식이 부모를 죽이는 일이 요즘의 일만은 아닌 것이 분명하다.— 어느 군주, 어느 부모가 자신의 신하와 자식에 의해 죽고 싶겠는가? 그런데도 왜 이런 일들이 벌어질까? 사태가 충분히 심각해지기 전에 이미 그렇게 되리라는 조짐이 있었는데도 그것을 보고 미리 준비하지 않았기 때문이다.

아이들이 같은 아이들을 때린다. 감금한 채 몇 시간을 때렸다고 한다. 같은 반 친구에게 성매매를 시켰단다. 아이들이 끔찍해졌다고들 한다. 왜 그럴까? 사실 이건 너무나 자명한 귀결이다. 요즘의 아이들은 놀고 생각하지 못한다. 주변의 사람을 친구로 볼 수 없게 만든다. 하루 종일 학교와 학원에서 쳇바퀴 도는 이 아이들이 미치지 않으면 그게 기적이다. 그래 놓고는 아이들 탓만 한다면 이건 너무도 잘못된 일이다. 어쩌다 우리 사회가 이 지경이 됐냐고 할 일이 아니다. 어쩌다 이렇게 되었는지 여전히 모르는 게 문제다.

그래서 나는 이 괘의 키워드를 '방향성'으로 잡았다. 좋은 방향도 있고 나쁜 방향도 있다. 방향성에 대한 경계는 개인에게도 해당하고 사회에게도 해당한다. 위 「문언전」이 사회적 측면을 말했다면, 「계사전」에서는 개인의 측면을 이렇게 말하고 있다.

---

1) 坤卦, 「文言傳」, "積善之家는 必有餘慶하고 積不善之家는 必有餘殃하나니 臣弑其君하며 子弑其父 非一朝一夕之故라. 其所由來者 漸矣니 由辯之不早辯也니 易曰 履霜堅氷至라하니 蓋言順也라."

아무리 선이라 하더라도 충분히 쌓이지 않으면 명성이 되기 어렵다. 아무리 악이라 하더라도 쌓이지 않으면 자신의 몸을 망치는 데까지 이르지는 않는다. 소인은 작은 선을 아무런 이익이 되지 않는다고 생각해서 하지 않으며, 작은 악을 아무런 해가 되지 않는다고 생각해서 제거하지 않는다. 그러므로 결국에 악이 쌓이면 숨길 수 없게 되고 죄가 커지면 벗어날 수 없게 되는 것이다.[2]

소위 바늘 도둑이 소 도둑 된다는 말이다. 처음에 이 바늘 하나쯤이야 했던 마음이 결국엔 아무런 죄책감도 느끼지 못한 채 끔찍한 짓을 저지르게 만든다는 무시무시한 말이다.

우리는 흔히 "로마는 하루아침에 이루어지지 않았다"고 말한다. 고대 로마제국은 로마의 여섯 언덕 사이에서 작은 마을로 시작했으며, 대략 600년의 노력을 통해 거대한 제국을 이루었다. 이탈리아 전역을 점령하고서도 지금의 유럽과 소아시아, 북부 아프리카까지 특유의 성실함과 강인함 그리고 집요함으로 영토를 넓혀 가서 결국에 로마에 의한 세계 질서를 구축한 것이다. 대단하다. 이 모든 성취와 결과가 하루아침에 이루어지지 않은 것은 자명하다.

하지만 나는 독일의 나치 역시 하루아침에 이루어지지 않았다고 말하고 싶다. 나치 정권은 1945년 제2차 세계대전의 패망으로 사라졌지만, 그 이념적·정치적 경향의 시작은 1919년 1차 세계대전에서 독일이 패망하고 막대한 전쟁 배상금을 지불해야 하는 상황으로까지 거슬러 올라간다. 별다른 학력도 경력도 지니지 못한 히틀러가 독일의 정권을 잡게 된

---

2) 「繫辭下傳」, 5장, "善不積이면 不足以成名이오 惡不積이면 不足以滅身이니 小人이 以小善으로 爲无益而弗爲也하며 以小惡으로 爲无傷而弗去也라 故로 惡積而不可掩이며 罪大而不可解."

것은 결코 혁명에 의한 것이 아니었으며, 철저히 합법적인 선거에 의한 것이었다. 1인독재체제는 차분히, 그러면서도 단계적으로 착착 진행되었으며, 많은 합리적인 사람들은 그에 대해 제대로 대처하거나 인식조차 하지 못했다. 위대한 로마가 하루아침에 이루어지지 않았던 것처럼 유럽과 세계에 거대한 재앙을 끼쳤던 나치 역시 하루아침에 이루어지지 않았던 것이다.

사실, 곤괘는 초육 효사를 제외하고는 대부분 겸양에 대해 말하고 있다. 왕의 일을 맡아서 하더라도 거기서 얻어지는 성공을 자신의 것으로 여기지 말라고 한다. 신하된 이가 왕을 능가하는 능력을 보였을 때 어떤 결과를 맞게 되는지는 수많은 역사서가 알려 주고 있다. 때문에 복주머니의 끈을 단단히 졸라매서 무엇도 빠져나오지 않도록 하는 것과 같은 단속이 필요한 것이다. 심지어 그 속에 무엇이 있는지도 모르게 해야 한다. 그래야 허물도 없고 영예도 없을 것이다. 육사효의 위험한 위치에서 얻어지는 영예는 결코 자신에게 도움이 되지 않는다.

'노란 치마'에서 노란 색은 중앙을 상징한다. 좌우로 치우치지 않고 중도를 유지한다는 의미다. 치마는 아래에 입는 옷이니 역시 뒤로 물러섬을 의미한다. 오효가 아무리 군주의 위치라고 하더라도 곤괘에서는 한 발 뒤로 물러서야 한다는 말이다.

상육효에서는 너무나 높이 올라간 형세가 된다. 그래서 높이 오른 양의 용 즉 건괘의 용과 싸우는 형국이다. 때문에 서로가 양을 상징하는 검은 색 피와 음을 상징하는 노란 색 피를 흘리게 되는 것이다. 둘 다 피해만 입게 된다. 때문에 음은 한 발 뒤로 물러서야 한다는 말이다.

많은 여성 독자들은 곤괘를 읽으며 마음이 편치 않을 것이다. 왜 맨날 여자들만 양보해야 한단 말인가, 그러니 전근대적 폐단이란 말을 듣는 거다. 동의한다. 시대가 변했다. 여성들도 자신의 목소리를 낼 수 있어야 한다. 그리고 쟁취할 때는 쟁취해야 한다. 시대가 변하지 않았더라도 그것이 평등이라는 원칙에 맞다. 『주역』의 이러한 관점은 수정되어야 한다.

하지만 『주역』을 위해 변명하자면, 첫째, 앞에서도 말했지만 이런 전근대적 불평등 의식은 『주역』에만 해당하는 것이 아닌 보편적인 사고방식이었다는 점이다. 둘째, 곤괘의 수용성은 여성에게만 해당하는 것이 아니라 점을 쳐서 곤괘를 만난 모든 이에게 해당한다는 말이다. 예컨대 쿠데타를 일으키려는 기세등등한 군인이라 하더라도 점을 쳐서 곤괘를 만나거든 한 발 뒤로 빼야만 한다.

더 나아가 수용성 그 자체는 현대사회의 모든 사람이 배워야 할 덕목이라고 생각한다. 자본주의는 더 많은 생산성의 축적을 추구한다. 재화의 분배에 있어서 쟁탈적이지 않기가 어렵다. 눈 감으면 코 베어 가는 세상에서는 내가 먼저 베어야 한다. 그래야 내 코가 멀쩡하다. 사람 좋다는 소리는 멍청하다는 소리와 동의어일 때가 많다. 우리는 여태껏 이런 세상에서 살았다. 때문에 양보하고 수용하는 데 인색하다. 일본의 침탈과 한국전쟁은 이런 현실적 원인 때문일 수도 있다.

하지만 상대가 눈 감았다고 해서 코 베는 것이 행복할 리는 없다. 만인 대 만인의 투쟁이라고 배웠지만 투쟁이 결코 즐거움일 수는 없다. 오히려 모두가 서로를 감싸고 협력하는 사회가 좀 더 살만한 세상임에는 틀림없다. 그러기 위해서는 자신만이 많이 가지겠다는, 혹은 자신만이 옳다는 생각은 버려야 한다. 함께 살기 위해서는 자신만의 세상을 포기해야 한다. 그것이 바로 수용성의 시작이다. 때문에 수용성은 여성에게만 요구되는 여성의 전유물일 수 없다. 곤괘의 가르침이 크다.

3. 태괘泰卦(䷊): 부자도 삼대에는 망한다

괘사: 태泰는 작은 것이 가고 큰 것이 오니 길하여 형통하니라.

초구: 띠풀을 뽑는 것과 같이 무리가 함께 가니 길하니라.

구이: 황폐한 것까지 감싸고 깊은 물을 감히 건너며 아무리 먼 것도 내버려두지 않고 가까운 사람을 감싸고돌지 않으면 중도에 맞느니라.

구삼: 아무리 평평한 것도 결국엔 기울지 않을 수 없으며 가더라도 결국에 돌아오지 않을 수는 없으니, 올곧게 한다면 허물이 없다. 근심하지 않더라도 믿음이 있어서 먹는 일에 복이 있으리라.

육사: 쌩하고 날아서 내려오는 것이, 부유케 하지 않아도 그 벗들과 함께하며 뭐라 맹세하지 않아도 믿는구나.

육오: 제을이 동생을 시집보내니 복이 있으며 크게 길하리라.

상육: 성벽이 해자로 돌아가니 병력을 쓰지 말 것이며, 직할지부터 명령을 내리니 아무리 조심한다 하더라도 부끄럽게 될 것이다.

태괘는 『주역』의 11번째 괘로서 앞에서 다루었던 건괘와 곤괘가 잘 만난 경우에 해당한다. 태괘는 아래에는 건괘가 위에는 곤괘가 있는 구조다. 그래서 괘사에서는 "작은 것이 가고 큰 것이 오니 길하여 형통하니라"라고 했다. 여기서 '작은 것'이란 음, 즉 땅을 상징하는 곤괘를 말하고 '큰 것'이란 양, 즉 하늘을 상징하는 건괘를 말한다. 언뜻 생각하기에 아래에 있어야 할 땅이 위에 있고 위에 있어야 할 하늘이 아래에 있으니, 위아래가 뒤바뀐 것 같다. 하지만 태괘는 '길하고 형통하다'고 했다. 왜 그런가?『주역』은 '만남'을 중시하기 때문이다. 아래에 있어야 할 땅이 위에 있으니 그 땅은 아래로 내려오려 하고, 위에 있어야 할 하늘이 아래에 있으니 그 하늘은 위로 올라가려 할 것이다. 그러니 하늘과 땅은 만나게 되어 있는 것이다. 뭐든, 만나야 일이 된다. 지지고 볶고 심지어 만나서 싸울지라도 일단은 만나야 일이 된다. 남자는 여자를 만나야 하고, 여자는 남자를 만나야 한다. 생각이 다른 부모와 자식도 일단은 자주 만나야 하고, 윗사람과 아랫사람도 자리를 자주 가져야 한다.

태괘의 괘사에 대해 「단전」은 이렇게 주석하고 있다. "하늘과 땅이 만나니 만물이 형통하고, 윗사람과 아랫사람이 만나니 그 뜻이 같다."[3] 『주역』은 만남을 중시한다. 이미 앞에서 건괘와 곤괘 즉 하늘과 땅이 만나 그 속에서 팔괘가 탄생한다고 말한 바 있는데, 여기서도 하늘과 땅이 만나 그 속에서 온갖 만물이 생겨나고 형통함을 말하고 있다. 자연의 차원뿐만 아니라 인간의 차원도 마찬가지다. 「단전」에서 말하는 윗사람과 아랫사람은 특히 오효와 이효를 말한다. 『주역』에서 오효는 임금을 의미하고 이효는 사대부를 의미한다. 즉 통치자와 그를 보좌하는 신하의 마음이 같다는 말이다. 국가를 이끌어 가는 두 축이 같은 마음으로 협력하니 나라가 잘될 수밖에 없다.

하지만 태괘는 앞의 건괘나 곤괘처럼 그렇게 내용이 간단하지는 않다. 한 번 읽어서는 이게 도대체 무슨 말인지 모를 정도다. 아마도 점친 결과이기

---

3) 泰卦, 「象傳」, "天地 交而萬物이 通也며 上下 交而其志 同也라."

때문이리라 생각된다. 당시에는 점치고 얻은 말을 이해할 수 있는 구체적인 맥락이 분명 있었겠지만, 후대에는 그러한 기억이 사라지고 주어진 문장을 어떻게든 해석할 수밖에 없었을 것이다. 후대 주석가들의 도움을 받아 겨우겨우 해석한 것이 위와 같다.

초구에서 '무리가 함께 간다'고 한 것은 초효부터 삼효까지 세 개의 양효가 함께 감을 말한다. 구이에서는 잘 해석되지 않는 말들이 쏟아지는데, 전반적인 내용은 태평성대에도 소홀히 할 수 없는 것들에 대해 말하고 있다. 눈앞의 평화로움에 안주하지 않고 멀리 있는 변방까지 위무하며, '황하를 건너는 듯한' 어려움을 감내할 줄 알아야 하며, 주변 사람들을 챙기느라 법도를 어겨서는 안 된다는 말이다.

태괘는 태泰 즉 '쭉쭉 잘 나간다'는 뜻의 괘명에서 드러나듯이 하늘과 땅이 잘 만나서 모든 것이 형통한 괘다. 하지만 『주역』은 여기서 오히려 잘나가던 것의 끝을 보여 준다. "아무리 평평한 것도 결국엔 기울지 않을 수 없으며, 가더라도 결국에 돌아오지 않을 수는 없으니." 그렇다. 아무리 잘나가던 것이라 해도 언젠가는 끝이 있게 마련이다. 아무리 평탄한 대지라 하더라도 언젠가는 비탈을 이루게 마련이다. 태괘는 세 개의 양효가 위로 올라가는 형국이다. 구삼은 올라갈 것이 다 올라간 단계에 해당한다. 때문에 '가던 것이 이제 끝나 가는 것이다. 엔트로피 제로의 상태로 흘러가는 것이다.

육사 효사부터는 위에 있는 음효들이 내려오는 것을 말하고 있다. 그것도 하나가 아니라 셋씩이나 되는 음효들이 한꺼번에 내려온다. 부자는 망해도 삼대를 간다고 했다지만, 재앙은 홀로 오지 않는다(禍不單行)고도 했다. 잘나가던 이가 실각하고 나면 적들은 한꺼번에 몰려든다. 온갖 빚쟁이들이

떼를 지어 몰려든다. 평소에는 웃어 주고 배려해 주던 이들도 한꺼번에 등을 돌린다. 그래서 결국엔 바닥으로 내려앉게 된다.

"성벽이 해자로 돌아가니 병력을 쓰지 말 것이다." 해자란 고대에 성 주변에 파놓은 인공 저수지를 말한다. 적군이 쉽게 성을 공격하지 못하도록 파 놓은 방어 시설이다. 그런 해자에 성벽이 무너져 내린 것이다. 해자도 메워지고 성벽도 무너지고 말았으니 자신을 방어할 수 있는 것이 하나도 없게 된 것이다. 그러니 어떻게 군사행동을 할 수 있겠는가? 딱히 군사행동이 아니더라도, 파 놓고 쌓아 놓고 하던 모든 것이 무너져서 원래의 평지로 돌아가 버린 상황이다. 처음의 그 '길하고 형통함'이 모두 무로 돌아간 것이다.

태괘는 '쭉쭉 잘 나가는' 괘다. 그런 괘에서 이렇게 '무너짐'을 말한다는 것이 매우 인상적이다. 부자는 망해도 삼대를 간다고 했지만, 어쨌든 망하기는 망하는 것이다. 아무리 부자라도 언젠가는 망할 날이 온다는 말이다. 그렇다면 어떻게 해야 할 것인가? 망하는 것을 좋아할 사람은 없다. 망하더라도 잘 망해야 한다. 가능하면 망하는 날을 더디게 오도록 해야 한다. 그리고 언젠가는 나도 망할 수 있다는 겸허함을 지녀야 한다. 나는 결코 망하지 않을 테야 라고 하는 것은 늪에서 나오겠다고 허우적대는 것과 같아서, 살아 나오지도 못하겠지만 더욱 추하기만 하다. 『주역』은 영원한 나아감을 결코 말하지 않는다. 태괘 바로 다음에 '꽉 막힌' 비괘否卦를 둔 것도 그런 의미다.

4. 비괘否卦(䷋): 부끄러움과 밥

괘사: 비否는 인간의 도가 아니니, 군자의 바름으로는 이롭지 못하다. 큰 것
　　이 가고 작은 것이 왔기 때문이다.

초육: 띠풀을 뽑되 한꺼번에 하듯이 모두 바르니 길하고 형통하다.
육이: 훌륭한 이를 본받으니 소인은 길하고, 대인은 비색해야 형통할 것
　　이다.
육삼: 부끄러움이 가득하다.
구사: 왕의 명에 의거해 행한다면 허물이 없을 것이며 그 무리가 모두 복을
　　얻으리라.
구오: 비색함을 끝내는 지라 대인의 길함이니, "망하고야 말 거야, 망하고
　　야 말 거야" 라고 걱정해야 다시금 무성한 뽕나무에 묶어 두듯이 할
　　것이다.
상구: 비색함이 끝나니 먼저는 비색했지만 나중에는 기쁠 것이다.

비괘는 태괘에 이어지는 『주역』의 12번째 괘로, 괘의 모습이 태괘와는
완전히 반대다. 위에 있어야 할 하늘이 위에 있고 아래에 있어야 할 땅이
아래에 있으니, 위에 있는 하늘은 더욱 위로만 올라가고 아래에 있는
땅은 아래로 내려만 가서 둘은 더 이상 만나지 못하는 형국이다. 하늘과
땅이 만나지 못하니 그 속의 만물이 형통하지 못함은 당연하다. 윗사람과
아랫사람이 서로 만나지 못하니 나라가 잘될 리 없다.

『주역』에서는 초효가 시작이다. 모든 것은 안으로부터 밖으로 확장해
나가기 때문에, 아래가 시작이 되고 안이 된다. 비괘는 세 개의 음효가
안에 있고 양효는 모두 밖에 있다. 안으로는 유약하고 밖으로는 강한

소위 '내유외강'의 형국이다. 소인이 안에 자리를 차지하고 있고 군자는 모두 밖으로 밀려났으니, 소인이 잘나가고 군자는 핍박받는 시절에 해당한다. 세상이 모두 거꾸로 되었다. 불합리와 부조리의 극치다. 비괘는 이런 부조리와 불합리의 시절을 어떻게 살아가야 할 것인가를 말하고 있다. 그래서 괘사는 "비괘는 인간의 도가 아니니, 군자의 바름으로는 이롭지 못하다"라고 한 것이다.

군자의 바름으로 이롭지 못하다면 어떻게 해야 하는가? 두 가지 방법이 있다. 하나는 군자의 바름으로 하지 않는 것이고, 다른 하나는 여전히 군자의 태도를 견지한 채로 차라리 '이롭지 않게' 사는 것이다. 군자의 바름으로 하지 않는다는 것은 이제 더 이상 군자 하지 않고 소인이 된다는 말이다. 약삭빠르게 세상 돌아가는 것을 살펴 그에 맞게 움직이는 것이다. 극강의 처세술이다. 『주역』은 어차피 이로움을 기준으로 하고 있으니, 그 기준에 입각하자면 이런 태도가 가장 『주역』스러울 것이다.

하지만 비괘에 대한 「상전」의 주석은 우리를 괴롭힌다. "하늘과 땅이 만나지 않는 것이 비괘이니, 군자는 그러한 상을 관찰하여 자신의 덕을 감추고 험난함을 피한다. 정의롭지 않은 녹봉을 받아 영광을 누려서는 안 되기 때문이다."[4] 애당초 점친 기록인 『역경』에서는 군자가 되라느니 소인이 되지 말라느니 하는 말은 없었다. 그저 군자연君子然 해서는 사는 게 힘들 거라고만 했다. 그런데 훗날의 『역전』은 그저 자신의 덕을 감추고 험난함을 피하라고만 말하고 있다. 정의롭지 않은 부귀를 누려서는 안 된다고 말하고 있다. 갑자기 도덕책이 돼 버렸다.

---

4) 否卦, 「象傳」, "天地不交 否니 君子 以하야 儉德辟難하야 不可榮以祿이니라."

『역전』이 그렇게 보는 근거는 뭔가? 하늘과 땅이 만나지 않는다는 것은 모든 것이 이치대로, 법칙대로 움직이지 않는다는 말이다. 부조리한 현실이다. 공자도 "정의롭지 않은 부귀는 내게 뜬구름과 같다"[5]라고 했다. 나라가 망한 현실에서 민족을 배반하고 외세에 영합하여 부귀영화를 누린 이들을 우리는 '친일파' 혹은 '매국노'라고 부른다. 군사쿠데타를 일으키고, 거기에 협력해서 한 시대 잘 살아간 이들을 '반란군'이라 부르고 '부역자'라 부른다. 부패한 정권에 빌붙어 한몫 챙긴 이들을 '어용' 혹은 '영혼을 팔아넘긴 이'라고 부른다. 우리는 어떻게 할 것인가?

그런데 재밌게도 막상 효사로 들어오면 소인이 소인이 아니고 대인이 대인이 아니게 된다. 소인이 길하기도 하고, 대인은 비색한데 또 형통하다고도 한다. 역시 점친 기록이기 때문에 일정한 맥락이 있어야만 해석이 가능할 것이다. 하지만 후대의 주석가들은 엄청난 구라를 동원해 이것을 해석해 냈다. 이제 그들의 도움을 받아 한 발씩 디뎌 보자.

"띠풀을 뽑되 한꺼번에 하듯이 모두 바르니 길하고 형통하다." 초육과 그 위의 두 효는 모두 음효다. 소인을 상징한다. 이 세 소인이 덤불처럼 피어나는 띠풀을 한 움큼 잡아 뽑는 것처럼 하는데, 바르기 때문에 길하고 형통하다고 했다. 소인은 소인이로되 초효이기 때문에 아직은 그 악행이 자리를 잡지 않은 형국이다. 때문에 아직 시작일 때 올바름을 견지하여 길할 수 있다는 것이다.

"훌륭한 이를 본받으니 소인은 길하고, 대인은 비색해야 형통할 것이다." 여기서의 소인 역시 '훌륭한 이를 본받기' 때문에 길할 수 있다. 그런데

---

5) 『論語』, 「述而」, 15장, "子曰, 飯疏食飮水, 曲肱而枕之, 樂亦在其中矣. 不義而富且貴, 於我如浮雲."

대인은 오히려 비색해야 형통하다고 말한다. 원래의 의미는 비색한 현실을 받아들여야 대세를 거스르지 않고 더 큰 참화를 겪지 않을 것이라는 정도의 말일 것이다. 그런데 후대의 도덕주의적 주석가들은 자신이 시대의 아픔을 감내해야 도道의 입장에서는 형통할 것이라고 풀었다. 비색해야 형통하다는 말이 형용모순이기 때문이다.

여기서의 도란 무엇일까? 나라가 망했어도 민족을 해방시키겠다고 한목숨 바친 이는 알 것이다. 군사정권에 항거하다 최루탄을 맞아 죽어간 이, 안기부와 경찰의 고문으로 사지가 썩어 들어가던 이는 알 것이다. 잘나가는 길을 마다하고 끝끝내 불의한 정권과 맞서던 지식인들은 그것을 필경 알 것이다. '정의'라는 단어로는 부족하다. 모든 것이 무너져 내릴 때 사람들은 "나라를 나라답게"라고 외쳤다. 토톨로지(tautology), 동어반복이다. 여기엔 모든 것이 해당한다. "학교를 학교답게", "부동산을 집답게", "인간을 인간답게". 모든 것이 제자리를 찾는 것이다. 있어야 할 것이 있어야 할 자리에 있어야 할 모습으로 있는 것이다.

"부끄러움이 가득하다." 육삼은 소인의 끝이다. 소인이 가장 활성화된 시점이다. 때문에 부끄러움이 가득한 것이다. 나는 이 괘의 키워드를 '부끄러움'으로 잡았다. 부끄러움이란 무엇일까? 이 불편한 감정은 도대체 어디에서 오는가? 이 부조리한 상황에 대해 찔끔 눈 한 번 감으면 될 일인데, 누가 알 것도 아닌데, 어째서 내 마음 한켠은 찜찜한 것일까? 누가 알아챈 사람도 없는데 자다가도 이불 하이킥이다. 혼자서 얼굴이 벌게지기도 한다. 도대체 이놈의 부끄러움이란 무엇인가?

맹자는 "부끄러움이 없는 이에게는 더 이상 기대할 것이 없다"[6]라고 했다. 부끄러움은 인간다움의 마지막 보루다. 인간다움은 또 도대체 뭐냐고 하면 더 복잡해진다. 나는 분명히 인간인데 부끄러움을 느끼지 못하면 더 이상 인간이 아니라고 한다. 사실 인간다움이란 정해진 모습이 없다. 한없이 저열해질 수 있는 것도 인간이고, 한없이 고상해질 수 있는 것도 인간이다. 놀부도 스크루지도 인간이고 예수와 부처도 인간이다. 부끄러움의 한계도 사실은 있을 수 없다. 누구는 -1에서 부끄러움을 느끼지만 누구는 -10은 되어야 부끄러움을 느낄 수 있다. 그러나 -10이든 -1이든, 어딘가에서 느낀 부끄러움은 모두 동일한 부끄러움이다. 부끄러움은 한 인간의, 그리고 한 사회의 '다움'을 평가하는 잣대가 된다. 모두가 인간이지만 모두가 같은 인간은 아니다. 모두가 사회지만 모두가 같은 사회는 아니다.

괘사에서는 소인이 잘나가고 대인이 핍박받는다고 했다. 군자처럼 해서는 이롭지 못하다고 했다. 그렇다면 재빨리 소인이 되어야 가장 『주역』적이지 않을까? 지금 우리는 어떤가? 도덕책이 되어 버린 『주역』을 따라 조금은 도덕적이길 바라게 되었을까? 자존심이 밥 먹여 주냐고 한다. 그렇다. 자존심은 밥 먹여 주지 않는다. 그러나 맹자는 인간에게 밥보다 더 중요한 것이 있다고 했다. 바로 자존심이다. 아무리 한 끼 밥을 먹지 못하면 죽을 거지라 해도 "옛다, 처먹어라" 하면서 밥을 발로 차서 주면 먹지 않을 거라고 했다. 밥이 더 중요한지 자존심이 더 중요한지는 각자의 판단이다. -100이 될지 +100이 될지를 결정하는 것 역시 개인이다.

참으로 재미있는 것은 이 꽉 막힌 비괘도 절반이 지나면 다시 풀리기 시작한다는 점이다. 죽으란 법은 없다. 영원한 나아감도 없지만 영원한

---

6) 『孟子』, 「盡心上」, 7장, "孟子曰, 恥之於人大矣. 爲機變之巧者, 無所用恥焉. 不恥不若人, 何若人有."

막힘도 없다. 다만, 『주역』은 이러한 비색한 현실을 벗어나는 태도로서 "망하고야 말 거야, 망하고야 말 거야"라고 외는 절박함과 '무성한 뽕나무에 단단히 묶어두는' 성실함을 잊지 말라고 경계하고 있다.

5. 박괘剝卦(☷☶): 끝인가 시작인가?

괘사: 박剝은 앞으로 나아감이 이롭지 않다.

초육: 상의 다리를 깎아 내니 바름을 멸하는 것이라 흉하다.
육이: 상의 테두리를 깎아 내니 바름을 멸하는 것이라 흉하다.
육삼: 깎아 냄에 있어서 허물이 없다.
육사: 상의 위까지 깎아 내니 흉하다.
육오: 물고기를 꿰듯이 하여 궁인이 총애를 받듯이 하면 이롭지 않음이 없으리라.
상구: 마지막 남은 커다란 열매는 먹히지 않으리니 군자는 수레를 얻고 소인은 오두막까지 깎여 나갈 것이다.

박괘는 『주역』의 23번째 괘인데 그 모양이 매우 독특하다. 구성은 산을 상징하는 간괘艮卦와 땅을 상징하는 곤괘坤卦로 되어 있지만, 괘상을 보면 제일 위에만 하나의 양효가 있고 나머지는 모두 음효로 이루어져 있다. 그러니 아래에서부터 음이 발전해서 양을 몰아내는데, 그 마지막 단계까지 온 것으로 해석될 수 있다.

한대漢代에는 12벽괘설十二辟卦說이라는 것이 있었다. 64개의 괘 중에서

12개의 괘가 중요하다는 말인데, 그 순서는 제일 아래에 하나의 양이 자라나는 복괘復卦(☰☰) 그 다음은 하나의 양이 더 자라나서 두 개의 양효가 되는 임괘臨卦(☰☰), 다음은 양이 세 개가 되는 식이다. 이런 방식으로 총 12개의 괘가 만들어지는데, 그 순서는 복괘復卦(☰☰)·임괘臨卦(☰☰)·태괘泰卦(☰☰)·대장괘大壯卦(☰☰)·쾌괘夬卦(☰☰)·건괘乾卦(☰☰)·구괘姤卦(☰☰)·둔괘遯卦(☰☰)·비괘否卦(☰☰)·관괘觀卦(☰☰)·박괘剝卦(☰☰)·곤괘坤卦(☰☰)가 된다. 어려워 보이지만 괘상 즉 그림을 잘 따라가 보면 별 거 아니다.

12벽괘설에서는 12개의 벽괘에 12달을 배속했다. 그래서 박괘는 음력 11월 즉 동짓달이 되고, 곤괘는 12월 섣달이 되고, 복괘는 1월 즉 정월이 된다. 동지冬至란 일 년 중 밤의 길이가 가장 긴 때다. 음이 가장 많이 자라나는 동지를 박괘에 배속한 것이다. 그리고 양이 자라나기 시작하는 복괘를 정월에 배속한 것이다.

여기에는 이론적으로 조금 어려운 문제가 들어 있다. 박괘는 아무리 음이 자라났지만 그래도 여전히 하나의 양이 있는 상태고, 곤괘가 되어야 완전히 양이 없어진다. 하지만 『주역』을 도덕적으로 해석하던 주석가들은 양을 군자 혹은 이성·합리·도道로 해석한다. 그러고서는 아무리 혼탁한 세상이 됐다 하더라도 이성과 합리가 깡그리 없어질 수는 없다고 주장한다. 그 근거가 바로 이 박괘의 마지막 양효 즉 "석과불식碩果不食"이다. '석과'란 한겨울 아무리 추워도 감나무 꼭대기에 있는 커다란 감 몇 개, 그 까치밥을 의미한다. 그 까치밥이 먹히지 않는 것처럼 이성과 합리는 결코 완전히 없어지지 않고 남아 있다가 다음 시대의 씨앗이 된다고 본 것이다. 이에 대해서는 앞의 제2부 14장에서 자세히 다룬 바 있다.

그래서 역학자들은 곤괘가 현상적으로는 양이 완전히 없어졌지만 그 내부를 잘 들여다보면 여전히 양이 남아 있으며, 그것이 복괘의 첫 양효로 다시 드러나 보이게 된다고 주장한다. 사실『주역』그 자체로 보면 말이 안 되지만, 어쨌든 그것으로부터 자신들의 철학적 주장을 만들어 낸 것이다. 이걸 시계로 비유해 보면 좀 쉽다. 밤 23시 59분 59초를 생각해 보자. 그리고 다음날 00시 00분 01초를 생각해 보자. 그 중간에는 물론 00시 00분 00초가 있다. 00시 00분 00초는 24시 00분 00초이기도 하다. 그런데 이 시점은 과연 전날일까 뒷날일까? 그 시간을 좀 더 세분해 보면, 23시 59분 59초 59, '59'… 로 미분해 들어갈 수 있을 것이다. 그래서 결국엔 00이라는 순간을 소거할 수도 있으리라. 아 어렵다, 구라의 세계.

왜 그들은 이렇게 힘든 구라의 체계를 세우고자 했을까? 그것은 인간에게는 선한 본성이 있음을 주장하려는 것이었다. 그래서 현상적으로는 아무리 비이성과 불합리가 판을 치고 나쁜 놈들만 설쳐대는 것처럼 보이지만 모든 인간의 깊은 내면에는 여전히 선한 본성이 있음을 주장하고자 한 것이다.

우리는 도덕주의자도 아니고 철학적 전문 구라꾼도 아니니 그런 것은 몰라도 된다. 우리에게 좀 더 친근한 방식으로 풀어보도록 하자. 박괘가 마지막 하나의 양효로 구성되어 있다는 점만은 분명하다. 여기서 '마지막'이라는 키워드가 불거져 나온다. 그 마지막을 향해 박괘는 상床, 즉 침상 혹은 침대를 상징물로 동원한다.

처음에는 침대의 다리를 깎아 낸다. 제일 아래에서 음효가 시작되는 것을 양이 박멸剝滅되는 것 즉 '깎아 냄'으로 본 것이다. 다음엔 침대의 다리와 몸통이 만나는 테두리까지 깎아 낸다. 점점 위로 올라오는 것이다. 다만 육삼효에서는 '깎아 내더라도 허물이 없다'고 했다. 그것은 오직 육삼효만 제일 위에 있는 상구효와 대응의 관계에 있기 때문이다. 그 다음은 침상의 윗부분까지 깎아 낸다. 번역에서는 '위라고 했지만 『주역』의 원문은 '부膚' 즉 '피부'라고 되어 있다. 사람이 누워서 잘 때 피부가 닿는 부분이라는 말이다. 도끼로 상을 퍽퍽 깎아 내는데, 저 아래의 다리에서부터 올라와서 이제는 사람이 누워 있는 바로 그 지점까지 올라온 것이다.

그러다가 갑자기 육오효에 이르러서 변화가 발생한다. "물고기를 꿰듯이 하여 궁인이 총애를 받듯이 하면 이롭지 않음이 없으리라." 여기서 '물고기'는 박괘에 등장하는 다섯 개의 음효를 의미한다. 물고기는 물속에 사니까 음에 해당한다. 군주의 자리인 오효에 위치한 육오의 음효가 다른 음효들을 통솔하는 것을 마치 '물고기를 꿰듯이'라고 한 것이다. 궁궐에 있는 여자 즉 궁인이 임금의 총애를 받듯이 오효가 다른 음효를 통솔하여 위에 있는 양효에게 순종하면 무척 이롭다는 말이다.

마지막 상구효에 와서 드디어 '석과불식'이 등장한다. 다른 모든 소인들이 떠받들어 주니 군자에게는 '수레'라는 상징물이 된다. 반면에 깎아 내는 추세가 계속된다는 측면에서 보자면 침대가 있던 집까지 깎아 내는 것이 된다. 소인이 군자를 핍박하고 깎아 내는 것을 계속하게 된다면 결국엔 자신이 머물고 있는 집까지 깎아 내 없어지게 된다는 말이다. 점을 치는 대상이 군자인지 소인인지에 따라 점의 결과가 달라진다. 여기서 난 참 궁금해진다. 누가 과연 『주역』점을 치면서 자기 스스로를 소인이라고 생각할 수 있을까? 우리는 군자일까, 소인일까?

군자인지 소인인지는 스스로 판단하고, 우리는 다시 '마지막'이라는 키워드로 돌아와 보자. 위에서 본 것처럼 어제의 마지막은 오늘의 시작을 의미한다. 단순히 물리적 시간의 의미가 아니다. 어제를 마감한다는 것은 새로운 오늘을 시작한다는 의미다. 모든 것의 마지막은 새로운 시작을 의미한다. 이제 반드시 담배를 끊겠다는 것은 금연 생활의 시작을 의미한다. 어제까지의 찌질한 나와 결별한다는 것은 당당한 새로운 나와 대면한다는 것을 의미한다.

물론 마지막이 언제나 좋은 것은 아니다. 연애가 잘 안 되어서 헤어지는 연인에게 이별은 고통일 것이다. 가족을 이루고 살던 부부가 이혼을 하는 것 역시 즐거움일 수는 없다. 사랑하는 가족을 먼저 떠나보내야 하는 마지막은 더욱 고통스럽다. 마지막은 오히려 고통이다. 하지만 이별의 뒤에는 새로운 시작이 있다고 생각한다면 조금은 위안이 되고 새로운 희망과 기대를 할 수 있게 해 준다.

누구나 그렇겠지만, 나는 오랫동안 걸린 일을 마무리할 때가 참 좋다. 마무리 그 자체는 지겨워 얼른 치워 버리고 싶은 마음이지만, 그 마무리 다음에 새로운 일을 시작할 수 있다는 기대감 때문에 힘을 얻곤 한다. 마지막은 시작이다.

『주역』은 시간을 직선적으로 보지 않았다. 파동(~) 혹은 봄여름가을겨울과 같은 순환으로 보았다. 때문에 이러한 순환적 관점에서는 가장 높은 시점이 바로 하강하기 시작하는 시점이 되기도 하고, 가장 낮은 시점이 오히려 이제 다시 올라가는 터닝포인트가 되기도 한다. 그래서 『주역』에서는 제일 좋은 상황에 처한 이에게 축하한다고 말하지 않는다. 오히려 이제는 내려갈 일밖에 남지 않았음을 경고하면서 겸손할 것을 요구한다. 반대로 제일 안 좋은 상황에 처한 이에게는 "불쌍하다. 나 같으면 죽었다"라고 저주하지 않는다. 그보다는 이제 너는 올라갈 일만 남았으니 힘을 내라고 말한다. 마지막은 시작이기 때문이다.

아무리 어려운 상황에 처해지더라도 다시 시작해야 하는 것이 인생이다. 아무리 열악한 상황에서도 다시 한 번 시작해 보겠다는 의지를 낼 수 있는 것이 바로 인간이다. 이때 우리를 일으켜 세워 주는 힘은 바로 판도라의 상자에서 마지막으로 발견한 희망이다. 마지막은 시작이다. 그래서 『주역』은 박괘 다음에 새로 시작하는 복괘復卦를 배치한 것이다.

6. 함괘咸卦(䷞): 연애는 이렇게 해라

괘사: 형통하고 바름이 이로우니, 여자를 얻으면 길하다.

초육: 엄지발가락으로 느꼈다.
육이: 정강이로 느꼈으니 흉하고, 그냥 눌러 앉으면 길할 것이다.
구삼: 허벅지로 느꼈으니 따라가기를 고집하는지라, 앞으로 나아가면 허물이 있을 것이다.
구사: 바르면 길하여 후회가 없을 것이나, 동동거리며 왔다 갔다 하면 너의 친구들만 너를 따를 것이다.
구오: 등으로 느꼈으니 후회가 없을 것이다.
상육: 뺨과 턱 그리고 입술로 느꼈다.

31번째 괘인 함괘는 그 이름부터 예사롭지 않다. 함咸은 '모두'라는 의미를 가지고 있지만 여기서는 '감感'의 의미로 사용되고 있다. 비슷한 발음의 한자는 옛날에 통용되었다. '감感'이란 일차적으로 '느낀다'라는 의미지만, 여기서의 느낌이란 막연한 감각을 의미하지 않는다. 한문에서

'느낌'(感)이란 인식주체가 다가오는 자극에 대해 느끼는 것이다. 그런데 여기에는 자극을 주는 상대가 전제되어 있다. 즉 '느낌'이란, 인식주체가 일방적으로 느끼는 것이 아니라 어떤 타자의 줌과 나의 받음이라는 행위가 동시에 발생하는 것이다. 때문에 자극을 주는 이와 자극을 받는 이 사이에는 사실상 주체와 객체의 구분이 있을 수 없다. '느낌'을 주고받는 두 주체가 있을 뿐이다.

그래서 한문에서는 일반적으로 '감感' 하나만 쓰지 않고 '감통感通'·'감동感動' 혹은 '감응感應'과 같이 두 음절어를 사용한다. 감통은 서로 소통되는 둘을 전제로 한다. 때문에 느낌을 받는 단독의 주체를 생각할 수 없다. 감동 역시 다가오는 자극에 대한 나의 반응으로서의 '움직임'(動)을 말하고 있다. 감응은 다가오는 자극에 대한 나의 '응대함'(應)을 말한 것이다. 따라서 『주역』에서의 '느낌'이란 철저하게 상호적으로 일어나는 것이다.

짝사랑도 사랑이라지만 역시 사랑은 둘이서 하는 것이다. 『주역』에서는 함괘를 부부괘로 설명한다. 하지만 좀 더 정확하게 말하면 부부괘는 함괘의 다음에 오는 항괘恒卦에 해당한다. 함괘는 이제 막 시작하는 부부, 혹은 부부가 되려는 관계에 해당한다. 아무래도 옛날에는 자유연애를 내놓고 말하기 어려워서이지 않았을까? 연애의 끝이 결혼일 수는 있어도, 모든 연애가 결혼을 전제로 하지는 않는다. 때문에 나는 결혼생활을 항괘에게 넘겨주고 함괘는 연애로 풀고자 한다.

괘사에서는 벌써 단도직입적으로 "여자를 얻으면 길하다"라고 말하고 있다. 봉건시기에 여자가 연애의 적극적인 주체가 된다는 것은 생각하기 어려웠을 것이다. 때문에 "여자를 얻으면 길하다"라는 말은 "애인을 얻으면 길하다"로 확대해서 해석할 수 있다. 역시 연애괘다. 이에 대한 「단전」의 주석은 우리의 판단에 힘을 실어 준다.

> 유연한 음효가 위로 올라가고 강건한 양효가 아래로 내려오매 두 기가
> 감응하여 서로 함께하니, 멈추어 기뻐하고 남자가 여자의 아래로 내려와
> 있다. 때문에 형통하고 바름이 이로우며 여자를 얻음이 길하다고 한 것
> 이다.[7]

음효가 위로 올라가고 양효가 아래로 내려왔다는 말은, 괘의 모양에서
상육효가 원래는 육삼효였고 구삼효는 원래 상구효였다는 말이다. 이를
괘변설卦變說이라고 하는데 좀 전문적이기는 하다. 좀 단순화해서 말하면
이렇다. 괘변설에서는 『주역』의 모든 괘가 본래는 건괘(☰)와 곤괘(☷)의
조합으로 이루어졌다고 생각한다. 이 두 괘가 서로 효를 주고받음으로써
새로운 괘가 만들어진다는 것이다. 때문에 건괘가 아래에 있고 곤괘가
위에 있는 괘에서 삼효의 양효와 상효의 음효가 자리를 서로 바꾸어
함괘가 만들어졌다는 것이다. 이것이 「단전」에서 말하는 "음효가 위로
올라가고 양효가 아래로 내려갔다"는 말의 의미다. 이렇게 건곤 혹은
남녀가 서로 주고받았으니 교감이 되는 것이다.
  아래에 있는 간괘艮卦는 괘덕이 '멈춤'이다. 그리고 위에 있는 태괘兌卦의
괘덕은 '즐거움'이다. 그래서 이 둘을 조합하니 '멈추어 기뻐함'이 되는
것이다. 연인이 서로 마주보면서 달달한 연애를 즐기며 서로 기뻐하는
모습이 그려진다. 또 간괘는 맏아들에 해당하고 태괘는 막내딸에 해당한다.

---

7) 咸卦, 「彖傳」, "柔上而剛下하야 二氣 感應以相與하야 止而說하고 男下女라 是以亨利貞取女吉
   也니라."

나이 많은 남자와 나이 적은 여자를 의미한다. 지금도 그렇지만 남자가 연상인 것이 일반적이다. 그런데 이 남자가 여자 아래에 있다고 한다. 이는 남자가 여자를 배려해 스스로를 낮추는 것이다. 결혼생활을 의미하는 항괘에서는 이 관계가 다시 역전되며, "이것이 정상적인 남녀관계"라고 『주역』은 말한다. 연애할 때는 별도 달도 다 따다 줄 것처럼 하지만 막상 결혼하고 나면 형광등도 따 주지 않는 것이 일반적인 남자들의 행태다. 진화심리학에서는 이것을 '양육비용'이라고 부른다. 유전자의 좀 더 넓은 전파를 위해 이미 잡아 놓은 물고기에게는 미끼를 주지 않는다는 말이다. 그러니 『주역』에서 그렇게 읽고 이렇게 쓴 것도 새삼스러울 것이 없다. 남자가 여자 아래에 있는 것은 결혼생활이라기보다는 역시 연애에 해당한다. 아무리 양보해도 신혼에 불과하다.

그런데 '느낌'이 꼭 연애에만 해당하는 것은 아니다. 인간은 타자와의 관계에서 언제나 계약이나 이해만 필요한 것은 아니기 때문이다. 요즘은 '공감능력'이라는 말이 익숙하다. 공감도 하나의 능력이라는 말이다. 내가 어렸을 때는 IQ 즉 '지적능력' 밖에 없었다. 그거면 최고인 줄 알았다. 그래서 머리만 커다란 가분수를 천재라고 불렀다. 요즘은 '천재'가 좀 더 흔해졌다. 심지어는 '얼굴천재'라고도 한다. 얼굴천재를 어떻게 이해해야 할지, 또 그것을 능력이라고 인정해 줘야 할지는 잘 모르겠다. 하지만 적어도 '공감능력'만큼은 모두에게 필요한 것이 아닐까 생각한다. '공감천재'는 발굴하고 인정해 주면 나쁠 것이 없겠다는 생각이다. 연애를 말하던 「단전」은 이어서 이렇게 말한다.

하늘과 땅이 감응하여 만물이 생겨나고, 성인이 백성들의 마음에 감응하여 천하가 화평하게 된다. 감응하는 것이 무엇인지를 관찰함으로써 천지 만물의 실상을 볼 수 있게 된다.[8]

『주역』은 역시 하늘과 땅의 교감에 의해 만물이 만들어졌다고 생각한다. 하늘과 땅은 모든 것의 부모님이다. 하늘과 땅이 교감하는 것처럼 통치자는 백성들과 교감해야 한다고 말한다. 훌륭한 정치인이란 어떤 사람일까?

최근에는 '얼굴천재'가 훌륭한 정치인의 조건이라고 생각하는 사람들이 꽤 되는 모양이다. 그 진실 여부와는 무관하게 역사 속에서도 못생긴 재능인들이 자기 재능을 마음껏 펼치지 못한 예시가 너무 많으니, 그런 이해도 새로울 것은 없다. 역시 인종차별보다 무서운 것이 인물차별이다.

IQ가 높은 '지능천재'가 훌륭한 정치인의 조건일까? 좋은 대학을 나오거나 어려운 고시에 합격한 이들이 주로 정치에 몰리는 것을 보면 이러한 이해가 딱히 틀리지는 않은 모양이다. 멍청한 정치인은 나쁜 사람들에게 이용당하기 십상이다. 하지만 우리는 못된 정치인들 역시 대부분 좋은 대학 나오고 어려운 고시 합격했던 이들이라는 것도 잘 알고 있다. 나쁜 지능천재는 나쁜 정치도 더 잘해 낼 수 있다. 지능은 아무래도 좋은 정치인의 최우선 조건은 아닌 듯싶다.

좋은 정치의 최우선 조건을 나는 '공감'으로 본다. 여기 「단전」이 그렇게 말하듯이, 백성들의 마음에 공감하는 정치인은 결코 나쁜 짓을 할 수 없다고 생각한다. '공감'이란 '마음씀'이다. 마음이 없는데 공감할 수 있다는 말은 들어보지 못했다. 백성들의 마음에 공감한다는 것은 그의 마음이

---

8) 咸卦, 「象傳」, "天地 感而萬物이 化生하고 聖人이 感人心而天下 和平하나니 觀其所感而天地萬物之情을 可見矣리라."

백성들에게 가 있다는 말이다. 그의 정치의 목적이 백성이라는 말이다. 설령 지적능력이 조금 부족할지라도 공감능력이 뛰어나다면 그는 결코 의지적으로 나쁜 정치를 하지는 않을 것이다. 때문에 지적능력은 그 다음이다. 훌륭한 사람이 현명하기까지 해야 한다. 그래서 이런 사람 찾기가 쉽지 않은 것이다.

우리가 모두 정치인은 아니니 그 정도로 해 두자. 함괘에 대한 「상전」의 주석은 '느낌'에 대한 좀 더 일반적인 설명을 제시해 준다.

> 산 위에 연못이 있는 것이 함괘이니, 군자는 그것을 통해서 자신을 비워 다른 이를 받아들여야 한다는 것을 깨닫는다.[9]

'산 위의 연못'이란 역시 함괘가 태괘와 간괘로 구성되어 있음을 의미한다. 산 위에 연못이 있으면 연못의 물이 산 아래로 좍 흘러 내려가서 산 전체를 윤택하게 만든다고 생각하는 것이다. 혹은 산 위에 연못이 파여 있으니 산 중앙에 커다란 구멍이 있다고 생각하는 것이다. 모두 '통함'을 말하고 있다. 이상적인 인격자인 군자는 함괘의 이러한 상황을 통해, 타인을 받아들이려면 자신을 비워야 한다는 것을 알게 된다는 말이다.

공감 혹은 교감은 자신을 비우는 것이 전제되어야 한다. 내가 나로 꽉 차 있는데 어떻게 다른 사람이 들어올 수 있겠는가? 나는 언제나 옳고, 그래서 나는 결코 변하지 않겠다는 마음으로는 다른 사람을 결코 이해할 수도 받아들일 수도 없다. 모든 인간관계는 사실 자기 마음대로 되지 않는다. 하지만 그 중에서도 더더욱 자기 마음대로 되지 않는 것이

---

9) 咸卦, 「象傳」, "山上有澤이 咸이니 君子 以虛로 受人하니라."

연애 관계다. 자신을 비우려 하지 않는 연애 초보들이 곧잘 데이트 폭력을 저지르곤 한다. 사실 나도 어렵다. 연애는 더 어렵다.

효사에서는 '느낌'의 진행을 말하고 있다. 처음에는 느낌의 주체인 심장으로부터 가장 먼 엄지발가락부터 시작한다. 엄지발가락은 정강이로, 다시 허벅지로 발전해 온다. 느낌의 강도가 커지는 것이다. 느낌이 있다는 것은 그에 대한 반응으로서의 행동을 유발한다는 말이다. 그래서 앞으로 나가고 싶어지는 것이다. 하지만 느낌에 대한 반응은 역시 적절한 때와 적절한 정도를 유지해야 한다. 연애로 말하자면 밀땅을 잘해야 한다는 말이다. 시작 단계에서 너무 세게 나가면 부담을 줄 수 있다. 잘못하면 관계가 망가질 수도 있다. 어렵다.

구사효는 느낌이 가슴까지 왔다. 그래서 가만히 있을 수가 없는 것이다. 초조해서 동동거리며 왔다 갔다 하는 것, 누구나 한번쯤은 해 봤을 것이다. 하지만 『주역』은 아직은 때가 아니라고 말한다. 그렇게 조바심 내 봐야 너를 이해해 주는 친구들만 동조할 뿐 일은 성사되지 않는다고 말한다. 그러니 진득하게 기다리라고 말한다. 주석가들은 자신을 없애라고 말한다. 동동거리며 조바심 내는 것은 자신의 사적인 고려가 개입됐기 때문이라고 말한다. 그래서 자신의 사적인 이익을 추구하려는 마음을 제거할 때 당당하게 임할 수 있다고 말한다. 말은 쉽지만 그게 어디 쉬운가? 더구나 연애가 무슨 공익 목적도 아니고.

사랑은 조금 다르지 않을까? 사랑은 받는 게 아니라 주는 것이다. 사랑은 얻는 게 없어도 그냥 하는 것이다. 얻고자 하는 것은 집착이요 소유지 사랑이 아니다. 받고자 하지 않으면 동동거릴 이유가 없다. 말로는 그럴듯하다. 하지만 현실은 조금 다르다. 그것은 아마도, 우리가 말로는 사랑한다고 하면서 실은 소유하려 하고 집착하기 때문일 것이다. 사랑이 아닌 집착의 결과는 '뺨과 턱 그리고 입술'의 구설수일 뿐이다. 자칫 잘못하면 연애는 깨지고 구설수만 얻게 된다. 사랑한다면 『주역』처럼.

7. 항괘恒卦(䷟): 변하는 것이라야 오래간다

괘사: 항恒은 형통하여 허물이 없고 바름이 이로우니 앞으로 나아감이 이롭다.

초육: 심원한 항구함이니 바르더라도 흉하다. 이로울 일이 없다.

구이: 허물이 없으리라.

구삼: 그 덕성을 한결같게 하지 않으니 부끄러움을 받을 것이요 바르더라도 허물이 있을 것이다.

구사: 사냥을 하더라도 사냥감을 잡지 못할 것이다.

육오: 그 덕성을 한결같게 하니 바르지만, 부인은 길하고 남편은 흉하리라.

상육: 빠르게 움직이는 항구함이니 흉하다.

함괘에 이어지는 32번째 괘인 항괘는 장남에 해당하는 진괘震卦가 위에 있고 장녀에 해당하는 손괘巽卦가 아래에 있는 구조다. 장녀와 장남의 만남으로, 남자가 여자 위에 있기 때문에 '항구적인' 남녀의 관계인 부부에 해당한다고 본 것이다. 항괘에 대한 「단전」의 주석에서는 '항상됨'을 '오래 지속함'(久)으로 풀고, 이어서 천지의 도가 항구恒久한 것처럼 어떤 일에 오래도록 지속해야 형통하고 허물이 없을 수 있다고 주석하고 있다. 그래서

이 괘의 키워드는 '항상됨' 혹은 '오래 지속함'이다.

어떨 때 우리는 항상되기를 바라고 또 오래 지속하기를 바랄까? 그것은 그 상태가 가장 좋다고 생각될 때일 것이다. 더도 말고 덜도 말고 꼭 지금처럼. 연애로 치자면 알콩달콩 깨가 쏟아지는 신혼이 이에 해당할까? 인생으로 치자면 젊음이 이에 해당할 것이다. 20대의 생기 있음을 영원히 지속할 수만 있다면. 흔히 변치 않는 영원한 아름다움을 다이아몬드에 비유하곤 한다. 황금도 시간이 지나면 색이 좀 바래질 수 있지만 다이아몬드는 결코 변색되지 않고 영롱한 아름다움을 유지한다. 그래서 변치 않는 결혼생활을 위해 다이아몬드를 쓰는 것일 게다.

그런데 괘사에 대해 정이程頤는 이렇게 주석하고 있다.

소위 항상됨이란 오래도록 지속하는 도를 의미한다. 그런데 그것은 한 귀퉁이를 지키고서 변할 줄을 모르는 것을 의미하는 것이 아니다. 그래서 괘사에서는 "앞으로 나아감이 이롭다"라고 한 것이다. 앞으로 나아가기 때문에 항구할 수 있는 것이다. 하나로 정해져 있으면 항구할 수가 없다.[10]

항상되고 오래 지속하기 위해서는 끊임없이 전진하며 변해야 한다는 말이다. 항상되기 위해서 변해야 한다니, 항상됨 혹은 항구함을 변함없음으로 이해하고 있던 우리로서는 큰 혼란을 겪게 된다. "하나로 정해져 있으면 항구할 수 없다"라는 말은 변하지 않기 위해서는 변해야 한다는 말로 들린다. 무엇이 변하는 것이고 무엇이 변하지 않는 것인가?

---

10) 恒卦, 卦辭, "【傳】夫所謂恒, 謂可恒久之道. 非守一隅而不知變也. 故利於有往. 唯其有往, 故能恒也. 一定則不能常矣."

「단전」은 계속해서 이렇게 말한다.

천지의 도는 항구하여 그침이 없는 것이다. 앞으로 나아감이 이로운 것
은 끝마쳤으면 다시 시작함이 있기 때문이다.[11]

아, 이제 조금 알 것 같다. 이들이 말하는 항구함의 모델은 '천지',
그 중에서도 끊임없이 운행하는 천체다. 태양과 달이 동쪽하늘에 떴다가
서쪽으로 지는 운행을 하루도 거르지 않고 지속하는 것처럼, 끊임없이
'움직임을 지속'하는 것에서 '변하는 변하지 않음'을 읽은 것이다. 여기서
'움직임'은 변화이고 '지속'은 변하지 않음이다. 그래서 정이는 「단전」에
대해 또 이렇게 주석하고 있다.

천하의 이치 가운데 움직이지 않은 채 항구할 수 있는 것은 없다. 움직이
면 끝마치고 다시 시작한다. 그렇게 함으로써 항상되어 끝나 버리지 않
을 수 있는 것이다. 이 천지에서 생겨난 것 중에 아무리 견고한 산이라
할지라도 변하지 않을 수 있는 것은 없다. 그러므로 항상되다는 것은 하
나로 정해져 있음을 의미하지 않는다. 하나로 정해져 있으면 항상될 수
없다. 오직 '때에 맞춰 변화하는'(隨時變易) 것이라야 항상된 도라고 할 수
있다. 그러므로 앞으로 나아감이 이롭다고 말한 것이며, 그것을 통해서
이치가 언제나 그렇다는 것을 보인 것이다. 사람이 일상에 파묻힐까 걱
정한 것이다.[12]

---

11) 咸卦, 「彖傳」, "天地之道 恒久而不已니라 利有攸往은 終則有始也일새라."
12) 咸卦, 「彖傳」, "【傳】天下之理, 未有不動而能恒者也. 動則終而復始. 所以恒而不窮. 凡天地所生
之物, 雖山嶽之堅厚, 未有能不變者也. 故恒非一定之謂也. 一定則不能恒矣. 唯隨時變易, 乃常道
也. 故云利有攸往, 明理之如是. 懼人之泥於常也."

이제 정이의 생각이 좀 분명해진다. 이 우주의 이치는 모두 변한다는 것이다. 『주역』이 그 자체로 '변화'를 말하고 있으니 당연한 말이다. 그래서 그러한 변화에 맞춰 인간도 변해야 하는 것이다. 그것이 바로 '때에 맞춘 변화' 즉 '수시변역隨時變易'이다. 이는 『주역』적 사고에서는 지극히 당연하다. 날씨가 조금만 추워져도 아이스아메리카노에서 아이스를 떼어 버리는 것이 인간이다. 한겨울에도 아이스와 반팔을 고집하는 것은 '변하지 않는 믿음직스러움'일 수 없다. 그저 어리석은 것이다.

　　변화하는 항상됨에 대한 정이의 생각은 위의 주석 마지막에서 드러난다. "사람이 일상에 파묻힐까 걱정한 것이다." 이 문장의 '일상'은 원문이 '상常'이다. 항상되다는 의미와 같은 한자다. 일상에 파묻힌다는 것은 안락하게 반복되는 일상의 매너리즘에 빠져 버린 것을 의미한다. '일상'과 '항상됨'은 이렇게 한 끝 차이에 불과하다. 항상됨이 편하고 좋다고 생각되는 순간이 일상이 되는 것이다. 편하고 좋기 때문에 거기에 안주하면 더 이상 그것을 유지할 수 없는 것이다. 흐르는 물에서 노 젓기를 멈추는 것과 같이, 멈추는 순간 지속할 수 없는 것이다.

　　때문에 지금 이 최고의 순간을 유지하기 위해서는 역설적으로 끊임없이 움직이고 노력해야 한다. 결혼 이야기로 돌아가 보자. 신혼의 즐거움은 왜 지속되지 못할까? 처음의 긴장이 사라졌기 때문이다. 서로에게 잘 보이려는 마음이 더 이상 생기지 않을 때 신혼은 끝이 난다. 이제는 일상이 되고 가족이 된다. 일상의 편안함에 묻히는 순간 가슴 설렘과 정열은 사라지고 마는 것이다. 그러니 노력해야 한다. 끊임없이 변화를 시도하고 노력해야 오래갈 수 있다.

　　결혼이 아니더라도 모든 일이 그럴 게다. 새로운 변화가 있어야 활력을 얻을 수 있다. 어제가 오늘과 같고 오늘이 또 내일이 되는 일상에 변화를 주고자 인간은 주기를 발명했는지 모르겠다. 1월 1일이 12월 31일과 다르다고 생각하고서 새롭게 시작하고자 하는 것은, 일상의 안락함 속에서 자기도 모르게 빠져드는 나태함과 무기력함을 극복하기 위해서일 것이다. 오래 지속하려면 변해야 한다.

8. 혁괘革卦(䷰): 더 갈 곳이 없거든 뒤집어라

괘사: 하루가 다하여야 믿음이 생길 것이니, 크게 형통하고 바름이 이로워 후회가 없을 것이다.

초구: 묶기를 누런 소의 가죽으로 한다.

육이: 하루가 다하여야 바꿀 수 있으니, 앞으로 나아가면 길하고 허물이 없을 것이다.

구삼: 앞으로 나아가면 흉하고 반듯하면 힘들 것이지만, 바꿔야 한다는 의론이 세 번 형성되면 믿음을 얻게 될 것이다.

구사: 후회가 없으니 믿음이 있으면 바꾸게 되어 길할 것이다.

구오: 대인은 호랑이가 털갈이하듯 변하니 점치지 않아도 믿음이 있다.

상육: 군자는 표범이 변하듯 하고 소인은 얼굴만 바꾸니, 앞으로 나아가면 흉하고 반듯함에 거하면 길할 것이다.

49번째 괘인 혁괘는 우물을 상징하는 정괘井卦 다음에 온다. 「서괘전」에 의하면, 우물은 자꾸자꾸 물을 퍼 줘야 깨끗한 물이 차 오르기 때문에 '물을 바꿔 준다'는 의미로부터 '바뀐다'는 혁괘가 온다고 설명하고 있다.

괘의 구조로 보면 연못을 상징하는 태괘兒卦가 불을 상징하는 리괘離卦의 위에 온다. 물로 가득 차 있는 연못이 불 위에 있는 형국이다. 물이 터지면 불을 꺼 버리고, 불은 물을 살라 버릴 수 있는 구조다. 그러니 서로가 상대를 '바꾸는' 상황이다. 또한 태괘는 소녀少女 즉 막내딸이고 리괘는 중녀中女 즉 차녀다. 막내딸과 차녀는 친하게 지내는 듯하지만 언젠가는 가는 길이 다르다. 그래서 같이 있더라도 각자 생각하는 것이 달라 언젠가는 현 상황이 바뀌게 될 것을 의미한다.

이렇게 혁괘는 '바꿈'을 상징한다. '바꿈'은 변화를 의미하지만, 그 중에서도 특히 돌변突變 즉 갑자기 확 바뀌는 것을 의미한다. 혁革이라는 한자는 우선 '가죽'이라는 의미를 지닌다. 동물의 가죽은 털갈이를 통해 새로워진다. 묵은 털이 빠지고 새 털이 나옴으로써 더욱 윤기 있는 모습을 만들 수 있는 것이다. 그래서 '가죽'으로부터 '바꾼다'는 의미가 나온 것이다.

확 바꾼다는 의미로 한자문화권에서 많이 사용된 것이 바로 '혁명革命'이다. 혁명이란 '명을 바꾼다'는 뜻이다. 여기서의 명이란 바로 천명天命 즉 하늘의 명령이다. 하늘이 "네가 통치자가 되어라"라고 어떤 이에게 명령을 내린다. 그리고 그러한 명령은 특별한 일이 아니면 지속된다. 그래서 아버지가 받은 명을 자식이 잇는 것이다. 그러나 하나라의 마지막 임금인 걸임금이나 은나라의 마지막 임금인 주임금처럼 폭정을 계속하면 하늘은 화가 나서 명을 바꿔 버린다. "이런 못된 놈. 너는 더 이상 왕이 아니다. 서백 창, 이제부터는 네가 왕이 되어라." 창은 주나라 문왕의 이름이고 서백은 임금이 되기 이전의 관직명이다. 새로운 명을 받아 나라를 세우면 이제부터는 왕이 되는 것이다. 이렇게 이전의 명이 새로운 명으로 바뀌는 것이 바로 혁명이다.

혁명은 언제 발생하는가? 기존의 체제와 방식으로는 더 이상 지속될 수 없을 때 혁명이 발생한다. 은나라 주임금의 폭정 때문에 더 이상 백성들이 살아갈 수가 없을 때 문왕의 혁명이 일어난 것이다. "못 살겠다 바꿔 보자." 이 구호는 정권이 바뀌기를 열망하는 사람들의 최후의 목소리다. 이러한 목소리는 비단 대한민국에서만, 또 정치적 상황에서만 터져 나온 것이 아니다. 『레미제라블』의 프랑스혁명에서도, 『닥터 지바고』의 러시아 혁명에서도, 왕후장상의 씨가 따로 있냐던 망이·망소이의 신라 노예혁명 에서도 동일하게 터져 나왔던 목소리다. 모든 혁명은 민주나 평화, 자유나 박애 같은 무슨 거창한 이념을 실현시키고자 터진 것이 아니다. 모든 혁명은 더 이상 이렇게는 살 수 없기 때문에 벌어진 것이다. 그만큼 절박하다. 그래서 혁괘에서는 계속해서 '시간'과 '믿음'을 말한다.

"하루가 다하여야 믿음이 생길 것이니." 괘사에서 말하는 '하루'는 정말로 하루를 의미하는 것이 아니다. 그것은 해와 달이 한 바퀴 도는 한 서클을 의미한다. '하루가 다 되었다'는 것은 충분히 기다릴 만큼 기다려 상황이 무르익었음을 의미한다. 상황이 무르익어야 모든 이들의 동의를 얻을 수 있다. 우리에게도 익숙한 넥타이부대 혹은 유모차부대란 '평범한 대중'이 란 의미다. 평범한 대중들이 믿고 참여할 때 혁명은 성공한다.

모든 혁명이 정치적 상황일 필요는 없다. 여드름은 충분히 곪았을 때 터뜨려야 한다. 너무 이르면 아프기만 하고 터지지 않고, 너무 늦으면 그대로 눌러앉아 얽어 버린다. 아이를 혼낼 때도 건수를 모아 두어야 한다. 그래서 한 번에 단호하게 지적해야 한다. 한두 번이 아님을 확인시켜서 빠져 나갈 길을 주지 말아야 한다. 지적질도 확실하게 한 번에 끝내야 한다. 했던 말 또 하고 또 하고 하면 영이 서질 않기에 아이도 긴장하지 않는다. 결국은 잔소리에 그치고 만다. 시험기간인데도 놀고 싶다면 확실하게 놀아야 한다. 조금 놀다 말고 공부하려고 하면 더 놀고 싶은 마음 때문에 집중을 할 수가 없다. 더 이상 놀 수 없을 때 마음이 화들짝 놀라게 된다. 물론 너무 늦으면 망하는 수도 있다. 불량식품을 찾는 아이도 마찬가지다. 물릴 때까지 줘서 더 이상 찾지 않게 해야 한다. 혁명은 이렇게 한 번에 확 바뀌는 것이다. 확 바뀌어야 하기 때문에 확 바뀌는 것이요 확 바뀔 수 있을 때이기 때문에 확 바뀌는 것이다.

반면, 초구의 "묶기를 누런 소의 가죽으로 한다"는 것은 아직 혁명의 시기가 되지 않았음을 의미한다. 황색은 중앙을 의미하고 소는 음을 상징한다. 모두 적극적 실천의 의미가 없다. 지금은 초효이기 때문에 단단히 묶어 두고 상황이 무르익기만을 기다려야 하는 것이다. 구삼의 "바꿔야 한다는 의론이 세 번 형성"될 때까지 기다려야 한다. 혁명에서 시기는 이렇게 중요하다. 그래서 「단전」에서는 이렇게 말하고 있다.

천지가 바뀌어 네 계절이 이루어지고, 탕임금과 무임금이 혁명을 수행하여 하늘의 뜻에 따르고 사람들의 바람에 호응하니, 혁명에 있어서 때의 의미가 매우 크도다.[13]

시기만큼 중요한 것이 절박함이다. 군자는 호랑이나 표범이 털갈이를 하듯 확 바꾼다. 내면으로부터 진정으로 바꾼다. 하지만 소인은 '혁면革面' 즉 얼굴만 바꾼다. 내면에서 참으로 바뀌는 것이 아니라 어쩔 수 없어서 겉모습만 바꾸는 것이다. 소인은 왜 얼굴만 바꿀까? 바뀌는 것이 싫기

---

13) 革卦,「彖傳」, "天地革而四時 成하고 湯武 革命하야 順乎天而應乎人하니 革之時 大矣哉라."

때문이다. 상황이 그렇기 때문에 어쩔 수 없이 바뀌는 것처럼 보이지만 사실은 바뀌려 하지 않는 것이다. 지금 상황이 더 좋기 때문이다. 혁명의 시기에 누가 바뀌려 하지 않는지를 잘 봐야 한다.

혁명은 누가 꿈꾸는가? 많이 가져서 지금이 변하길 원치 않는 사람은 결코 혁명을 원하지 않는다. 혁명은 불만을 가진 사람이 원한다. 지금의 구조로는 도저히 내일이 보이지 않을 때 혁명을 원하는 것이다. 왜 혁명은 단번에 확 바뀌어야 하는 것일까? 혁명은 점진적인 변화가 불가능할 때 발생하기 때문이다. 점진적인 변화란 대화와 타협에 의한 변화다. 대화와 타협이 가능하다는 것은 아직 그 사회가 이성적이라는 말이다. 하지만 모든 사회가 대화와 타협이 가능할 만큼 이성적인 것은 아니다. 변화란 이전의 옳은 것이 온전히 옳은 것은 아닐 수 있음을 의미하고, 이전에 다 가졌던 사람이 다른 이와 나눠 갖는 것을 의미한다. 때문에 옳고 가진 자가 자신이 틀렸을 수 있음을 인정하려 하지 않고 자신의 것을 내어 놓으려 하지 않는다면 점진적인 변화는 결코 가능하지 않다.

대화와 타협이 가능하지 않을 때 하는 것이기 때문에 혁명은 자신의 모든 것을 걸어야만 한다. 대화와 타협이 아니기 때문에 폭력적일 수밖에 없다. 전쟁이다. 인류의 역사에서 혁명은 더 이상 갈 곳이 없던 이들이 이루었다. 더 이상 갈 곳이 없기 때문에 모든 것을 걸고 싸울 수밖에 없다. 소위 올인이다. 돌아갈 곳을 두고서는 혁명에 이길 수 없다. 혁명의 결과는 위대할지 모르나 그 시작과 과정은 결코 아름답지 않다. 그것이 혁명이다. 자신의 삶을 변혁하려는 이는 이렇게 해야 한다.

9. 간괘艮卦(☶): 내가 멈출 곳은 어디인가?

괘사: 등에 멈추면 몸을 보지 못하고 마당을 걷더라도 사람을 볼 수 없으니 허물이 없다.

초육: 발에 멈춤이어서 허물이 없으니 길이 바름이 이롭다.
육이: 장단지에 멈춤이어서 따르기만 할 뿐 능동적일 수 없으니 그 마음이 불쾌하다.
구삼: 허리에 멈춤이어서 등뼈를 벌려 놓으니 어려움에 마음을 졸인다.
육사: 몸에 멈춤이니 허물이 없다.
육오: 광대뼈에 멈춤이어서 말에 조리가 있으니 후회가 없을 것이다.
상구: 멈춤이 돈독함이니 길하다.

산을 상징하는 간괘는 『주역』의 52번째 괘이다. 산은 움직이지 않고 언제나 그 자리에 있기 때문에, 간괘는 멈춤을 상징한다. 우리는 지금까지 건괘와 곤괘로부터 시작하여 『주역』의 대표적인 괘들을 간단하게 살펴왔다. 우리의 여정도 이 간괘에서 멈추고자 한다.

간괘는 인체의 부위들을 빌려 '멈춤'을 말하고 있다. 먼저 괘사에서 멈추는 곳은 '등'이다. 등은 몸뚱이를 의미한다. 때문에 팔다리가 움직이더라도 등은 움직이지 않는 것이다. 또한 배가 아니라, 눈과는 반대편에 있는 등이기 때문에 자신을 보지 못한다고 한 것이다. 또한 그런 태도로 하면 아무리 사람들이 많이 드나드는 마당을 다닐지라도 다른 사람들을 보지 못한다는 말이다. 이에 대해 「단전」은 이렇게 말한다.

간괘는 멈춤을 의미한다. 멈춰야 할 때는 멈추고 움직여야 할 때는 움직여서, 동정動靜이 적절한 때를 잃지 않아야 그 도가 밝게 빛난다. 때문에 멈춤에 멈춘다는 것은 멈춰야 할 곳에 멈춤을 의미한다.[14]

등에 멈추기 때문에 자신을 보지 못하는 것은 동정動靜 중에서 정 즉 잠잠히 있을 때에 해당하고, 마당을 다녀도 사람을 보지 못하는 것은 동 즉 움직일 때에 해당한다. 자기 자신에게 있어서든 또 타인에게 있어서든 그 멈춤에 '적절한 때를 잃지 않고' 또 '멈춰야 할 곳'에 멈춤을 의미한다. 멈춰야 할 곳에서 멈춘다는 것은 있어야 할 곳에 있다는 말도 된다. 모든 이가 있어야 할 곳에 있고 모든 것이 있어야 할 곳에 있다는 것은 어찌 보면 지극히 당연한 말로 들린다.

"군주는 군주답고 신하는 신하답고 부모는 부모답고 자식은 자식다워야 한다."[15] 공자가 한 말이다. 지극히 당연한 말로 보이지만 이는 사실 토톨로지, 동어반복에 불과하다. 남자는 당연히 남자답고 여자는 당연히 여자다워야겠지만, 문제는 어떤 것이 남자다움이고 어떤 것이 여자다움이냐는 말이다. 정말 문제는 그것이다. 그게 합의되지 않으면 서로 다른 생각을 하게 된다. 나는 충분히 남편답게 행동한다고 생각하는데 아내가 바라는 남편상이 다르다면 결코 아내는 만족할 수 없을 것이다. 무엇이 바람직한 상인지에 대해서는, 그래서 차분히 따져 보고 서로 논의해서 일치되는 지점을 찾아야 하는 것이다.

그러나 이상적인 상이 합의되었다고 해서 모든 문제가 끝나는 것은

---

14) 艮卦, 「象傳」, "艮은 止也니 時止則止하고 時行則行하고 動靜不失其時 其道 光明이니 艮其止는 止其所也일새라."
15) 『論語』, 「顔淵」, 11장, "君君, 臣臣, 父父, 子子."

아니다. '~다움'이란, 역할에 충실함을 의미한다. 합의된 혹은 요구되는 역할에 충실하지 않을 때 문제는 발생한다. 이는 자발적일 수도 있고 타의적일 수도 있다. 군주가 나라의 안녕과 백성의 행복을 돌아보지 않을 때 그 나라는 당연히 불행할 수밖에 없다. 그러나 군주가 나라와 백성을 제대로 보살피고 싶어도 그렇게 할 수 없었던 역사도 수없이 많다. 외세에 의해, 혹은 간신배들에 의해 군주가 군주다울 수 없었기 때문이다. 아마도 공자가 요구한 것은 이런 것일 게다. 공자가 살았던 춘추시기는 왕이나 귀족이 아니라 그 아래의 귀족이나 가신들이 실권을 행사하던 시절이다. 군주가 군주답지 못하고 신하가 신하답지 못하던 시절이다.

각자가 자신의 역할을 충실히 수행할 수 있다는 것은 또한 관계의 적절성을 의미하기도 한다. 나는 아이들에게 있어서는 아버지이지만 아내에게 있어서는 남편이고 부모님에게 있어서는 아들이다. 때문에 아버지로 있어야 할 때는 아버지로 있고 남편으로 있어야 할 때는 남편으로 있는 것인데, 이는 각각의 복합적인 관계에서 나의 역할과 행동방식이 적절하다는 말이 된다.

멈춘다는 원래의 의미로 돌아갈 때, 역할의 수행과 관계의 적절함에도 역시 타당하고 효과적인 시기와 정도가 있음을 알게 된다. 아들 녀석하고 놀다 보면 끝은 거의 언제나 언성이 높아진다. 애들은 정도가 없다. 끝내는 한 소리 들어야 그만둔다. 시기에 따라 해야겠으면 하고 그만두어야겠으면 그만두어야 한다. 이것이 바로 「단전」에서 말하는 동정動靜이 적절한 때를 잃지 않는다는 말이다. 역할의 수행도 해야 할 때 하듯이 물러나야 할 때면 물러나는 것이다. 물러나야 할 때가 되었음에도 불구하고 자신이 계속 해야 한다고 생각하는 순간 '적절한 멈춤'이 아닌 것이다.

344

하지만 이게 어디 쉬운가? 도대체 어디가 적절한 곳이고, 얼마만큼이 적절한 정도인가? 『주역』은 멈춰야 할 때 멈추어야 한다는 것을 말해 줄 뿐 그게 어디인지는 말해 주지 않는다. 그것은 일상의 삶 속에서 자기 스스로 판단하고 깨우쳐야 하는 것이다. 어디가 멈춰야 할 곳이고 언제가 멈춰야 할 때인지는 알기 어렵지만, 왜 거기에서 멈추기가 어려운지에 대해서는 송대의 철학자 정이가 다음과 같이 말하고 있다.

> 사람이 멈춰야 할 곳에서 편안히 멈추지 못하는 이유는 욕망에 의해 움직이기 때문이다. 욕망이 앞에서 끌어당기니 멈추고자 한들 그럴 수 있겠는가? 그러므로 멈춤의 방법이란 마땅히 등에서 멈춰야 하는 것이다. 보는 대상은 눈앞에 있는데 등에 멈춰 있으니, 이는 보이지 않는 것이다. 보이지 않는 곳에서 멈춰 있으니, 자신의 마음을 어지럽힐 욕망이 없는 것이다. 때문에 그 멈춤이 편안할 수 있는 것이다. 그 몸을 보지 못한다는 것은 자기 스스로를 잊어버리는(忘我) 것이다. 내가 없으니 멈출 수 있는 것이다.[16)]

이 주석의 키워드는 '욕망'(欲)과 '자기'(我)라고 할 수 있다. 욕망은 자신의 욕망이요 자신은 욕망하는 자신이니, 둘은 사실 같은 말이다. 욕망이 없다면 문제될 '내가 없다. 자신에게 욕심이 숨어 있을 때 문제는 발생한다. 어떤 일이나 타인을 대할 때 나를 위하는 사사로운 욕심이 없어야 우리의 행동은 적절할 수 있다. 사사로운 욕심이 없어야만 해야 할 때 과감하게 시작할 수 있고 떠나가야 할 때 미련 없이 떠날 수 있는 것이다. 모든

---

16) 艮卦, 卦辭, "【傳】人之所以不能安其止者, 動於欲也. 欲牽於前而求其止, 不可得也. 故艮之道, 當艮其背. 所見者, 在前而背, 乃背之, 是所不見也. 止於所不見則无欲以亂其心而止, 乃安. 不獲其身, 不見其身也, 謂忘我也. 无我則止矣."

것은 상황상 그렇게 해야만 한다는 것이지 내가 원해서 시작하거나 그만두는 것이 아니어야 한다는 말이다.

말은 쉽지만 이게 어디 쉬운가? 자칫 아무런 욕망이 없는 나무토막이 되라는 말처럼 들린다. 하지만 이것은 결코 말라 버린 나무토막이 되라는 말이 아니다.

국가를 위해서는 훌륭한 정치인이 되어야 한다. 회사를 위해서는 좋은 직장인이 되어야 한다. 집안을 위해서는 좋은 아버지, 좋은 남편이 되어야 한다. 언제나 처한 위치에서 맡은 바 역할을 잘 수행해야 한다. 그런데 만일 나는 꼭 대통령이 되어야 해, 꼭 국회의원이 되어야 해, 이런 생각을 갖는다면 어떨까? 그 순간 "사랑하고 존경하는 국민"은 그냥 유권자가 되어 버린다. 나를 대통령이나 국회의원으로 만들어 줄 표로만 보이는 것이다. 회사도 마찬가지다. 내가 꼭 부장이 되고 임원이 되어야 한다고 생각하는 순간 다른 이는 모두 경쟁의 대상이 되고, 어떤 수단과 방법을 써서라도 승진을 해야 하기 때문에 회사의 번영은 더 이상 내 직장생활의 목적이 아니게 된다. 이는 결국 대상을 목적적으로 대우하지 않음을 의미한다. 모든 대상은 나를 위한 도구적 관계로 전락하고 만다.

그 모든 것의 바탕에는 '욕망하는 나'가 있다. 이 욕망하는 나의 반대말이 무기력한 내가 아님은 명백하다. 계약적·공적 관계가 아닌 친구나 가족 간에도 마찬가지다. 도구적 관계는 더 이상 친구도 가족도 애인도 아니다. 나도 말은 이렇게 하지만 이는 결코 쉽지 않다.

마지막으로, 멈춤의 적절함은 또한 지향의 적절함이기도 하다. 우리가 멈춰야 할 곳은 어디인가 라는 질문은 우리는 어디를 향해야 하는가 라는 질문이 되기도 한다. 한 뼘 집이라도 서울에 내 집을 가지고 있는 사람은 집값이 떨어지는 것을 원치 않는다. 부동산불패의 행진이 "쭉 이대로" 멈춰 있기를 원한다. 하지만 과연 이것은 우리가 바라도 좋은 멈춤일까?

인간의 역사에는 이성과 합리의 시간만 있는 것이 아니다. 부조리와 야만의 시간 역시 널려 있다. 역사가 그렇고 사회가 그렇고 개인이 그렇다. 우리는 조금 더 저열해질 수도 있고 조금 더 우아해질 수도 있다. 어떤 나, 어떤 사회를 꿈꾸고 지향하느냐에 따라 개인과 사회 그리고 역사는 다른 모습을 갖게 된다. 이것이 바로 가치요 문명이다. 인간은 인간의 문양(文)을 만들어 가야 한다. 그런데 이 문양은 평생 지워지지 않는 문신이 아니라 그저 며칠 박혀 있다 지워지는 헤나 정도다. 지금 문명의 문신을 했다 하더라도 내일은 야만으로 덧칠될 수 있는 것이다. 우리는 어디에서 멈춰야 하나?

예문서원의 책들

원전총서

박세당의 노자 (新註道德經) 박세당 지음, 김학목 옮김, 312쪽, 13,000원
율곡 이이의 노자 (醇言) 이이 지음, 김학목 옮김, 152쪽, 8,000원
홍석주의 노자 (訂老) 홍석주 지음, 김학목 옮김, 320쪽, 14,000원
북계자의 (北溪字義) 陳淳 지음, 김충열 감수, 김영민 옮김, 295쪽, 12,000원
주자가례 (朱子家禮) 朱熹 지음, 임민혁 옮김, 496쪽, 20,000원
서경잡기 (西京雜記) 劉歆 지음, 葛洪 엮음, 김장환 옮김, 416쪽, 18,000원
열선전 (列仙傳) 劉向 지음, 김장환 옮김, 392쪽, 15,000원
열녀전 (列女傳) 劉向 지음, 이숙인 옮김, 447쪽, 16,000원
선가귀감 (禪家龜鑑) 청허휴정 지음, 박재양·배규범 옮김, 584쪽, 23,000원
공자성적도 (孔子聖蹟圖) 김기주·황지원·이기훈 역주, 254쪽, 10,000원
천지서상지 (天地瑞祥志) 김용천·최현화 역주, 384쪽, 20,000원
참동고 (參同攷) 徐命庸 지음, 이봉호 역주, 384쪽, 23,000원
박세당의 장자, 남화경주해산보 내편 (南華經註解刪補 內篇) 박세당 지음, 전현미 역주, 560쪽, 39,000원
초원담노 (椒園談老) 이충익 지음, 김윤경 옮김, 248쪽, 20,000원
여암 신경준의 장자 (文章準則 莊子選) 申景濬 지음, 김남형 역주, 232쪽, 20,000원

퇴계원전총서

고경중마방古鏡重磨方 — 퇴계 선생의 마음공부 이황 편저, 박상주 역해, 204쪽, 12,000원
활인심방活人心方 — 퇴계 선생의 마음으로 하는 몸공부 이황 편저, 이윤희 역해, 308쪽, 16,000원
이자수어李子粹語 퇴계 이황 지음, 성호 이익·순암 안정복 엮음, 이광호 옮김, 512쪽, 30,000원

연구총서

논쟁으로 보는 중국철학 중국철학연구회 지음, 352쪽, 8,000원
논쟁으로 보는 한국철학 한국철학사상연구회 지음, 326쪽, 10,000원
중국철학과 인식의 문제 (中國古代哲學問題發展史) 方立天 지음, 이기훈 옮김, 208쪽, 6,000원
중국철학과 인성의 문제 (中國古代哲學問題發展史) 方立天 지음, 박경환 옮김, 191쪽, 6,800원
역사 속의 중국철학 중국철학회 지음, 448쪽, 15,000원
공자의 철학 (孔孟荀哲學) 蔡仁厚 지음, 천병돈 옮김, 240쪽, 8,500원
맹자의 철학 (孔孟荀哲學) 蔡仁厚 지음, 천병돈 옮김, 224쪽, 8,000원
순자의 철학 (孔孟荀哲學) 蔡仁厚 지음, 천병돈 옮김, 272쪽, 10,000원
유학은 어떻게 현실과 만났는가 — 선진 유학과 한대 경학 박원재 지음, 218쪽, 7,500원
역사 속에 살아있는 중국 사상 (中國歷史に生きる思想) 시게자와 도시오 지음, 이혜경 옮김, 272쪽, 10,000원
덕치, 인치, 법치 — 노자, 공자, 한비자의 정치 사상 신동준 지음, 488쪽, 20,000원
리의 철학 (中國哲學範疇精髓叢書 — 理) 張立文 주편, 안유경 옮김, 524쪽, 25,000원
기의 철학 (中國哲學範疇精髓叢書 — 氣) 張立文 주편, 김교빈 외 옮김, 572쪽, 27,000원
동양 천문사상, 하늘의 역사 김일권 지음, 480쪽, 24,000원
동양 천문사상, 인간의 역사 김일권 지음, 544쪽, 27,000원
공부론 임수무 외 지음, 544쪽, 27,000원
유학사상과 생태학 (Confucianism and Ecology) Mary Evelyn Tucker·John Berthrong 엮음, 오정선 옮김, 448쪽, 27,000원
공자曰, 공자는 이렇게 말했다 안재호 지음, 232쪽, 12,000원
중국중세철학사 (Geschichte der Mittelalterischen Chinesischen Philosophie) Alfred Forke 지음, 최해숙 옮김, 568쪽, 40,000원
북송 초기의 삼교회통론 김경수 지음, 352쪽, 26,000원
죽간·목간·백서, 중국 고대 간백자료의 세계1 이승률 지음, 576쪽, 40,000원
중국근대철학사 (Geschichte der Neueren Chinesischen Philosophie) Alfred Forke 지음, 최해숙 옮김, 936쪽, 65,000원
리학 심학 논쟁, 연원과 전개 그리고 득실을 논하다 황갑연 지음, 416쪽, 32,000원
진래 교수의 유학과 현대사회 陳來 지음, 강진석 옮김, 440쪽, 35,000원
상서학사 — 『상서』에 관한 2천여 년의 해석사 劉起釪 지음, 이은호 옮김, 912쪽, 70,000원
장립문 교수의 화합철학론 장립문 지음 / 홍원식·임해순 옮김, 704쪽, 60,000원

강의총서

김충열 교수의 노자강의 김충열 지음, 434쪽, 20,000원
김충열 교수의 중용대학강의 김충열 지음, 448쪽, 23,000원
모종삼 교수의 중국철학강의 牟宗三 지음, 김병채 외 옮김, 320쪽, 19,000원
송석구 교수의 율곡철학 강의 송석구 지음, 312쪽, 29,000원
송석구 교수의 불교와 유교 강의 송석구 지음, 440쪽, 39,000원

역학총서

주역철학사 (周易硏究史) 廖名春·康學偉·梁韋弦 지음, 심경호 옮김, 944쪽, 45,000원
송재국 교수의 주역 풀이 송재국 지음, 380쪽, 10,000원
송재국 교수의 역학담론 — 하늘의 빛 正易, 땅의 소리 周易 송재국 지음, 536쪽, 32,000원
소강절의 선천역학 高懷民 지음, 곽신환 옮김, 368쪽, 23,000원
다산 정약용의『주역사전』, 기호학으로 읽다 방인 지음, 704쪽, 50,000원
주역과 성인, 문화상징으로 읽다 정병석 지음, 440쪽, 40,000원
주역과 과학 신정원 지음, 344쪽, 30,000원

한국철학총서

조선 유학의 학파들 한국사상사연구회 편저, 688쪽, 24,000원
조선유학의 개념들 한국사상사연구회 지음, 648쪽, 26,000원
유교개혁사상과 이병헌 금장태 지음, 336쪽, 17,000원
쉽게 읽는 퇴계의 성학십도 최재목 지음, 152쪽, 7,000원
홍대용의 실학과 18세기 북학사상 김문용 지음, 288쪽, 12,000원
남명 조식의 학문과 선비정신 김충열 지음, 512쪽, 26,000원
명재 윤증의 학문연원과 가학 충남대학교 유학연구소 편, 320쪽, 17,000원
조선유학의 주역사상 금장태 지음, 320쪽, 16,000원
심경부주와 조선유학 홍원식 외 지음, 328쪽, 20,000원
퇴계가 우리에게 이윤희 지음, 368쪽, 18,000원
조선의 유학자들, 켄타우로스를 상상하며 理와 氣를 논하다 이향준 지음, 400쪽, 25,000원
퇴계 이황의 철학 윤사순 지음, 320쪽, 24,000원
조선유학과 소강절 철학 곽신환 지음, 416쪽, 32,000원
되짚어 본 한국사상사 최영성 지음, 632쪽, 47,000원
한국 성리학 속의 심학 김세정 지음, 400쪽, 32,000원
동도관의 변화로 본 한국 근대철학 홍원식 지음, 320쪽, 27,000원
선비, 인을 품고 의를 걷다 한국국학진흥원 연구부 엮음, 352쪽, 27,000원
실학은 實學인가 서영이 지음, 264쪽, 25,000원
선사시대 고인돌의 성좌에 새겨진 한국의 고대철학 윤병렬 지음, 600쪽, 53,000원
사단칠정론으로 본 조선 성리학의 전개 홍원식 외 지음, 424쪽, 40,000원

성리총서

송명성리학 (宋明理學) 陳來 지음, 안재호 옮김, 590쪽, 17,000원
주희의 철학 (朱熹哲學硏究) 陳來 지음, 이종란 외 옮김, 544쪽, 22,000원
양명 철학 (有無之境—王陽明哲學的精神) 陳來 지음, 전병욱 옮김, 752쪽, 30,000원
정명도의 철학 (程明道思想硏究) 張德麟 지음, 박상리·이경남·정성희 옮김, 272쪽, 15,000원
송명유학사상사 (宋明時代儒學思想の硏究) 구스모토 마사쓰구(楠本正繼) 지음, 김병화·이혜경 옮김, 602쪽, 30,000원
북송도학사 (道學の形成) 쓰치다 겐지로(土田健次郎) 지음, 성현창 옮김, 640쪽, 3,2000원
성리학의 개념들 (理學範疇系統) 蒙培元 지음, 홍원식·황지원·이기훈·이상호 옮김, 880쪽, 45,000원
역사 속의 성리학 (Neo-Confucianism in History) Peter K. Bol 지음, 김영민 옮김, 488쪽, 28,000원
주자어류선집 (朱子語類抄) 미우라 구니오(三浦國雄) 지음, 이승연 옮김, 504쪽, 30,000원

불교(카르마)총서

유식무경, 유식 불교에서의 인식과 존재 한자경 지음, 208쪽, 7,000원
박성배 교수의 불교철학강의: 깨침과 깨달음 박성배 지음, 윤원철 옮김, 313쪽, 9,800원
불교 철학의 전개, 인도에서 한국까지 한자경 지음, 252쪽, 9,000원
은정희 교수의 대승기신론 강의 은정희 지음, 184쪽, 10,000원
비구니와 한국 문학 이향순 지음, 320쪽, 16,000원
불교철학과 현대윤리의 만남 한자경 지음, 304쪽, 18,000원
유식삼심송과 유식불교 김명우 지음, 280쪽, 17,000원
유식불교, 『유식이십론』을 읽다 효도 가즈오 지음, 김명우·이상우 옮김, 288쪽, 18,000원
불교인식론 S. R. Bhatt & Anu Mehrotra 지음, 권서용·원철·유리 옮김, 288쪽, 22,000원
불교에서의 죽음 이후, 중음세계와 육도윤회 허암 지음, 232쪽, 17,000원
선사상사 강의 오가와 다카시(小川隆) 지음, 이승연 옮김, 232쪽, 20,000원

동양문화산책

주역산책 (易學漫步) 朱伯崑 외 지음, 김학권 옮김, 260쪽, 7,800원
동양을 위하여, 동양을 넘어서 홍원식 외 지음, 264쪽, 8,000원
서원, 한국사상의 숨결을 찾아서 안동대학교 안동문화연구소 지음, 344쪽, 10,000원
안동 풍수 기행, 와혈의 땅과 인물 이완규 지음, 256쪽, 7,500원
안동 풍수 기행, 돌혈의 땅과 인물 이완규 지음, 328쪽, 9,500원
영양 주실마을 안동대학교 안동문화연구소 지음, 332쪽, 9,800원
예천 금당실·맛질 마을 — 정감록이 꼽은 길지 안동대학교 안동문화연구소 지음, 284쪽, 10,000원
터를 안고 仁을 펴다 — 퇴계가 굽어보는 하계마을 안동대학교 안동문화연구소 지음, 360쪽, 13,000원
안동 가일 마을 — 풍산들가에 의연히 서다 안동대학교 안동문화연구소 지음, 344쪽, 13,000원
중국 속에 일떠서는 한민족 — 한겨레신문 차한필 기자의 중국 동포사회 리포트 차한필 지음, 336쪽, 15,000원
신간도견문록 박진관 글·사진, 504쪽, 20,000원
선양과 세습 사라 알란 지음, 오만종 옮김, 318쪽, 17,000원
문경 산북의 마을들 — 서중리, 대상리, 대하리, 김룡리 안동대학교 안동문화연구소 지음, 376쪽, 18,000원
안동 원촌마을 — 선비들의 이상향 안동대학교 안동문화연구소 지음, 288쪽, 16,000원
안동 부포마을 — 물 위로 되살려 낸 천년의 영화 안동대학교 안동문화연구소 지음, 440쪽, 23,000원
독립운동의 큰 울림, 안동 전통마을 김희곤 지음, 384쪽, 26,000원
학봉 김성일, 충군애민의 삶을 살다 한국국학진흥원 기획, 김미영 지음, 144쪽, 12,000원

일본사상총서

일본도덕사상사 (日本道德思想史) 이에나가 사부로 지음, 세키네 히데유키·윤종갑 옮김, 328쪽, 13,000원
천황의 나라 일본 — 일본의 역사와 천황제 (天皇制と民衆) 고토 야스시 지음, 이남희 옮김, 312쪽, 13,000원
주자학과 근세일본사회 (近世日本社會と朱學) 와타나베 히로시 지음, 박홍규 옮김, 304쪽, 16,000원

노장총서

不二 사상으로 읽는 노자 — 서양철학자의 노자 읽기 이찬훈 지음, 304쪽, 12,000원
김항배 교수의 노자철학 이해 김항배 지음, 280쪽, 15,000원
서양, 도교를 만나다 J. J. Clarke 지음, 조현숙 옮김, 472쪽, 36,000원
중국 도교사 — 신선을 꿈꾼 사람들의 이야기 牟鐘鑒 지음, 이봉호 옮김, 352쪽, 28,000원
노장철학과 현대사상 정세근 지음, 384쪽, 36,000원
도가철학과 위진현학 정세근 지음, 464쪽, 43,000원

남명학연구총서

남명사상의 재조명 남명학연구원 엮음, 384쪽, 22,000원
남명학파 연구의 신지평 남명학연구원 엮음, 448쪽, 26,000원
덕계 오건과 수우당 최영경 남명학연구원 엮음, 400쪽, 24,000원
내암 정인홍 남명학연구원 엮음, 448쪽, 27,000원
한강 정구 남명학연구원 엮음, 560쪽, 32,000원
동강 김우옹 남명학연구원 엮음, 360쪽, 26,000원
망우당 곽재우 남명학연구원 엮음, 440쪽, 33,000원
부사 성여신 남명학연구원 엮음, 352쪽, 28,000원
약포 정탁 남명학연구원 엮음, 320쪽, 28,000원
죽유 오운 남명학연구원 엮음, 680쪽, 35,000원

예문동양사상연구원총서

한국의 사상가 10人 — 원효 예문동양사상연구원/고영섭 편저, 572쪽, 23,000원
한국의 사상가 10人 — 의천 예문동양사상연구원/이병욱 편저, 464쪽, 20,000원
한국의 사상가 10人 — 지눌 예문동양사상연구원/이덕진 편저, 644쪽, 26,000원
한국의 사상가 10人 — 퇴계 이황 예문동양사상연구원/윤사순 편저, 464쪽, 20,000원
한국의 사상가 10人 — 남명 조식 예문동양사상연구원/오이환 편저, 576쪽, 23,000원
한국의 사상가 10人 — 율곡 이이 예문동양사상연구원/황의동 편저, 600쪽, 25,000원
한국의 사상가 10人 — 하곡 정제두 예문동양사상연구원/김교빈 편저, 432쪽, 22,000원
한국의 사상가 10人 — 다산 정약용 예문동양사상연구원/박홍식 편저, 572쪽, 29,000원
한국의 사상가 10人 — 혜강 최한기 예문동양사상연구원/김용헌 편저, 520쪽, 26,000원
한국의 사상가 10人 — 수운 최제우 예문동양사상연구원/오문환 편저, 464쪽, 23,000원

경북의 종가문화

사당을 세운 뜻, 고령 점필재 김종직 종가 정경주 지음, 203쪽, 15,000원
지금도 「어부가」가 귓전에 들려오는 듯, 안동 농암 이현보 종가 김서령 지음, 225쪽, 17,000원
종가의 멋과 맛이 넘쳐 나는 곳, 봉화 충재 권벌 종가 한필원 지음, 193쪽, 15,000원
한 점 부끄럼 없는 삶을 살다, 경주 회재 이언적 종가 이수환 지음, 178쪽, 14,000원
영남의 큰집, 안동 퇴계 이황 종가 정우락 지음, 227쪽, 17,000원
마르지 않는 효제의 샘물, 상주 소재 노수신 종가 이종호 지음, 303쪽, 22,000원
의리와 충절의 400년, 안동 학봉 김성일 종가 이해영 지음, 199쪽, 15,000원
충효당 높은 마루, 안동 서애 류성룡 종가 이세동 지음, 210쪽, 16,000원
낙중 지역 강안학을 열다, 성주 한강 정구 종가 김학수 지음, 180쪽, 14,000원
모원당 회화나무, 구미 여헌 장현광 종가 이종문 지음, 195쪽, 15,000원
보물은 오직 청백뿐, 안동 보백당 김계행 종가 최은주 지음, 160쪽, 15,000원
은둔과 화순의 선비들, 영주 송설헌 장말손 종가 정순우 지음, 176쪽, 16,000원
처마 끝 소나무에 갈무리한 세월, 경주 송재 손소 종가 황위주 지음, 256쪽, 23,000원
양대 문형과 직신의 가문, 문경 허백정 홍귀달 종가 홍원식 지음, 184쪽, 17,000원
어질고도 청빈한 마음이 이어진 집, 예천 약포 정탁 종가 김낙진 지음, 208쪽, 19,000원
임란의병의 힘, 영천 호수 정세아 종가 우인수 지음, 192쪽, 17,000원
영남을 넘어, 상주 우복 정경세 종가 정우락 지음, 264쪽, 23,000원
선비의 삶, 영덕 갈암 이현일 종가 장윤수 지음, 224쪽, 20,000원
청빈과 지조로 지켜 온 300년 세월, 안동 대산 이상정 종가 김순석 지음, 192쪽, 18,000원
독서종자 높은 뜻, 성주 응와 이원조 종가 이세동 지음, 216쪽, 20,000원
오천칠군자의 향기 서린, 안동 후조당 김부필 종가 김용만 지음, 256쪽, 24,000원
마음이 머무는 자리, 성주 동강 김우옹 종가 정병호 지음, 184쪽, 18,000원
문무의 길, 영덕 청신재 박의장 종가 우인수 지음, 216쪽, 20,000원
형제애의 본보기, 상주 창석 이준 종가 서정화 지음, 176쪽, 17,000원
경주 남쪽의 대종가, 경주 잠와 최진립 종가 손숙경 지음, 208쪽, 20,000원
변화하는 시대정신의 구현, 의성 자암 이민환 종가 이시활 지음, 248쪽, 23,000원
무로 빛고 문으로 다듬은 충효와 예학의 명가, 김천 정양공 이숙기 종가 김학수 지음, 184쪽, 18,000원
청백정신과 팔련오계로 빛나는, 안동 허백당 김양진 종가 배영동 지음, 272쪽, 27,000원
학문과 충절이 어우러진, 영천 지산 조호익 종가 박학래 지음, 216쪽, 21,000원
영남 남인의 정치 중심 돌밭, 칠곡 귀암 이원정 종가 박인호 지음, 208쪽, 21,000원
거문고에 새긴 외금내고, 청도 탁영 김일손 종가 강정화 지음, 240쪽, 24,000원
대를 이은 문장과 절의, 울진 해월 황여일 종가 오용원 지음, 200쪽, 20,000원
처사의 삶, 안동 경당 장흥효 종가 장윤수 지음, 240쪽, 24,000원
대의와 지족의 표상, 영양 옥천 조덕린 종가 백순철 지음, 152쪽, 15,000원
군자불기의 임청각, 안동 고성이씨 종가 이종서 지음, 216쪽, 22,000원
소학세가, 현풍 한훤당 김굉필 종가 김훈식 지음, 216쪽, 22,000원
송백의 지조와 지란의 문향으로 일군 명가, 구미 구암 김취문 종가 김학수 지음, 216쪽, 22,000원
백과사전의 산실, 예천 초간 권문해 종가 권경열 지음, 216쪽, 22,000원
전통을 계승하고 세상을 비추다, 성주 완석정 이언영 종가 이영춘 지음, 208쪽, 22,000원
영남학의 맥을 잇다, 안동 정재 류치명 종가 오용원 지음, 224쪽, 22,000원
사천 가에 핀 충효 쌍절, 청송 불원재 신현 종가 백운용 지음, 216쪽, 22,000원
옛 부림의 땅에서 천년을 이어오다, 군위 경재 홍로 종가 홍원식 지음, 200쪽, 20,000원
16세기 문향 의성을 일군, 의성 회당 신원록 종가 신해진 지음, 296쪽, 30,000원
도학의 길을 걷다, 안동 유일재 김언기 종가 김미영 지음, 216쪽, 22,000원
실천으로 꽃핀 실사구시의 가풍, 고령 죽유 오운 종가 박원재 지음, 208쪽, 21,000원
민족고전 「춘향전」의 원류, 봉화 계서 성이성 종가 설성경 지음, 176쪽, 18,000원

기타

다산 정약용의 편지글 이용형 지음, 312쪽, 20,000원
유교와 칸트 李明輝 지음, 김기주·이기훈 옮김, 288쪽, 20,000원
유가 전통과 과학 김영식 지음, 320쪽, 24,000원
조선수학사 — 주자학적 전개와 그 종언 가와하라 히데키 지음, 안대옥 옮김, 536쪽, 48,000원
중국수학사 李儼·杜石然 지음, 안대옥 옮김, 384쪽, 38,000원
공자의 仁, 타자의 윤리로 다시 읽다 伍曉明 지음, 임해순·홍린 옮김, 536쪽, 50,000원